I0838872

Un detective contra la pandemia

PEDRO ROSILLO

ÍNDICE

PRÓLOGO

Este estudio es el fruto de más de dos años de trabajo de entrevistas e investigaciones. Por supuesto, me ha quedado mucho más trabajo por editar y lo que presento son los documentos que considero más significativos e interesantes para que el lector tenga una idea general de lo que ha sido la llamada crisis sanitaria.

Como escritor me conoceréis ya muchos por la novela *El Arconte*, sin embargo, este libro es diferente y me centro en la investigación de la llamada crisis del COVID-19 ocurrida entre diciembre de 2019 y primavera del año 2022. En la actualidad parece que ya estamos saliendo de esa crisis; pero eso no significa que otras pandemias y otras crisis sanitarias no estén por venir.

He realizado mi investigación como un detective privado, profesión para cuyo ejercicio estoy habilitado y que, de una u otra forma nunca he abandonado, aunque mi tiempo lo dedique a las redes sociales. Por otra parte, mi labor en internet es, a la vez, un trabajo de investigación constante. Muchos de vosotros me habréis conocido por el canal El Arconte, en donde animo a las personas a descubrir la intrahistoria de la historia, a no quedarse en la superficie.

En la obra que podréis leer a continuación podría distinguir dos partes bastante claras. Por una parte, está el momento en el que todo era excesivamente nuevo, nos había pillado de sorpresa y andábamos buscando explicaciones. En esa etapa podréis estudiar las entrevistas a personajes relevantes como los doctores Luis de Benito, Nadya Popel o María José Martínez Albarracín. También las entrevistas a los biólogos Almudena Zaragoza, Jon Ander Etxebarría o Fernando López Mirones.

En esta primera parte todavía estábamos situándonos, descubriendo, empezando a aprender que las piezas tal y como nos lo estaban contando no encajaban. Otra parte, ya más avanzada y actual, es la fase en la que aparecen en escena Ricardo Delgado, el doctor Campra o Mik Andersen (pseudónimo) para darnos ya claves fundamentales de lo que realmente está ocurriendo.

Quiero decir, y me enorgullezco de ello, que las investigaciones más avanzadas que se han dado a nivel mundial sobre el COVID-19 se han dado en España y que he tenido el honor de compartir mi tiempo con los personajes principales. Es por ello por lo que desde aquí quiero agradecer a cada uno que ha aportado su conocimiento, valentía y saber.

Durante todo este tiempo de investigaciones, los obstáculos que salvar han sido innumerables, y el principal de todos, la censura. También considero que los vídeos que he realizado en mi trabajo de investigación han pasado a un segundo plano y, aunque en su momento tuvieron miles y miles de visitas, al poco tiempo te das cuenta de que casi nadie los ve o se informa a través de ellos. Es por lo mismo que consideré que era importante plasmar mi investigación y experiencia sobre el papel para que quedara de forma duradera en un soporte de fácil acceso.

También quiero remarcar algunos aspectos sobre este estudio. Las entrevistas, muchas de ellas, son transcripciones de los audios conservados que hice a los diferentes actores. Es por lo que he querido respetar su originalidad. Su lectura a veces puede resultar algo farragosa; pero hay que tener en cuenta, que es una persona hablando y expresándose tal y como en ese momento pensaba de forma espontánea. Por eso decidí respetar el formato. Considero también que la experiencia original compensa en gran medida la dificultad que, en ocasiones, presenta la lectura del texto. Muchas de estas entrevistas fueron realizadas para la plataforma El Arconte Televisión, que quedó parada por falta, precisamente, de subvención. Por ello he dicho al principio que han sido muchos los impedimentos que se han dado, pero la investigación, al final, dio sus frutos.

Por otra parte, también he querido realizar este estudio de una manera amena, entreteniendo al lector y no dedicándome a dar tan solo multitud de datos y estadísticas. Digamos que es una especie de *estudio novelado*, con el que el lector tiene la experiencia de acompañarme en mi investigación hasta hallar la verdad de lo que nos está pasando.

Es una pena que no tuviera los altavoces que han tenido los grandes medios de comunicación que han teledirigido a las masas practicando la desinformación constante. Al contrario, el canal El Arconte, por el que muchos me conocéis, ha tenido hasta cinco sanciones de la plataforma YouTube y ha estado a punto en numerosas ocasiones de desaparecer, y aún hoy corre ese mismo riesgo. Este canal de YouTube llegó a tener nueve millones de visualizaciones mensuales y puedo decir que este que os escribe, con tan solo una *webcam* y un ordenador portátil, ha llegado a desafiar a los grandes medios de comunicación de masas que invierten cientos de millones de euros en instalaciones y profesionales de la comunicación.

Para leer este libro tienes que estar abierto a la verdad, y pensar que muchas veces la realidad supera la ficción. Yo mismo, que, como investigador, estoy acostumbrado a ceñirme a lo que veo, no podía creer lo que tenía ante mis ojos. Pero por muy dura que pueda ser la realidad que tengamos ante nuestros ojos, hay que recordar siempre que, como nos recuerdan ciertas palabras evangélicas, la verdad, al fin y al cabo, nos hace libres.

CAPÍTULO I.
¿DE QUIÉN VIENE ESTA VEZ
EL ATAQUE?

Permitidme que me presente en este mi primer ensayo y os escriba *mis poderes*. Mi nombre es Pedro Rosillo y soy detective privado, eso sí, nunca llegué a ejercer de forma oficial por motivos que no voy a narrar en estas líneas. Aunque realmente me especialicé en la seguridad y la investigación privada en todos sus ámbitos. Fui escolta privado durante cinco años en el País Vasco y pude ver el final de la banda terrorista ETA. Durante ese periodo, me especialicé en investigación privada y dirección de seguridad. Además, soy profesor de Seguridad Privada habilitado por el Ministerio del Interior y perito judicial en diversas ramas, entre ellas todo lo que tiene que ver con la seguridad y la investigación.

Por ello, como especialista en seguridad, cuando vino la crisis sanitaria del COVID-19 lo primero que me pregunté es de dónde había venido el ataque. Sí, ya sé, las televisiones nos estuvieron bombardeando durante meses con una teoría que a mí me pareció del todo descabellada: la teoría del pangolín asesino. Un chino se había comido un pangolín en mal estado y había conseguido contagiar a más de medio mundo en tan solo unos meses y hasta había conseguido poner en jaque a todo el sistema financiero mundial. Vosotros, a lo mejor no os acordáis; pero estuvimos al borde de una quiebra total de la economía. Es más, si el cierre de los comercios hubiera durado un par de meses más la quiebra hubiera estado asegurada.

Por descabellada que parezca esta teoría, que lo es, como diría Goebbels: «Una mentira repetida mil veces se convierte en una verdad». Y sí, algo así pasó durante esta, ya cada vez más lejos, crisis sanitaria. Además, tenemos que recordar la teoría del 11 de septiembre no menos descabellada: cuatro cabreros de Afganistán se habían trasladado hasta EE. UU. y, con unos minicursillos de pilotaje de aviones y usando cuchillos de plástico, habían conseguido secuestrar cuatro aviones de pasajeros y los habían lanzado contra las Torres Gemelas y el Pentágono. Otro, finalmente, fue derribado por los sistemas de seguridad de los EE. UU. Como colofón, los servicios de inteligencia norteamericanos consiguieron rescatar intactos los pasaportes de los secuestradores entre los millones de toneladas de escombros de las Torres Gemelas. Es que los servicios de inteligencia son muy inteligentes...

Ustedes dirán que es muy complicado creerse tanta trola junta y de una sola tacada; pero aquí juega la máxima que ha imperado en la guerra psicológica y de la contrainformación sobre lo que pasa con una mentira repetida mil veces. Es más, os puedo decir, que, aunque ahora mucha gente tuerce la boca en una media sonrisa sarcástica cuando escucha la versión oficial, en su momento todo el mundo se tragó esta versión a pies juntillas, y quien osaba contradecirla, añadiendo un poco de sentido común, era estigmatizado y marginado además de ser acusado de traidor. Os puedo asegurar que la mayor parte de la gente se lo creyó y aún hoy hay una gran mayoría de gente que *comulga* con la versión oficial.

Con este preámbulo lo que quiero transmitir es que, con estos precedentes, personalmente estaba del todo convencido de que no había habido ningún *pangolín asesino* y que se trataba de nuevo de una operación de inteligencia al más alto nivel. Por este motivo lo primero que me pregunté es de dónde había venido esta vez el ataque. ¿Era realmente China la culpable de haber expandido por el mundo un patógeno mortal o era una operación de inteligencia de los EE. UU. para atacar a China? Para mí y desde mi experiencia, la teoría que andaba constante y machaconamente rulando por los medios de información era pura desinformación. Ellos estaban haciendo su trabajo para el sistema, intentando convencer a la gente de la teoría más descabellada y, por loca que fuera, terminaron consiguiéndolo y volvieron a hacer extraordinariamente bien su trabajo. Todo lo que emitía la televisión, y como especialista en seguridad e investigación, quedó descartado para mí desde el principio. La única pregunta que se me vino a la mente fue de dónde había partido esta vez el ataque.

Los especialistas en investigación tenemos una máxima cuando nos enfrentamos a unos acontecimientos que nos intentamos explicar y que es de primero de curso: el aforismo «Qui prodest». Es decir, ¿a quién beneficia? Si os soy sincero cuando todo ocurrió y los hechos se iban desarrollando hasta convertirse en una gran pandemia mundial no tenía ni la más remota idea de lo que estaba sucediendo. De lo que sí estaba completamente convencido es de que los medios de comunicación, como de costumbre, estaban realizando una labor de contrainteligencia y desinformación y que la teoría oficial no era lo que de verdad estaba pasando. Desde el inicio estaba seguro de que se trataba de una operación de inteligencia al más alto nivel. Pero eso sí, una cosa es estar convencido de algo por tu experiencia y porque eres perro viejo en estas y otras lides y otra cosa es probarlo. Ahí está el gran paso del investigador, pasar de la sospecha a la prueba. De todas formas, toda investigación comienza de esta forma, con hipótesis y teorías a las que después vas dando forma conforme la investigación avanza construyendo finalmente la realidad. Al final, como de costumbre, la verdad supera a la ficción. Solo unos pocos llegan a conseguir la verdad, solo los que se hacen merecedores de ella, los que la buscan y ese es mi trabajo, buscar esa verdad que está escondida para la mayoría. Y conseguí llegar a ella. Como bien dice un pasaje de los evangelios, en concreto Mateo 7, 7-12: «En aquel tiempo dijo Jesús: "Pedid y se os dará; buscad y hallaréis; llamad y se os abrirá. Porque todo el que pide recibe; el que busca, halla; y al que llama, se le abrirá"».

Palabras más que sabias, cuando alguien busca la verdad parece que el universo se confabula para que la encuentres. La verdad solo se muestra a quien es merecedor de ella, y para serlo tienes que ponerte manos a la obra y buscarla allí donde esté.

A todos nos pilló de improviso, eso es cierto, y eso que estábamos advertidos, que por algún sitio tenía que salir la cosa; pero como siempre el factor sorpresa es un punto a favor de quien lleva la iniciativa, y la supieron jugar.

Cuando comenzó la famosa gripe de Wuhan, que después se convertiría en la gran crisis sanitaria del COVID-19 me encontraba en Haro, La Rioja. Desde allí comencé a ver las primeras imágenes que nos llegaban de China. Pilar Baselga, periodista y amiga, me llamó un buen día y comenzó a mandarme imágenes de lo que estaba ocurriendo en el país asiático. Los vídeos eran escalofriantes, la gente se desplomaba en plena calle y la censura del gobierno chino era atroz. Nada nuevo viniendo del Partido Comunista Chino.

Todavía se me ponen los pelos de punta recordando cómo se llevaban a los *infectados* metiéndolos en camionetas y los alaridos que daban en medio del silencio cómplice del resto. Oponían toda su resistencia siendo conscientes de su destino que les aguardaba inexorable en un campo de concentración de *infectados*. Muy probablemente nunca más saldría de allí ni se volvería a saber de esa persona. China es, desde luego, el régimen más brutal que nadie pudo haber imaginado. Tiempo después el Gobierno de China se jactaba de que había sido el más efectivo en parar la crisis sanitaria gracias a las «bondades y determinación del propio Partido Comunista Chino».

Aun así, la crisis todavía no se había extendido al resto de los países, no se preveía que pudiera llegar a ser un fenómeno mundial y el comienzo de una psicosis colectiva de proporciones bíblicas. Sin embargo, rápidamente y en muy poco tiempo, amanecimos con los primeros contagios en Europa y en España y, a partir de ahí, todo se fue acelerando de una forma inusitada. La psicosis se extendió también por España, todo debido a la propaganda que machaconamente y las veinticuatro horas del día repetían los medios de *desinformación masiva*. Encendías la televisión y solo existía el COVID-19, ibas por la calle y notabas a la gente con ojos miedosos detrás de las mascarillas, esperanzados de que ese pedazo de tela las salvara de una muerte fulminante y segura. El terror se había instalado en la sociedad española de una forma que, sinceramente, nunca había visto antes.

Yo, por aquel entonces, ya había dado mis primeros pasos en redes sociales y muchos de vosotros me conocéis principalmente por mi canal de YouTube El Arconte. En medio de todo este caos de desinformación y propaganda, un investigador privado intentaría hallar la verdad de lo que estaba pasando, y yo la encontré... O, al menos, gran parte de ella, y aquí os la ofrezco. Esta es la narración de mis investigaciones a través de entrevistas a actores principales de esta crisis sanitaria. Ahora, con un tiempo prudencial y analizando todo lo ocurrido, podemos sentarnos y deliberar de una forma más sosegada sobre todo lo vivido para llegar a las claves adecuadas que nos permitan ver la realidad de lo que ha pasado en España y en el mundo.

CAPÍTULO II.
HACIA UN NUEVO ORDEN MUNDIAL

Antes de comenzar a meternos directamente en materia, permítanme ponerles en antecedentes. Ya sé que muchos de ustedes este capítulo lo pueden tener más que claro de antemano; pero no es así para la mayor parte de la gente. Es por ello por lo que me creo en la obligación de poner a los lectores en antecedentes antes que entrar en detalles más profundos de nuestra realidad. Tenemos que saber de dónde venimos para saber a hacia dónde nos dirigimos, esto es una obviedad que no necesita explicación.

Muchos habéis oído comentar la expresión «nuevo orden mundial». Para algunos es nueva o es la primera vez que escucháis este enunciado, sin embargo, toda la historia gira en torno a esta frase. Esta frase ha sido pronunciada por los principales líderes mundiales, entre ellos presidentes de los Estados Unidos, como George Bush padre o Woodrow Wilson, o el propio Mijaíl Gorbachov, el inventor de la *perestroika* y posterior artífice del derrumbamiento del Pacto de Varsovia. La revista *Time* del 28 de enero de 1991 escribió en referencia a la guerra de Irak: «Mientras caían las bombas y se disparaban los misiles, las esperanzas de *un nuevo orden mundial* cedieron lugar al desorden común». Prosiguiendo: «Nadie debe forjarse ilusiones pensando que *el nuevo orden mundial*, del que tanto alarde se hace, se ha establecido o está cerca».

¿Pero qué es exactamente el nuevo orden mundial? Para definirlo muy rápidamente, diría que su significado diría es el establecimiento de un solo gobierno mundial con una moneda mundial única, un banco central único y una religión única. Esto es una definición muy resumida; pero en esta definición tan corta existen muchos matices. Así explicado, a bote pronto, a cualquiera nos podría venir a la mente que sería una magnífica idea que la humanidad estuviera unida con un gobierno único y que los seres humanos formáramos, al fin, una sola nación. Así muchos tenderíamos a pensar que se acabarían las guerras entre nosotros y que viviríamos en una especie de paraíso terrenal.

Cuidado con los paraísos terrenales, porque todas las ideologías que nos han intentado traer ese paraíso al final nos impusieron un auténtico infierno, caso del comunismo. Muchos de vosotros pensaréis qué hay de malo que la humanidad esté unida bajo un solo gobierno. En principio, nada; pero qué tipo de gobierno... ¿Quizá un gobierno plutocrático en el que los más ricos gobiernan y el resto vive esclavizado? Si partimos de esta premisa, el mundo de un solo gobierno mundial ya no nos parecería tan atrayente y provechoso, sino que lo veríamos, más bien, como un sistema opresivo del que nos convendría alejarnos. Y es que el demonio está en los matices, algo que en principio puede parecer muy bueno se puede convertir en la mayor de las pesadillas.

¿Pero de dónde nace el concepto de nuevo orden mundial? Es más, ¿si hay un nuevo orden mundial, significa que hubo un viejo orden mundial? Efectivamente, la expresión nuevo orden mundial se erige desafiante sobre un orden antiguo establecido que quiere remover y renovar y eso es parte de lo que vamos a descubrir en este capítulo.

Para entender este concepto más ampliamente nos tenemos que meter inexorablemente en el mundo de las sociedades secretas, también llamado actualmente la masonería. Y es que el mundo, querámoslo o no, ha estado dominado por este tipo de sociedades que han buscado siempre más que el bien común, el bien propio. Digamos que estas sociedades, que siempre han existido en la historia, son una especie de asociación entre los hombres de poder de una sociedad determinada para la búsqueda del propio beneficio en detrimento del resto.

La información es poder, esto es una máxima de los servicios de inteligencia; pero antes de que los modernos servicios de inteligencia lo descubrieran ya lo habían descubierto otros muchos antes en la historia. Efectivamente, una serie de hombres han intentado acumular el verdadero saber para sí y esconderlo al resto con el único objetivo de dominar a sus semejantes. Un pueblo ignorante es un pueblo fácilmente manejable.

Esto va mucho más allá de la mera ambición del dinero, el dinero es tan solo un medio para alcanzar el fin, el poder por el poder, el sometimiento del resto de los seres humanos. De esta forma, nos hemos encontrado sociedades, como la babilónica, en donde se prohibía a las personas aprender a leer y a escribir bajo pena de muerte, con la excusa de que era el lenguaje de los dioses y que solo unos pocos, los sacerdotes, podían descifrar.

Un caso mucho más reciente lo encontramos en la prohibición de la Iglesia católica en lo relativo a la traducción e interpretación de las sagradas escrituras. Siempre hemos encontrado en la historia élites dispuestas a no perder el poder y la influencia y, para ello, no han dudado en impedirles a sus semejantes el que pudieran aprender lo mismo que ellos con el único objetivo de dominarlos bajo el influjo de su propia ignorancia. Es decir, cortar las fuentes de información, que el resto permanezca en la ignorancia, ese es el objetivo de las sociedades ocultas para manipular y usar al resto de los seres humanos.

¿Cuándo nace la masonería?

Existe mucha desinformación sobre este tema en las redes sociales. Son muchas las fuentes que establecen el inicio de la masonería en Alemania, concretamente en Baviera, apuntando al profesor de Derecho Eclesiástico y Filosofía de la Universidad de Ingosltadt, Adam Weishaupt. Nos referimos a la orden conocida popularmente como los Illuminati, que en su acepción original sería los Iluminados de Baviera. A los Iluminados de Baviera se les culpó, entre otras cosas, de la propia Revolución francesa, ocurrida en el año 1789, algo puede haber de verdad y esto lo veremos ahora. Esta orden se fundó el 1 de mayo de 1776 y es conocida, entre otras cosas, por su símbolo, el mochuelo de la diosa Atenea, estandarte de la sabiduría.

Este símbolo de los Iluminados de Baviera lo podemos encontrar hoy en día incluso en el billete del dólar.

Pero ni mucho menos este es el inicio de la masonería y, en cuanto a los iluminados, existen ramas que se fundaron mucho antes que lo hiciera Adam Weishaupt. En concreto, en España existió una secta llamada la secta de los Alumbrados, que estuvo activa allá por el siglo XVI y tuvo su origen en Castilla. Estos alumbrados españoles son una parte de una corriente mística herética de origen protestante que sacudió al continente y a la que se aplicó el nombre del *iluminismo*.

También la masonería se ha vinculado a la construcción de las catedrales. Esta teoría dice que el inicio de estas sociedades halla su origen en los canteros y constructores de los templos sagrados que se asociaban creando una especie de fraternidad donde ponían en común todo su saber y experiencia. Algo hay de todo y, sin embargo, todo es mentira. Dicho de otra forma, son medias verdades que son las peores de las mentiras.

En realidad, la masonería ha existido desde siempre. ¿Desde siempre? Se preguntará el lector. Sí, desde siempre, desde que el hombre es hombre siempre ha existido la masonería, aunque en épocas pasadas se podría denominar de otras maneras. Por ejemplo, en el antiguo Egipto podemos encontrar las «escuelas de misterios», que recopilaban todo el saber oculto de la humanidad. El propio Platón se dirigió en un viaje a Egipto para aprender de estas escuelas de misterios manejados por los sacerdotes egipcios.

Del poder de los sacerdotes y magos egipcios nos da cuenta ya el propio libro del Éxodo, en donde nos narra cuando Moisés se presenta ante el faraón para que permita marchar de sus tierras al pueblo de Israel hacia la tierra prometida. Moisés hace que su bastón se convierta en serpiente delante del faraón para demostrarle que el poder de Dios está con él, sin embargo, los magos egipcios demuestran tener el mismo poder. Eso sí, el Éxodo nos cuenta que la serpiente de Moisés se come a las otras fabricadas por los sacerdotes del faraón.

En la propia Grecia clásica también aparecen estos grupos o asociaciones secretas, incluso el propio Pitágoras funda una logia o asociación secreta conocida como los Pitagóricos, quienes decían poseer el conocimiento del universo a través de los números.

Hay otras logias o asociaciones secretas que han permanecido y sobrevivido a lo largo del tiempo. Ahora me viene a la mente la Hermandad de la Serpiente, que tiene como su símbolo principal un dragón y dicen hundir sus raíces antes incluso que en el antiguo Egipto, es decir, en la civilización babilónica.

En definitiva, antes del nuevo orden mundial existió un antiguo orden mundial. Este antiguo o viejo orden mundial estaba manejado principalmente por los sacerdotes que guardaban los secretos de la humanidad en sus escuelas de misterios, así como por los monarcas y la aristocracia, que eran los beneficiados directos de la sabiduría que guardaban celosamente estos sacerdotes en sus templos.

Las sociedades antiguas estaban ordenadas prácticamente todas iguales. Si lo visualizamos como una pirámide, arriba de ella encontraríamos a los sacerdotes, después a la aristocracia y en la base de todos al resto del pueblo ignorante dedicado a la ganadería y la agricultura. Los ejércitos de los reyes se abastecían de este pueblo analfabeto al que se le negaba el acceso a la ciencia y la información y al que se manipulaba y sometía con facilidad.

Este paradigma estuvo vigente durante miles de años de forma invariable. Pero he aquí que allá por los siglos xv y xvi comienza a nacer una nueva casta social con la que tanto sacerdotes como reyes no contaban, **la burguesía.**

Es esta burguesía la que se va abriendo paso y con el poder del dinero y de sus negocios va consiguiendo desbancar al poder de la religión y de la aristocracia hasta que llegamos a un momento culmen de la historia, **la Revolución francesa.**

Efectivamente, la nueva casta social va adquiriendo poder, un poder cada vez mayor, hasta el punto de que no solo llega a desafiar el antiguo poder aristocrático-sacerdotal, sino que consigue derrocarlo e imponer sus propias leyes. La Revolución francesa en el año 1789 podemos marcarla como el inicio del nuevo orden mundial. El poder del nuevo orden mundial es el poder de la burguesía que ha conseguido cortarle la cabeza al primer rey, Luis xvi, y que proclama al mundo que el poder aristocrático-sacerdotal ha llegado a su fin. Esta burguesía pide tener acceso a las fuentes del conocimiento, a la sabiduría prohibida que habían acumulado para sí reyes y sacerdotes, el verdadero origen de la humanidad, la alquimia, la magia y, en definitiva, el mundo esotérico asociado siempre al poder terrenal.

En la ilustración, el enemigo principal de estos nuevos amos del mundo son precisamente la aristocracia y los sacerdotes, en este caso representados por la fe cristiana y católica. Las tropas francesas de Napoleón llevan a Europa una nueva revolución burguesa, un nuevo orden mundial que viene a derrocar los antiguos valores y principios del viejo mundo.

Es por ello por lo que podemos fijar el inicio del nuevo orden mundial justo en el momento en el que una guillotina se abate sobre el cuello del rey francés Luis xvi. De esta forma, fue anunciado al mundo un cambio de paradigma, y las naciones comenzarían a girar de monarquías absolutas a nuevas repúblicas. Una palabra resumiría las nuevas leyes establecidas como una consigna secreta a voces: constitución. Las nuevas naciones masónicas asociadas a este cambio de paradigma denominarían así a sus leyes supremas. En el caso de España hemos sustituido fueros por constitución. De esta forma y con este simple gesto, anunciamos al mundo que nuestro estado es uno más de los alineados al paradigma del nuevo orden mundial. No en vano, nuestra constitución se hizo en una logia masónica escrita por siete padres masones, algo que sería para escribir otro libro en otro momento sobre el Estado profundo español.

La Revolución francesa fue un movimiento patrocinado por la burguesía y los ilustrados, el nuevo poder en el mundo que llegó para quedarse. Y de aquellos burgueses franceses, hoy tenemos este nuevo mundo cuyos destinos ya no dirigen los reyes ni los sacerdotes, tampoco el pueblo, sino una serie de grandes corporaciones y conglomerados financieros que, reunidos en asociaciones, dirigen inexorablemente los destinos del mundo.

Incluso la monarquía se ha rendido ante el nuevo orden mundial burgués y solo intenta acomodarse al nuevo paradigma que ha surgido. Los aristócratas siempre se han sentido amenazados, y con razón, por este nuevo movimiento. El cambio ha sido tan brutal, que hoy en día incluso en España te puedes encontrar a gente aristocrática despojada absolutamente de todo poder. La aristocracia y los reyes no son el poder, el poder es el poder del dinero y de los comerciantes en un mundo en donde todo se compra y se vende. La aristocracia se ve como algo del pasado, las grandes empresas son el futuro y el nuevo poder global. Algunas de las grandes compañías que conocemos hoy en día tienen mucho más producto interior bruto que muchos estados. Todos conocemos empresas como Apple, Microsoft, Amazon, Google, Facebook, General Electric, etc. Estos son los nuevos reyes del planeta, ellos son el nuevo orden mundial, un solo gobierno mundial, una sola moneda y una sola religión.

En cuántas películas hemos visto el mundo del futuro dirigido solo por las grandes empresas en donde los estados han desaparecido por completo. Ya no hay fronteras, no hay naciones, tan solo empresas que dirigen los destinos del planeta.

Entonces, y a la vista de lo expuesto, el nuevo orden mundial no es más que el gobierno de los plutócratas, de los pudientes, de los ricos. Ya no habrá clase media independiente, todos seremos asalariados de estas grandes corporaciones y trabajaremos para ellos. Visto de esta manera ya no es tan atrayente la idea de un solo gobierno y una humanidad unida. El diablo está en los detalles, y no olvidemos que no en vano al demonio se le ha llegado a denominar el padre de la mentira.

La sociedad del terror

¿Aceptará la humanidad el nuevo orden mundial con su cruda realidad? Evidentemente, la respuesta es no. Es por ello por lo que para la implantación de este sistema existe una hoja de ruta. Un camino que ha de recorrerse para que la humanidad acepte los dictados de una sociedad plutocrática que se considera superior y desprecia al resto.

Es evidente que la gente no quiere vivir esclava, sino libre; a nadie le gusta que un *ser superior*, el estado o la empresa, le diga lo que tiene o no tiene que hacer, cómo tiene que vivir, cómo tienen que ser educados sus hijos, etc.

Las antiguas estructuras no sirven, las personas ya tienen un cierto nivel cultural, el analfabetismo es un mal que está a punto de ser erradicado de las principales naciones e incluso del mundo. El mundo anterior al nuevo orden mundial ya no puede volver. El mundo aristocrático-sacerdotal es ya cosa del pasado. La sumisión tiene que realizarse de otra forma, de una forma mucho más sutil, más engañosa si cabe.

Es aquí cuando nace la sociedad del terror, una sociedad dispuesta a renunciar a su libertad a cambio de su vida. Es la eterna disquisición entre la libertad y la seguridad. ¿Qué es más importante, la seguridad personal o la libertad?

Esta disyuntiva ya se planteó con toda su crudeza después de los ataques del 11S y el nacimiento del terrorismo islamista. El eterno conflicto entre la seguridad personal y la libertad. Sin vida no hay libertad, el derecho a la vida es el primer presupuesto de cualquier otro derecho; pero también es verdad que sin libertad no merece la pena vivir. Durante los ataques del 11S y más recientemente en la crisis del COVID-19 hemos podido comprobar cómo la gente ha renunciado a su libertad e incluso de forma gustosa en aras de su seguridad personal.

Si algo tienen en común estos dos acontecimientos, es que tanto contra el terrorismo islámico como contra el COVID-19 se lucha contra enemigos invisibles. Cualquier persona puede ser un terrorista lo mismo que cualquier persona puede ser un infectado. Esto eleva el nivel de paranoia y, por consiguiente, de control total por parte de los estados y las élites dominantes.

Nuestros gobernantes han visto cómo los ciudadanos han corrido al resguardo de sus faldas cuales corderillos ateridos de miedo y no les ha importado ceder incluso su intimidad y sus datos. Algo que en circunstancias normales hubiera sido inimaginable, ha sido realmente fácil en un tiempo de crisis en donde la población ha visto sus vidas amenazadas. Ha sido el sueño húmedo de los gobiernos ver cómo la población se plegaba a sus deseos sin apenas resistencia. Efectivamente, el Gobierno español, al igual que los gobiernos de todo el mundo, se convirtió en el amo de las almas de los españoles. Todos o casi todos obedecieron sus órdenes de forma disciplinada e incluso se denunciaban entre ellos y se convirtieron voluntariamente en sus propios carceleros; y es que, como decía Maquiavelo en *El príncipe*: «**Quien controla el miedo de la gente se convierte en amo de sus almas**».

CAPÍTULO III.
LA MAFIA FARMACÉUTICA

Aquí podemos empezar a entrar en materia de la buena, el papel que ha desempeñado durante la crisis la industria farmacéutica ha sido del todo fundamental y principal. Es más, todo en esta crisis del COVID-19 ha girado en torno a esta industria, que ha liderado *la salvación de la humanidad*, previos pingües beneficios que se han embolsado. ¿Pero realmente ha sido así? Eso es lo que vamos a analizar en este capítulo.

Antes de nada, permítanme que parta de un concepto sencillo, lógico, básico de este tipo de industria. Este concepto es de una lógica aplastante; pero, aun así, la mayor parte de las personas no lo tienen muy claro o desean ignorarlo.

La industria farmacéutica no hace negocio con las personas sanas. Hoy en día, la sanidad se ha convertido en uno de los negocios más lucrativos negocios. La industria de la farmacia puede mover al año en torno a los setecientos mil millones de euros a nivel mundial. Además, la industria farmacéutica se nutre esencialmente de las personas que han enfermado. Es decir, que tenemos una industria, una de las más rentables del mundo, a la que lo que menos le conviene es que las personas sanen. Su negocio está en los enfermos. Como me comentaba el médico Luis de Benito en una ocasión: «La medicina ha avanzado tanto que ha conseguido que todo el mundo esté enfermo».

Seamos sinceros, a la industria de la farmacia, para aumentar sus beneficios, no le conviene los sanos, tampoco los muertos, lo que le conviene son las personas enfermas, mantenernos enfermos para que estemos constantemente consumiendo y comprando sus productos.

Este comportamiento para aumentar beneficios de la industria farmacéutica se ha visto reflejado en los tribunales. Tengo que decir que este tipo de negocio se ha comportado como una auténtica metamafia a lo largo del tiempo: sobornos, medicamentos adulterados o contaminados a sabiendas y todo tipo de actividades ilegales como comercializar productos para usos no aprobados.

El portal jamanetwork.com se dedicó a recopilar las sanciones y condenas que han recibido las farmacéuticas, y los resultados son escalofriantes. Este estudio lo han llevado a cabo los periodistas de investigación **Denis Arnold, Oscar Jerome Stewart y Tammy Beck.**

Tal y como señala el propio portal sobre el método de investigación, los datos se recogieron «entre el año 2003 y 2016 del Departamento de Justicia de EE. UU., la Comisión de Bolsa y Valores de EE. UU., la Agencia de Protección Ambiental de EE. UU. y los fiscales generales de los estados. Cada acuerdo incluía el monto de la multa y describía el alcance, el tipo y la duración de la actividad ilegal asociada. Se aseguran los datos faltantes a través de solicitudes de la Ley de Libertad de Información. Las sanciones pecuniarias se atribuyeron al año de liquidación.

»Entre las veintiséis empresas de nuestra muestra, veintidós (85 %) tenían sanciones financieras por actividades ilegales. El valor en dólares combinado de las sanciones financieras ascendió a 33 000 millones de dólares entre 2003 y 2016. Once empresas con sanciones financieras que superan los 1000 millones de dólares, ajustados por inflación, los datos representaron **28,800 millones de dólares (88 %) de las sanciones totales** (Tabla 1). Las firmas con las multas más altas como porcentaje de los ingresos (es decir, >1 %) fueron Schering-Plough, GlaxoSmithKline, Allergan y Wyeth; el número de sanciones para estas empresas varió entre una (Allergan) y veintisiete (GlaxoSmithKline). Cuatro firmas tuvieron sanciones financieras por un total de menos de 80 millones de dólares y no más de dos acuerdos de multas (Actavis [Watson], Roche Group, Genzyme y Perrigo). **Todas menos una empresa (Perrigo) se dedicaron a actividades ilegales asociadas con**

sanciones durante cuatro años o más. Otras cuatro empresas no recibieron sanciones financieras por actividades ilegales durante este período. Los tipos más comunes de actividad ilegal que implican sanciones (Tabla 2) fueron **infracciones de precios, marketing no autorizado y sobornos.** Las firmas con mayor variedad en los tipos de actividades ilegales que involucran sanciones fueron GlaxoSmithKline, Bristol Myers Squibb y Merck. Tres empresas (Actavis, Allergan y Perrigo) tenían sanciones limitadas a un solo tipo de infracción».

Table 1. Value of Financial Penalties and Duration of Illegal Activity

Company[a]	Value of penalties, total $, in thousands[b]	No. of penalties	Penalty amount, mean $, in thousands	Penalties, % of total revenues (rank)[c]	Duration of illegal activity associated with penalties, mean, y
GlaxoSmithKline	9 775 419	27	362 053	1.55 (2)	7.22
Pfizer	2 910 581	18	161 699	0.36 (11)	5.67
Johnson & Johnson	2 668 326	15	177 888	0.28 (13)	6.08
Abbott Laboratories	2 581 585	11	234 690	0.75 (6)	6.36
Merck	2 094 026	11	209 403	0.40 (9)	6.13
Eli Lilly	1 775 031	7	253 576	0.59 (7)	6.14
Schering-Plough[d]	1 645 186	12	137 099	2.05 (1)	6.18
Wyeth[d]	1 614 355	7	230 622	1.15 (4)	8.71
Bristol Myers Squibb	1 389 197	12	115 766	0.50 (8)	5.83
Novartis	1 198 088	11	108 917	0.18 (16)	6.55
AstraZeneca	1 172 185	10	117 219	0.28 (14)	8.30
Amgen	945 034	9	105 004	0.39 (10)	9.78
Allergan[d]	660 604	1	660 604	1.16 (3)	7.00
Bayer	602 688	13	46 361	0.09 (19)	4.00
Mylan	227 800	6	37 967	0.30 (12)	4.67
Sanofi-Aventis	535 923	10	53 592	0.10 (18)	6.50
Boehringer Ingelheim	416 439	7	59 491	Not applicable[e]	5.86
Forest Laboratories[d]	383 452	3	127 817	0.88 (5)	5.33
Actavis (Watson)	77 312	2	38 656	0.09 (17)	11.00
Roche Group	67 000	1	67 000	0.01 (21)	5.00
Genzyme[d]	56 152	2	28 076	0.19 (15)	5.00
Perrigo	7816	1	7816	0.02 (20)	1.00

[a] Four firms were not found to have penalties for illegal activities during the sample period: Biogen Idec, Celgene, Gilead Sciences, and Hospira.

[b] Total dollar value from 2003 through 2016, adjusted for inflation in 2016 dollars (the last year of data collection).

[c] Sum of yearly revenues for the duration of firm existence over the study period (2003-2016), adjusted for inflation in 2016 dollars.

[d] Six companies were acquired before 2016: Forest Laboratories in 2014 and Allergan in 2015 (acquired by Actavis [Watson]), Schering-Plough in 2009 (acquired by Merck), Wyeth in 2009 and Hospira in 2015 (acquired by Pfizer), and Genzyme in 2011 (acquired by Sanofi).

[e] Boehringer Ingelheim is private. Revenues were not available to calculate penalties as a percentage of revenue.

TABLA I

El resultado que refleja el informe es brutal: «Entre las grandes compañías farmacéuticas incluidas en este estudio, el 85 % tenía evidencia de sanciones financieras por actividades ilegales».

Este estudio tiene sus limitaciones, que incluyen el enfoque en las empresas más grandes, la exclusión de acuerdos de demandas colectivas y sanciones por parte de gobiernos no estadounidenses y la posibilidad de que se hayan omitido algunos acuerdos. Además, solo se examinaron las liquidaciones de un período de tiempo limitado. No se pudo determinar si estos datos reflejan las actividades actuales de las compañías farmacéuticas o si las sanciones financieras por actividades ilegales han aumentado o disminuido más recientemente.

En esta primera tabla que ponemos a continuación perteneciente al estudio llevado a cabo por los periodistas norteamericanos, podemos ver en primer término la cantidad de miles de millones de dólares por las que han sido multados y posteriormente, los *penaltis*, número de faltas o sanciones cometidas.

En la tabla 2 podemos ver el número de faltas cometidas y los diferentes conceptos.

Table 2. Type and Frequency of Illegal Activity Associated With Penalties

| Company[a] | No. of penalties | Violation frequency | | | | | | | | | | |
		Adulterated drugs[b]	Bribery[c]	Competition[d]	Disclosure[e]	Environmental violations[f]	Financial violations[g]	Kickbacks[h]	Misleading marketing[i]	Off-label marketing[j]	Pricing[k]	Uncategorized[l]
GlaxoSmithKline	27	2	2	3	5	3	1	2	5	3	11	1
Pfizer	18	0	2	0	1	4	0	1	7	5	3	0
Johnson & Johnson	15	1	1	0	5	0	0	4	4	9	2	0
Bayer	13	0	0	3	1	4	0	1	3	1	4	0
Schering-Plough[m]	12	0	0	0	2	0	2	1	1	1	8	0
Bristol Myers Squibb	12	0	1	4	1	1	2	1	1	2	3	0
Abbott Laboratories	11	0	0	2	1	2	0	3	1	1	4	0
Merck	11	0	0	0	2	2	1	2	1	2	7	1
Novartis	11	0	1	0	1	0	1	5	0	4	5	0
AstraZeneca	10	0	1	0	1	0	0	4	1	2	6	1
Sanofi-Aventis	10	0	0	2	0	1	0	2	0	0	6	0
Amgen	9	0	0	0	0	1	0	3	1	3	5	0
Boehringer Ingelheim	7	0	0	0	0	2	0	1	1	1	4	0
Eli Lilly	7	0	0	0	1	0	0	1	1	7	1	0
Wyeth[m]	7	0	1	0	0	1	0	0	2	4	1	0
Mylan	6	0	0	1	0	0	0	0	1	0	4	0
Forest Laboratories[m]	3	1	0	0	0	0	0	2	0	1	1	1
Actavis (Watson)	2	0	0	0	0	0	0	0	0	0	2	0
Genzyme[m]	2	1	0	0	0	0	0	0	1	2	1	0
Allergan[m]	1	0	0	0	0	0	0	0	0	1	0	0
Roche Group	1	0	0	0	0	0	0	0	1	1	0	0
Perrigo	1	0	0	1	0	0	0	0	0	0	0	0
Total		5	9	16	21	21	7	33	32	50	78	4

TABLA 2

Podemos comprobar en las tablas que la farmacéutica Pfizer, una de las estrellas durante esta crisis sanitaria, ha sido la segunda compañía más sancionada por sus prácticas ilegales con un total de dieciocho sanciones y casi tres mil millones de dólares en multas.

¿Pero por qué conceptos multan a las farmacéuticas? En la tabla y como resultados totales podemos resumir:

Por producir productos adulterados han sido sancionadas durante este periodo en cinco ocasiones. Por sobornos en nueve. Por competencia desleal en dieciséis ocasiones. Por ocultación de la información en veintiuna ocasiones. Por daño medioambiental en otras veintiuna. Por fraude en siete ocasiones. Por comisiones ilegales en treinta y tres, suponemos que estas comisiones son las que se llevan los bolsillos de los colegios de médicos, políticos, etc. Por publicidad engañosa treinta y dos. Y la que más, por fijación de los precios en setenta y ocho ocasiones. Todos unos angelitos. Podemos asegurar que son la gente más confiable del mundo, modo sarcástico activado.

El jardinero fiel

Es muy significativa la cantidad de multas que las farmacéuticas reciben por sobornos, más adelante explicaremos con más detalle lo que significa esta palabra y en esta industria.

Pero lo que hemos visto hasta ahora no es nada comparado con lo que las farmacéuticas hayan podido hacer en África, su campo de pruebas. Seguimos hablando de la farmacéutica buque insignia durante esta *pandemia* del COVID-19, Pfizer. Pfizer probó en Nigeria en el año 1996 un medicamento (Trovan) en fase experimental contra la meningitis sobre doscientos niños. Muchos de ellos morirían al poco tiempo de que les administraran el veneno mortal, otros han quedado con secuelas de por vida. Aquella epidemia de meningitis segó la vida de veinticinco mil personas en el país africano.

La farmacéutica ha intentado por todos los medios llegar a un acuerdo por separado con las familias afectadas por su medicamento para esquivar los siete mil millones de dólares en sanciones que le piden en los tribunales nigerianos. Hubiera sido la sanción más grande de la historia impuesta a una empresa de medicamentos.

Años después, el escritor británico John le Carré escribiría la novela *El jardinero fiel*, ambientada en los sucesos y los experimentos que estas grandes compañías han llevado a cabo en el país africano.

Un testimonio de los sucesos editado por Mercy Abang y publicado originalmente por *Unbias The News*: «Es extraño que todavía lo recuerde todo, incluso el color del uniforme de la enfermera. Había una enfermera blanca que vestía una falda marrón y una blusa verde, que le indicó a la enfermera nigeriana que le diera tres inyecciones a la vez y él hizo exactamente eso mientras mi hijo estaba sobre mis hombros», dice Hajiya Maryam, hablando en hausa.

«Inmediatamente después de recibir las drogas, quedó inconsciente durante horas. Al despertar, noté que no podía escuchar nada más. Sabía que fue Pfizer quien le dio las drogas».

Pfizer ha sostenido que obtuvo el consentimiento verbal previo de todos los padres para el experimento, pero aquellos como Maryam y Bala Bello, de 29 años, cuentan una historia diferente. Bello tenía cuatro años durante el brote de meningitis.

«Estaba enfermo y me llevaron al Hospital de Enfermedades Infecciosas (IDH), conocido popularmente como Asibitin Zana —relató Bello—. Me dieron algunos medicamentos, pero nadie le explicó a [mi madre] para qué servían dichos medicamentos».

Poco después de que se le administraran los medicamentos, desarrolló un efecto secundario inesperado.

«Ni siquiera salimos del hospital antes de que se manifestara una reacción. Poco después, desarrollé parálisis en las piernas —dice Bello mientras lucha por mantener una posición sentada estable—. Poco después de quedar paralizado… mi madre se enteró de que era Pfizer quien le había dado los medicamentos de su experimento».

De los participantes del ensayo, once murieron y decenas más quedaron con lesiones de gravedad: ceguera, parálisis, sordera y déficits neurológicos, que la compañía sostiene que son el resultado de la meningitis, no de los medicamentos que administraron.

África ha sido el campo de pruebas de muchas de las farmacéuticas norteamericanas, y las consecuencias para la población han sido, en muchas ocasiones, devastadoras. No es extraño que África sea el continente más reticente para inyectarse cualquier tipo de vacuna, y los países que lideran el ranquin con menos vacunados contra el COVID-19, solo un 17 % se estima que ha recibido la vacuna.

Por cierto, ¿sabías que las vacunas del COVID-19 han sido administradas en fase experimental? Una pregunta más y solo si te vacunaste contra el COVID-19: ¿Firmaste el consentimiento informado por el que te sometías voluntariamente a un medicamento que estaba en fase de experimentación? Ahí os dejo esa pregunta para las personas que se hayan vacunado del COVID-19. Ninguna vacuna a fecha en la que escribo este artículo, 8 de marzo de 2022, ha superado todavía la fase de experimentación. Pero eso será en otro capítulo más adelante, en donde daré las pruebas y todas las ilegalidades que se han cometido poniendo en peligro la supervivencia de la propia nación.

Con todo este historial, sinceramente, ¿crees que puedes confiar en el papel de la farmacia actual? ¿Estás tranquilo a la hora de ponerte un medicamento de esta industria? ¿No te planteas que quizá puedes estar poniendo en peligro tu propia vida? ¿Te has preguntado qué estándares de calidad tienen los medicamentos que te recetan? ¿Confías realmente en el papel que está jugando la medicina actual? Si la respuesta es sí, adelante, no pienses mucho más y sigue viviendo como si nada hubiera pasado; pero si crees que estos datos son suficientes para replantearte las cosas, quizá tu salud te lo agradezca.

CAPÍTULO IV.
EL EVENTO 201

El Evento 201 fue uno de esos hechos que no se pueden dejar atrás. No es la primera vez que surgen *coincidencias* realmente llamativas entre los simulacros y la realidad.

En concreto, el Evento 201 fue un simulacro de pandemia realizado en Nueva York y llevado a cabo por la Universidad John Hopkins, el Centro para la Seguridad de la Salud, el Foro Económico Mundial y la Fundación Bill y Melinda Gates. Consistió en la simulación de una pandemia en la que mueren sesenta y cinco millones de personas a causa de un virus. ¡Atención!, que pasa del murciélago al cerdo y del cerdo a los humanos, es decir, lo que los biólogos vienen llamando una zoonosis. Más adelante explicaré cómo este paso de los virus de los animales a los humanos es altamente improbable. Hablando con biólogos españoles, me comentaban que es prácticamente imposible y es como si estuviéramos hablando de Spiderman, poderes de los animales que se pasan a los humanos, es, en la práctica, ciencia ficción.

Pero sigamos adelante, la prueba fue llevada a cabo el 18 de octubre de 2019 en Nueva York, justo dos meses antes de que apareciera el coronavirus de Wuhan y comenzara la gran crisis sanitaria. ¿Demasiadas coincidencias verdad.? Pero más coincidencias tendríamos si este evento lo comparamos con el 11 de septiembre. Efectivamente, un año antes, por supuesto también coincidencia, una empresa norteamericana proyectaba un simulacro de un impacto de un avión sobre las torres gemelas.

Se trataba de la National Reconnaisance Office (NRO), compañía de los Estados Unidos que pretendió realizar un simulacro en el que un avión se estrellaba contra una de las Torres Gemelas, justamente un 11 de septiembre. En principio el simulacro del avión, chocando con el World Trade Center, no tenía nada que ver con el terrorismo, simplemente se trataba de la simulación de un accidente.

«¡Fue una terrible casualidad!», dijeron posteriormente desde la empresa promotora del simulacro. Las casualidades en estos eventos no existen, os lo puedo asegurar.

Pero fijaos, no solo estos eventos tienen el sello común de que antes *se han probado*, sino que también tienen otro elemento que los hace gemelos: tanto en las crisis del 11S como en la del COVID-19 se lucha contra un enemigo invisible.

Efectivamente, la «lucha contra el terror», como se llegó a apodar la guerra contra el islamismo radical, tiene la característica de que cualquier persona puede llegar a ser un terrorista. De esta forma, se somete a la población a un control férreo justificando la falta de libertades en aras de la seguridad personal y colectiva. En el caso del COVID-19 pasa exactamente lo mismo, cualquier persona puede llegar a ser un infectado, por lo que todos los controles y falta de libertades quedan justificados. Se instala en la gente una auténtica paranoia y **una sociedad del miedo**.

No es casual, a las élites les parece que les encanta los enemigos invisibles, y así, pueden justificar cualquier tipo de medida que en condiciones normales nos hubiera parecido totalmente descabellada.

Pero por si estas coincidencias no fueran suficientes, puedo decirte que hay muchas más *coincidencias* de este tipo. Por ejemplo, a un día de los atentados del 11M en Madrid, se estaba realizando un simulacro de atentados islamistas en Holanda. ¿También coincidencia? Fue el general jefe de la OTAN en España, Cayetano Miró Valls, quien confirmó al excomisario de policía español Villarejo estos simulacros y que, durante el 11M, Madrid estaba llena de agentes de los servicios de inteligencia franceses. Estos agentes se movieron por todo Madrid a sus anchas y sin control ni vigilancia de ningún tipo, con la excusa de esta cobertura europea de ejercicios simulados. Y ya sabemos que donde están los franceses… están los marroquíes.

Pero no solo se hicieron simulaciones en estos atentados islamistas, hay muchos más ejemplos, simplemente he puesto los más significativos. Es decir, antes de un acontecimiento de este tipo siempre hay un *previo*, una simulación, las casualidades no existen. Es por ello por lo que, como experto en seguridad e investigación, me incliné desde el principio a reconocer la crisis sanitaria del COVID-19 como un atentado contra la humanidad y no como un hecho fortuito e imposible provocado por la naturaleza. Además, y desde un punto de vista subjetivo, la teoría del pangolín asesino no dejaba de parecerme la excusa más infantil y ridícula del mundo. Sin embargo, hay que reconocer que la gente tragó, como de costumbre después de haberle repetido la mentira mil veces a través de los medios de propaganda masiva.

En cuanto al evento 201 en sí, los *expertos* concluyeron que «es solo cuestión de tiempo antes de que una de estas epidemias se vuelva global, una pandemia con consecuencias potencialmente catastróficas». Esto lo dijeron solo un par de meses antes, ¡qué genios verdad! También advirtieron de que «las pandemias serán la causa de una pérdida económica anual promedio del 0,7 % del PIB mundial, o 570 000 millones de dólares». Y, por supuesto, también alertaron sobre las graves consecuencias económicas y sociales de estas próximas pandemias: «La próxima pandemia grave no solo causará grandes enfermedades y pérdida de vidas, sino que también podría desencadenar importantes consecuencias económicas y sociales en cascada que podrían contribuir en gran medida al impacto y el sufrimiento global».

Finalmente, este grupo de *expertos* concluyó que las pandemias no se acabarían hasta que estuviera la mayor parte de la gente vacunada o hubieran pasado la enfermedad alrededor del 80 % o el 90 % de la población mundial. Con esto se referían a la inmunización natural.

Hay que hacer notar que en el Evento 201 hubo participantes de todas las nacionalidades, incluida representación China. Ya por el año 2015, el propio Bill Gates alertaba de que las próximas guerras se librarían con *armas biológicas*. Increíble confesión, ¿verdad?

CAPÍTULO V.
NO HAY AUTOPSIAS

Uno de los grandes misterios de esta crisis sanitaria son las autopsias. Durante el principio de la mal llamada pandemia la directriz de los gobiernos a nivel global era no hacer autopsias; ¿pero por qué? Todo el mundo sabe que si quieres saber de qué ha muerto una persona es imprescindible hacerle la autopsia. Este es un desaguisado más de todos los que se han producido durante este tiempo y que nos lleva a concluir que nuestros gobiernos no querían que se supiera qué es lo que realmente estaba pasando.

La gente moría en los hospitales y se incineraba directamente, no había autopsia, no se informaba a los familiares, no se dejaba ver a los pacientes. Si ingresabas a tu madre, tu padre o a un hijo en un hospital por una simple gripe, podía terminar entubado en la UCI, muerto e incinerado. Los que nos dábamos cuenta de todo lo que estaba ocurriendo y al engaño masivo al que se estaba sometiendo a la población teníamos terror a acudir a un hospital por el miedo a no salir más de allí con vida.

El protocolo era bastante claro: llegabas al hospital por cualquier enfermedad, daba lo mismo, y lo primero que te hacían era una prueba PCR, como sabemos ahora inespecíficas que podían dar positivo a cualquier patógeno. Si dabas positivo automáticamente te convertías en un enfermo de COVID-19, sin importar que no tuvieras síntomas, eras un asintomático. Después te ingresaban en UCI con otros enfermos de coronavirus. Si no tenías coronavirus lo más fácil es que en esas salas te contagiaran del mismo al estar junto al resto de pacientes y enfermos. Después pasabas inmediatamente a la intubación, la muerte, la no autopsia y la incineración para borrar cualquier tipo de prueba. Visto así, parece más un asesinato. Muy probablemente lo eran.

Personalmente puedo decir que el miedo que sentía a acercarme a cualquier hospital hizo que rechazara una gastroscopia que me debían realizar y para la que estaba en lista de espera. Y como yo, otras muchas personas cuyas enfermedades, por unos u otros motivos, pasaron a un segundo plano porque todo era COVID-19. Mucha gente comenzó a morir por pura desatención médica, algo inaudito en España. Si no te atendían, te morías de desatención, si te atendían podías morir entubado, la locura extrema se había instalado en la sanidad española.

Uno de los casos más sangrantes ocurrió en Estepona, en donde una joven falleció después de haber acudido hasta en siete ocasiones al hospital, noticia aparecida en el diario *ABC* de Andalucía el día 10 de agosto de 2021. «El parte de defunción, revelado por el digital *Área Costa del Sol*, afirma que la joven era positiva por COVID-19 y lo expone como la causa intermedia que ha propiciado la causa fundamental de la defunción. La mujer **murió por un tromboembolismo pulmonar y la causa inmediata del deceso fue un edema cerebral**». Esta mujer de veinte años acudió hasta en siete ocasiones al hospital público de Marbella y le dijeron que tenía COVID-19, pero que no la podían atender «porque había gente más grave que ella». Los médicos también se escudan en que no estaba vacunada y que tenía otros factores de riesgo asociados.

Es un caso de otros muchos que se daban en España, en donde todo se había convertido en COVID-19, y las personas comenzaban a morir por la desatención a las propias enfermedades que ya padecían.

Estaba claro que si ibas a un hospital podías acabar en la UCI entubado aun estando sano, había aparecido la figura del asintomático, no nos olvidemos.

En España no ha habido ni un solo muerto de COVID-19

Sí señores, en España no ha habido ni un solo muerto de COVID-19. Y no estoy diciendo que la enfermedad no exista, estoy diciendo que, si no hay autopsias, que es la práctica médica que finalmente determina la causa de la defunción, no se puede decir que nadie se haya muerto por COVID-19. En definitiva, en España oficialmente, a falta de autopsias, nadie ha muerto de COVID-19, así de simple.

El doctor y forense José Cabrera hizo las siguientes declaraciones asombrado ante la falta de autopsias practicadas el 15 de mayo de 2020: «Soy el doctor José Cabrera Forneiro, médico forense y diplomado en Salud Pública. Este pequeño vídeo es para mostrar mi extrañeza y perplejidad por el hecho de que, tras diecisiete mil fallecidos por el coronavirus, cifras oficiales, no haya hoy una sola autopsia clínica practicada que pueda descubrir, explorar, analizar las razones últimas por las que el virus mata y cómo mata. Razones que servirían, por supuesto, para establecer estrategias terapéuticas en las personas que aún están luchando con la enfermedad. A fecha de hoy, no entendemos cómo es posible que no haya un grupo de investigación que, avalado por los gestores políticos, lógicamente, practiquen determinadas autopsias aleatorias en distintos grupos de edad para analizar órgano a órgano, tejido a tejido, y lugar a lugar las causas fisiopatológicas últimas por las que le virus actúa como actúa. Cuando todo esto pase, si no se remedia esta carencia de investigación en forma de autopsias, nunca sabremos en realidad qué es lo que pasó, cuando pasó y por qué pasó. Lamentable situación que hoy debería solucionarse. Buenos días y buena suerte a nuestros compañeros sanitarios».

La lucha de este médico español para que se realizaran autopsias ha sido titánica, y no perdía la ocasión de denunciarlo en cualquier aparición pública a través de los medios de comunicación. Hubo que esperar hasta los cuarenta mil fallecidos para que se empezaran a realizar algunas autopsias en España y se descubrió que, evidentemente, no todo el mundo moría de COVID-19. En la web de Antena3, con fecha 03.08.2020, podemos ver una de sus intervenciones. El redactor titula la noticia: «En el pico de la pandemia, el doctor José Cabrera denunció que no se hicieran autopsias a los fallecidos por coronavirus. Su mensaje se hizo viral. Aseguraba que no todos los que fallecían lo hacían de neumonía. También se producían infartos de miocardio, daños en riñones e incluso microtrombos en el sistema nervioso».

En esta entrevista el doctor denunciaba que se comenzaron a realizar autopsias por simple vergüenza torera y que, si hubieran tenido los datos de las autopsias antes, muchos de los fallecidos hoy no lo estarían. Era un dato fundamental que no se estaba investigando. Es más, los cuerpos se incineraban y se borraba cualquier tipo de rastro sobre la causa de la muerte.

En un principio, se podía alegar el miedo que suscitaba el virus; pero este razonamiento se desvanece cuando nos encontramos ante un país avanzado que tiene los suficientes medios técnicos para realizar cualquier tipo de autopsia, y más en una situación de emergencia. El propio doctor José Cabrera, en una entrevista concedida a la revista Isanidad.com el 22 de abril de 2020, habla sobre los medios para realizar este tipo de intervenciones. En ella, expone que este tipo de autopsias se deberían realizar con un traje completo de protección incluida la máscara, además de llevarse a cabo en sitios y lugares específicos en donde sea imposible que se escape cualquier tipo de patógeno. Estas salas especiales, apunta, existen como no en España y ya se usaron durante la epidemia de las llamadas vacas locas, se llaman salas de priones. Finalmente, el doctor español sentencia en dicha entrevista: «De modo que, cualquier hospital grande en España puede hacer estas autopsias, y no hay excusa para decir que es demasiado peligroso».

«Es más que evidente que en España el Ministerio de Sanidad no quería saber de qué moría la gente. Todos los hospitales españoles estaban preparados para realizar autopsias, incluso España dispone del Hospital Militar Gómez Ulla de Madrid con los sistemas más avanzados en guerra bacteriológica. El Estado español, con su Gobierno al frente, no quiso que se supiera de qué estaba muriendo la gente. Y tienen, por supuesto, una responsabilidad que debería dirimirse en todo caso en los tribunales. La responsabilidad del gobierno de España podría fácilmente alcanzar no solo responsabilidades políticas, sino también penales. No existe ningún tipo de justificación a no querer realizar autopsias. Además, el hecho de que los cuerpos se incineraran rápidamente ahonda la sospecha de una práctica dirigida a esconder las verdaderas razones de por qué la gente estaba muriendo».

En España el propio Ministerio de Sanidad fue el que desaconsejó realizar autopsias contraviniendo cualquier tipo de razonamiento lógico. Recojo, por ejemplo, esta noticia del portal Infosalus.com del día 3 de marzo de 2020: «A las personas que pudieran fallecer en España como consecuencia del nuevo coronavirus no se les podrá realizar autopsia, como norma general; si bien los familiares y amigos podrán despedirse tomando las precauciones necesarias, según se establece en el documento técnico sobre "Procedimiento para el manejo de los cadáveres de casos COVID-19", publicado este lunes por el Ministerio de Sanidad. Aunque por ahora en España no se ha registrado ninguna muerte por el nuevo coronavirus, bautizado con el nombre de "COVID-19" y del que ya se han infectado más de ciento veinte personas, el departamento que dirige Salvador Illa ha decidió publicar este documento que se basa en las directrices marcadas por la Organización Mundial de la Salud (OMS) en 2014 en el informe "Prevención y control de las infecciones respiratorias agudas con tendencia epidémica durante la atención sanitaria"».

Como vemos, las directrices del propio Ministerio de Sanidad al principio de la crisis sanitaria eran bien claras: no realizar autopsias.

Un médico italiano realiza la primera autopsia a un muerto por COVID-19 y desmonta los protocolos de la OMS

Pero toda esta situación cambiaría, ya que en marzo del año 2020 cuando el doctor italiano Pasquale Bacco, desobedeciendo los protocolos de la Organización Mundial de la Salud, realizó cuarenta y dos autopsias a personas fallecidas por el supuesto COVID-19. Los resultados fueron que la causa principal de las muertes de las personas se encontraba en el propio protocolo de la Organización Mundial de la Salud. Los fallecidos evidenciaban trombos y sangre coagulada provocados por los ventiladores y las entubaciones a los pacientes. Es decir, muchos morían incluso sanos, se los entubaba y se les quemaban los pulmones mediante ventilación profunda, todo por simple protocolo.

En sus declaraciones en el Parlamento italiano, el doctor expresó: «Hemos eliminado completamente los medicamentos que hoy llevan a la recuperación inmediata, como la heparina, los antiinflamatorios, la hidroxicloroquina, que ha sido demonizada por una revista médica que tenía una reputación, pero también la ha perdido: *The Lancet*. Lo hemos tratado con todo lo contrario. Les hemos tratado con ventilación profunda. Yo no sé si ustedes saben y entienden exactamente qué es la ventilación profunda. Les hemos quemado los pulmones, porque el oxígeno que les introducíamos en el aparato respiratorio, a causa de la trombosis pulmonar que tenían, no lo podían utilizar. Es decir, ese oxígeno ni siquiera lo podían utilizar. Era oxígeno en estado puro. El verbo correcto es: disparar. Hemos disparado sobre los pulmones, los hemos oxidado, los hemos quemado. Hemos matado a las personas. Y en todo esto, los médicos, también mis colegas, se han convertido en un instrumento de muerte. En comparación, la peor película de horror sería como una película para niños, si ustedes hubieran podido ver las imágenes de las autopsias. Hemos condenado a las personas. No se nos olvida, porque no debemos olvidarnos. Porque en las residencias de anciano hemos constituido la pena de muerte en Italia y esto se ha podido ver con las autopsias. Porque si hubiéramos hecho autopsias al principio, jamás habríamos metido a sujetos positivos en contacto con otros sujetos, ancianos y enfermos. Los hemos condenado a muerte, hemos condenado a muerte a todos. En cuanto al terrorismo y el confinamiento y todas las mentiras... He hablado con amigos suecos y se ríen de nosotros, y con razón porque les hemos dicho que como no han hecho confinamiento han tenido más muertos. Pero esto es mentira, una mentira mundial, propaganda de unos medios de comunicación vendidos. ¿Es correcto, abogado Polacco? Luego usted me defiende de las denuncias. Nosotros somos valientes cuando decimos la verdad, no debemos tener miedo. El terrorismo continúa ahora. Al principio jugaban con el virus, la neumonía intersticial, y todas esas mentiras. Y ahora juegan con la mentira de *enfermos asintomáticos*. Cuando la medicina nos dice que un enfermo tiene síntomas. No existe el enfermo que no tiene síntomas. Si yo no tengo síntomas, ¿qué clase de enfermo soy? Entonces todos ustedes aquí estarían enfermos».

¿Qué hubiera pasado si el doctor Pascuales Bacco no hubiera desobedecido los mandatos de la OMS y de su propio gobierno? Seguramente, ahora estaríamos hablando de un genocidio descomunal todo achacado a un virus misterioso salido de China; pero en realidad todo causado por los protocolos de la Organización Mundial de la Salud y de los gobiernos secuaces.

El protocolo era un protocolo asesino sin duda alguna. Llegabas al hospital y, fueras por lo que fueras, te hacían el test PCR, si dabas positivo pasabas a ser un paciente COVID-19, de ahí a que te entubaran y te incineraran solo había un paso.

A partir de los descubrimientos del doctor y de su intervención en el Parlamento italiano, los protocolos de la OMS dejaron de usarse y la mortandad disminuyó de forma más que considerable. Se puede decir que este doctor fue una pieza clave por la que no se perpetró uno de los mayores genocidios de la historia por unos protocolos del todo absurdos, entre ellos el de no realizar autopsias.

El médico jefe del Instituto Forense de la Universidad de Hamburgo en Alemania practica más de ciento cuarenta autopsias y determina que las causas de las muertes no fueron por COVID-19

Para rizar el rizo traigo la experiencia del jefe médico forense de la Universidad de Hamburgo, Klaus Puschel, que, después de practicar más de ciento cuarenta autopsias, determina que la causa de la muerte de los fallecidos no era COVID-19, había otras causas asociadas como enfermedades cardiovasculares en un 80 % de los casos. La edad media de los pacientes era de 80 años, que era los que al principio morían, y conforme la gente se iba vacunando gente más joven cogían el COVID-19 más personas y morían cada vez más jóvenes. Como ocurrió en todo el mundo, en Alemania también se desaconsejaron las autopsias para proteger al personal de la contaminación; en concreto, la recomendación venía del instituto Robert Koch. Klaus Puschel desobedeció todos los protocolos y ahora podemos contar su historia y gracias a él también se pudieron salvar muchas vidas. Aprender de los muertos para salvar a los vivos.

En una entrevista concedida a una televisión alemana el doctor se expresa bien claro sobre su experiencia después de los análisis:

—¿Qué podemos aprender de los muertos? —pregunta para el doctor.

—Sí —contesta el doctor Klaus Puschel—, podemos examinar la trayectoria de la enfermedad, y podemos determinar cómo funcionó la terapia en la unidad de cuidados intensivos o en el hospital o en el cuidado de los ancianos y cómo funcionan ciertos medicamentos.

También vemos los peligros particulares de la enfermedad o efectos especiales en el sistema orgánico. En general, aprendemos de los muertos para la vida.

—Usted dice: «De los muertos se aprende para los vivos». Hamburgo ha iniciado una discusión sobre el hecho de que todos los fallecidos tenían al menos una enfermedad previa y un historial médico significativo sobre sus espaldas —sigue preguntando la presentadora—. ¿Entonces los sanos no tienen que preocuparse?

—¡Exactamente! —responde el doctor Paul—. Eso es lo que quiero decir. Los niños, los jóvenes, la generación trabajadora sobreviven a esta enfermedad sin problemas. Aún no conocemos todos los detalles de esta enfermedad, eso está claro, aprenderemos esto siempre de los muertos examinando sus tejidos. ¡La conclusión es muy clara! Temer que este virus sea un asesino y que muchos mueran es completamente innecesario. Tomemos los números, cuántos se han curado mientras tanto y cuántos están libres de síntomas. La edad media de los muertos también es significativa, ¡que sigue siendo la edad media de una muerte natural!

—¿La gente muere con COVID-19 y no por COVID-19? ¿Lo entendí bien? —lanza la pregunta la presentadora alemana.

—Hay que explicar bien lo que eso significa —responde el doctor Klaus—. El COVID-19 es peligroso para las personas con enfermedades previas y sistemas inmunológicos débiles, no lo niego, y puede causar la muerte de estas personas. Pero eso sucedería con cualquier otra infección viral. Por eso, debemos tener las ideas claras y no querer vivir en una burbuja. No podemos protegernos de todo y este virus es relativamente poco peligroso. Por ejemplo, en los asilos, solo se cuentan historias sobre los muertos; pero la mayoría sobrevive. Incluso para los ancianos y enfermos no es una sentencia de muerte, de hecho, la mayoría sobrevive a la enfermedad.

—Usted está a favor de abrir las guarderías; pero el Instituto Robert Koch dice que un cuarto de las personas en Alemania tiene una enfermedad previa. ¿Eso es motivo de preocupación o lo ve de manera diferente? —pregunta la presentadora.

—Sí, de hecho, lo veo de manera diferente —contesta el doctor—, en cuanto a los niños sabemos que los niños no mueren, no he examinado a ningún niño. Los niños y los jóvenes no se enferman de manera significativa y ni siquiera hay pruebas de que puedan propagar la enfermedad; pero eso aún se debe verificar.

—¿Es peligroso si entran (los más jóvenes) en contacto con personas mayores porque las pueden poner en peligro?

—Yo soy ya viejo, soy un abuelo, tengo nietos —contesta el doctor—, y ciertamente no quiero separarme de ellos, ¡quiero mimarlos y no quiero vivir en una burbuja!

—También está a cargo de examinar la ciudad —sigue con la entrevista—, el alcalde dijo que los hechos y las cifras son importantes. A pesar de esto, ha tomado un camino diferente con respecto al fin de las restricciones. ¿Por qué no le escuchan? —pregunta la presentadora.

—Porque no soy un político y mi colega Tschentscher, que estudió en la UKE, es ahora alcalde. También puedo decir una opinión diferente y provocar, no tengo por qué ir donde sopla el viento, tampoco Tschentscher va con el viento. Él entiende su trabajo. Tenemos que vivir con este virus, en cierto modo tenemos que hacernos amigos como con la gripe y otras infecciones virales, no podemos borrar este virus. Si tenemos una tasa de infección inferior al 1 entonces durará mucho más tiempo y tomará mucho tiempo en Alemania para que la producción industrial se ponga en marcha de nuevo y que haya una inmunidad básica.

Jugosa entrevista que le hicieron a este doctor forense alemán, y yo me pregunto: ¿Si hubieran hecho autopsias desde el principio cuántos muertos por COVID-19 reales hubieran encontrado? Seguro que muchos menos de lo que nos dicen las cifras oficiales.

Comparando la información de uno y otro lado, me doy cuenta de la gran mentira a la que se le ha sometido a la sociedad española y mundial.

CAPÍTULO VI.
DAME UNA PCR Y CREARÉ UNA PANDEMIA CON ASINTOMÁTICOS

No cabe duda de que la estrella de esta crisis sanitaria han sido las pruebas PCR. Seguro que antes del COVID-19 jamás habías escuchado hablar de este tipo de pruebas, sin embargo, una vez metidos en pandemia la gente se mataba por comprar las famosas pruebas de test para saber si eran portadoras del bicho de marras.

¿Pero qué son las pruebas PCR? ¿Quién las inventó? ¿Qué es lo que detectan exactamente estos test? ¿Es cierto que son infalibles y detectan el COVID-19? Sobre este tipo de pruebas hay mucho que hablar y podemos decir, sin posibilidad de equivocarnos, que han sido una de las bases de la gran mentira que hemos vivido. Sin las pruebas PCR habría sido, y es muy difícil sostener la mentira de esta crisis sanitaria.

Vámonos primero a quien las inventó y lo que decía de ellas. Su creador fue el biólogo molecular norteamericano Kary Mullis, premio nobel de química, curiosamente muerto poco antes que apareciera la pandemia del COVID-19. Mullis falleció en California el 7 de agosto de 2019. En diciembre de ese mismo año China informó al mundo del virus de Wuhan, curiosa coincidencia; pero no tan curiosa cuando vemos lo que el propio Mullis decía de sus famosos test: **«La PCR en sí misma es tan solo un proceso que se utiliza para crear mucho de algo a partir** de algo, eso es lo que es; pero eso no te dice que estés enfermo, ni te dice que lo que ha resultado vaya a causarte algún daño, no es para eso». ¿Qué es lo que quiere decir esto exactamente? Quiere decir que el propio Mullis descartaba su método para diagnosticar enfermedades.

Vamos a profundizar un poco más en qué son las pruebas PCR que tanto protagonismo han tenido estos últimos años. Una prueba PCR es un proceso por el cual podemos amplificar secuencias específicas de ADN. Mullis consiguió mejorar esta técnica convirtiéndola en una práctica central en la bioquímica y la biología molecular. Como el propio Mullis decía, es coger un poco de algo y amplificarlo y crear mucho de eso. Es decir, lo que realmente hace la prueba PCR es detectar un patógeno o partícula y amplificarla según los ciclos a la que lo pongamos. Los ciclos son como los aumentos de un microscopio, cuantos más ciclos tenga la prueba PCR más se amplificarán los patógenos o partículas que hayamos detectado y extraído en la prueba.

Con esta explicación podemos determinar que las pruebas PCR, ¡no detectan el covid-19 de forma específica! Cuando te hacen una prueba PCR te extraen todo lo que tengas, incluso enfermedades que hayas podido pasar y hayas superado son detectadas por sus restos. Porque lo que detectan las PCR son los patógenos, independientemente de su especificidad. Es decir, que ¡han podido estar detectando resfriados y gripes y diagnosticándolos como COVID-19! Para que nos entendamos, es lo mismo que si te pusieran un termómetro y te dijeran que tienes el COVID-19 por tener fiebre. El termómetro no detecta el COVID-19, detecta la fiebre nada más. Pues pasa lo mismo con la PCR, pero a un nivel superlativo, porque la PCR y según a los ciclos a la que la pongas detecta mucho más que un termómetro, detecta incluso enfermedades pasadas.

Por otra parte, no existen test PCR para detectar específicamente el COVID-19, como no existen termómetros para detectar en concreto ninguna enfermedad. Si Kary Mullis, su creador, hubiera vivido para ver lo que estaban haciendo con su prueba, se hubiera echado las manos a la cabeza... Es por ello por lo que a quien fabricó esta crisis sanitaria le vino muy bien su fallecimiento poco antes de la aparición del virus del Partido Comunista Chino.

Por otra parte, tenemos el tema de los ciclos, y esto sí que es ya la pera limonera, aquí sí que te tienes que dar cuenta de todo el engaño que nos han venido contando. Los ciclos son como los aumentos de un microscopio, recuerda lo que decía Mullis, «es coger un poco de algo y hacer un mucho», es decir, amplificar ese poco. Cuantos más ciclos más amplificación, y comparándolo con el ejemplo de un microscopio, podremos ver más patógenos y la prueba se hará mucho más sensible. Pues bien, la amplificación a treinta y cinco ciclos ya no se considera fiable, es decir, ya es mucha amplificación y ahí se está detectando de todo. Sin embargo, las pruebas recomendadas por la Organización Mundial de la Salud se están haciendo a cuarenta y cinco ciclos. Es decir, con una sensibilidad tal que cualquiera puede ser declarado enfermo sin estarlo, porque recordemos que las PCR recogen restos hasta de enfermedades pasadas, y aquí viene el apartado de los famosos asintomáticos.

Según ha informado la revista *The Vaccine Reaction* el 29 de septiembre de 2020:

«El umbral de la prueba es tan alto que detecta a las personas con el virus vivo, así como a aquellas con algunos fragmentos genéticos que quedaron de una infección pasada, pero que ya no representa un riesgo. Es como encontrar un cabello en una habitación después de que una persona estuviera allí», dice el Dr. Michael Mina, epidemiólogo de la Escuela de Salud Pública TH Chan de Harvard.

En tres conjuntos de resultados de pruebas que incluyen umbrales de ciclo compilados por funcionarios en Massachusetts, Nueva York y Nevada, hasta el 90 % de las personas que dieron positivo en la prueba apenas portaban virus, una revisión de *The New York Times* encontró: «Hemos estado usando un tipo de datos para todo, eso es todo», dijo el Dr. Mina. Lo estamos usando para diagnósticos clínicos, para la salud pública, para la toma de decisiones políticas. Pero un *sí* o un *no* no es suficiente —añadió—. Es la cantidad de virus la que debe dictar los pasos a seguir en los pacientes tratados. Es realmente irresponsable, creo, no tener en cuenta que se trata de una cuestión cuantitativa», dijo el Dr. Mina.

Una vez más, los expertos médicos coinciden en que cualquier umbral de ciclo superior a treinta y cinco ciclos hace que la prueba sea demasiado sensible, ya que en ese punto comienza a detectar fragmentos de ADN inactivos inofensivos. Mina cree que un límite más razonable sería treinta o menos.

Según *The New York Times*, los propios cálculos de los CDC muestran que es extremadamente improbable que se detecten virus vivos en muestras que han pasado por más de treinta y tres ciclos, y la investigación publicada en abril de 2020 concluyó que los pacientes con pruebas PCR positivas con un umbral de ciclos superior a treinta y tres no eran contagiosos y podrían ser dados de alta del hospital o del aislamiento domiciliario de forma segura.

Es importante destacar que cuando los funcionarios del laboratorio del estado de Nueva York, el Centro Wadsworth, volvieron a analizar los datos de las pruebas por petición de *The Times*, encontraron que cambiar el umbral de cuarenta a treinta y cinco ciclos eliminaban alrededor del 43 % de los resultados positivos. Limitarlo a treinta ciclos eliminó la cifra importante del 63 %. *The Vaccine Reaction* agrega:

«En Massachusetts, del 85 al 90 % de las personas que dieron positivo en julio con un umbral de ciclos de cuarenta habrían dado negativo si el umbral fuera de treinta ciclos —dijo el Dr. Mina—. Yo diría que los contactos de ninguna de esas personas habrían sido rastreados, ninguno», dijo.

«Estoy realmente sorprendido de que la proporción de personas con resultados de alto valor de CT pueda ser tan alto», dijo el Dr. Ashish Jha, director del Harvard Global Health Institute. Vaya, eso realmente cambia la forma en que deberíamos estar usando las pruebas.

La gran mentira de los asintomáticos

¿Se están dando cuenta después de lo expuesto con anterioridad al gran engaño al que la nación y la humanidad han sido sometidos? Tened en cuenta que las pruebas PCR han sido la base por las que se han confinado pueblos, ciudades y naciones enteras. Con base no a verdaderos enfermos, sino en pruebas inespecíficas que detectan cualquier cosa y según a los ciclos a lo que lo pongas. Cuantos más ciclos más sensibles. De ahí el título de este capítulo, dame pruebas PCR ¡y te confino el mundo entero si hace falta! Que quiero crear una pandemia, empiezo a hacer pruebas PCR a sesenta ciclos y todo el mundo sale enfermo y asintomático, porque la mayoría no tendrá síntomas. Que quiero quitar la pandemia, pongo las pruebas a quince ciclos y todo el mundo sale sano sanísimo. ¡Es la repera!

Es decir que, si quiero confinar a una población, da igual cual sea, lo único que tengo que hacer es ponerme a hacer pruebas PCR en el centro del pueblo a cuarenta y cinco ciclos, justo lo que marcaba la Organización Mundial de la Salud, si hago mil pruebas, me sale CO-VID-19 por narices y confino al pueblo. Cuando quiera quitarles el confinamiento, en vez de hacer mil pruebas hago cincuenta y a veinte ciclos, así de simple.

¿Qué has salido positivo, pero no tienes síntomas? Pues eres un asintomático, aunque lo que te haya detectado la prueba haya sido cualquier patógeno que tengas en el cuerpo de enfermedades pasadas o actuales que no tengan nada que ver con el COVID-19. Y recordad que un asintomático es un tipo peligroso que debe de ser aislado para que no haga daño al resto.

Lo de los asintomáticos es el gran invento del sistema, cualquiera puede ser un asintomático, lo mismo que cualquiera podía ser un potencial terrorista en la llamada «lucha contra el terror». Ya lo sabéis, el enemigo invisible, cualquiera puede ser tu enemigo y viene para quitarte la vida: bien un terrorista, bien un virus. Este tipo de lucha contra un enemigo invisible permite a los gobiernos controlar a la población mediante el uso del miedo al prójimo. Recuerda, solo el Gobierno te puede salvar, no te fíes de la persona que tienes al lado, puede ser un peligroso terrorista, puede ser una asintomático que te contagia un virus mortal...

Pero el asintomático tiene un nivel de paranoia más elevado que el terrorista islámico, es por ello por lo que la élite se encuentra más a gusto jugando en este terreno. El Gobierno español y, por ende, todos los gobiernos durante esta crisis sanitaria han estado jugando a separar a las familias. Recuerda los mensajes que nos daban: «No puedes ver a los abuelos porque los puedes contagiar», «Cuidado con los positivos», «Aísla a tu hermano, a tu madre, a tu padre, despégate de la familia porque te pueden matar».

En definitiva, desconfía de todo aquel que tienes a tu lado, solo el Gobierno puede salvarte, solo confía en tus gobernantes, en el estado que te protegerá incluso de los tuyos.

Durante esta crisis sanitaria he podido comprobar cómo la gente se separaba, se miraban con miedo y con recelo, todo el mundo evitaba tocarse. Incluso cuando ibas a pagar, ¡por favor, con tarjeta! Cuando iba haciendo deporte por la calle la gente se apartaba y se subía la mascarilla, no vaya a ser que de un resoplido me contagie el COVID-19 y me muera, pensaría. Nadie se ayuda entre sí, todo el mundo desconfía de todo el mundo, cualquiera puede ser un asintomático, solo confías en lo que te dice la televisión, que es, al fin y al cabo, el propio Gobierno.

Ha sido la paranoia perfecta, el caldo de cultivo del nuevo orden mundial, de una sociedad rendida y desesperada, de rodillas ante el Estado y suplicándole que los salven.

Es tanta la mentira que se ha vertido sobre este tema que basta un dato demoledor que se reveló a lo largo de la crisis sanitaria y que expondremos con más claridad a continuación.

El Ministerio de Sanidad no tiene aislado el virus del SARS-CoV-2.

¿Qué el Ministerio de Sanidad no tiene aislado el virus que provoca la enfermedad conocida como COVID-19? ¿Entonces qué es lo que han estado detectando las PCR? Pues eso mismo me pregunto yo y todas las personas que hemos investigado mínimamente este tema. Os expongo el auténtico bombazo que ocurrió allá por el día 22 de Julio de 2021 cuando el colectivo de Biólogos por la Verdad dirigió un escrito al Ministerio de Sanidad para que le confirmara que el virus SARS-CoV-2 había sido convenientemente secuenciado y aislado en España mediante cultivo. El Ministerio de Sanidad, en una nota con fecha 8 de septiembre de ese mismo año, responde textualmente: «**El Ministerio de Sanidad no dispone de cultivo de SARSCoV-2 y no tiene registro de los laboratorios con capacidad de cultivo y aislamiento para ensayos**». Documento firmado por la directora general de Salud Pública Pilar Aparicio Azcárraga.

Con fecha 22 de julio de 2021, tuvo entrada en la Unidad de Información de Transparencia del Ministerio de Sanidad, su solicitud de acceso a la información pública al amparo de la Ley 19/2013, de 9 de diciembre, de Transparencia, Acceso a la información pública y Buen gobierno, solicitud que quedó registrada con el número 001-059144.

Con fecha 10 de agosto de 2021, esta solicitud se recibió en la Dirección General de Salud Pública, fecha a partir de la cual comienza a contar el plazo de un mes previsto en el artículo 20.1 de la Ley 19/2013 de 9 de diciembre, para su resolución. Con fecha 12 de agosto de 2021 se le notificó, escrito de ampliación de plazo por los motivos expuesto en el mismo precepto legal.

Y es que las pruebas PCR nunca han detectado el COVID-19 como ningún termómetro ha diagnosticado nunca la gripe. Los termómetros detectan fiebre, que sea gripe o no depende de otros factores como la sintomatología. Igualmente, las PCR nunca han detectado el SARS-CoV-2 de forma específica, lo que han detectado han sido patógenos de multitud de enfermedades presentes y pasadas, a más ciclos más patógenos detectaban y más sensible se volvía la prueba. No existe la prueba PCR específica para el COVID-19, lo mismo que no existe el termómetro específico para la gripe por mucho que las llamadas agencias de verificación se empeñen en afirmarlo. Hasta el CDC norteamericano ha indicado que las pruebas de las PCR-RT no son válidas para diagnosticar el COVID-19, ya que no son capaces de diferenciar entre *influenza* y SARS-CoV-2. Me redirijo a una página del propio gobierno de los EE. UU., concretamente a la web del Centro para el Control y la Prevención de Enfermedades norteamericano, CDC: https://www.cdc.gov/csels/dls/locs/2021/07-21-2021-lab-alert-Changes_CDC_RT-PCR_SARS-CoV-2_Testing_1.html.

Y por mucho que las agencias de verificación se volvieran como locas intentando desmentir al propio Ministerio de Sanidad y afirmar que el cultivo sí estaba en España, lo cierto es que a fecha del 22-11-2021 aún no existía secuenciación del virus como demuestra este titular de *La Razón*: **Europa acelera la secuenciación del virus ante el aumento de casos.** En este artículo la directora del Centro Europeo para la Prevención y Control de las Enfermedades, ECDC, Andrea Ammon decía: «Con la alta transmisión que existe en este momento siempre hay riesgo de una nueva variante, por lo que estamos realmente siguiendo muy de cerca, apoyando a los países a aumentar los esfuerzos de secuenciación para asegurar que, si hay una variante, es detectada muy pronto». Enlace: https://www.larazon.es/sociedad/20211122/ajqh4vwfwjfazae7lc47vjtza4.html.

Señores, las pruebas PCR no detectaban el virus del SARS-CoV-2 y se han estado aislando poblaciones enteras a partir de estas pruebas tan inespecíficas. Mucha gente ha sido la que ha perdido sus negocios, ha habido muchos suicidios, ha habido muertos por desatención médica, pánico, familias rotas, se ha confinado a la gente en sus casas sin poder salir con base en unas pruebas que no servían para el diagnóstico de ninguna enfermedad. Pero hay más, **si el propio Ministerio** reconoce que no tenía aislado el virus, ¿cómo puede afirmar que es capaz de detectar la enfermedad de la COVID-19 no ya mediante pruebas PCR, sino mediante otros test como el de antígenos?

Los fondos COVID-19

Si a toda esta paranoia expuesta anteriormente le añadimos que en España a las comunidades que más casos tenían de COVID-19 se les daba más dinero, entonces tenemos el circo perfecto. No solo se les daba en España dinero a las comunidades autónomas por los casos de ingresos en UCI, los más graves, sino también por pruebas PCR realizadas y positivos detectados.

Para qué queremos más, las comunidades autónomas y sus respectivos servicios de salud se volvieron locos haciendo pruebas PCR a más de cuarenta ciclos y confinando gente y poblaciones enteras.

En concreto, España recibió de Europa un fondo de 140 000 millones para la recuperación después de haber confinado a la nación entera, fueron los fondos REACT EU. De todos esos miles de millones, una cantidad nada despreciable, en torno a diez mil millones, iba directamente a las comunidades autónomas que más hubieran sido castigadas por la crisis sanitaria.

En el BOE del 17 de junio de 2020 se establece el reparto de la distribución del fondo COVID-19 en dos tramos I y II a las Comunidades Autónomas resultando que esa distribución y teniendo en cuenta el tramo II, este se realiza con base en:

- El 45 % de su importe se distribuirá entre las comunidades autónomas de régimen común según los datos de población protegida equivalente por el Sistema Nacional de Salud, de 2020.
- El 25 % de su importe se distribuirá entre las comunidades autónomas de régimen común según el número de casos de COVID-19 notificados, de pacientes que hayan precisado ingreso en UCI a 31 de octubre de 2020.
- El 10 % de su importe se distribuirá entre las comunidades autónomas de régimen común según el número de pruebas

realizadas mediante PCR, relacionadas con el diagnóstico y seguimiento del SARS-CoV-2, a 31 de octubre de 2020.

- El 20 % de su importe se distribuirá entre las comunidades autónomas de régimen común según el número de casos de COVID-19 notificados, de pacientes que hayan precisado hospitalización a 31 de octubre de 2020.

Con estos datos en la mano se puede decir que cuantas más PCR realizadas, más afectados y más dinero iba a parar a la comunidad autónoma de turno. ¡Señores, ha llegado el negocio del COVID-19, hagan sus apuestas! Una auténtica borrachera de millones a base de decirle a la gente que estaba asintomática, cuando en realidad lo que estaba era más sana que un roble.

Pero es que veréis, estamos hablando de cifras astronómicas por pacientes COVID-19. Los hospitales recibían dinero extra por paciente ingresado en UCI, es decir, se fomentaba la aparición de casos y los ingresos, una auténtica locura. Para daros una idea de las cifras que se han estado manejando me refiero al decreto-ley 12/2020 de 10 de abril que se refiere al sistema sanitario de utilización pública de Cataluña para paliar los efectos de la pandemia generada por el COVID-19 en su artículo 2 apartado 3:

3.Adicionalmente al pago a cuenta establecido en el punto 1, los centros podrán facturar la actividad extraordinaria derivada de la atención prestada para la lucha contra la COVID-19 de acuerdo con las siguientes tarifas:

Alta hospitalaria para COVID-19 con estancia en UCI: **43 400 euros.**

Alta hospitalaria para COVID-19 sin estancia en UCI:

Estancia menor o igual a 72 horas: **2500 euros.**

Estancia mayor de 72 horas o *exitus*: **5000 euros.**

Alta de media estancia sociosanitaria para COVID-19:

Si proviene de una alta menor o igual a 72 h: **3902,10 euros.**

Si proviene de un alta mayor a 72h: **2601,40 euros.**

Alta de convalecencia en hospitales de campaña (pabellones) para COVID-19: **1381,30 euros.**

Alta de hospitalización a domicilio para COVID-19: **942,08** euros.

Prueba PCR: **93 euros.**

¡Fijaos de qué cifras estamos hablando! Por un ingresado en UCI estamos diciendo que los hospitales percibieron más de cuarenta y tres mil euros. ¡Menuda la broma! ¿Les convenía a los hospitales tener ingresados en UCI o no? Se promocionaban los ingresos en UCI y las entubaciones. El protocolo estaba claro: prueba PCR a más de cuarenta ciclos, positivo: ingreso en UCI y entubación, 43 400 euros a repartir. Así es natural que yo como otras personas teníamos terror de aparecer por algún hospital. Podías llegar sano con una simple afección y no volver a salir vivo de allí.

Ha sido un auténtico negocio tener enfermos COVID-19, todo eso unido a unas pruebas que puedes manipular a tu antojo da el cóctel explosivo que hemos sufrido durante todos estos meses de mal llamada pandemia.

CAPÍTULO VII.
LOS SERES HUMANOS CONVERTIDOS EN RATAS DE LABORATORIO

Puedo decir sin temor a equivocarme que la humanidad ha sido sometida de forma masiva a un gran experimento, nos han convertido en auténticas ratas de laboratorio. La gente, empujada por la propaganda oficialista, se ha sometido de forma voluntaria a un experimento como auténticos conejos de prueba. Paciente y ordenadamente iban contentos al matadero, incluso se empujaban por ser los primeros en recibir el *pinchazo de la muerte*. Todavía en mi retina, las imágenes de cierto centro de vacunación en el que se organizó una protesta espontánea porque la gente se quedó sin sus dosis del elixir experimental. En condiciones normales, ningún ser humano en su sano juicio hubiera aceptado someterse a un experimento de esta magnitud; pero la constante propaganda de los medios de comunicación, hicieron que todo fuera coser y cantar. Incluso se veía mal a quien no quería ponerse la dichosa vacuna, ¿será un negacionista? «Negacionista» fue la palabra mágica que usaron los medios de comunicación para atacar a aquellas personas que no se dejaban influenciar por el constante bombardeo de la propaganda oficial.

En este capítulo, mediante documentos oficiales, vamos a ver a qué se ha sometido la población realmente.

El contrato de la Unión Europea
con las farmacéuticas

Este es el famoso contrato que firmaron las farmacéuticas con las autoridades de la Unión Europea. Ojo, que no fue nada transparente, todo se produjo en secreto, y eso que estábamos hablando de nuestra salud, de la salud de todos los europeos. La razón, sin duda alguna, porque este mismo contrato reconoce que se va a someter a un experimento a la población de Europa. En él se expone claramente que las vacunas no han terminado su fase experimentación, se comenzaron a administrar todas en fase III. Recordamos que son cuatro las fases por las que tiene que pasar una vacuna. Y no se trata de dinero, porque se ha escuchado mil veces en los medios de comunicación que se ha gastado mucho dinero para desarrollar de forma acelerada la investigación de la vacuna. Se trata de que se tienen que comprobar los efectos de un medicamento a largo plazo, en embarazadas, en los niños de las embarazadas que han tomado la medicina, esto, inexcusablemente, requiere años de investigación.

El enlace en donde se puede ver el documento firmado por la Unión Europea:

https://www.sec.gov/Archives/edgar/data/1776985/000156459021016723/bntx-ex451_414.htm.

En las próximas páginas los textos más interesantes de dicho documento que nos da una idea de lo firmado.

SENSITIVE

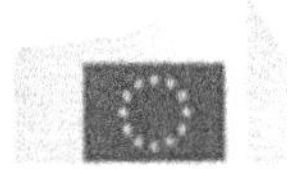

EUROPEAN COMMISSION
Directorate-General for Health and Food Safety

ADVANCE PURCHASE AGREEMENT ("APA") for the development, production, priority-purchasing options and supply of a successful COVID-19 vaccine for EU Member States

SANTE/2020/C3/043 - SI2.838335

1.   **The European Commission**, acting on behalf and in the name of the Member States set out in Annex III (hereinafter referred to as "Participating Member States").:

being represented for the purposes of the signature of this APA by Ms Stella Kyriakides, Commissioner of Health and Food Safety

on the one part and

2.   **Pfizer Inc.**

Incorporated in Delaware (Registration Number 0383418) with its registered address at 235 East 42nd Street, 10017 New York City, NY (UNITED STATES)

appointed as the leader of the group by the members of the group that submitted the joint tender (hereinafter referred to as **"Pfizer"**)

and

BioNTech Manufacturing GmbH

Registered with the commercial register of the lower court (*Amtsgericht*) of Mainz, Germany under HRB 47548, with its registered address at An der Goldgrube 12, 55131 MAINZ, GERMANY

SENSITIVE

EUROPEAN COMMISSION
Directorate-General for Health and Food Safety

ADVANCE PURCHASE AGREEMENT ("APA")¹ for the development, production, priority-purchasing options and supply of a successful COVID-19 vaccine for EU Member States

SANTE/2020/C3/043 - SI2.838335

1. **The European Commission**, acting on behalf and in the name of the Member States set out in Annex III (hereinafter referred to as "Participating Member States").²:

being represented for the purposes of the signature of this APA by Ms Stella Kyriakides, Commissioner of Health and Food Safety

on the one part and

2. **Pfizer Inc.**

Incorporated in Delaware (Registration Number 0383418) with its registered address at 235 East 42nd Street, 10017 New York City, NY (UNITED STATES)

appointed as the leader of the group by the members of the group that submitted the joint tender (hereinafter referred to as **"Pfizer"**)

and

BioNTech Manufacturing GmbH

Registered with the commercial register of the lower court (*Amtsgericht*) of Mainz, Germany under HRB 47548, with its registered address at An der Goldgrube 12, 55131 MAINZ, GERMANY

I.12   INDEMNIFICATION

I.12.1   The Commission, on behalf of the Participating Member States, declares that the use of Vaccines produced under this APA will happen under epidemic conditions requiring such use, and that the administration of Vaccines will therefore be conducted under the sole responsibility of the Participating Member States. Hence, each Participating Member State shall indemnify and hold harmless the Contractor, their Affiliates, subcontractors, licensors and sub-licensees, and officers, directors, employees and other agents and representatives of each (together, the **"Indemnified Persons"**) from and against any and all liabilities incurred, settlements as per Article I.12.6, and reasonable direct external legal costs incurred in the defence of Third Party Claims (including reasonable attorney's fees and other expenses) relating to harm, damages and losses as defined in Article I.12.2 (together, the **"Losses"**) arising from or relating to the use and deployment of the Vaccines in the jurisdiction of the Participating Member State in question. This Article I.12 applies to Losses which arise from or relate to the Vaccines supplied in accordance with this APA during the initial duration of this APA of 24 months (for the avoidance of doubt, regardless whether the Use of the Vaccine or Losses occur within or after such initial duration). In the event that additional doses of the Vaccine are supplied under this APA following its renewal, the parties will discuss in good faith whether the grounds justifying the existence of this clause are still present. If this is not the case, the indemnification provisions will cease to apply to doses supplied pursuant to and after that renewal agreement. If those grounds are still (partially) present, the parties will discuss in good faith whether any amendment to this clause is warranted. Such indemnification will not be available to the Indemnified

Como se puede comprobar, el texto firmado por la farmacéutica Pfizer con las autoridades de la Unión Europea exime de toda la responsabilidad de administración a la misma. Toda responsabilidad recae sobre los estados miembros que decidan inyectar el medicamento experimental. La propia farmacéutica se lava las manos, a esto han sometido las autoridades de la Unión Europea a más de trescientos millones de personas. Creo que con solo este documento es suficiente para que todos sean procesados.

Por si alguien tenía alguna duda del tema vamos a los documentos siguientes.

Los prospectos de las vacunas dan terror

A continuación, pondremos algunos de los prospectos de las principales vacunas. Las farmacéuticas pueden decir que no han engañado en nada. Comencemos por la vacuna de Pfizer: https://www.ema.europa.eu/en/documents/product-information/comirnaty-epar-product-information_es.pdf.

Este medicamento está sujeto a seguimiento adicional, lo que agilizará la detección de nueva información sobre su seguridad. Se invita a los profesionales sanitarios a notificar las sospechas de reacciones adversas. Ver la sección 4.8, en la que se incluye información sobre cómo notificarlas.

1. NOMBRE DEL MEDICAMENTO
Spikevax, dispersión inyectable.
Vacuna de ARNm frente a COVID-19 (con nucleósidos modificados).

Población pediátrica
No se han establecido todavía la seguridad y la eficacia de Spikevax en niños de menos de 6 años. No se dispone de datos.

Población de edad avanzada
No es necesario ajustar la dosis en personas de edad avanzada de ≥ 65 años.

Forma de administración
La vacuna debe administrarse por vía intramuscular. El lugar más adecuado es el músculo deltoides del brazo.

No administrar esta vacuna por vía intravascular, subcutánea o intradérmica. La vacuna no debe mezclarse en la misma jeringa con otras vacunas u otros medicamentos.

Hipersensibilidad y anafilaxia

Se han notificado eventos de anafilaxia. Siempre debe haber fácilmente disponibles, el tratamiento y la supervisión médica adecuada en caso de que se produzca una reacción anafiláctica tras la administración de la vacuna.

Se recomienda una observación estrecha durante al menos quince minutos tras la vacunación. No se debe administrar ninguna otra dosis de la vacuna a las personas que hayan experimentado anafilaxia después de una dosis previa de Comirnaty.

Miocarditis y pericarditis

Existe un mayor riesgo de miocarditis y pericarditis tras la vacunación con Comirnaty. Estos trastornos pueden aparecer a los pocos días de la vacunación y se produjeron principalmente en un plazo de catorce días. Se han observado con mayor frecuencia tras la segunda dosis de la vacunación, y con mayor frecuencia en varones jóvenes (ver sección 4.8). Los datos disponibles indican que el curso de la miocarditis y la pericarditis tras la vacunación no es diferente del curso de la miocarditis o la pericarditis en general.

Los profesionales sanitarios deben estar atentos a los signos y síntomas de la miocarditis y la pericarditis. Se debe indicar a los vacunados (incluidos los padres o cuidadores) que acudan inmediatamente a un médico si presentan síntomas indicativos de miocarditis o pericarditis, como dolor torácico (agudo y persistente), **dificultad para respirar o palpitaciones después de la vacunación.**

Los profesionales sanitarios deben consultar directrices o especialistas para diagnosticar y tratar esta enfermedad. Todavía no se ha caracterizado el riesgo de miocarditis después de una tercera dosis de Comirnaty.

Reacciones relacionadas con ansiedad

Se pueden producir reacciones relacionadas con ansiedad, incluidas reacciones vasovagales (síncope), hiperventilación o reacciones relacionadas con estrés (por ejemplo, mareo, palpitaciones, aumento de la frecuencia cardiaca, alteración de la presión arterial, parestesia, hipoestesia y sudoración), asociadas al propio proceso de vacunación. Las reacciones relacionadas con estrés son temporales y se resuelven de forma espontánea. Se debe indicar a las personas que notifiquen los síntomas al responsable de la vacunación para su evaluación. Es importante tomar precauciones para evitar lesiones a causa de un desmayo.

Enfermedad concomitante

La vacunación se debe posponer en personas que presenten una enfermedad febril aguda grave o una infección aguda. La presencia de una infección leve y/o de fiebre de baja intensidad no debe posponer la vacunación.

Trombocitopenia y trastornos de la coagulación

Como con otras inyecciones intramusculares, la vacuna se debe administrar con precaución en personas que estén recibiendo tratamiento anticoagulante o en aquellas que presenten trombocitopenia o padezcan un trastorno de la coagulación (como hemofilia) debido a que en estas personas se puede producir sangrado o formación de hematomas tras una administración intramuscular.

Personas inmunocomprometidas

No se ha evaluado la eficacia ni la seguridad de la vacuna en personas inmunocomprometidas, incluidas aquellas que estén recibiendo tratamiento inmunosupresor. La eficacia de Comirnaty puede ser menor en personas inmunocomprometidas.

La recomendación de considerar la posibilidad de administrar una tercera dosis en personas gravemente inmunocomprometidas se basa en datos serológicos limitados procedentes de una serie de casos publicados sobre el manejo clínico de pacientes con inmunocompromiso yatrógeno después de un trasplante de órgano sólido (ver sección 4.2). Duración de la protección: se desconoce la duración de la protección proporcionada por la vacuna, ya que todavía se está determinando en ensayos clínicos en curso.

Limitaciones de la efectividad de la vacuna

Como con cualquier vacuna, la vacunación con Comirnaty puede no proteger a todas las personas que reciban la vacuna. Las personas pueden no estar totalmente protegidas hasta siete días después de la segunda dosis de la vacuna.

Excipientes

Esta vacuna contiene menos de 1 mmol de potasio (39 mg) por dosis; esto es, esencialmente «exento de potasio».

Esta vacuna contiene menos de 1 mmol de sodio (23 mg) por dosis; esto es, esencialmente «exento de sodio».

4.5 Interacción con otros medicamentos y otras formas de interacción

No se han realizado estudios de interacciones.

No se ha estudiado la administración concomitante de Comirnaty con otras vacunas.

4.6 Fertilidad, embarazo y lactancia
Embarazo

Una amplia cantidad de datos observacionales sobre mujeres embarazadas vacunadas con Comirnaty durante el segundo y el tercer trimestre no ha demostrado un riesgo aumentado para desenlaces adversos de los embarazos. Aun cuando <u>actualmente los datos sobre los desenlaces del embarazo después de la vacunación durante el primer trimestre son limitados</u>, no se ha observado un mayor riesgo de aborto espontáneo. Los estudios realizados en animales no sugieren efectos perjudiciales directos ni indirectos con respecto al embarazo, el desarrollo embriofetal, el parto o el desarrollo posnatal (ver sección 5.3). Comirnaty se puede utilizar durante el embarazo.

Lactancia

No se prevén efectos en niños/recién nacidos lactantes, puesto que la exposición sistémica a Comirnaty en madres en período de lactancia es insignificante. Los datos observacionales de mujeres en período de lactancia después de la vacunación no han mostrado un riesgo de efectos adversos en niños/recién nacidos lactantes. Comirnaty puede ser utilizado durante la lactancia.

Fertilidad

<u>Los estudios en animales</u> no sugieren efectos perjudiciales directos ni indirectos en términos de toxicidad para la reproducción (ver sección 5.3).

Descripción de algunas reacciones adversas
Miocarditis

El mayor riesgo de miocarditis tras la vacunación con Spikevax es más alto en los varones jóvenes (ver sección 4.4).

<u>Dos importantes estudios fármaco epidemiológicos europeos han estimado el riesgo excesivo en</u> <u>varones jóvenes tras la segunda dosis de Spikevax</u>. Un estudio mostró que en un período de siete días después de la segunda dosis hubo aproximadamente 1,316 (IC del 95 % de 1,299 a 1,333) casos adicionales de miocarditis en varones de 12 a 29 años por cada 10 000, en comparación con las personas no expuestas. En otro estudio, en un período de veintiocho días después de la segunda dosis hubo 1,88 (IC del 95 % de 0,956 a 2,804) casos adicionales de miocarditis en varones de 16 a 24 años por cada 10 000 en comparación con las personas no expuestas.

Este es el prospecto de la vacuna de Pfizer... De terror; pero aún hay más. ¿A cuántas personas de las que se han ido a vacunar le han pedido la recete médica? ¿Han preguntado los sanitarios que ponían la vacuna a las personas en esos polideportivos llenos a rebosar si tenían alguna contraindicación? ¿Ha recetado algún médico la vacuna para estar seguros de que no iba a ponerse algo que podría poner en riesgo su vida?

Como vemos también en el prospecto de Pfizer reconoce que se pueden dar casos de miocarditis y pericarditis, algo que han negado sistemáticamente porque «estas eran las vacunas más probadas y seguras del mundo», según los grandes medios de comunicación incitando a la gente a vacunarse sí o sí.

Podemos irnos a los prospectos de las tres principales vacunas que se han puesto de forma masiva a la población que encontraremos afirmaciones similares:

- Moderna: https://www.ema.europa.eu/en/documents/product-information/pikevax-previously-covid-19-vaccine-moderna-epar-product-information_es.pdf
- Janssen: https://www.ema.europa.eu/en/documents/product-information/covid-19-vaccine-janssen-epar-product-information_es.pdf
- AstraZeneca: https://www.ema.europa.eu/en/documents/product-information/vaxzevria-previously-covid-19-vaccine-astrazeneca-epar-product-information_es.pdf

Todas reconocen que no hay estudios ni datos disponibles sobre la fertilidad y que los únicos estudios al respecto se han realizado en animales. Todas advierten que o no se deben mezclar con otras vacunas o no hay estudios al respecto, por lo que, evidentemente, no sería nada prudente hacerlo. Y, sobre todo, nunca hablan de terceras dosis de refuerzo.

¿Comprendemos ahora por qué los deportistas están cayendo como moscas por infartos en los terrenos de juego? La propia Pfizer alertaba de estos riesgos y firmó un contrato que la eximía de responsabilidades por la administración de la vacuna. Aun así, se le administró a la población.

Se nos ha dicho y repetido mil veces que las vacunas son seguras y que están aprobadas, sin embargo, esto no es así. Las vacunas solo tienen una «autorización de uso de emergencia». Ninguna vacuna está todavía aprobada puesto que se encuentran en FASE III.

https://www.fda.gov/vaccines-blood-biologics/vaccines/explicacion-de-la-autorizacion-de-uso-de-emergencia-para-las-vacunas

¿Qué es una autorización de uso de emergencia?

Una autorización de uso de emergencia (EUA por sus siglas en inglés) es un mecanismo para facilitar la disponibilidad y el uso de contramedidas médicas, incluidas las vacunas, durante las emergencias de salud pública, como la actual pandemia causada por el COVID-19. En virtud de una EUA, la FDA puede permitir el uso de productos médicos no aprobados, o los usos no aprobados de productos médicos aprobados en una emergencia para diagnosticar, tratar o prevenir enfermedades o afecciones graves o que pongan en peligro la vida, cuando se hayan cumplido ciertos criterios regulatorios, entre ellos que no existan alternativas adecuadas, aprobadas y disponibles. Teniendo en cuenta los aportes de la FDA, los fabricantes deciden si presentar y cuándo presentar una solicitud de EUA a la FDA.

Una vez presentada, la FDA evaluará la solicitud de EUA y determinará si cumple con los criterios regulatorios pertinentes, tomando en consideración la totalidad de la evidencia científica sobre la vacuna de que dispone la FDA.

Esto en cuanto corresponde a la FDA norteamericana, que nos explica qué es una autorización de emergencia; pero podemos aterrizar e irnos más cerca, a España. En ella, el Registro Español de Ensayos Clínicos, REEC, dice bien claro que la vacuna de Pfizer está todavía en fase experimental.

Estudio de fase I/II/III para evaluar la seguridad, tolerabilidad e inmunogenicidad de una vacuna experimental de ARN contra la COVID-19 en niños y adultos jóvenes sanos

Estado	Tipo de Participantes	Rangos de Edad
Reclutando	Población especialmente vulnerable , Voluntarios sanos	Mayores de 64 , Adultos , Adolescentes Niños , Lactantes y preescolar

Género	Fases	Participantes esperados
Ambos	Fase I , Fase II , Fase III	11712

Resultados	Bajo nivel intervención	Enfermedad rara
Sin resultados	No	No

Cobertura geográfica	Ámbitos del ensayo	Tipo de promotor
Multicéntrico nacional , Multicéntrico internacional	profilaxis, dosis	Comercial

Información

Identificador
2020-005442-42

Enfermedad investigada
prevención de la infección con coronavirus

Título Científico
ESTUDIO DE FASE I ABIERTO Y DE BÚSQUEDA DE DOSIS, PARA EVALUAR LA SEGURIDAD, LA TOLERABILIDAD E INMUNOGENICIDAD Y DE FASE II/III, CONTROLADO CON PLACEBO Y CIEGO PARA EL OBSERVADOR, PARA EVALUAR LA SEGURIDAD, TOLERABILIDAD E INMUNOGENICIDAD DE UNA VACUNA EXPERIMENTAL DE ARN DEL SARS-COV-2 CONTRA LA COVID-19 EN NIÑOS SANOS <12 AÑOS DE EDAD

Justificación
El objetivo de este ensayo clínico es investigar si la administración de la vacuna para prevenir la COVID-19 es segura en niños menores de 12 años. El estudio comenzará en el grupo de mayor edad (de 5 años a menores de 12

Esta es la primera página del documento, y si nos vamos a la última página de este nos encontraremos lo siguiente:

Efectivamente, no hay resultados porque está en fase experimental. No hay resultados; pero ya se ha administrado masivamente a la población española asegurándoles que era «el medicamento más seguro y probado del mundo».

Tan seguro era este medicamento que nos hemos encontrado noticias como las siguientes en el diario digital *Isanidad.com*: https://isanidad.com/193362/el-icomem-avisa-que-el-seguro-del-sermas-no-cubre-la-defensa-del-medico-en-procesos-covid-penales-o-civiles/

«El ICOMEM avisa que el seguro del Sermas no cubre la defensa del médico en procesos COVID-19 penales o civiles».

Esta noticia está fechada el 11 de agosto de 2021 y en ella se dice textualmente que la compañía de seguros no se hará cargo de las indemnizaciones que puedan provocar las vacunas. Saben perfectamente que están en fase experimental y añade:

«La póliza no solo lo excluye del objeto del seguro, sino que además lo incluye expresamente en el apartado de riesgos excluidos de la póliza. *Todas aquellas indemnizaciones que correspondan como consecuencia de daños y perjuicios ocasionados por asistencia de los profesionales sanitarios en relación con el coronavirus no serán asumidas por la compañía aseguradora del Sermas, teniendo que asumirse directamente por el organismo asegurado»*, según se explica en el informe.

Es decir, si algún médico prescribiera a algún paciente la vacuna del COVID-19 y el mismo resultara afectado, el seguro se desentiende, por lo que el médico tendría que hacer frente a todas las responsabilidades penales y civiles. ¿Entendéis ahora por qué los médicos se han negado sistemáticamente a prescribir cualquier vacuna del CO-VID-19?

Si alguien iba al médico y le pedía la receta para la vacuna del COVID-19, el médico alegremente le contestaba que no hacía falta, que se la podía poner tranquilamente, mentía. Era necesaria la receta, todos los medicamentos en fase experimental no solo necesitan la prescripción médica correspondiente, sino también el consentimiento informado del paciente que se iba a someter a un medicamento en fase experimental. Así lo establece el Real Decreto 1090/2015 de 4 de diciembre y el Reglamento Europeo 536/2014 de 16 de abril, por los que se regulan los ensayos clínicos con medicamentos.

Efectivamente, cualquier medicamento que esté en fase de experimentación necesita para ser aplicado el consentimiento por escrito de la persona que va a ser inoculada con el mismo. ¿A alguien se le ha informado por escrito cuando iba a vacunarse de que el medicamento estaba en fase experimental? ¿Le han pedido la prescripción médica? ¿Cómo sabe si alguno de los componentes de la vacuna puede ser incompatible con las dolencias que ya tiene?

Como vemos en la imagen de la página anterior, recogida de la propia Agencia del Medicamento Española, la vacuna de Pfizer, la más usada en España, necesita de prescripción médica obligatoria: https://cima.aemps.es/cima/publico/detalle.html?nregistro=1201528004

¿Se están dando cuenta del tremendo crimen que se ha cometido contra la población española? ¿Por qué los médicos no han informado a la población española de los riesgos? ¿Por qué se ha estado administrando la vacuna sin la prescripción médica cuando los propios organismos oficiales obligaban a ello?

Este no es tema baladí; qué confianza nos pueden merecer los médicos que se han prestado a este circo. Por una parte, existía miedo en los médicos, miedo a oponerse al relato oficial y perder su licencia para poder ejercer la medicina. Hay médicos honorables que han llegado a perderla por defender la verdad, tal es el caso del doctor Ángel Ruiz; pero no es el caso de la mayoría, que han preferido el silencio. Silencio por miedo y dinero, siempre el dinero; mucho dinero, además. Conocido fue el caso de una médica Elisa Garrote Llanos, que saltó a la palestra por estas declaraciones: «La del COVID-19 para niños es la vacuna más probada de la historia».

Esta señora ha cobrado más de cuatrocientos mil euros a través de diversas instituciones de la farmacéutica Pfizer como se puede ver a través de https://www.transparencia-pfizer.es/transparencia2020 (Letra A, Página 1, AEP, y Letra F, Página 5, Fundación Asociación Española de Pediatría. Tienen la misma dirección postal).

Después de cobrar semejante pastizal se explica que salga con esas declaraciones, aunque contradiga la propia realidad. Pero tened en cuenta que aquí estamos jugando incluso con niños, no ya solo con personas adultas. Como mínimo digamos que

La infectóloga y pediatra Elisa Garrote, en el pabellón San Pelayo, de Basurto, donde trabaja. / ANANDA GORRIZ es poco ético. Diferentes instituciones de médicos han cobrado decenas de millones de Pfizer, eso se puede comprobar a través del mismo portal de transparencia. Nada comparado con los sesenta y cinco mil millones de dólares que la farmacéutica ganó en 2021.

En 2022 y en lo que llevamos hasta la fecha podemos extraer estas noticias de niños que han muerto por paros cardiacos en los colegios:

El 9 de marzo de 2022 en el diario *ABC*, «El niño de 11 años fallecido en el colegio María de los Llanos de Albacete sufrió un paro cardiaco».

https://www.abc.es/espana/castilla-la-mancha/abci-nino-11-anos-fallecido-colegio-maria-llanos-albacete-sufrio-paro-cardiaco-202203091213_noticia.html

En el diario *Sur* titular del día 28 de marzo de 2022: «Fallece un niño de 12 años en un instituto de Mijas». El niño, al parecer, se desplomó en el propio centro educativo. El diario apunta que «los primeros indicios apuntan a que habría sufrido una muerte súbita».

https://www.diariosur.es/sucesos/fallece-nino-instituto-sierra-mijas-20220328171600-nt.html

El diario digital *Soy de Madrid* recoge la noticia de un menor muerto de forma repentina en el colegio escolapios de Alcalá. El titular con fecha 1 de febrero de 2022 recoge: «Fallece un niño del colegio de los escolapios de Alcalá en el Hospital de la Paz». Fue incluso un helicóptero al colegio a recogerlo para el traslado. En la noticia se especula con que pudo ser un paro cardiaco, pero se dice: «el SUMMA 112 no ha proporcionado información del caso. Y las causas del fallecimiento solo fueron comunicadas a la familia del menor». El chico tenía 15 años.

https://www.soydemadrid.com/noticia-alcala/actualizacion-fallece-un-nino-del-colegio-de-los-escolapios-de-alcala-en-el-hospital-de-la-paz-58753.aspx

Sangrante el caso del instituto Basoko de Pamplona, tres niños muertos en pocos días; dos diagnosticados de cáncer y una muerte súbita. Claudia, de 15 años, fallecida de muerte súbita el 21 de marzo. Dos días después fallecía Esteban tras varios meses luchando contra el cáncer. El 22 de febrero también por cáncer fallecía Alex. Fueron muchos los diarios que se hicieron eco de este acontecimiento, recogemos la noticia salida del diario *El Español* el día 25 de marzo de 2022 con el titular: «Álex, Esteban y Claudia, tres niños de un colegio español muertos en pocos días».

https://cronicaglobal.elespanol.com/cronica-directo/sucesos/alex-esteban-claudia-tres-ninos-colegio-espanol-muertos-en-pocos-dias_623201_102.html

Como todo el mundo sabe, es de lo más normal que los niños mueran por paros cardiacos. Yo he sido niño, como todos, nunca vi a ningún compañero morir por dicha afección. Estos son solo algunos recortes de la prensa española sobre niños fallecidos en España de forma repentina; pero son solo una muy pequeña parte de los que realmente conocemos.

Pero no creáis que este ha sido el único caso de comportamiento poco ético. Los medios de comunicación de masas han estado volcados para que la población española se vacunara sí o sí, aun a costa de desarrollar problemas cardiacos de suma gravedad. Todo doctor al que le preguntes te responderá que los casos del corazón y las inflamaciones del miocardio o el pericardio son problemas graves. Sin embargo, nada es imposible para la prensa para hacer que los españoles vayan a vacunarse. Así nos encontramos titulares como el de abajo.

Cuando no podían negar de las consecuencias y los efectos secundarios de las vacunas se dedicaron a intentar trivializarlos, todo lo contrario a tener un mínimo sentido de prudencia. Españoles enviados al matadero.

Ahora, y después de meses y meses y años negándolo todo, con el tiempo, comienzan a nacer las primeras asociaciones de afectados por las vacunas. También supongo que dirán que sufren de alucinaciones y pondrán las agencias de verificación a sus becarios para intentar desacreditarlos. El caso es que existen los afectados por las vacunas que ya se están movilizando. Pongo, por ejemplo, el diario digital *El Salto Diario*,

Vacunación masiva de jóvenes en España - EFE/José Manuel Vidal

en donde se hacen eco de la situación de estas personas: «Afectadas por la vacuna contra el COVID-19: Solo pedimos que se investiguen nuestros casos».

https://www.elsaltodiario.com/vacunas/afectadas-vacuna-covid-solo-pedimos-investiguen-nuestros-casos

El propio Parlamento ya está tomando cartas en el asunto porque no le queda más remedio, como podemos ver en este titular de *Redacción Médica*: «El Congreso exige un plan sanitario integral en afectados por las vacunas COVID-19».

https://www.redaccionmedica.com/secciones/parlamentarios/el-congreso-exige-un-plan-sanitario-integral-en-afectados-por-vacunas-covid-2273

Y ahora, ¿quiénes son los negacionistas?

CAPÍTULO VIII.
UN GOLPE DE ESTADO MUNDIAL

Puedo afirmar que con la crisis del COVID-19 hemos vivido un auténtico golpe de Estado a nivel mundial. Todos los gobiernos de las principales naciones de la tierra se han confabulado para actuar de la misma forma junto con la Organización Mundial de la Salud, que ha sido quien ha llevado la voz cantante en este caso. Afirmo desde mis conocimientos y estudio de este tema que la mal llamada pandemia del COVID-19, en realidad, ha sido una gran operación de inteligencia a escala global. No soy ni mucho menos el único que piensa de esta forma. Durante esta crisis sanitaria ha habido una voz que se ha alzado especialmente y que ha dicho lo mismo de una forma bastante clara. Estoy hablando del arzobispo católico, ahora retirado, Carlo María Viganò, su último cargo lo desempeñó como nuncio apostólico en los Estados Unidos desde el año 2011 al año 2016. Digamos que un nuncio es como el embajador de la Santa Sede en el extranjero. A continuación, expongo una carta dirigida en plena crisis sanitaria al mundo. Por supuesto, su posición le valió la marginación incluso dentro de la propia Iglesia católica. Bien es sabido que el propio papa Francisco es favorable a la vacunación y condena enérgicamente a todas aquellas personas que no desean inocularse el «veneno de la bestia», tachándolos de personas «insolidarias». A continuación, uno de los mensajes que monseñor Viganò lanzó a través de redes sociales.

Carlo Maria Viganò: «Estamos ante un golpe de Estado de proporciones planetarias».

17 de diciembre de 2021

Una vez más, al cabo de dos años de farsa pandémica, nos encontramos ante las aparentes incongruencias y contradicciones de una serie de medidas encaminadas a prevenir la propagación del COVID-19. Y una vez más, es preciso reiterar algo que por mucho que se repita nunca será suficiente: que, las exigencias y objeciones que suelen plantearnos los responsables de la actual catástrofe sanitaria, social y económica, por muy sensatas que sean, son, en esencia, inadecuadas. En efecto, son inadecuadas, inapropiadas, porque dan por sentado que nuestros interlocutores actúan con honradez y buena fe y sus decisiones obedecen a una serie de sucesos imprevisibles y una emergencia en constante evolución.

La realidad es muy distinta: todas las decisiones que toman el Gobierno, las agencias e instituciones europeas y los organismos internacionales son plenamente coherentes con un mismo guion y director, y tienen por finalidad la destrucción deliberada del tejido social, político y económico —y obviamente también religioso— de las naciones con miras a instaurar el nuevo orden mundial. O sea, una dictadura universal. Para alcanzar este objetivo criminal, que constituye un verdadero golpe de Estado planetario, se ha provocado una emergencia —hoy pandémica, mañana ecológica— a fin de hacer posible el gran reinicio teorizado por el Foro Económico Mundial y que la ONU ha abrazado con el nombre de Agenda 2030.

Los intereses que están en juego saltan a la vista: derogación de la soberanía de las naciones, empobrecimiento de la población, precarización drástica del empleo, abolición de la propiedad privada, reducción de la protección al trabajador y del costo de la mano de obra y un control capital e invasivo del desplazamiento de las personas. Todo ello, descrito con gran lujo de detalles por el Foro Económico Mundial, se está llevando a cabo ante nuestros ojos con la complicidad de los medios dominantes de información, el sometimiento de los gobernantes de casi todos los países, la corrupción de la clase media y un escandaloso abuso de poder por parte de las élites financieras internacionales. Lo cierto es que no hay órgano público ni privado inmune a la interferencia de esas camarillas de poder, entre cuyas numerosas ramificaciones se encuentran las compañías farmacéuticas y los fondos de inversión a los que estas pertenecen.

Si nos damos cuenta de que asistimos a un golpe de Estado del que se están sirviendo para implantar una dictadura, todas las aparentes contradicciones que estamos observando resultan lógicas y coherentes, desde la prohibición de ciertos tratamientos a los lamentables procedimientos dictados por los ministerios; desde los ineficaces confinamientos a las ilegítimas obligaciones de vacunarse y obtener el pasaporte COVID-19; desde la cesión de la soberanía a la mafia europea hasta la liquidación de recursos estratégicos nacionales vendidos a multinacionales extranjeras.

Ante esta situación, se entiende bien el motivo por el que entran en acción todas esas cosas antes de la patologización y criminalización de la disidencia que caracterizan a los regímenes totalitarios imitando el modelo de la dictadura comunista china. Una operación sádica —precisamente ustedes estaban hablando de *sadismo de Estado*— porque apunta deliberadamente a la marginalización social de los disidentes mediante chantajes o imposiciones legales. Igualmente, sádica resulta en el plano sanitario, dado que expone a gravísimas consecuencias para la salud a personas sanas haciéndoles creer en un beneficio ilusorio, todo ello con vistas a provocar enfermedades crónicas y causar una drástica reducción de la población. Sádica también desde el punto de vista económico: pensemos en la ruina de tantas empresas y el aumento del desempleo o de los empleos mal remunerados. Y sádica por último en lo social, porque la revisión del valor de la vivienda y la proyectada adecuación ecológica de los inmuebles acabarán con un bien primario como es la propiedad de la casa, sustituida por una renta universal que convertirá a todos en esclavos de las autoridades.

Por estas razones, se hace indispensable una oposición firme y determinada por parte de las personas y de los movimientos. Oposición que será tan eficaz como difusa, no institucionalizada y que no esté monopolizada por nadie. La alianza antimundialista que he propuesto podría marcar las pautas en ese sentido, dejando libertad de acción a cuantos se adhieran a sus principios y volviendo objetivamente más complejas las formas de opresión que ya vemos en acción.

Es mi deseo que a medida que se intensifique esta desquiciada represión, los ciudadanos de todos los estados entiendan que el problema radica en la subversión y en la traición por parte de las autoridades a las competencias que les son propias, así como en su sometimiento a los poderes supranacionales que son enemigos del bien común precisamente porque son enemigos de Dios y del hombre.

El Señor nos está haciendo ver el infierno que nos espera si no denunciamos y frustramos el mencionado golpe de Estado. Dando valerosamente testimonio del Evangelio con nuestra vida, tenemos el deber de demostrar que un mundo obediente a la ley de Dios no solo es posible, sino necesario si queremos poner fin a esta distópica pesadilla.

Carlo Maria Viganò, arzobispo

Bien, en la carta podemos distinguir claramente una observación de capital importancia: la confianza de la gente en sus gobernantes. La gente, al menos en España, es muy confiada con el gobierno y las cosas del Estado en general. Pienso que ello ha sido posible porque España viene de una etapa de un gobierno *paternalista-militar* durante la época franquista. A nadie se le podría ocurrir que nuestros gobernantes fueran los primeros que nos traicionaran, todo el mundo confía en el Estado en España, o al menos casi todo el mundo. No es así en los países del este de Europa, en donde sufrieron los regímenes comunistas. Allí aprendieron a temer y a desconfiar del Estado por naturaleza. Si el Estado dice que algo es bueno para la población, es porque tiene que ser realmente malo, esto lo aprendieron a sangre y fuego. Será por ello por lo que España tiene el mayor índice de vacunados, mientras los países del Este registran las tasas más bajas de Europa. Incluso hablando con personas de esos países me comentaban que ni los datos oficiales de vacunados corresponden a la realidad, ya que es práctica habitual en aquellos países pagar a las enfermeras y médicos y sellar los carnés COVID-19 como si estuvieran vacunados cuando no lo están.

En España fue diferente, Juan Carlos de Borbón recogió el testigo y la confianza de la gente en sus gobernantes de aquella época, fue jefe del Estado indiscutible. Los españoles todavía no han aprendido a desconfiar del Estado, a saber, que esos que nos gobiernan tienen otros intereses que no son los de la nación española, es más, la mayor parte de las veces van en contra del propio país. La conspiración judeomasónica tan denostada en otros tiempos se abre paso en la política y las instituciones españolas. Los españoles del llamado régimen del 78 han crecido creyendo que esa conspiración de la que tanto hablaba el régimen anterior y de la que advertía de forma constante eran cuentos para no dormir; pero el despertar a la realidad si no has estado vigilante puede llegar a ser excesivamente duro y, lo peor, puede ser tarde. Como he repetido mucho en mis programas a través de las redes sociales: «la ignorancia mata, mata mucho y en tiempos del apocalipsis mata mucho más».

Efectivamente, estamos en los tiempos del llamado apocalipsis; pero eso es otro tema que abordaré en un libro posterior a este. Siguiendo con la carta de monseñor Viganò, hay que destacar cómo advierte que los gobernantes siguen un guion preestablecido, una confabulación mundial de los principales líderes para llevar a las naciones hacia el nuevo orden mundial. Por ello, era tan importante comenzar mi libro explicando a la gente qué significan estas palabras, y me remito al capítulo segundo de este libro. Realmente, lo que la élite burguesa dominante nacida después de la Revolución francesa aspira es a dominar el mundo superando la soberanía de los pueblos y de las naciones. Las leyes nacionales son un auténtico obstáculo para sus intereses financieros. Las grandes corporaciones y compañías consideran que las normas salidas de los parlamentos de los diferentes países son una auténtica barrera para su dominio despótico y plutocrático. Es ahí donde se está jugando la verdadera batalla de la humanidad.

Algunos me diréis: pero si fue precisamente de la Revolución francesa desde donde salieron las llamadas constituciones, la soberanía popular, etc. Nada más lejos de la realidad, la Revolución francesa no la hizo el pueblo francés, la hizo la burguesía francesa, eso sí, usando la desesperación de la propia gente que vivía en la miseria. La burguesía constituye una oligarquía que gobierna para sí misma, no para el pueblo.

Un ejemplo claro lo tenemos en el régimen del 78 español, mal llamado democrático, en donde la nación tiene una constitución; pero no se puede decir que los diputados sean representantes del pueblo. En España, el régimen que existe se podría denominar más bien como una «partitocracia», el gobierno de los partidos políticos. El Estado español está estructurado de tal forma que impide que la gente gobierne, todo es una apariencia. En el Parlamento español sobran más de trescientos diputados, con los siete u ocho líderes de los partidos se podría gobernar perfectamente: tú que tienes el 30 % de los votos, tú el 20 % y así votarían entre los principales líderes las leyes. El resto de los trescientos diputados dicen representar al pueblo; pero en realidad no representan a nadie, están ahí como figurantes, nada más, ese es su papel, figurar y apretar un botón, e incluso muchos se equivocan cuando llega el momento. En España no existe representatividad política y, por supuesto, no existe separación de poderes, la justicia y la fiscalía están copados de cargos políticos. La democracia no consiste en votar, en las dictaduras también la gente vota, ni tampoco consiste en tener libertad de expresión. La libertad de expresión es un derecho individual; pero eso no define a una democracia. A la democracia la define la representatividad política y la separación de poderes, y ninguna de las dos condiciones se dan en España. Además, tenemos un sistema de voto que es prácticamente plagiado del que usaba gran Bretaña para sus colonias, para tenerlas bien dominadas y sujetas, en donde no se vota a la persona, sino al líder de un partido que, casi siempre, está bien untado. Es más fácil controlar y sobornar a cinco o seis líderes que a cuatrocientos diputados; pero este es un tema más extenso y no es el objetivo principal de este estudio.

Los medios de comunicación y las redes sociales

La carta de monseñor Viganò nos dice a las claras que no es una idea descabellada pensar que existe una burguesía oligarca a nivel planetario que intenta imponer sus leyes por encima de los pueblos. Esta oligarquía mundialista corrompe con su dinero las instituciones y los gobiernos. En España, los gobiernos prácticamente están a la orden el IBEX35 y de sus intereses, más bien gobiernan para ellos antes que para los ciudadanos. Esto mismo sucede a nivel planetario. Existen muchas empresas que tienen más presupuesto y más producto interior bruto que muchos estados. Estamos hablando de empresas como Vanguard o BlackRock; pero también hablamos de Google, de Facebook, de Amazon o de General Electric. Ellos son el verdadero poder mundial, ellos son el nuevo orden mundial. Los políticos que vemos son, la mayor parte de las veces, meros servidores de estos grandes poderes. Ellos manejan todos los grandes medios de comunicación, ponen y quitan presidentes a su antojo en casi cualquier parte del mundo. ¿Por qué creéis que Rusia o China se protegen contra los medios y redes sociales occidentales?

Estos mismos medios de comunicación que quitan y ponen presidentes modulan las conciencias de la gente. Ellos han sido los que han alentado a la gente en Occidente a la vacunación masiva, al engaño de las PCR, a la farsa de la pandemia que hemos vivido. Ellos mismos han sido los que han convencido al mundo de la cosa más absurda que nos hubiéramos podido imaginar: que la pandemia comenzó con un chino que se comió un pangolín en mal estado poniendo en jaque hasta el propio sistema financiero mundial. ¡Vaya con el chino de los cojones! ¿Os dais cuenta de la tomadura de pelo tan monumental? Pues no, la mayoría no se han dado cuenta y se lo han tragado todo a pies juntillas, hasta el final, por eso estamos donde estamos.

En este sentido me gustaría contar un par de anécdotas que me ocurrieron personalmente. En una ocasión iba caminando por el paseo de Almería un sábado a la mañana con mi perrita Lola. En él se suelen reunir un grupo de protesta que tienen un grupo de Telegram y que yo conocía personalmente. Al verlos me paré a charlar unos momentos con ellos y comentar cómo veíamos la situación actual. En estas, se acerca una señora de unos sesenta años acompañada de un hombre también de mediana edad y nos cuenta toda indignada y empoderada: «¿Es que no veis las noticias? ¿No sabéis que la pandemia ya ha terminado gracias a las vacunas? ¡Hay que estar más informados!». Yo no pude dejar de soltar una sonora carcajada al escucharla, bien podría ser una risa no de esas de alegría, sino más bien de risa nerviosa. La señora se dio cuenta de que no nos iba a convencer de nada y terminó emprendiendo la retirada: «¡Váyase, señora que es la hora del programa de Ana Rosa! —le espetábamos—. ¡Que se pierde los consejos de Belén Esteban, la experta en vacunas!». En fin, la señora se fue muy indignada por nuestra ignorancia, este es el nivel, Maribel.

¡Ojo! Que no es la primera vez que escucho eso de: «Hay que ver más las noticias, hay que estar más informado». Cuando precisamente, si quieres estar informado, una de las primeras condiciones *sine qua non* es apagar el televisor. La *caja tonta* es la mayor fábrica de bulos y mentiras que se ha podido inventar. Bien es verdad que la televisión podría hacer una labor extraordinaria en buenas manos; pero ese no es el caso. Las manos en las que está son precisamente las de los que nos quieren someter y quitar nuestras libertades para implantar su nuevo orden mundial, de ahí no puedo salir nada bueno. Como mucho te contará verdades a medias que, a la postre, suelen ser las grandes mentiras. Decir que para estar informado hay que ver más televisión es el culmen de la ignorancia. Meterte de lleno en la caja tonta es meterte en mátrix, en un mundo paralelo que nada tiene que ver con la realidad, es estar condenado al no saber, a pasar por la vida sin enterarte del mundo en el que vives realmente. Estar permanente en una realidad paralela.

Menuda plasta que nos estuvieron dando en las televisiones con la teoría del pangolín asesino. Cuando gente como yo tenía claro que estaban engañando masivamente a la población, escuchar esos programas se convertía en un infierno de impotencia. Pero ellos tenían los altavoces y yo no. Para más inri, me hice un canal de YouTube del que no pararon de llegarme sanciones y faltas por, según decían, «incumplir las normas de la comunidad». Cuando estoy escribiendo estas líneas hace unos días que YouTube me ha eliminado un canal con más de sesenta y tres mil suscriptores. Twitch, la plataforma de Amazon que sirve para hacer directos, me eliminó otro con diecisiete mil suscriptores. Según YouTube aliento a la gente a cometer actos ilegales y a saltarse las normas de la plataforma, ahí es nada.

El tema de las redes sociales merece un comentario aparte. Que las televisiones y las grandes cadenas están manejadas por los oligarcas financieros y no te van a contar nunca la verdad es algo que los que investigamos lo tenemos bastante claro, no así para el público en general. La introducción de las redes sociales supuso aire fresco, el intercambio de información y experiencias. Ver y escuchar las ideas de otras personas creo que ha sido el hito más enriquecedor de los últimos tiempos, sin embargo, todo no iba a ser tan bonito, llegaron los censores. Así es, jamás he vivido tantísima censura como en estos tiempos. Si bien es cierto que las redes sociales son un hito del pensamiento y la libertad humana, llegaron YouTube, Facebook, Twitter, etc., para aguarnos la fiesta. También son conocidas como las *big tech* o las grandes tecnológicas, como se diría en español. El caso es que pronto han monopolizado las redes sociales y quien no esté dentro de estas plataformas se puede decir que prácticamente no existe. De esto son conscientes estas empresas y es por ello por lo que han contratado a una legión de censores para borrar cualquier tipo de comentario o idea que se salga de la línea oficial de sus grandes dueños, que son, ni más ni menos, que los mismos que nos quieren implantar el nuevo orden mundial, ¡oh, sorpresa, no me lo esperaba!

Nunca, nunca, nunca he vivido una falta de libertades y una censura tan atroces como en estos tiempos, y os lo dice uno que nació cuando todavía vivía el mismísimo Franco. En YouTube, que es la red social por la que me decanté para darme a conocer, todo lo que se salga de canales de cocina y perros y gatos corre el riesgo de ser censurado y expulsado de la plataforma. Si hablas de elecciones fraudulentas, está prohibido por las normas de la comunidad; si hablas en contra de la ideología de género, está prohibido por las normas de la comunidad; si hablas de que las vacunas pueden estar detrás de alguna muerte, está prohibido por las normas de la comunidad; si hablas en contra de cualquier decisión de la Organización Mundial de la Salud, también está prohibido por las normas de la comunidad... ¡Todo está prohibido por las normas de la comunidad! ¡Te pueden sancionar y expulsar casi por cualquier cosa!

Los que me conocéis sabéis que comencé mi carrera en YouTube con el canal El Arconte que, después de haber alcanzado los ciento cincuenta mil suscriptores, ha sido tan machacado a sanciones que ahí lo tengo parado y sin atreverme a volver a meterle mano. Pero es que ese canal, cuando todavía no había sido sancionado, llegó a tener más de **nueve millones de visualizaciones mensuales**. Es decir, y para que nos entendamos, un tipo salido de la nada, independiente, con una cámara de «ciento cincuenta *leuros*, payo» y un ordenador portátil muy normalito... le estaba empezando a hacer la competencia a las grandes cadenas de desinformación nacional. Cadenas públicas y privadas que se gastaban auténticas millonadas en contratar profesionales, periodistas, estudios, material audiovisual y un largo etcétera que costaba un presupuesto de millones y millones de euros. Como es evidente, no es plato de buen gusto para esos magnates que se sientan en los consejos de administración de esas grandes compañías.

Hice todo lo que pude; ¡pero no me dejaron! No me dejaron contar mi verdad, mi visión de las cosas, las mentiras que veía. La gente se tenía que conformar con sus engaños y distracciones, mientras yo y otros *youtubers* que se atrevían a desafiar al sistema éramos perseguidos, sancionados y expulsados de esa y otras muchas redes sociales, las llamadas *big tech*. La teoría del pangolín asesino imperó a sus anchas por las televisiones. Incluso, presentadores que ya tenían millones de seguidores en televisión durante la pandemia se dedicaron a abrir canales de YouTube y trajeron masivamente a las redes sociales la verdad oficial de la élite oligárquica financiera. Hicieron muchísimo daño, ya que aquel espacio que se había convertido en el de *la resistencia* al pensamiento del sistema, lo llenaron inmediatamente con las consignas de la mátrix periodística. La publicidad la tenían ya hecha al venir de las televisiones y era prácticamente imposible competir con ellos.

Me he visto expulsado y perseguido de diversas plataformas de redes sociales. En España, nuestra autoestima como nación ha caído tan bajo que vemos normal que empresas extranjeras, en este caso norteamericanas como son YouTube o Facebook, vengan a nuestro país a llenarse los bolsillos —que si lo hacen honradamente me parece genial—, y encima nos digan en nuestra propia casa de lo que podemos y no podemos hablar. En definitiva, a enseñarnos cómo debemos de pensar. Estas empresas no solo se han convertido en una amenaza para las libertades del pueblo español, sino también en un auténtico peligro para la seguridad nacional, y sus contratos y estancia en España deberían ser inmediatamente revisados. A mi país no tiene que venir ninguna empresa extranjera a intentar taparme la boca, aprovechando su posición dominante y de casi monopolio en el mercado. Estas empresas, con todo su poder, pueden influir en la elección de un candidato determinado, por poner un ejemplo, por lo que estaríamos hablando de una intromisión intolerable en los asuntos internos de la nación. Y que no digan estas empresas que ellas son redes sociales y no censuran, porque es falso. ¡No son redes sociales son medios de comunicación con un sesgo político muy marcado!

Efectivamente, en las redes sociales la plataforma no tiene por qué ser responsable de las opiniones vertidas ya que, se supone, que es un espacio de libertad en donde todo el mundo expone sus ideas. Sin embargo, esto no es así del todo, y empresas como YouTube o Facebook censuran y, además, de una forma brutal. No son redes sociales, son medios de comunicación con una línea editorial muy marcada y, por lo tanto, se les debe aplicar la ley que se les aplica a los propios medios de comunicación haciéndoles responsables de todo el contenido vertido en ellas. De esta forma, tendrán que dejar de engañar a la gente diciendo que son plataformas de libertad y, si no lo hacen, todo el mundo sabrá que son un medio de comunicación más con una línea ideológica determinada y quien trabaje para estas plataformas al final termina trabajando como si fuera un periodista para ellas. Es que en última instancia te conviertes en un periodista de estas empresas porque no te dejan hablar de nada con lo que sus dueños no estén de acuerdo.

Kennedy contra las sociedades secretas

Que estas empresas están unidas en un mismo fin es algo evidente. La censura en YouTube o Facebook era paralela a las acciones de los gobiernos, medios de comunicación masivos y la propia Organización Mundial de la Salud. Había una coordinación para aplastar cualquier información que se saliera de la línea que ellos marcaban. No se admite el pensamiento libre. Contra este conglomerado político financiero y militar tuvo que luchar el propio John F. Kennedy. Uno de sus discursos más emotivos y que más han inspirado a los investigadores durante mucho tiempo ha sido el que pronunció el 27 de abril de 1961 ante la Asociación Norteamericana de Editores de Periódicos. Entre lo más destacado de su discurso os pongo el siguiente e histórico texto:

«Damas y caballeros, la misma palabra *secreto* es repugnante en una sociedad libre y abierta; y estamos como personas inherentes e históricamente opuestas a las sociedades secretas, a los juramentos secretos y a los procedimientos secretos, y hay un grave peligro en el anuncio de un necesario incremento de que la seguridad sea aprovechado por aquellos ansiosos de expandir su significado a los límites de la censura y el ocultamiento oficiales. Y me pongo a impedir eso por todos los medios de que dispongo, y ningún oficial de mi administración, ya sea de alto o bajo rango —civil o militar— deberá interpretar lo que estoy diciendo como una excusa para censurar las noticias o ahogar la oposición o para encubrir nuestros errores, o para apartar de la prensa y el público los hechos que merecen conocer.

»Pero nos enfrentamos a nivel mundial a una despiadada y monolítica conspiración que confía básicamente en los medios secretos para extender su esfera de influencia.

»Hace mucho tiempo decidimos que los peligros de la ocultación excesiva e injustificada de los hechos pertinentes superaba con creces los peligros que se citan para justificarlo. Incluso hoy, tiene poco valor oponerse a la amenaza de una sociedad cerrada al imitar sus restricciones arbitrarias. Incluso hoy en día tiene poco valor asegurar la supervivencia de nuestra nación si nuestras tradiciones no sobreviven con ella. Es la infiltración en lugar de la invasión. Es la subversión en lugar de las elecciones. Es la intimidación en lugar de la libre elección. Son guerrillas nocturnas en lugar de ejércitos a la luz del día. Es un tejido que ha reclutado extensos recursos humanos y materiales construyendo una densa red, una máquina altamente eficiente que combina operaciones militares, diplomáticas, de inteligencia, económicas, científicas y políticas.

»Sus preparativos son encubiertos, no publicados. Sus errores son enterrados, no anunciados en titulares. Sus disidentes son silenciados, no elogiados. No estoy pidiendo que vuestros periódicos apoyen a la Administración. Les pido ayuda para la difícil tarea de informar y alertar al pueblo americano. Porque tengo una total confianza en la respuesta y dedicación de nuestros ciudadanos una vez que estén bien informados. No quiero ahogar la controversia entre vuestros lectores, es más, les doy la bienvenida. Esta Administración pretende ser honesta con sus errores. Porque como dijo una vez un hombre sabio: «Un error solo se convierte en equivocación cuando rechazas corregirlo». Pretendemos asumir la responsabilidad de nuestros errores y contamos con ustedes para apuntarlos si no los vemos. Sin debate, sin críticas, ningún país puede tener éxito y ninguna república puede sobrevivir. Es por esto por lo que el legislador ateniense Solón decretó que era un delito que los ciudadanos se cerraran al debate. Y es por esto por lo que la prensa está protegida por la primera enmienda. Es el único negocio de América al que la Constitución protege específicamente, no para entretener o divertir, no para insistir en lo trivial o en lo sentimental, no para simplemente "dar al público lo que este quiere", sino para informar, para inspirar, para reflexionar, para exponer nuestros peligros y nuestras oportunidades confiando en que con vuestra ayuda el hombre será lo que debe ser por nacimiento: libre e independiente».

Este discurso del presidente norteamericano es uno de los más clarividentes que se han dado nunca. Fijaos cómo solicitaba ayuda a la prensa y les decía que su responsabilidad era muy alta, y que no solo estaban para entretener a la gente en cosas triviales y en vanidades, sino que su misión principal era la de informar correctamente y hacer reflexionar a la sociedad. La prensa actual española es precisamente una montaña que desvía la atención de las cosas realmente importantes. Mientras que en las cadenas de televisión proliferan los programas de entretenimiento los grandes hermanos o el fútbol, el destino de nuestro país se debate en los despachos a puerta cerrada entre cuatro oligarcas. Los españoles no prestan atención a lo realmente importantes y se han sumergido en un mundo de desinformación atroz.

No es Pedro Rosillo con este libro, *Un detective contra la pandemia*, el que denuncia que esas sociedades ocultas a las que pertenecen y obedecen nuestros gobernantes están dirigiendo nuestros destinos hacia un fin macabro y que están conspirando contra el pueblo a cada segundo. Como podéis comprobar, el propio presidente norteamericano ya lo denunciaba de forma clara allá por la década de los sesenta del siglo pasado. Kennedy fue asesinado por el *estado profundo*, por esa misma conspiración judeomasónica, como no podía ser de otra forma cuando se denuncian sus prácticas y se les intenta dar a conocer.

Es básicamente una conspiración monolítica que usa de medios secretos y ocultos para llevar a cabo sus planes. De este discurso de Kennedy, también destacaría su confianza plena en la gente, en su pueblo, en este caso, en el pueblo norteamericano que sabría actuar correctamente una vez que estuviera bien informado. Esa es la clave, estar bien informado, justo lo que no hacen los medios de comunicación actuales. Mientras que quienes intentamos informar somos vetados y nuestros canales cerrados, no quieren que se nos escuche.

Cuando nos enfrentamos a la conspiración del nuevo orden mundial contra la raza humana, nos estamos refiriendo precisamente a estas sociedades ocultas que actúan en lo secreto, se mueven en la oscuridad y disponen, además, de los mayores medios para llevar a cabo sus objetivos. Todos los grandes medios de comunicación son suyos y se dedican día tras día, hora tras hora y minuto tras minuto a emponzoñar las mentes y los corazones de las personas.

El golpe de Estado en España

El golpe de Estado fue a nivel mundial; pero en España tuvimos un sabor especial de la mano del presidente Pedro Sánchez. ¿Qué puedo decir del papel que ha jugado España y especialmente el Gobierno de la nación en toda esta mal llamada pandemia? Solo que **declaró dos estados de alarma completamente inconstitucionales**, tan simple como eso. En el mes de julio de 2021 conocíamos la primera sentencia por la que se declaraban inconstitucionales varios preceptos del Real Decreto 463/2020 por el que se aprobó el primer estado de alarma. Y, de nuevo, el 27 de octubre de 2021 también declaró nulos determinados preceptos del Real Decreto 926/2020 de 25 de octubre.

Bien, ¿qué significa realmente la nulidad de los dos estados de alarma? Pues significa, ni más ni menos, que el Gobierno de España, sí el Gobierno de España, practicó el secuestro de más de cuarenta millones de personas. El ataque más grave contra las libertades públicas cometidas en España desde que se tenga memoria en tiempos de paz. Aun así, el Gobierno no dimitió, aun así, los miembros del Gobierno no han sido llevados todavía a los tribunales por crímenes de lesa humanidad, aun así, mucha gente todavía justifica al propio Gobierno, entre ellos como no, los medios de comunicación untados y pagados por el propio Gobierno.

Ningún medio de comunicación ha alzado la voz en España para pedir que se procese al Consejo de Ministros al completo, ninguno. La respuesta a esta callada la podemos encontrar en un titular de prensa que salió allá por mediados del mes de mayo del año 2020, el lema era: «Salimos más fuerte», y fue titular en toda la prensa española como podemos ver en la foto.

La imagen es brutal y nos da una idea de la falta de información imparcial en este país. Fijaos bien en esa portada porque fue la que salió el mismo día 25 de mayo en todos los diarios nacionales de mayor tirada. Ni Franco pudo soñar con unos titulares como los que les dedicó toda la prensa del país al Gobierno que, para más humillación, había pasado recientemente por la trituradora todas nuestras libertades fundamentales. Todos los medios bien untados de dinero público para que sacaran esta campaña del Gobierno. Creo que es una de esas imágenes que lo resumen todo, y una de las más impactantes que han tenido lugar en las últimas décadas en cuanto a información nacional

se refiere. Esta fue una campaña del gobierno de Pedro Sánchez que, como siempre, intentó suplir su falta de capacidad de gestión en todos los aspectos con la propaganda.

¿Cómo iba a llegar un mensaje diferente a los ciudadanos españoles? Los pocos que clamábamos desde canales alternativos éramos inmediatamente silenciados por todos los medios al unísono, todos remando al unísono con un gobierno liberticida. Esa imagen es una auténtica amenaza para las libertades de este país y todos nosotros la hemos podido ver. Lo que parecía imposible se ha hecho realidad, era una vuelta al pasado más rancio y casposo de la historia de España.

En España todo falló. Este país se convirtió en un auténtico estado fallido sin garantías jurídicas de ningún tipo. La anulación de los estados de alarma llegó un año después de producirse, cuando el delito contra la nación ya se había consumado. En una nación normal, que no es el caso de España, la medida hubiera quedado en suspenso hasta que el Tribunal Constitucional, por vía de urgencia, hubiera estudiado las leyes que implementar y se hubiera pronunciado. El Constitucional llegó tarde, muy tarde, demasiado tarde.

Fallaron los tribunales, fallaron los jueces, falló el Parlamento, falló el Gobierno y todo su Consejo de Ministros, falló el jefe del Estado que firmó todos y cada uno de los decretos, fallaron los cuerpos de seguridad del Estado que aplicaron las normas anticonstitucionales sin ningún tipo de cuestionamiento interno, todo en España cayó de repente como una hilera de fichas de dominó. La policía se convirtió no en un estamento que defendiera la Constitución y las leyes, sino en un aparato político más del Gobierno.

Todavía me acuerdo de ir caminando por la calle en mi lugar de residencia, por aquel tiempo en Haro —un pueblo de La Rioja—, y pararme la Policía Local del pueblo para preguntarme simplemente a dónde iba. Todavía me acuerdo de ir en el coche y encontrarme a la Guardia Civil fusil en mano y pararme para hacerme la misma pregunta. Todos nos acordamos de las multas que ponían por salir de nuestros domicilios o pueblos, o por las mascarillas, que a la postre fueron todas declaradas nulas, pisoteando nuestras libertades o la vergonzosa actuación de policías entrando por la fuerza en los domicilios de los españoles por el hecho de estar reunidos. Todavía no he visto a ningún responsable policial entonar el *mea culpa* y pedir perdón a los españoles por la vergonzosa actuación que tuvieron. No estuvieron a la altura, y creo que los españoles pagamos nuestros impuestos para tener algo mejor, gente mejor formada y mucho más profesional que se niegue a cumplir las órdenes que van contra legalidad establecida y que protejan a la ciudadanía, incluso, de las órdenes ilegales de un Gobierno desbocado hacia el totalitarismo. Existe la desobediencia debida, aquella que se produce cuando alguien te ordena algo que van contra moral y contra la legalidad. Los cuerpos de seguridad no cuestionaron las órdenes políticas del gobierno de Pedro Sánchez, cumplieron a rajatabla lo que les ordenaban sin cuestionarlo y son tan responsables del atropello producido como el propio Gobierno. No pueden escudarse en aquello de que ellos *solo cumplían órdenes*. Ellos tienen la obligación de conocer y hacer guardar la ley. Tan responsable es el que ordena como el que obedece. En los juicios de Nuremberg contra los militares nazis quedó bien claro este concepto. Si ellos, los policías, solo cumplían las órdenes del Gobierno, la pregunta sería la siguiente: si el Gobierno le ordenara algún día disparar contra la ciudadanía española, ¿también se escudarán en que solo cumplen órdenes? Porque primero es quitarte la libertad; pero lo siguiente es quitarte la propia vida. Es por ello por lo que no existe excusa posible, y ante la gran falla en cadena de todos los estamentos se impone una profunda reforma del Estado, del régimen político que ha fracasado en todos los aspectos, y de los cuerpos de seguridad.

CAPÍTULO IX.
LA REPENTINITIS

Repentinitis es la palabra que se ha utilizado para describir un fenómeno que consiste en que la gente cae fulminada como si un rayo jupiterino lo hubiera alcanzado. Estas muertes son achacadas a las vacunas COVID-19, y es que los casos de ictus y paros cardiacos se han multiplicado por mil, no, lo siguiente. A estas personas que les da el síndrome le puede acaecer en cualquier momento. De esta forma, son múltiples los futbolistas que han muerto incluso en el terreno de juego. Pero no solo en el deporte y en los terrenos de juego se produce, en cualquier lugar, en cualquier instante, la repentinitis llega y fulmina inmisericorde al pobre desdichado que hace unos segundos disfrutaba de una excelente salud.

Así, nos encontramos con casos en los que la repentinitis ha llegado con la víctima conduciendo, en la calle paseando, tomando un café en cualquier bar de nuestras ciudades, en la compra del súper y un largo etc. Lo más dramático de todo son las personas que viven solas y que nadie se enterará, solo al cabo de los años, que ha sufrido un ataque fulminante. Puedo decir, que estos casos no me son ni mucho menos ajenos y tengo familia a los que les ha dado un ictus conduciendo y se han salido de la vía. Afortunadamente no ha habido que lamentar daños ni humanos ni materiales, han tenido suerte dentro de lo que cabe, si es que se puede decir así.

Refiriéndonos al deporte, vamos a dar datos concretos como, por ejemplo, que para nadie ha pasado desadvertido el aumento exponencial de deportistas lesionados o que se han tenido que retirar por problemas cardiacos. El más famoso en España podemos achacarlo al barcelonista Kun Agüero; pero hay otros muchos que no salen precisamente en los titulares y menos famosos.

La subida disparada de casos de muertos en el deporte es incuestionable desde que se produjo la vacunación. En cuanto a cifras, podemos estar hablando, que sepamos, de alrededor de más de mil atletas entre el año 2021 al 2022, después justo de las inoculaciones.

Es el caso de la web goodseciencing.com, que ha estado recopilando los muertos en el deporte. Esta web apunta que según datos del propio Comité Olímpico Internacional, desde 1966 hasta el año 2004 han muerto de forma súbita 1101 deportistas con edades menores a los 35 años. Es decir, lo que viene a ser una media de veintinueve atletas por año. Y apunta que los deportes con mayor número de incidencias son el fútbol y el baloncesto. Desde que comenzó la vacunación han muerto 649 deportistas, más de la mitad que en 35 años. Esta misma web da todos los nombres de los deportistas que ha recopilado, los 649.

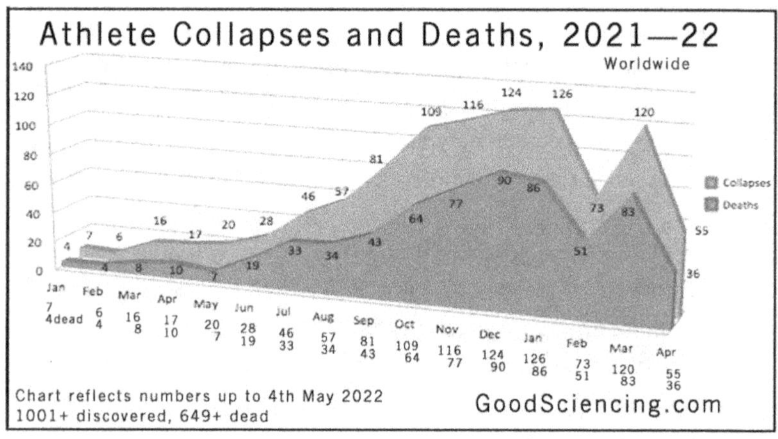

Por otra parte, la web *Diario de Vallarta* titula: «Muertes súbitas en el deporte, atletas que colapsan, futbolistas con problemas cardiacos: marzo de 2022».

https://diariodevallarta.com/muertes-subitas-en-el-deporte-atletas-que-colapsan-futbolistas-con-problemas-cardiacos-marzo-2022/

Es decir, ofrece un listado completo de los atletas que han ido colapsando hasta marzo de este mismo año 2022.

Y si esto ha sucedido en el deporte, en donde se supone que está la gente más sana y con los corazones más fuertes... ¿Os podéis hacer una idea de la mortandad en personas más débiles, con patologías o de avanzada edad? Estos datos seguro que no te los va a dar ninguna televisión, en todo caso te pondrán las famosas *agencias de la verdad* para decirte que los mismos no son fiables. Los que no son fiables son ellos.

También será mentira que el 8 de abril de 2021 se prohibió en España por el propio Ministerio de Sanidad la administración de la vacuna AstraZeneca por causar trombos. Eso sí, después de haber inoculado con la misma a cientos de miles de españoles.

Como confesó a eldiariodecordoba.es, Berta Guijarro, afectada por las vacunas y que ocupa el puesto de la Secretaría de la Asociación de Trabajadores Esenciales Afectados por la Vacuna AstraZeneca: «**Nos vacunamos por responsabilidad civil** y por el bienestar común cuando los políticos nos lo pidieron ante la necesidad de trabajar con garantías. Nos asignaron AstraZeneca independientemente de nuestro sexo, antecedentes sanitarios o medicación habitual. Somos ese sector de la población que nos vacunamos como así nos lo indicaban los organismos públicos, a pesar de que no nos correspondía por edad, pero sí como trabajadores esenciales».

Noticia aparecida el 28 de abril de 2022. Sin embargo, como bien denuncia en su entrevista en el diario digital, la Administración quiere olvidarse de ellos, no existen, los medios de comunicación los silencian, las vacunas siguen siendo las más seguras y las más probadas del mundo, aunque estén todas todavía en fase experimental. Ahora les tendrían que pedir responsabilidades a los mismos medios de desinformación que decían que las vacunas eran superseguras y que la gente no tenía que preocuparse de nada.

La gente está comenzando a plantar cara a la Administración, que se niega a reconocer que ha puesto en peligro la vida de la propia nación. En la actualidad, encontramos sitios como afectadosporlasvacunas.com donde podremos oír testimonios desgarradores de personas que han quedado con secuelas graves después de haber sido inoculadas.

María Antonia Pacheco, de 62 años y residente en Chiclana, Cádiz, ha sido la primera mujer en reclamar judicialmente al Estado español a causa de los efectos de la vacuna COVID-19. Con María Antonia tuve la ocasión de hablar personalmente una mañana en Córdoba. Es una mujer entrañable, muy afectada y siendo consciente que cada día que vive es un milagro: «Me citaron para ponerme la vacuna al ser paciente de riesgo por otras patologías que presento, como una hernia de espalda y el síndrome de piernas inquietas, pero nada como lo que **estoy teniendo que padecer desde el momento en el que me la pusieron**, recibiendo la segunda dosis en julio del pasado año». Noticia aparecida en el *Diario de Cádiz* el 6 de febrero de 2022. Desde entonces dice padecer sangrados, tanto por la nariz como por el recto, dolor torácico, asfixia, visión doble y dolores de cabeza. Estuvo dos días en la UCI después de sufrir un infarto de miocardio. Su abogado, Alberto Masía, defiende que no hubo ni prescripción médica ni consentimiento informado y que se estaba poniendo una vacuna en fase de experimentación.

En otra noticia, aparecida en el diario *El Mundo* el día 17 de septiembre de 2021, se advierte que hasta la fecha indicada se habían dado un total de 41 751 notificaciones de casos adversos después de la administración de la vacuna: https://www.elmundo.es/ciencia-y-salud/salud/2021/09/17/ 6143c5b121efa0cc408b45e3.html.

De ellos, 8 515 fueron considerados graves y hasta trescientos tuvieron un desenlace mortal. Las vacunas ya estaban matando en España a esa fecha más que el COVID-19. Aun así, se siguieron administrando, las muertes se justificaban diciendo que los pacientes ya presentaban patologías previas. Presentaban patologías previas y ellos se las agravaron, podrían decir también.

Todos estos datos de los que estamos hablando son a corto plazo. Queda lo peor, las personas que irán matando a largo plazo con patologías que no sabrán ni de que son provocadas por las vacunas: cánceres, infartos, ictus, hepatitis, abortos, infertilidad y un largo etc. Recordemos que los efectos a largo plazo de estas vacunas son desconocidos.

Y es que Sanidad se ha puesto ahora a mirar y estudiar los «posibles efectos adversos de las vacunas COVID-19 en las mujeres». Como apunta la noticia aparecida en *Diario16* el 24 de febrero de 2002 y firmada por Beatriz Talegón, el último informe de farmacovigilancia publicada en esa fecha denuncia 11 873 notificaciones de acontecimientos adversos graves, de ellos cuatrocientos con resultado de muerte. Aun así, las vacunas seguían siendo en España las medicinas más seguras del mundo y tanto Gobierno como medios de comunicación animaban a todo el mundo a la vacunación. https://diario16.com/sanidad-estudia-ahora-los-posibles-efectos-adversos-de-la-vacuna-en-las-mujeres/

Mención aparte merece una noticia salida en el diario *El País* sobre el doctor Gustavo Olaiz, que sufrió un infarto cerebral tras recibir la vacuna COVID-19. Entrevista que se publicó en dicho diario el día 24 de julio de 2021. Aun así, dicho doctor tiene estas palabras en su entrevista con el diario: «Soy un fracaso de la vacuna y aun así pienso que es mejor vacunarse que no hacerlo». Si hubiera sabido lo que le iba a pasar, otro gallo hubiera cantado.

Por mucho que los grandes medios de comunicación y agencias de verificación se nieguen a mirar y reconocer, lo cierto es que la vacuna COVID-19 no solo ha sido un gran fracaso, sino un suicidio colectivo de consecuencias que todavía están por ver, porque no hay experiencia a largo plazo de lo que todavía podría pasar.

El exceso de mortalidad en España y en Europa

Las agencias de verificación van a tener que contratar a más becarios porque no van a dar abasto para intentar desmentir tanta información. Es el caso del último dato de muertos en España, en donde sigue aumentando el exceso de mortalidad de forma inexplicable.

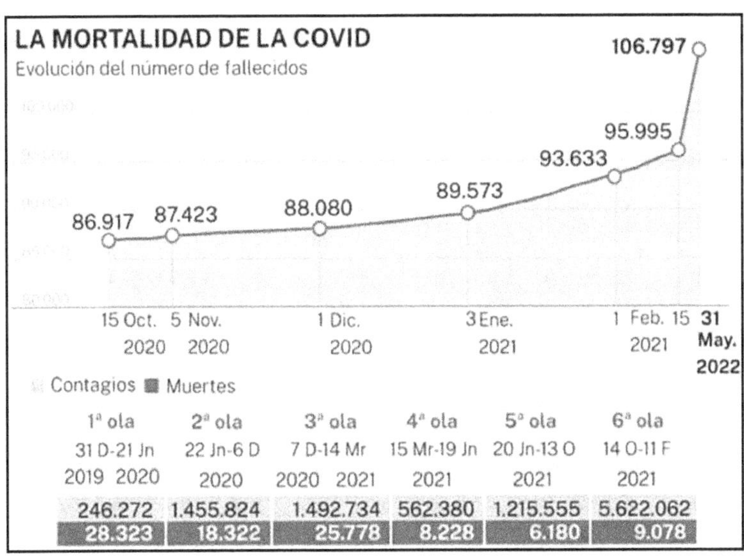

Es el caso de una información aparecida en el diario *La Razón*, en donde se analizan los datos recién sacados para el mes de mayo de MOMO, el sitio en donde se analizan las estadísticas de fallecidos en España dependiente del Instituto de Salud Carlos III.

https://www.larazon.es/salud/20220612/a5g33731ifbnveopp34z4w3wni.html

En la noticia que titula: «Continúa el exceso de mortalidad en España», analiza estos datos y pide explicaciones a un Ministerio de Sanidad que sigue callado y no da ninguna señal de vida. Considera «inexplicable» que siga pasando el tiempo y «ningún portavoz oficial diga lo que está ocurriendo». Se supone que estamos ante un país que ha vacunado al noventa % de su población, sin embargo, el mes de mayo de 2022 cerró con cuatro mil muertos de exceso de mortalidad. Tres mil lo achacan directamente al COVID-19, los otros mil a causas desconocidas. Esas causas podrían ser el aumento de paros cardiacos e ictus que se están produciendo entre la población española. El propio diario apunta: «curiosamente están subiendo los casos de enfermedades cardiovasculares, miocarditis, pericarditis, ictus trombocitopenia, muerte súbita y cáncer», ahí es nada. El artículo en cuestión termina lamentándose de no tener datos de la hepatitis entre la población infantil y la viruela del mono.

Es decir, que las vacunas están aumentando las muertes mientras el gobierno español da la callada por respuesta, y lo que te rondaré morena, porque esto solo acaba de comenzar. Por ahora el gráfico del exceso de mortalidad va para arriba como un avión a reacción.

Si piensas que estos datos son aterradores, no menos preocupante es el artículo aparecido en el diario digital *Life Site News*: «Los datos europeos sugieren que las inyecciones COVID-19 pueden ser mortales para una de cada cuatro mil dosis». El artículo reconoce que existe una alta tasa de mortalidad en toda Europa y que está relacionada con las campañas de vacunación contra el COVID-19.

https://www.lifesitenews.com/opinion/european-data-suggest-COVID-19-jabs-may-be-fatal-for-one-in-every-4000-doses/

El artículo comienza recordando un estudio anterior sobre Reino Unido y el exceso de mortalidad experimentado en ese país y realiza un cálculo de unas veintitrés mil personas que podrían haber muerto a causa de las vacunas. Posteriormente, compara los datos del informe realizado para Reino Unido con uno nuevo para Dinamarca y los compara. Las cifras son similares, de hecho «al comparar las tasas de exceso de mortalidad sin COVID-19 en Dinamarca y Reino Unido, encuentro que se parecen mucho entre sí en aproximadamente doscientas cincuenta por millón de vacunas administradas, es decir, una tasa de mortalidad del 0,025 % o una de cada cuatro mil dosis». El artículo sigue dando sus razonamientos a través de gráficos y da un dato muy revelador que se parece bastante a lo que, oh casualidad, está sucediendo en España. El diario digital apunta que «las cifras danesas y del Reino Unido muestran un aumento de alrededor de mil muertes en exceso al comienzo de las campañas de vacunación a alrededor de cuatro mil muertes después que se hayan administrado doce millones de dosis de la vacuna».

https://www.lifesitenews.com/news/heart-conditions-spike-in-uk-region-following-covid-jab-rollout-govt-data/

El artículo subraya que los problemas del corazón aumentaron en un 27 % en West Midlands en Inglaterra entre el periodo de 2020 a 2021, justo la fecha que se lanzó el plan nacional de vacunación contra el COVID-19, es decir, lo mismo que está sucediendo en España.

En Alemania está pasando algo casi plagiado a España, Reino Unido y Dinamarca. Según el profesor Riessinger, durante el año de 2020, al que llama «el de la extraña pandemia», no se observa ningún exceso de mortalidad en las cifras oficiales. Sin embargo, fue a partir de las campañas de vacunación cuando los gráficos sí experimentan el exceso que recogen el resto de los países.

https://reitschuster.de/post/uebersterblichkeit-durch-die-impfung/

Es durante la segunda mitad del año 2021 cuando se comienza a observar las principales variaciones, periodo correlacionado con el lanzamiento de las campañas de inoculaciones en todo el país. Durante la segunda mitad de 2021, el exceso de mortalidad es del 4 % para toda la población y del 7 % para la cohorte de 35 a 75 años. Para esta cohorte, de las catorce mil muertes en exceso en 2021, diez mil ocurrieron durante la segunda mitad del año. Una tendencia que solo ha ido en aumento desde septiembre de 2021.

Tan es así que la doctora Sonja Reitz, médico general y psicoterapeuta en Hamburgo publicó una carta abierta el 30 de diciembre de 2021 dirigida a la propia canciller Ángela Merkel y al resto de autoridades alemanas conminándolas a interrumpir la campaña de vacunación de inmediato.

Finalmente, y según los datos de Euromomo, entre 2020 y 2021 se puede observar un exceso de mortalidad significativo entre las personas de 0 a 64 años, mientras que no existe ese mismo número entre los mayores de 65.

https://www.euromomo.eu/graphs-and-maps#excess-mortality

La profesora Riessinger, en una manifestación pública, declaró: «La gente se está muriendo como moscas». Como siempre, las autoridades dan la callada por respuesta y no hay explicación plausible al exceso de mortalidad.

Pero lo más trágico no son las cifras, estadísticas frías y calculadas, sino la realidad que nos encontramos en la calle, porque, aunque parece un tópico, ese tópico es real, detrás de las cifras y los números hay nombres y apellidos y tragedias difíciles de superar.

Luchamos mucho contra la vacunación infantil, un colectivo al que no le hacía falta en absoluto que experimentaran con él. Los niños tenían un porcentaje prácticamente cero de tener alguna consecuencia grave por el COVID-19. Sin embargo, fueron a por ellos, tenían obsesión desde el gobierno de vacunar a los niños. Era clarísimo que conforme iban bajando la edad de vacunación iban apareciendo casos COVID-19. Al principio solo afectaba a las personas mayores, conforme fueron vacunando de la enfermedad iban afectando a personas cada vez más jóvenes con efectos secundarios. Aún recuerdo las palabras de la ministra Celá sobre la vacunación infantil en televisión durante una entrevista: «Si nos los cogemos en septiembre los cogeremos en diciembre», y los cogieron y comenzaron a aparecer titulares en los que los niños morían por problemas cardiacos.

A continuación, enlaces de efectos adversos y estudios científicos en niños y adolescentes después de haber sido vacunados.

Asociación de miocarditis con la vacuna COVID-19 de ARN mensajero BNT162b2 en una serie de casos de niños.
https://pubmed.ncbi.nlm.nih.gov/34374740/

Asociación de miocarditis con la vacuna de ARNm COVID-19 en niños.
https://media.jamanetwork.com/news-item/association-of-myocarditis-with-mrna-COVID-19-vaccine-in-children/

Epidemiología y características clínicas de la miocarditis / pericarditis antes de la introducción de la vacuna de ARNm COVID-19 en niños coreanos: un estudio multicéntrico.
https://pubmed.ncbi.nlm.nih.gov/34402230/

Miocarditis asociada a la vacunación de ARNm del SARS-CoV-2 en niños de 12 a 17 años: análisis estratificado de una base de datos nacional.
https://www.medrxiv.org/content/10.1101/2021.08.30.21262866v1

Miopericarditis después de la vacunación con ARNm COVID-19 en adolescentes de 12 a 18 años.
https://www.sciencedirect.com/science/article/pii/S0022347621007368

Información importante sobre la miopericarditis después de la vacunación con ARNm COVID-19 de Pfizer en adolescentes.
https://www.sciencedirect.com/science/article/pii/S0022347621007496.

Miocarditis y pericarditis en adolescentes después de la primera y segunda dosis de vacunas de ARNm COVID-19.
https://pubmed.ncbi.nlm.nih.gov/34849667/

Miopericarditis aguda después de la vacuna COVID-19 en adolescentes.
https://pubmed.ncbi.nlm.nih.gov/34589238/

Miopericarditis después de la vacuna Pfizer mRNA COVID-19 en adolescentes.
https://www.sciencedirect.com/science/article/pii/S002234762100665X

Miocarditis asociada a la vacunación contra COVID-19 en adolescentes.
https://publications.aap.org/pediatrics/article/148/5/e2021053427/181357/CO-
VID-19-Vaccination-Associated-Myocarditis-in

Lesión cardíaca en adolescentes que reciben la vacuna COVID-19 de ARNm BNT162b2.
https://pubmed.ncbi.nlm.nih.gov/34077949/

Miocarditis aguda sintomática en adolescentes después de la vacunación COVID-19 de Pfizer-BioNTech.
https://pediatrics.aappublications.org/content/early/2021/06/04/peds.2021-052478

Vacunación COVID-19 asociada a miocarditis en adolescentes.
https://pediatrics.aappublications.org/content/pediatrics/early/2021/08/12/peds.2021-
053427.full.pd

Sospecha clínica de miocarditis relacionada temporalmente con la vacunación contra COVID-19 en adolescentes y adultos jóvenes.
https://pubmed.ncbi.nlm.nih.gov/34865500/669

Mímica de IAMCEST: miocarditis focal en un paciente adolescente después de la vacuna de ARNm COVID-19.
https://pubmed.ncbi.nlm.nih.gov/34756746/

Recurrencia de miocarditis aguda asociada con la recepción de la vacuna contra la enfermedad por coronavirus de ARNm 2019 (CO-VID-19) en adolescente masculino.
https://www.ncbi.nlm.nih.gov/pmc/articles/PMC8216855/

Epidemiología de la miocarditis / pericarditis aguda en adolescentes de Hong Kong después de la vacunación conjunta.
https://academic.oup.com/cid/advance-article-abstract/doi/10.1093/cid/
ciab989/6445179

Miopericarditis en adolescente varón previamente sano tras la vacunación COVID-19.
https://pubmed.ncbi.nlm.nih.gov/34133825/

Perimiocarditis en adolescentes después de la vacuna Pfizer-BioN-Tech COVID-19.
https://academic.oup.com/jpids/article/10/10/962/6329543

Miocarditis asociada con la vacunación COVID-19 en tres adolescentes varones.
https://pubmed.ncbi.nlm.nih.gov/34851078/

Hallazgos de miocarditis en la resonancia magnética cardíaca después de la vacunación con ARNm de COVID-19 en adolescentes.
https://pubmed.ncbi.nlm.nih.gov/34704459/

Vacuna COVID-19 19 para adolescentes. Preocupación por la miocarditis y la pericarditis.
https://www.mdpi.com/2036-7503/13/3/61

En cuanto a los problemas del corazón en personas jóvenes, en un documento de la Agencia del Medicamento Española reconocen al menos que el problema existe, aunque apuntan que es «muy raro». En concreto me estoy refiriendo al documento «Actualización sobre el riesgo de miocarditis y pericarditis con las vacunas ARNm frente a la COVID-19».
https://www.aemps.gob.es/informa/notasinformativas/medicamentosusohumano-3/seguridad-1/2021-seguridad-1/actualizacion-sobre-el-riesgo-de-miocarditis-y-pericarditis-con-las-vacunas-de-arnm-frente-a-la-covid-19/.

En este documento podemos ver que el PRAC, Comité de Evaluación de Riesgos en Farmacovigilancia de Europa, ha evaluado ya este riesgo. Es decir, nos remite a autoridades europeas, no a estudios propios. En él nos cuenta que el resultado del estudio es que presentan afecciones cardiacas diez de cada cien mil vacunados lo cual lo considera una «frecuencia rara». Eso sí, reconoce que estas enfermedades aparecen y son más frecuentes en los varones jóvenes después de recibir una segunda dosis en los catorce días posteriores a la vacunación.

Y es que las afecciones cardiacas se han disparado en todo el mundo que ha realizado campañas de vacunación contra el COVID-19. En este artículo de *Redacción Médica* del 21 de mayo de 2022 podemos encontrar el siguiente titular: «El 87 % de los casos de miocarditis aparecen tras la segunda vacuna COVID-19». Y además añade que «las inoculaciones de ARN mensajero provocan esta patología en casi el 100 % de los casos estudiados». En el artículo dice que «solo tres fallecieron», de los casos estudiados, el resto no se sabe si tendrá que estar a pastillas el resto de su vida. Eso sí, reconocen por fin abiertamente que «las vacunas de ARNm están asociadas con un mayor riesgo de desarrollar miocarditis que las **vacunas de vectores virales** como Janssen, Oxford y Sinovac. Por lo tanto, se asume que la generación de autoanticuerpos podría atacar a los **miocitos cardíacos** en respuesta a la vacuna de ARNm, lo que aumenta el riesgo». Y concluyen el estudio diciendo «debe sopesarse la probabilidad de aparición de miocarditis frente al beneficio sustancial de la vacunación. Además, se requiere más investigación para evaluar las **consecuencias a largo plazo** y otros factores de riesgo después de la inmunización con dichas inoculaciones».

O sea, que la gente se lo piense y que sopesen los riesgos, que las vacunas no son 100 % seguras, como hemos estado escuchando en los medios de comunicación de forma machacona. Va a ser que los negacionistas tenían razón al no querer someterse a un experimento como ratas de laboratorio a ver qué pasaba.

El caso es que podríamos poner decenas de titulares en España de personas que han salido a hacer deporte, por ejemplo, y no han vuelto. Decenas de personas a las que se les ha parado el corazón en plena calle en nuestro país y que solo han recogido la noticia los diarios de provincias, los grandes medios de comunicación han callado. Todos esos que los medios callan son el exceso de mortalidad para los que el Ministerio no ofrece ninguna explicación y guarda silencio sepulcral también.

Yo mismo he tenido que asistir a gente en la calle que presentaban el cuadro de un paro cardiaco y he tenido que llamar a la ambulancia. Hay un genocidio silencioso contra la población española. Lo que vemos en la televisión, los famosos que sufren de problemas de corazón, nos enteramos por eso, porque son famosos; pero son una mínima parte de la población.

Es decir, el exceso de mortalidad en España no es solo una *cuestión española*, sino que está sucediendo al menos en todos los países de Europa en donde ha habido campañas de inoculaciones contra el COVID-19.

En otro titular de este mismo diario digital podemos leer la noticia «Los problemas cardiacos aumentan en la región del Reino Unido después del lanzamiento de las campañas de vacunación contra el COVID-19», y da datos del propio Gobierno.

Solo hay que poner «muere repentinamente» en el buscador y te encuentras titulares como los siguientes, lo he hecho mientras escribía estas líneas, no he tenido que esforzarme mucho. *Diario de Cádiz*, noticia del 8 de junio de 2022: «Muere un hombre de 48 años en el Parque de San Fernando».

https://www.diariodecadiz.es/sanfernando/Muere-hombre-Parque-San-Fernando _0_1690932749.html.

El diario aclara que la muerte se produjo al sufrir una parada cardiorrespiratoria. Estos titulares se han multiplicado por mil en España desde la administración de las vacunas. Ese, y no otro, es el exceso de mortalidad por el cual el Ministerio de Sanidad ni el Gobierno quieren dar explicaciones de ningún tipo.

Pero si nos vamos a los últimos datos oficiales sacados por la Agencia Europea del Medicamento, EMA, de su base de datos de EudraVigilance, veremos cientos de miles de efectos secundarios adversos, así como decenas de miles de muertes. Hay que contar que solo se denuncian un mínimo número de casos, por lo que las cifras habría que multiplicarlas, como mínimo, por diez.

https://www.ema.europa.eu/en/documents/presentation/presentation-adrreport-seu-portal-training-module-ev-m6.

Datos también recogidos y resumidos por la revista norteamericana *Natural News* en su artículo publicado el 16 de junio de 2022.

https://www.naturalnews.com/2022-06-16-injuries-deaths-from-COVID-19-injections-mount.html#

La vacuna de Pfizer es la que lidera la lista, no en vano ha sido la más usada, 170 528 personas lesionadas y 5368 muertes, ahí es nada. Esta vacuna representa la mitad de todos los datos estadísticos. En segundo lugar, nos encontramos con Moderna, con 22 985 personas lesionadas y 2865 muertos. Estas dos solo representan el 78 % de todas las muertes relacionadas con las vacunas COVID-19.

En cuanto al tipo de lesiones sufridas por las personas inoculadas con Pfizer y Moderna, destacan los trastornos sanguíneos y linfáticos como la coagulación de la sangre, algo que provoca trombos, ictus y problemas relacionados con el corazón como pericarditis y miocarditis. En total son más de diez mil personas las que oficialmente han muerto después de haber sido inoculadas en Europa, ya digo que esta cifra habría que multiplicarla, como mínimo por diez, aunque a lo mejor la cifra real por la que habría que multiplicarla sea muy superior, estos son solo los datos que recogen las estadísticas oficiales.

En cuanto al VAERS, sistema de farmacovigilancia de los Estados Unidos, las cifras son de 193 000 efectos adversos asociados a las vacunas contra el COVID-19, incluidas 4057 muertes, 2475 lesionados graves que han quedado con discapacidades permanentes. Destaca el dato porque el 38 % de todas las muertes ocurrió en las cuarenta y ocho horas posteriores a la vacunación. Es decir, y solo fijándonos en los Estados Unidos, las cifras relacionadas con muertes por las vacunas contra el COVID-19 en solo cinco meses son mayores que en los últimos veinte años en toda la historia de la farmacovigilancia norteamericana.

En condiciones normales al primer fallecido o lesionado las autoridades hubieran suspendido el medicamento hasta comprobar su inocuidad. Con las vacunas COVID-19 no ha sido así. Se ha desinformado deliberadamente a la población insistiéndoles en que eran seguras, se han ocultado datos, se ha cargado contra quienes denunciaban el genocidio que se estaba cometiendo, se han promocionado desde todos los gobiernos mirando a un lado e ignorando las cifras de muertos y lesionados y se ha negado la evidencia.

El Ministerio de Sanidad español, si le preguntan, sigue dando la callada por respuesta y siguen con los programas de vacunación.

CAPÍTULO X.
CONVERSACIONES CON LA DOCTORA MARIA JOSÉ MARTÍNEZ ALBARRACÍN

La entrevista a la doctora María José Martínez Albarracín, realizada el 2 de abril de 2021, fue una de las mejores que he realizado. Tengo que considerarme afortunado porque he entrevistado a personas de mucho nivel durante estos años de crisis sanitaria. Sin duda alguna, hubo un antes y un después tras esta entrevista. La doctora dio datos importantísimos para entender el contexto en el que nos movíamos.

Nos ponemos en situación, la doctora Albarracín estudió Medicina en la Universidad de Murcia, España. Es catedrática de Procesos Diagnósticos Clínicos, así como profesora de Bioquímica, Inmunología y Técnicas Instrumentales de Laboratorio. Tiene posgrados en medicina alternativa como homeopatía y forma parte del grupo Médicos por la Verdad.

—Bienvenido una noche más a Elarconte.tv. —Así comienzo todos mis programas—. Sabéis que esta es una televisión independiente sin publicidad, que solo se financia con vuestras suscripciones, por eso podemos traer invitados como la doctora María José Martínez Albarracín, una de las personas que más ha batallado durante esta pandemia, y además una voz autorizada que sabe realmente del tema. Doctora Albarracín, ¿qué tal? Buenas noches.

—Hola, buenas noches. Pues aquí, un día más en la brecha, ¿no?

—En la brecha sí, porque ha sido una de las voces más disonantes, a la que más caña han dado, y además a la que más difícil se lo ha puesto a los grandes medios de comunicación, han tenido muy difícil el rebatirle.

—Bueno, evidentemente siempre dicen lo mismo, pero nunca dan argumentos sólidos, esa es la verdad —contesta la doctora.

—Ha pasado por todos los programas, incluso he estado buscando y su nombre aparece ligado a *Newtral* (el moderno *Ministerio de la Verdad*).

—Sí —dijo la doctora esbozando una sonrisa—, yo eso no lo miro. No lo miro porque como merecen tan poquísima credibilidad, pues realmente no lo miro.

—La primera pregunta casi obligada que le hago a todas las personas, todos los médicos y científicos que pasan por aquí: ¿existe el virus o no?

Existe o no existe el virus del SARS-CoV2

—Vamos a ver —comienza diciendo Albarracín—, es que el problema es la idea de la biología tan reduccionista y antigua, ¿qué son los virus? Eso es lo primero que tenemos que preguntarnos, pero no me quiero enrollar. Decir que el SARS-CoV-2 como tal puede estar en un laboratorio es una publicación, está en los bancos de datos, o sea, está en Gen Bank, en todos estos bancos de datos, como un ente, como una entelequia, pero eso es una cosa, y otra cosa es que esté circulando entre la población, que se haya podido sacar de una persona enferma y reconstruir, y ver, y cultivarlo incluso en células humanas; bueno, eso no se ha hecho. Eso no se ha hecho, por lo tanto, no podemos afirmar que el virus esté circulando en la población, ni muchísimo menos que sea el agente de una enfermedad supuesta, que es la COVID-19, y que no es una enfermedad además, sino que es un síndrome inmunológico posinflamatorio, por eso no se produce de entrada cuando las personas se dice que se contagian, pasan normalmente una gripe, y es generalmente a partir de una semana cuando los que desarrollan la COVID-19 grave empiezan a tener los signos de neumonía o las complicaciones propias de la COVID-19 grave.

—Entonces, si no se ha aislado, ¿por qué mueren las personas? ¿Qué es lo que les pasa? —pregunté.

—Porque, efectivamente, enferman —contestó la doctora—. Entonces, los que enferman lo hacen de una enfermedad de tipo gripal, como los que estamos viendo. Los asintomáticos es otra cosa que si quieres después hablamos, porque una persona o está enferma o no está enferma, es decir, lo demás es tontería. Entonces las que enferman, son las que enferman de gripe, de neumonías, de enfermedades autoinmunes, de síndromes que se complican como enfermedades autoinmunes después de gripes y de neumonías posgripales. Es más, estábamos viendo ya, y de eso, además, hay publicaciones un montón, porque las estamos buscando y las hemos encontrado, de que, en los últimos años, las últimas temporadas otoño-invierno, se estaban produciendo unas gripes complicadas con neumonías intersticiales, y repito que de eso hay muchas publicaciones. Y particularmente desde que se introdujeron en las vacunas antigripales antígenos del tipo de la H1N1, de aquella famosa también pandemia de gripe A del 2009. A partir de aquí se fabricó una vacuna que produjo muchos problemas, **la Pandemrix**, que produjo muchos problemas neurológicos, pero no se consiguió digamos hacerla demasiado masiva y uno de estos antígenos después se incorporó a las vacunas gripales estacionales. A partir de entonces, ya lo digo, hay publicaciones científicas en las que se ven bastantes casos de neumonía intersticial del tipo de la COVID-19, muchos casos de neumonía intersticial como complicación de la gripe. Por lo tanto, estos síndromes han existido siempre, son síndromes de inmunidad alterada, son síndromes hemo fagocítico. No se producen cuando la persona pasa el catarro o la gripe, sino unos días después, y no en todas las personas, porque solamente reaccionan de esta forma aquellos que tienen alguna comorbilidad o algún problema de alteración de su inmunidad. Por lo tanto, **no es ningún virus el que lo produce, repito, es un síndrome de inmunidad alterada**, que se puede ver efectivamente después de una infección de tipo gripal, sea por un supuesto SARS-CoV-2, sea por otros virus, sea por bacterias, entonces da un poco igual. Es más, tenemos noción de que científicos austríacos, o mejor dicho suizos, era un virólogo suizo y una patóloga alemana, en la tercera ola supuesta del otoño hicieron cultivos no específicos para SARS-CoV-2, que curiosamente se tienen que hacer en células de riñón de monos, porque el SARS-CoV2 no se cultiva ni se ha cultivado en células normales, por ejemplo, de pulmón humano; si ese virus fuera tan letal y fuera realmente la causa de la COVID-19, cogeríamos exudados de la persona enferma, los pondríamos en un cultivo celular de células de pulmón y ahí crecería el virus, y eso no se hace, cuando el virus se cultiva y crece es en células de riñón de mono, en células vero, luego ya ahí hay una manipulación. Entonces, como digo, esta patóloga alemana cultivó estos exudados y lo que encontró fue un montón de bacterias, no encontró coronavirus, y sí que tenían los síntomas de COVID-19 grave, y algunas de estas personas morían. Por lo tanto, ¿de qué muere la gente? Pues muere de muchas enfermedades como siempre han hecho, de muchos procesos, de gripes complicadas.

—Sin embargo —inquirí—, Luis de Benito, que lo tuvimos también aquí, decía que él nunca había visto nada parecido. Actualmente dice que la cosa se ha parado mucho, pero al principio de la pandemia sí hubo un atasco grande y que lo que veía nunca lo había visto en la vida, es decir, que parecía algo nuevo, que no era una gripe normal. No sé qué tiene que decir al respecto.

—A ver, no es una gripe normal, porque, como digo, es un síndrome complicado, es una gripe complicada, y es complicada con un síndrome autoinmune, con un síndrome de inmunidad alterada. Entonces, sí es cierto que sobre todo entre los meses de marzo y abril del 2020 se dieron demasiados casos de eso que ya se había visto y que no es nada nuevo, pero se dieron demasiados casos graves, complicados y en poco tiempo, eso sí que asustó efectivamente a los médicos de primera línea que estaba en los hospitales. Entonces, si ellos revisan en la ciencia básica verán que eso se ha dado siempre; el problema es que se dieron demasiados casos juntos entonces, después ya no ha sido igual, se siguen viendo casos, pero no fue esa concentración. Entonces eso es lo que hay que investigar, ¿qué factores fueron los que influyeron para que en los meses de marzo a abril se dieran tantos casos? No todos los que han muerto, ¿eh?, porque muchos sabemos que se catalogaron como muertos por COVID-19 y no eran por COVID-19, sino con COVID-19, pues eran cánceres, eran enfermos terminales que se les hacía una prueba PCR, daban positivo y decían «bueno, esto al grupo de COVID-19»; también sabemos los ancianos que se les dejó desatendidos y decían «muertos por COVID-19. Pero es verdad, y eso no podemos negarlo, que los que estaban en los hospitales y en urgencias vieron una avalancha de complicación gripal con unas neumonías graves bilaterales, con unos síndromes inflamatorios muy fuertes, la famosa tormenta de citoquinas, y esto se vio especialmente muy concentrado en la primavera pasada. ¿Qué factores fueron los que incluyeron? Tuvieron que ser factores exógenos, eso no lo produce un virus, porque si lo produjera un virus lo habría seguido produciendo igual. El virus puede como digo desencadenar una gripe y esa gripe se complica. ¿Por qué? Pues curiosamente una de las razones que tenemos bien documentadas de por qué se complicaron esas gripes fueron los que estaban vacunados de la gripe precisamente.

—¿Morían más? —pregunté.

—Morían más —contestó afirmativamente la doctora—, enfermaban más gravemente y morían más, y sobre todo las personas mayores de 65 años, y ya hay varios estudios a nivel mundial que lo corroboran.

—Entonces —insistí—, ¿esto ha podido ser provocado por la mano del hombre o no?

—A ver, el supuesto virus SARS-CoV-2 como tal, que puede estar en un laboratorio, lo pueden haber hecho allí, evidentemente es un virus artificial, es un virus quimera, es decir, es un virus construido en un laboratorio como un arma biológica. Ahora bien, que esa arma biológica sea capaz de producir una pandemia mundial eso ya dudamos más, eso ya científicamente no se sostiene, porque podría producir una determinada ola de contagio, pero esa quimera se iría atenuando, digamos que, cuando entra en un organismo el sistema inmune de una persona normal lo rompe, lo desintegra, le va quitando además las secuencias no humanas. Ahora bien, otra cosa diferente es que secuencias de ARN o proteínas de ese posible virus, como la proteína espiga, contaminando vacunas sí que puedan producir una epidemia, porque ya produce una epidemia pseudovírica, es decir, una epidemia tóxica, que eso es lo que van a producir también estas vacunas para COVID-19, por eso estamos viendo tantos casos positivos, tantos casos de enfermedad que se ponen malísimos y luego le dicen a la pobre gente «no, eso es normal, eso es el efecto bueno de la vacuna»; no, ponerse malo no es un efecto bueno, así que no me diga tonterías. Entonces, un tóxico de tipo biológico como puede ser una proteína recombinante, o una secuencia de ARN, llamémosle virus si queréis, ¿eh?, pero no es un virus completo, sino una secuencia recombinante, eso sí que se comporta como un tóxico biológico, y no es una infección, es una intoxicación, es un tóxico biológico.

Se espera un otoño caliente

—O sea, que por lo que me está diciendo preparémonos para otoño, que va a ser la repera —puntualicé.

—Pues eso me temo —contestó afirmativamente la doctora—. Y me temo que sí, porque efectivamente todas estas personas que se están inoculando estas secuencias tóxicas, que se van lógicamente a recombinar con sus propios ARN, su propio ADN, es decir, van a hacer una recombinación pseudovírica y todas estas secuencias las van eliminar por las secreciones naturales, y pueden ser contagiosas, eso es lo único en lo que yo le puedo dar la razón a la ciencia oficialista, que dice «no, que los enfermos...», los enfermos siempre han contagiado, eso no es nada nuevo. Ahora, no me diga que los sanos contagian, porque eso ya que sí es un invento. Entonces, estas personas vacunadas, en mi opinión, estoy muy segura de eso, van a eliminar los residuos ARN, que, como tales, contienen información biológica, y en una persona susceptible puede ayudar a que se enferme.

—Vamos con AstraZeneca —cambié de tercio—. ¿Cómo es que han tardado tanto? Y yo es que no me lo creo, no me creo todavía que la hayan retirado, porque ellos insistían en seguir, de hecho, la EMA, la agencia de los medicamentos, decía que era segura. ¿Cómo han tardado tanto en retirar AstraZeneca? ¿Y por qué se han fijado en AstraZeneca y no en Pfizer u otra, cuando son la misma tecnología?

—No, no es la misma tecnología exactamente —me corrigió la doctora—, pero la de AstraZeneca sí que tiene la misma tecnología que la de Janssen, la de Johnson and Johnson, y que la Sputnik rusa, que ahora están poniéndola como alternativas, diciendo «bueno, pues si la AstraZeneca tal, pues compramos la Sputnik», pues la Sputnik es del mismo tipo, ¿eh? Y hay otra China, me parece que se llama CanSino, que también es la misma tecnología. Estas son de ADN, no son vacunas, es decir, son productos génicos. En cuanto a las de ADN y las de ARN, las de ARN serían Pfizer y Moderna, y las de ADN son AstraZeneca, Johnson and Johnson, Sputnik y CanSino, que son de ADN recombinante. Entonces, estas de ADN son todas parecidas, lo que ocurre es que la de AstraZeneca es un poco peor que las otras, porque además de estar vectorizada por los adenovirus, que sabemos y lo tiene que saber la EMA, porque si no son ineptos para ocupar ese cargo, o sea, sí lo sabemos nosotros que digamos somos científicos de andar por casa, personas que están ocupando esos cargos tienen que haber visto las publicaciones que hay ya de hace años de que los adenovirus son conocidos de hace años como vectores de ADN, de que lo que hacen es una reacción inmune con las plaquetas, activa el factor plaquetario 4, bueno, lo que sea, reaccionan con las plaquetas y las secuestran, las quitan de la circulación, con lo que se producirían hemorragias. Pero en el caso de la de AstraZeneca, como lleva un gen de plasminógeno, es que la de AstraZeneca es un engendro, ahí está publicado como se ha hecho y es una barbaridad, es un verdadero Frankenstein, pues además tiene un gen de plasminógeno, que es una proteína que influye en la coagulación, en la fibrinólisis, por lo tanto, si se altera la fibrinólisis va a favorecer los trombos. ¿Y dónde se producen estos trombos? Pues uno de los sitios es lógico, es decir, es la vena porta y la vena esplénica, ¿no? Porque afecta precisamente ahí al hígado, es donde se secuestran en el hígado y el vaso las plaquetas. Y luego lo más raro han sido las trombosis cerebrales, las trombosis del seno cavernoso, que esas sí son más inexplicables, pero tiene sentido también por la (Inaudible 14:26), porque toda la zona de la nasofaringe es la zona que reacciona a las infecciones víricas y el seno cavernoso dentro del cráneo está dentro de esa zona. Eso también explica los dolores de cabeza de la gente que afortunadamente no tiene trombosis grave, pero tiene esos dolores de cabeza que no se le quitan, o tiene esos problemas visuales, que mucha gente está perdiendo la vista, o esos mareos, o incluso esas náuseas y vómitos, y que no le digan que es normal, porque no lo es.

—Por aquí tengo una pregunta —dije intentando dar cabida a la gente del chat que nos seguía en directo—, creo que son personas más entendidas, porque a mí no se me hubiera ocurrido, dice: «doctora, ¿puede explicarnos el fenómeno denominado mejora inmunológica dependiente de anticuerpos y su relación con la vacuna?».

—Sí, ese fenómeno efectivamente es el más grave, el que más ha llamado la atención a todos los científicos; yo ya lo dije en julio, en la presentación de Médicos por la Verdad, pero bueno, es que es una cosa muy conocida, ¿no?, y eso lo van a producir todas las vacunas COVID-19. Bueno, las llamo vacunas porque es como nos entendemos, aunque ya os digo, para mí las génicas no son vacunas. Y, además, siendo realmente estrictos nadie puede llamar vacunas a estos productos que han hecho, estos no son vacunas, eso tiene que quedar muy claro, no son vacunas. Entonces, todas ellas por las características de intentar activar a nuestro sistema inmune en contra de la proteína espiga van a producir este fenómeno de encéfalo patógeno o mejora inmunológica dependiente de anticuerpos, que significa que cuando entra este producto tóxico en nuestro cuerpo, nuestro cuerpo reacciona produciendo anticuerpos, pero no son anticuerpos defensivos; en el mejor de los casos podría ser ligeramente defensivo, pero siempre del mismo tipo de proteína espiga, y como esta proteína muta mucho, ya nos lo han dicho, hay muchas variantes, muchas mutaciones, pues lo que ocurre es que cuando tenga contagios con un virus similar que tenga una proteína ligeramente diferente, **en lugar de estar protegidos lo que van a hacer es que van a tener una enfermedad peor, más grave, incluso mortal.** Eso lo vamos a ver en otoño próximo, que todos los vacunados este año van a tener cuando enfermen, cuando cojan un catarro, una gripe, van a tener una enfermedad peor, y desgraciadamente entre un 20 % y un 30 % morirán.

—Es curioso, porque esa predicción no solo la hace usted, sino lo han hecho más genetistas. Curiosamente, en Alerta Digital, me salió una genetista extranjera que ahora mismo...lo tengo en EL ARCONTE, lo voy a buscar, pero ha sido de una genetista extranjera, y saqué por aquí el vídeo. La genetista Alexandra Henrion Caude, no sé si la conoce.

—No, no la conozco. Pero claro, si es que eso es una cosa que está publicada, si es que nosotros no nos estamos inventando nada. Pues lógicamente si se busca en la bibliografía científica, porque hay muchos estudios de vacunas similares, por ejemplo, contra el dengue; se han ensayado también contra el virus sincicial respiratorio; se probaron en animales vacunas para el SARS, para el 1, ¿no?, y en todas se producía este fenómeno en todos los animales, incluso después cuando se les exponía al virus todos morían. Es muy curioso que en los ensayos clínicos en fase tres, por ejemplo, para la vacuna de Pfizer, se eliminó a todos los voluntarios que tenían anticuerpos, aunque no hubieran pasado ningún COVID-19, aunque no hubieran pasado ninguna enfermedad, se los eliminó de los estudios. ¿Por qué? Pues porque se temía que, efectivamente, al tener anticuerpos pudieran tener una reacción inflamatoria más grave y dar al traste con su maravilloso ensayo final.

—O sea, que sabían lo que hacían —puntualicé—, vamos, sabían perfectamente lo que hacían.

—Perfectamente lo sabían —dijo rotundamente la doctora.

—Es de ELARCONTE. COM —puntualicé–, mi otra web. La genetista Alexandra Henrion Caude da la alarma: «El 30 % de los vacunados morirán en pocos meses». O sea, ha dicho exactamente lo mismo que la doctora Albarracín. Dice: «El próximo otoño será la gran prueba, los no vacunados seremos perseguidos y nos considerarán un auténtico peligro». Porque claro, no le van a echar la culpa a su vacuna, ¿no? Qué dirán de nosotros, que somos los apestados, ¿no?, los que no nos hemos vacunado. «La gente comenzará a morir por las vacunas, pero dirán que los responsables son las personas que no han aceptado la inyección». ¿Es así, doctora?

—Bueno, vamos a ver, si teóricamente eso fuera una vacuna, estarían inmunizados, estarían protegidos —siguió contando la doctora Albarracín—. ¿No oís por la tele todos los días que dicen «ya se ha inmunizado a no sé cuántos, a no sé qué?». Pero qué inmunizados, si cuando se leen los protocolos de estas vacunas y los estudios de aprobación, precisamente de las entidades reguladoras, lo primero que dicen es que no saben si se va a prevenir la transmisión, que no saben si va a prevenir el poder contagiarse el vacunado, entonces, ¿de qué estamos hablando? Es decir, al margen de todos los posibles peligros potenciales, ya ellos mismos nos dicen, los propios fabricantes, que no saben si va a proteger a la persona de infectarse, y no saben si va a evitar la trasmisión. Entonces más bien serán los que contagien los que están vacunados, porque una persona sana no puede contagiar de nada, pero un vacunado que ya tiene el virus en su cuerpo, o ese virus sintético, artificial, o pseudovirus, pues sí que podría transmitirlo.

—Se inventarán cualquier cosa para echarnos la culpa a nosotros —volví a remarcar—, supongo; ocurrirá así. También hay por aquí —dije mirando al chat—, MARÍA JOSÉ dice: «¿Es cierto que el troyano oculto en la vacuna son los priones? ¿El contagio de priones puede matar a un no vacunado?».

—A ver, ese es uno de los estudios que hay, que es muy interesante, digno de tener en cuenta, en las vacunas de ARN, que serían la Pfizer y la Moderna, de momento, ¿no?, porque desgraciadamente sí que están fabricando otras que serán peores, porque son de ARN autorreplicantes, pero esas hasta el año que viene no estarán, afortunadamente. Repito, estas de ARN el problema que tienen, y eso se ha estudiado especialmente con la de Pfizer, es que, por el tipo de secuencias de ARN, la combinación de base de este ARN, las proteínas que se unan a la ARN, siempre se unen proteínas a todas estas secuencias, se desnaturalizan, es decir, cambian su conformación y se convierten en priones. Entonces no es que la vacuna tenga priones, es que la propia vacuna induce en el organismo la formación de priones. Estas proteínas deformadas priónicas acumulándose en el cerebro, en el sistema nervioso, sí que pueden dar lugar a largo plazo a una demencia grave del tipo de la enfermedad de las vacas locas, entonces es uno de los posibles efectos adversos graves de estas vacunas, porque los peores efectos serán a largo plazo con todo, todo lo de la mayor mortalidad que va a haber en las próximas epidemias, pues tampoco hay que despreciar para nada los efectos adversos a medio y largo plazo que serán muy graves.

Los efectos a largo plazo

—Y a largo plazo, ¿qué nos podemos esperar de esta vacuna?

—A largo plazo, así resumiendo mucho, los efectos más graves serán sobre el sistema nervioso central, la inmunidad y la fertilidad. Y a medio plazo vamos a tener pues problemas más de tipo diagnóstico de cáncer y de enfermedades autoinmunes, como puede ser la esclerosis múltiple, la diabetes tipo uno, también el enfermar con infecciones que podrían ser leves convertirse en graves. Pero a más largo plazo, lo que vamos a tener ya son enfermedades degenerativas del tipo de ELA (esclerosis lateral amiotrófica), de la demencia, pérdida de la memoria, problemas de fertilidad, que eso se está viendo ya, porque hay muchos abortos, ¿eh?, y muchos abortos desgraciadamente en mujeres vacunadas, incluso muerte de neonatos, o sea, ya no muerte en los primeros meses, sino de niños a los que les faltaban ya tres semanas para nacer, y conocemos casos, en Estados Unidos se han dado bastante porque allí sí que se ha puesto a embarazadas. Lo último que leí es que había aumentado casi en un 400 % los abortos en las vacunadas con respecto a las no vacunadas. Pero luego el problema no está solamente en los abortos, sino en los problemas de fertilidad, tanto femenina como masculina.

—Después de todos estos peligros que suponen estas vacunas, ahora resulta que el Tribunal Europeo ha dicho que vacunar obligatoriamente es democrático, quiero decir, que se puede aplicar en cualquier parte de la Unión, con lo cual abre la puerta a que en España y en todos los países se ponga la vacunación obligatoria. ¿Qué tiene que decir a esto? —le pregunté.

—Bueno —comenzó a decir la doctora—, lo que pasa es que para eso tendrán que demostrar sin ningún género de dudas que esa vacunación es para producir un bien mayor, porque claro, todo lo que alegan los juristas es que aquí el bien común prevalece sobre el bien individual, pero para eso tendrán que demostrar que es un bien universal, ¿no?, un bien general. Y, como estoy diciendo, esto no son vacunas, porque ni inmunizan ni previenen el contagio, luego, ¿dónde está el bien general? En segundo lugar, tampoco son vacunas porque no cumplen los requisitos de una vacuna, sino que son algo completamente experimental, y además que puede modificar el ADN, es decir, que puede modificar la información genética en entidades transgénicas. Por lo tanto, en ese sentido tampoco son vacunas, y en ese sentido el mal puede ser mayor que el bien, con lo cual tendrán que demostrar no solamente que es un bien comunitario que prevalece sobre lo individual, sino que es un bien mayor que el mal que puedan causar, y eso no lo pueden de ninguna manera demostrar. Desde el punto de vista absolutamente riguroso y científico no pueden demostrar que se vaya a conseguir un bien a largo plazo, porque el mal puede ser mucho mayor.

—Por aquí —dije mirando las preguntas que le dirigían a la doctora a través del chat—, ROMAR542 me dice: «¿La gente que está vacunada puede contagiar a los no vacunados?».

—En mi opinión, sí. Ahí hay debate, es decir, hay debate científico, en nuestros grupos hay debates, pero en mi opinión sí por una razón, porque todos estos pseudovirus, vamos a llamarlos así, que *suelen ser* estas vacunas génicas, se van a combinar con nuestro viroma, y cuando la persona enferme, que estornude, tosa y tal, elimina información genética, elimina subvirus, y estos, como son mensajes de información, pues como cualquier información le llega al receptor; el receptor la recibe o no en función de sus circunstancias, no todo el mundo en una epidemia se contagia, se contagian los susceptibles. Pero evidentemente van a transmitir variantes, es decir, los que trasmiten las variantes son los vacunados, variantes de información genética para las que no hay defensa inmunitaria, y habrá muchos que, claro, que también se enfermen, por supuesto.

—¿Se le puede llamar experimento biológico en vez de vacuna?, pregunta Delga. —Preguntas a través del chat en directo del programa.

—Totalmente es un experimento, en primer lugar, porque ellos mismos lo dicen, los fabricantes y las propias agencias reguladoras, está en fase experimental; pero no están aprobadas, están autorizadas por la vía de emergencia, y están en fase de estudio poscomercialización. Es un estudio todavía experimental. Entonces, hasta que no pasen varios años no pueden decir que han terminado los estudios experimentales.

—Vale. Por aquí pregunta ASE VERSIS: «Doctora, ¿es previsible que en otoño suministren otra dosis?».

—Ese es el problema, porque una dosis, dos dosis, pues el organismo se podría defender, eliminarlo como un tóxico, pero si las personas se empiezan a revacunar, entonces ahí es donde vamos a empezar a ver los problemas degenerativos, porque como digo, los primeros problemas **son estos problemas de trombosis y hemorragias, de infarto y accidentes cerebrovasculares, de aborto**, estos son los que estamos viendo ya, esos son los efectos inmediatos. Entonces, **los efectos a medio plazo, que, como he dicho, son, sobre todo, cáncer y enfermedades autoinmunes**, eso depende de la predisposición también inmunológica, pero si la personas se revacuna vamos a estar incidiendo en las mismas dianas, o sea, tiene mucha más probabilidad.

—O sea, porque estoy muy preocupado por familias mías, amigos míos, que están abducidos por los grandes medios de comunicación. ¿Tienen posibilidades, si no se ponen más, de que su cuerpo lo deseche?

—A ver, eso esperamos, que una dosis, dos dosis, podría el cuerpo defenderse, es decir, el organismo es potente, ¿no?, una persona sana tiene capacidad de defenderse, pero si empezamos a revacunar no va a haber forma.

—Ya. Más preguntas, ROSMAR dice: «¿Cómo podemos protegernos los no vacunados para que los vacunados no nos contagien?».

—Pues como uno se protege siempre de cuando una persona está enferma. Cuando una persona está enferma con gripe normalmente se queda en casa, en su habitación, y procura no toserle encima a los demás; es exactamente igual, cuando una persona esté vacunada pues no nos acercamos a ella hasta que se le pase.

—También pregunta YO MISMA, dice: «¿Lo que pueden llegar a transmitir los vacunados a los no vacunados puede ser más peligroso que los virus circulantes?».

—Son más peligrosos en el sentido de que no los conocemos, son engendros, son cosas tóxicas, entonces no son virus conocidos, para los que no hay memoria inmunológica. Entonces, al ser fragmentos tóxicos, pues depende de la capacidad del organismo de defenderse tanto a nivel inmunológico como a nivel de eliminación de tóxicos que pueda tener, cómo esté su sistema.

Vacuna, vacuna, vacuna

—Por aquí también pregunta MARÍA JOSÉ: «Si una persona se ha puesto la primera vacuna, ¿puede negarse a no seguir poniéndosela?».

—Es que se puede negar, si ahora mismo no es obligatoria. No sabemos si conseguirán hacerla obligatoria o no, pero ahora mismo no lo es. Sí es verdad que están presionando, y sé muy bien de varios colectivos, de determinados centros de trabajo, donde se presiona mucho, pero no te pueden obligar, por lo tanto, no hay porqué ponérsela. Y lo mismo si te has puesto la primera, no tienes porqué ponerte la segunda, sobre todo si la primera te ha sentado mal, porque bien sé de muchos casos de personas que se la han puesto y se han puesto malísimas; afortunadamente, bueno, se han recuperado, pero igual la segunda les va a hacer peor, porque en la segunda dosis hay una potenciación de la respuesta.

—Bueno, a mí me han llegado a escribir que les han insistido —comenté—, como los comerciales estos que no te dejan en paz, «¡pero déjeme usted en paz!», e insistiendo, insistiendo, «le vamos a poner en una lista de no vacunados» y amenazándolos; y digo «bueno, ¿y qué significa eso de que me va a poner en una lista de no vacunados?». Quiero decir, un acoso tremendo, no sé...

—Sí, en algunos sitios hay mucho acoso, es cierto que sí.

—Por aquí también pregunta SONIA: «¿Ve algún movimiento mayor por parte de los médicos de decir la verdad o continúan apoyando al sistema? Muchas gracias».

—A ver, eso no lo sé, yo sé con los que estoy en contacto, que también son muchos. De hecho, el estudio este sobre vacunas que hemos realizado, inicialmente por las prisas pues lo firmaron sesenta médicos y treinta y seis biólogos, y se van sumando cada vez más. Ya hemos sacado una segunda revisión donde hay ya ochenta médicos y cincuenta biólogos, y hay más que se van sumando. Decir que sí que hay gente que se está despertando y se está dando cuenta, pero pasa igual que cada uno en su trabajo, pues tiene muchas presiones.

—¿Las autopsias se han hecho en España? Y si no se han hecho, ¿por qué no se han hecho?, ¿cuándo se van a hacer? ¿Qué es lo que pasa con las autopsias? —Tema realmente importante e inexplicable.

—Bueno, de eso yo sé menos que, por ejemplo, el doctor Cabrera, que sí que ha hablado, él como forense ha hablado. Sabemos lo que salió publicado en el boletín oficial del Estado, que no se hicieran autopsias, y que todavía hasta el verano no se iban a hacer. Lógicamente, es una medida muy importante para saber de qué ha fallecido la persona, y es más si se encuentra este famoso virus en las lesiones por las que la persona ha fallecido. Eso, que yo sepa, en ninguna parte del mundo se ha podido demostrar; es decir, todos los fallecidos por COVID-19, incluso personas que no tenían patologías previas que han fallecido por COVID-19, si se han hecho las autopsias, las pocas, que se han hecho algunas, no se han encontrado ningún SARS-CoV-2, lo que se han encontrado son lesiones inflamatorias, lesiones de tipo autoinmune, de tipo de desregulación de la respuesta inmune.

—¿Qué es un asintomático? —Otra de las trolas de nuestros tiempos a mi entender—. ¿Existen los asintomáticos? Porque eso yo no lo había escuchado nunca hasta no llegar a esta pandemia, no sabía que existía un asintomático. ¿Eso realmente existe?

—A ver, en una enfermedad epidémica de tipo infeccioso como nos dicen que es esta pandemia, que es una pandemia de infección aguda, no existen los asintomáticos. Es decir, el término asintomático se ha sacado por una manipulación, como todo esto, es una gran manipulación y mentira, de las enfermedades crónicas. En las enfermedades crónicas, enfermedades de tipo autoinmune, sabemos que el enfermo cursa por brotes y que tienes brotes de agudización en los que presenta sintomatología y brotes de remisión en los que permanece asintomático. Entonces, se ha querido extrapolar este término de asintomático de esas fases de un enfermo crónico a una epidemia aguda, pero en una epidemia aguda no existen los asintomáticos, o estás enfermo o no estás enfermo, o te curas o te mueres. Y todos estos que dicen que quedan con un COVID-19 persistente o con secuelas de COVID-19, está claro que son secuelas de autoinmunidad, por lo tanto, esto refuerza todavía más los estudios que hay y la síntesis que nosotros hemos hecho sobre la COVID-19 grave como un síndrome de inmunidad desregulada, por lo tanto, no es ninguna enfermedad infecciosa ni está producida por ningún virus.

—O sea, ¿el COVID-19 no es un virus? ¿Qué significa que no es un virus y sí es un síndrome?

—Vamos a ver, eso es muy importante que lo tengáis muy claro todos los que estáis escuchando, una cosa es el SARS-CoV-2, que sería un virus, ¿no?, y otra cosa es la supuesta enfermedad, que sería el COVID-19. Pero fijaros que se han sacado, porque, ¿qué significa el SARS?, síndrome respiratorio agudo severo, es decir, es un síndrome clínico que te está diciendo los síntomas que tiene, que la persona tiene un problema respiratorio agudo severo, pero ahora con este SARS-CoV-2, como querían meter a los asintomáticos, no le podían poner SARS a la enfermedad, mientras que en el SARS-1 era el virus y la enfermedad, en el SARS-2 ha sido el virus SARS y la enfermedad COVID-19. ¿Por qué? Porque es diferente, entonces no está producida por un virus, porque si estuviera producida por un virus siempre tendría los mismos síntomas. Por ejemplo, como el sarampión, el sarampión lo produce el virus del sarampión, puede hablar, tiene fiebre, no sé qué, se le inflama la garganta, luego le sale la erupción, es decir, es una evolución clínica bien determinada. En el caso del COVID-19 es un síndrome abigarrado. ¿Qué es un síndrome abigarrado? Pues que uno presenta algunos síntomas, el otro presenta otros, otro los de más allá, y otro los de más acá, por lo tanto, eso no lo produce un virus. Ahora bien, una enfermedad de tipo vírico, una enfermedad de tipo gripal, ¿puede complicarse con una COVID-19? Sí, puede complicarse, pero el síndrome gripal lo producirá un virus, o una bacteria, o lo que sea, y la complicación, que es la COVID-19, es un problema de la inmunidad desregulada, y eso no es debido a ningún virus ni a ninguna bacteria, eso es debido a las condiciones previas del organismo, está intoxicado, está debilitado, que tiene su inmunidad alterada por vacunas o varias causas de este tipo.

—O sea, lo que quiere dejar claro es que esto no son vacunas, desde luego, son otra cosa, pero no son vacunas, aquellas vacunas que nos ponían cuando éramos niños que decían que era el virus atenuado, sino que esto es otra cosa experimental, ¿no?, completamente diferente, que dicen que pueden llegar a cambiar nuestra genética. ¿Es cierto?

—Totalmente cierto. Es decir, el problema es que los supuestos expertos estos que salen siempre afirmando con seguridad que esto no... Por ejemplo, las de ARN, «no, eso no puede entrar en el ADN nunca, eso no puede cambiar», eso no es verdad. Es decir, estas personas no saben o no quieren saber, porque hay un montón de publicaciones ya de la moderna genética que se sabe perfectamente que la regulación del ADN se hace mediante ARN de regulación; entonces, bien porque estos ARN reguladores, que son muchos más que los que hacen la síntesis de proteína, puedan alterar el ADN, o bien porque en determinado tipo de células, como las células inmunitarias, que están en rápida división, o las células geminales, ¿no?, las células que van a poder producir luego los gametos, los óvulos y los espermatozoides, incluso paradas en una fase de la división celular, pues aquí sí que puede entrar en el ADN, claro que sí. Y en las de ADN está clarísimo, es decir, llevan un vector para que entre justamente al ADN. Entonces, puede interferir, puede modificar, puede hacer que no se expresen determinados genes, puede insertarse en el genoma y producir una mutagénesis insercional, es decir, un salto, un cambio en la posición de los genes, que eso puede dar lugar sobre todo a cáncer. ¿Y qué cánceres vamos a ver? Vamos a ver leucemias y linfomas, cánceres de la sangre.

—Y los genetistas ya saben perfectamente todo lo que puede causar, ¿no?

—Sí —afirmó la doctora.

—Incluso los tipos de cánceres.

—Efectivamente —volvió a afirmar.

—Por aquí dice SOY CONSCIENCIA —dije mirando al chat—: «Es mucha la documentación que se ha presentado apoyando la poca veracidad, ¿cree sinceramente que se conseguirá algo?». Es decir, con la documentación que se está aportando, con todo lo que se está haciendo, Médicos por la Verdad, Biólogos por la Verdad. ¿Cree realmente que servirá para algo?

—Bueno, a ver, nos están pidiendo nuestros informes, os podéis imaginar, de varios países de América, de Europa, hasta de Rusia, se va a hacer un congreso y nos han pedido participación, en fin, sí que hay mucho movimiento. Y hay juristas decentes en todos los países, aquí en España también, que están moviendo esto; todo depende de los tribunales de justicia. También es verdad que sabemos que normalmente en los puestos importantes, tanto en la judicatura como en la ciencia, pues hay mucho conflicto de interés, y justamente los que llegan a determinados puestos muchas veces ya sabemos por qué llegan, y entonces estos conflictos de interés pueden hacer que no se diga o que no se sentencie en favor de la verdad y la objetividad, sino muchas veces hacia intereses creados. Pero bueno, en la lucha estamos, entonces vamos a ver qué grado de corrupción hay y qué grado de verdad de decencia.

Toda una gran farsa en la que la mayor parte de la gente ha caído

—Sin embargo, en las televisiones están completamente todos los días machacándonos con que no nos preocupemos, que todo es seguro, e incluso a las personas de ciencia que llevan dicen que, bueno, han pasado por todos los trámites, que todo es segurísimo; es decir, nos están mintiendo a la cara prácticamente.

—Eso es una gran mentira, porque si las agencias reguladoras nos dicen claramente que no están aprobadas, sino autorizadas por la vía de emergencia, y están todavía en fase de estudio clínico, pues evidentemente no tienen todavía todos los datos.

—¿Esto cómo se ha originado? ¿De una forma natural se puede originar todo esto o tiene que ser provocado por la mano del hombre? —Otra de las grandes cuestiones de esta crisis sanitaria.

—Esto es completamente provocado, y además falseado. —No dudó ni un momento la doctora—. Porque en caso de que realmente se pudiera producir una epidemia por un arma biológica, vamos a suponer, ¿no?, estamos en guerra y determinado Estado inventa un arma biológica y la distribuye en la población para causar un daño, bueno, pues eso no se ha visto nunca, y tampoco lo que está ocurriendo. Es decir, aquí si no fuera sustentado por los medios de comunicación y por los gobiernos esto no sería así, porque desde el punto de vista biológico, científico, ni médico, ni clínico, ni en los hospitales, esto se está viendo; sí, bueno, hay enfermedad, hay muerte, hay agravación, lo que queráis, pero no es una cosa a nivel estadístico como para que afecte a un gran porcentaje de la población, porque está afectando..., pues ya lo sabemos, los porcentajes son de 1,5 % de letalidad, por lo tanto eso es similar a la gripe estacional. Entonces, ¿por qué se mantiene toda esta histeria? Por el mensaje de los medios de comunicación, por los gobiernos que por los chantajes del Fondo Monetario Internacional tienen que seguir unas normas para que les den el dinero que necesitan para poder funcionar, ya que están completamente en bancarrota, entonces ese es el problema. Es decir, aquí claro que hay un comité de expertos que asesoran al gobierno de Pedro Sánchez, lo conocemos, nos lo han dicho ya los abogados, o sea, sabemos que es el Instituto de Salud Global ahí, en Barcelona, sabemos quiénes son, y sabemos que todos ellos dependen de ellos solos, si es que, vamos a ver, si es que lo sabemos perfectamente, estos son los que dictan las órdenes, que no tienen nada que ver con la ciencia.

—Ya. Por aquí hay otra pregunta, MARÍA JOSÉ dice: «¿Las radiaciones del 5G producen la neumonía bilateral y diversas inflamaciones?». O sea, ¿tiene que ver el 5G con todo esto?

—A ver, de momento no está demostrado que las radiaciones electromagnéticas puedan producir una neumonía bilateral como la que describe el COVID-19. Ahora bien, que contribuyan y que ayuden, eso sí, porque sabemos perfectamente que las radiaciones de determinadas frecuencias son dañinas, dañan el sistema inmune, favorece la inflamación, favorecen las trombosis; pero de ahí a que la radiación de esto pueda producir una neumonía bilateral eso no está demostrado ni está publicado en ninguna parte. Sí está demostrado y publicado que lo puede producir las vacunas de la gripe, eso sí está demostrado y publicado, y hay muchas publicaciones científicas. Es más, pronto vamos a sacar nosotros otro estudio donde vamos a hacer toda la descripción de cómo las vacunas de la gripe pueden producir la COVID-19. Eso sí está demostrado y publicado. Las radiaciones electromagnéticas, a mí no me caben dudas de que son muy tóxicas y que contribuye, pero que de ahí a que ellas por sí solas puedan producir el síndrome de neumonía inflamatoria no.

—De todas maneras, para los que estén interesados en todo el tema de las radiaciones electromagnéticas —puntualicé a mis seguidores—, en Elarconte.com publicamos un artículo de un exagente de inteligencia que decía como se usaban las armas de microondas, ¿eh?, es bastante interesante, y según él provocaban tipos de cánceres, en fin. ¿Por qué la AstraZeneca ha dicho el gobierno que la quita a los menores de 60 años? ¿Qué pasa, que la va a seguir poniendo a los mayores? Es decir, si es mala para los menores, ¿a los más débiles va a seguir vacunándolos con AstraZeneca? ¿No parece eso una locura? ¿Es así o me equivoco?

—Bueno, claro que es una locura, lo que pasa es que ahí se quitaron unas cuantas pensiones, ¿no?, unos cuantos pensionistas, y eso para ellos supongo que será muy bueno. Vamos a ver, esto de verdad es una locura, es decir, los ensayos clínicos de AstraZeneca no se hicieron con personas mayores de 55 años, por lo tanto, no se sabe que puede hacer en personas mayores de 55 años; se hicieron todos con personas menores porque evidentemente tienen unos sistemas inmunes en mejores condiciones, porque se temía que estas personas mayores de 55 años fueran más vulnerables, hubiera más efectos adversos y no se autorizara la vacuna. ¿Ahora qué están viendo? Que una vez que llega a la población general, en las personas menores de 55 años también producen muchas trombosis y produce mucha patología, infartos, accidentes cerebrovasculares. Entonces, ¿qué ocurre? No les queda otro remedio, porque ya no lo pueden negar, porque hasta los médicos más... se dan cuenta, esto no es normal, aquí está muriendo demasiada gente, aquí está habiendo unas trombosis que producen síntomas y problemas graves en muchas personas, y es inmediatamente después de la vacuna, entonces no podemos negar la relación. Y claro, como no pueden negarlo, pues ya hasta la EMA ha tenido que decir que efectivamente hay relación de la vacuna de AstraZeneca con los trombos. Y no les queda otro remedio a los Estados, «bueno, pues sí, vamos a hacer algo, pero ¿qué hacemos?», «las ponemos en personas mayores», y dicen la excusa «sí, porque no se ha visto tanto en personas mayores»; pues claro, si no se ha puesto, ni se han hecho estudios en personas mayores de 60 años, porque aquí en España se estaba poniendo a los profesores, a los militares y policías menores de 55 años, entonces claro que no ha producido trombos en mayores de 55, si no se ha puesto, ahora los empezaremos a ver cuando se empiecen a poner. Y, además, se sabe también que quizás las personas mayores de 60-65 años, como tienen un sistema inmune más débil, pueden no hacer una reacción autoinmune tan fuerte al principio, pero después el síndrome de ADE, el cebado patógeno, la enfermedad aumentada por la vacuna será más grave en ellos. Entonces estos son los pobrecillos que morirán en el otoño.

¿Cuál es la peor de las vacunas?

—Si tuviera que elegir entre todas las vacunas Pfizer, Moderna, Janssen, Sputnik, AstraZeneca, la china, ¿cuál es la más dañina y la menos dañina?

—A ver, yo no me voy a poner ninguna, eso lo tengo clarísimo, para mí son todas muy malas. Ahora, bien es verdad que los chinos han hecho unas, digamos clásicas, de virus atenuados, que son la Sinopharm y la Sinovac, estas se están poniendo en Sudamérica, y tengo mucha comunicación con Perú, allí se están poniendo, y al principio produce síndrome de ADE igual, lo que ocurre es que en esta el daño genético no es tan inmediato, no es tan grande, ¿no? Entonces en ese sentido podríamos decir que son las menos malas; pero vamos, al final la muerte de enfermedad aumentada por vacuna la van a producir igual. Y luego para mí la peor, siempre lo dije, es la de AstraZeneca, por cómo se ha hecho, porque es un verdadero engendro, **han tenido**

**que utilizar células de riñón de aborto fetal, que han sido modifica-
das con un adenovirus tipo 5** para convertirlas en unas células que se
llaman T-REX, parece el tiranosaurio REX, ¿no? [risa leve], y luego
con un citomegalovirus le han introducido un gen de… y con un
adenovirus de chimpancé poco replicante, no es que no sea replicante, es que es poco replicante; y es un adenovirus de chimpancé de los
que hay, de los que han utilizado, el que más células infecta, infecta
todas las células del organismo, excepto los eritrocitos, o sea, es poco
inmunógeno, pero infecta todas las células; vamos a ver, para mí esta
es la peor. Y encima los que la han diseñado, Adrián Hill y Sarah
Gilbert, son dos conocidos eugenistas del Reino Unido, es decir, de
los que dicen que determinadas razas aquí pues son poco menos que
inferiores y que sobran, cuando también sabemos que la raza negra y
la hispanoamericana mestiza son mucho más susceptibles al síndrome
de ADE; entonces, vamos a ver, blanco y en botella. Y encima barata.
¿Para qué? Para que luego lleguen determinados también esbirros y
digan que hay que distribuirlas a los más pobres.

—O sea, que mestizos y negros podrían ser los que tuvieran el
mayor índice de mortalidad.

—Sí, sobre todo la raza negra, la raza negra reacciona de una forma
muy aguda a la inflamación, y entonces después vendrían los mestizos,
pero la raza negra… Si es que es curioso, vas a ver los ensayos clínicos
y ves que ha cogido…Y dices «oh, sí, cuarenta y tantos mil», de la de
Pfizer, pero de esos cuarenta y tantos mil la mitad eran placebos y la
mitrad eran vacunas, y de esos veintidós mil de vacunas de la raza negra
no llegaban ni a mil, y de hispanoamericanos también había pocos.

—Y los que mejor pueden soportar está vacunación, ¿qué razas
son?

—Hombre, sería la raza blanca y una edad media. Entonces, por
ejemplo, ¿por qué las mujeres de mediana edad tienen más problemas?
Si toman anticonceptivos pues ya lo tienen; los anticonceptivos son
un problema muy grande. Los adolescentes y los jóvenes también son
para mí una población de bastante riesgo, porque han sido muy poli-
vacunados, es decir, los niños ya sabemos que hay unas edades de sus
vidas que se les vacuna en exceso, entonces la interacción entre muchas vacunas tampoco es conocida con estos engendros, por lo tanto,
ahí hay un riesgo también de alteración de inmunidad. Entonces, en

principio, las personas en torno a los treinta o cuarenta años serían las personas que mejor lo podrían soportar, pero claro, a esos el daño se los va a hacer, y si no se lo produce ahora pues se lo va a producir después a medio y largo plazo.

—Bueno, tenemos más preguntas —digo mirando al chat—, FDELGA dice: «Entonces, si está en fase experimental como sabemos, ¿para qué la utilizan, para llevar un control de la población?».

—Es evidente, claro —contestó Albarracín.

—Dice: «¿Se han guardado lotes de vacunas de años anteriores para análisis de estas?». No entiendo yo muy bien esa pregunta. Bueno: «Doctora, ¿qué opina del biólogo Adolfo García Sastre, asesor del gobierno y creador de una patente de la vacuna ARN mensajero?».

—No conozco a este biólogo, pero en cualquier caso todas las vacunas —por llamarlas de alguna forma— de ARN, pues ya sabemos que son muy peligrosas, entonces cualquier persona que esté trabajando en ello a mí no me merece ningún tipo de confianza.

—¿Cuáles son más peligrosas, las de tipo de ARN o las de ADN?

—Por el estilo, porque cada una tienen sus problemas. Las de ARN tienen un problema añadido que son las nanopartículas lipídicas, que son muy tóxicas, y las de ADN pues es el vector viral y el entrar directamente contra el ADN. Las dos son tal cual peor.

—Por aquí dicen también, bueno, es una apreciación simplemente, no una pregunta; dice: «Al parecer sí se ha demostrado la relación entre el 5G y la COVID-19, lean a la doctora Beverly Rubik». Bueno, es una apreciación.

—Bueno, yo no digo que no haya relación con la COVID-19, lo que digo es que ni la 5G ni ningún tipo de radiación se ha podido demostrar que produzca una neumonía bilateral intersticial, eso no se ha visto, eso no hay ninguna publicación al respecto. Ya digo que con las alteraciones de la inmunidad sí, como la COVID-19 es un síndrome de inmunidad alterada, puede contribuir, no cabe dudas de que puede contribuir.

—TONI dice: «A mi hija de 11 años le han dado hoy un consentimiento para vacunarla de varicela meningococo y VPH, ¿son fiables?».

—No, no se las ponga, porque de la varicela, que es una enfermedad, como ya sabemos, muy leve, sin problema, es una de las peores vacunas que han sacado en estos últimos tiempos, porque es también de líneas celulares, es decir, de líneas de aborto fetal, entonces estas tienen ADN humano y son muy peligrosas. De ellas también la triple vírica, la del sarampión, rubeola, paperas, porque la de la rubiola también es de línea celular, también lleva ADN humano. Estas se saben que están en relación con el autismo, y además no se puede negar, es decir, hay estudios y no se puede negar. Y luego la del papiloma es otra que está hecha con antígenos recombinantes y también sabemos que es muy peligroso; entonces, vamos, de ninguna manera. La meningocócica últimamente también, la tetravalentes meningocócica. Es que las últimas vacunas que están haciendo son ya muy peligrosas todas, es que este es el problema, estas no son ya las vacunas antiguas aquellas que, bueno, pues tenían un cierto sentido. Estas que están haciéndose con líneas celulares y con antígenos sintéticos son muy tóxicas.

Fetos humanos en las vacunas

—Mmm, son peligrosas —medito—. Bueno, aquí una pregunta que ha tenido mucha polémica: «utilizan células de fetos abortados, ¿por eso quieren que las mujeres aborten?». Bueno, ¿es verdad que usan este tipo de células de aborto?

—Sí, es verdad, en todas las vacunas génicas. Las de ADN porque lo necesitan para hacerla, ya he explicado la de AstraZeneca, que se utilizan células de riñón de feto, y las de ARN no las llevan directamente, pero las han tenido que utilizar en las pruebas de elaboración de las vacunas; entonces todas estas vacunas génicas han utilizado células de feto abortado. Y efectivamente se está favoreciendo el negocio del aborto, y además es un dato terrible, pero estos órganos de feto que se utilizan se tienen que extraer en vivo, es decir, en un feto vivo, porque si no se daña, y además sin anestesia, porque cualquier tóxico los daña, ¿no? Entonces se hace directamente, incluso a veces dentro del vientre de la madre, que está dormida, evidentemente, y se le extrae...a veces, por ejemplo, del cerebro una preparación, y se le extrae. Son cosas horribles.

—Son de monstruos, ¿no?

—Sí, eso es una cosa inhumana completamente, entonces es vergonzoso, lamentable, increíble, y nadie que pueda recomendar vacunas de estas está en su sano juicio. Y si es una autoridad eclesiástica y dice esto, pues no es una persona que se pueda respetar, ni es una persona cristiana, ni es una persona que tenga un sentido ni siquiera de humanidad; no se puede confiar.

—ANONYMOUS dice por aquí: «¿Se reducirá la población con las vacunas el 90 %? ¿Es posible esta locura?».

—No, el 90 % no lo creo, afortunadamente, no lo creo; ya creo que con un 20 % o 30 % estaría bien. No creo que se llegue a esa locura.

—Bueno, hace poco en mi canal de YouTube saqué un vídeo de una agencia de inteligencia norteamericana que preveía para dentro de cinco años que la población española tendría veintisiete millones de habitantes.

—Sí, la mitad. Vamos a ver, lo que pasa es que estamos en una guerra híbrida y probablemente pronto en una real, entonces va a haber otras armas de destrucción masiva que no van a ser solo las vacunas.

—¿Cómo cuáles, por ejemplo?

—Pues hombre, una bomba nuclear, ¿te parece poco? —Se ríe de forma leve.

—No, no creo que se llegue, pero bueno. ¿Esteriliza la vacuna COVID-19?

Esterilización de las vacunas COVID-19

—Las vacunaciones sí, si las personas se vacunan y se revacunan terminarán estériles, sí. Sí, porque afecta a las proteínas que regulan tanto a la placentación como la producción de espermatozoides, como la fecundación; también intervienen en la unión del óvulo y el espermatozoide.

—Por aquí RAÚL dice: «¿Por qué el Vaticano está a favor teniendo esta información sobre los fetos vivos?».

—Porque el Vaticano está dirigido ahora mismo por la mafia de San Gallen, que se sabe que son masones, más claro agua.

—Habría que preguntárselo a ellos, ¿no?, pero sí, la verdad es que…Bueno, una cosa es el Vaticano y otra cosa… Por ejemplo, el cardenal Cañizares lo dijo claramente en su homilía, que ha sido también muy criticado en los medios de comunicación, pues que estaba hecha con feto, y se le echaron los medios de comunicación encima, y no dijo ninguna mentira.

—Pues no dijo ninguna mentira. Afortunadamente hay cardenales y obispos decentes, como por ejemplo Viganò, Schneider, el obispo de Alcalá de Henares, hay personas decentes dentro de la iglesia que están diciendo la verdad y que están respetando el mensaje evangélico que deberían respetar. Pero desgraciadamente los masones que gobiernan ahora mismo el Vaticano no son dignos de llamarse ni siquiera cristianos.

—Bueno, eso del papa Francisco habría mucho de qué hablar, vamos.

—Es que ni siquiera ya es papa, ni siquiera es papa, vamos, hay un estudio de derecho canónico que demuestra clarísimamente que Francisco no es papa, que sigue siendo Ratzinger, y de la forma que lo hicieron, saltándose una serie de pasos de derecho canónico. Ha sido publicado por una abogada, Estefanía Acosta, colombiana, y bueno, eso es un estudio perfectamente documentado donde demuestra clarísimamente que Francisco no es papa.

—Pues bueno, llevamos casi una hora de programa, vamos a despedir a la doctora Albarracín, no sé si alguien tenía alguna pregunta más. Bueno, por aquí doctora, claro, el tema de las mascarillas: «¿sirve para algo las mascarillas aparte de para enfermarnos más?».

—Sirven para enfermarnos más, efectivamente, porque el estar respirando todos los gérmenes que se van acumulando en la mascarilla eso no puede hacer más que daño respiratorio, sin contar otros muchos. Es un signo por supuesto de esclavitud, un signo que psicológicamente hace mucho daño, pero desde el punto de vista también patológico, desde el punto de vista médico, clínico, pues es una barbaridad, sobre todo en ambientes abiertos, al aire libre, es una auténtica barbaridad.

—JOSÉ LUIS dice: «¿Alguien ha conseguido un dial y lo ha analizado? Alguien honrado, claro».

—En ello están, me consta que en ello están, hay algunos equipos que lo están haciendo en Europa.

—CARMEN dice: «Doctora, ¿hay alguna posibilidad de que se pare la vacunación en un corto plazo?».

—Me temo que no, porque eso tendrían que... Bueno, eso ahora mismo es imposible, la única forma sería que la gente reaccionara, porque los juristas ahora mismo no están por la labor.

—Y pregunta LUIS: «Doctora, ¿cómo podemos protegernos de lo que nos espera para el próximo otoño? gracias por su esfuerzo».

—Pues para el próximo otoño lo que hay que hacer es, efectivamente, tener la mejor salud posible. Es decir, ¿cómo se protege uno de las enfermedades?, pues aumentando su nivel de salud, y para ello lo que hay que tener es estabilidad emocional, paz interior, no hay que tener miedo, también dominar un poquito la ira. Y luego hay que alimentarse muy bien, con productos naturales, biológicos, vegetales, vitaminas, suplementos de vitaminas, la vitamina D es necesaria, ¿no?, tomar el aire y el sol lo que se pueda, hacer el ejercicio que se pueda, y bueno, y vivir con buenos sentimientos y con amor, porque sabemos que aumenta siempre la salud.

—Como me dice mi médico naturista, pues la meditación y ejercicios físicos, ¿no?, y eso, no preocuparse mucho, porque te lleva pues a eso, el estrés es lo que tiene. Doctora, un mensaje final.

—Pues, a ver, ya llevamos mucho tiempo, todos estamos cansados, no cabe dudas, vosotros estáis cansados, yo estoy muy cansada también, y no tenemos que desanimarnos. Es decir, a pesar del cansancio, pues pensar que todas las situaciones de crisis que ha vivido la humanidad, la humanidad no va a sucumbir a esto y ellos lo saben perfectamente, entonces todas las situaciones de crisis nos sirven para posicionarnos, entonces ahí donde esté nuestra posición, donde esté nuestro corazón, es al final lo que nos vamos a llevar para bien o para mal. Y como decía muy bien el otro día el doctor Sevillano, que lo escuché y me encantó lo que decía, decía «el bien ha ganado ya, es decir, no es que tengas que... la guerra está ganada, el problema es el mientras tanto y dónde nos posicionamos», entonces nos va a servir de un gran aprendizaje a todos a nivel individual y a nivel colectivo, y es para ver realmente dónde nos posicionamos, y qué hacemos con nuestro ser humano más elevado, que es nuestra conciencia y que es nuestra caridad.

—Pues muchas gracias, doctora Martínez Albarracín, por haber estado aquí en ELARCONTE televisión, y espero que venga más veces.

—Gracias a ti, Pedro, y un saludo para todos tus oyentes.

—No se vaya doctora, porque la despido en privado. Y para el resto pues la verdad es que ha sido una de las entrevistas más esclarecedoras que he realizado aquí en Elarconte.tv y en el Elarconte.com, en general, y en YouTube. La verdad es que revisaré de nuevo esta entrevista, porque quiero volver a quedarme con los conceptos. Y para más información, ya sabéis que Elarconte.tv se financia solo de vuestras aportaciones, no hay publicidad, no hay nada, para que podamos seguir siendo independientes y que no nos censuren, así que para apoyarla pues solo tenéis que subscribiros. Y para más información, ya sabéis, en Elarconte.com, y apuntad mi canal de Telegram EL ARCONTE y os aviso cuando estén estos directos. Y os dejo algo bonito para el final de Elarconte.tv, algo así como que la verdad nos hará libres, ¿no?, pues eso mismo, venga, hasta luego.

Terminé como siempre termino mis programas. De esta entrevista me quedaron conceptos muy claros. ¿Por qué no se hicieron las autopsias? Es evidente que el engaño era monumental, estaba en la pista correcta, confirmaba que estábamos en un nuevo paso hacia el nuevo orden mundial. La máquina bien engrasada, medios de comunicación y Gobiernos al unísono en una gran obra de teatro, la humanidad esclavizada y convertida en una gran granja.

CAPÍTULO XI.
CONVERSACIONES CON ALMUDENA ZARAGOZA, BIÓLOGOS POR LA VERDAD

Un día después de haber entrevistado a la doctora Albarracín realicé la entrevista a la bióloga Almudena Zaragoza Velilla. Esta entrevista fue realizada el 3 de abril de 2021, Almudena es Licenciada en Biología por la UAM y Máster en Técnicas de Caracterización y Conservación de la Diversidad Zoológica por la URJC. La entrevista. No sabía lo que la entrevista me debía deparar y la verdad es que superó toda expectativa. Atención, porque esta entrevista le aclarará muchas cosas lo mismo que a mí me las aclaró en su tiempo.

—Bienvenidos una noche más a Elarconte.tv —comienzo el programa—. Ya sabéis, esta televisión se financia solo con vuestras subscripciones, sin publicidad de ningún tipo, por eso os animo a suscribiros. Hoy tenemos a una invitada especial, a Almudena Zaragoza, promotora de Biólogos por la Verdad y de un documento que vamos a ver ahora, donde han firmado ya decenas de médicos y biológicos. Seguro que estáis ansiosos por escuchar a Almudena, pero como siempre antes pongo una intro de El Arconte, esta es bonita.

—Almudena, ¿qué tal? ¿Cómo estás? —contesta Almudena con su característica sonrisa.

—Buenas noches, muy bien, gracias. Bueno, eres bióloga, has suscrito un documento, eres promotora de un documento de Biólogos y de Médicos por la Verdad, porque se han unido decenas de médicos y de biólogos. ¿Cuántos exactamente se han unido hasta ahora a ese documento?

—Pues ahora mismo estamos por los setenta y nueve médicos, y en la última entrada de mail que hemos tenido en la web rondamos sesenta biólogos aproximadamente; cada día llegando nuevos correos afortunadamente.

—¿Los médicos están perdiendo el miedo? —le pregunto a Almudena—. Porque sabemos que desde los colegios de médicos realizan mucha presión, los pueden expedientar, y eso significa que no pueden ejercer su profesión; aun así, se están arriesgando mucho. ¿Notas la presión? ¿Cómo lo ves?

—A ver, realmente cuando la plataforma de Médicos por la Verdad cuando se formó había casi doscientos médicos, o sea, fue algo espectacular. El problema que ha habido es que la censura ha sido tan fuerte y se ha focalizado tanto la imagen en unas pocas personas, que al final como que parece que se ha eclipsado la plataforma en sí; pero yo, que la conozco desde el principio, a mí ya me pareció que doscientos personas para empezar en contra de todo lo que se estaba haciendo era muy prometedor. Y sí, afortunadamente siempre digo que los que despiertan siempre van a ser más y los que están dormidos cada vez van a ser menos, así que poco a poco, ¿no?

—He abierto la sección de preguntas, podéis empezar a preguntar a Almudena Zaragoza —digo dirigiéndome a la gente del chat que no sigue siempre en directo durante mis transmisiones—, y yo la primera pregunta que siempre le hago a todos los que vienen por ELARCONTE es: ¿existe el virus o no existe?

Sobre la existencia del SARS-Cov-2

—Bueno, el virus SARS-CoV y el SARS-CoV-2 sí que existen, son virus quiméricos artificiales, se sintetizaron en un laboratorio, lo sabemos debido a la secuencia génica y el comportamiento que tienen en cuanto a su bioquímica. Este virus, en particular, se sabe hoy en día que tiene secuencias de cuatro especies distintas, cosa totalmente imposible en la naturaleza. Y lo que nosotros sí que decimos, y puntualizamos muy bien, es que no está circulando en la población, pese a que sí existe, no es el causante de la enfermedad COVID-19 que tanto está haciendo comernos la cabeza, que tanto dolor está generando.

—Entonces, si no es el virus, ¿de qué fallece la gente? Quiero decir, porque los médicos, por ejemplo, Luis de Benito y los médicos que yo he consultado, dicen «no, es que nos encontramos con algo que no habíamos visto hasta ahora», es decir, algo que no era una gripe normal. ¿Qué es lo que mataba a la gente?

—Bueno, nosotros eso lo hemos concluido al final del informe. Nosotros en el informe hemos hecho una serie de hipótesis, hemos puesto encima de la mesa una serie de hipótesis; es decir, la ciencia se basa en el método hipotético deductivo, los científicos tienen unas hipótesis, presentan unos datos o bien hacen un estudio bibliográfico, y esa información avala o no la hipótesis que proponen. Entonces, nosotros hemos propuesto para empezar la campaña de vacunación antigripal del año pasado, la cual pedimos insistentemente que se investigue. Sabemos que se pusieron en circulación vacunas nuevas que hasta el año pasado no se habían puesto en funcionamiento en España. O por lo menos, aunque hemos intentado rastrearlo, esto tampoco es tan sencillo, pero para que os hagáis una idea, por ejemplo, la empresa Seqirus lanzó una vacuna nueva que se llamó FLUCELVAX, que está cultivada en riñones de perro, y los riñones de perro tienen un montón de coronavirus; estas vacunas de línea celular parecen ser que se pusieron en funcionamiento el año pasado. Hablan también de la vacuna CHIROMAS, que también genera una mortalidad, que esta prácticamente sería la mortalidad achacada a la gripe, o a parte de ella, de todos los años; esto ya lo han denunciado varios médicos en el informe Barbastro, de especialistas en farmacología, etcétera. Y proponemos también, obviamente, el abandono de las personas mayores, el miedo, el terror, la desaparición de la atención primaria, el caos de los hospitales; todo eso generó una mortalidad, que, sumada a las PCR positivas, es decir, podías morir de cualquier cosa y si tenías una PCR positiva ya era COVID-19, pues se engrosó las listas de una enfermedad en teoría nueva, que probablemente, o según nosotros decimos, se deba a otras causas y se haya atribuido al COVID-19.

—Por aquí está empezando la gente a preguntar. —Miro al chat en directo—. Dice: «Muchos científicos defienden que los virus no causan enfermedades desde los años 50. ¿Qué opina al respecto?».

—Pues lo mismo —contesta Almudena—, realmente aquí estamos ante el gran cambio de paradigma. ¿Son los microbios patógenos o son las enfermedades de carácter ambiental? Es decir, por tóxicos, vacunas, contaminación, cambios de temperatura, estrés. Aquí tenemos que entender que hay dos teorías muy marcadas y hoy en día en clara discusión, son las teorías derivadas del médico Béchamp, que defendía que las enfermedades no estaban producidas por los microbios, que ellos no los llamaban microbios, y el químico Pasteur, el famoso Pasteur, que no era médico, incluso esto se conoce en la historia como el fraude de Pasteur, porque realmente esto le vino muy bien a la industria farmacéutica, culpar a los virus y a las bacterias, pero hoy en día sabemos que esto se cae por todos los sitios.

—Por aquí tengo otra pregunta, están empezando a preguntar bastante. Dice: «¿Son los virus causa o consecuencia de la enfermedad?».

—Consecuencias claramente. Los últimos estudios derivados de tumores, artritis etcétera, que están publicados en la literatura científica, describen una emisión de partículas virales por parte del órgano que está enfermo. Cuando nosotros en el genoma que tenemos, el genoma humano, el genoma de todos los seres vivos, contenemos secuencias de origen viral, estos virus endógenos que tiene el organismo se pueden expresar en formas de partículas virales, que no son más que mensajes de información, que cuando una persona está enferma pueden estar intentando regular la situación del organismo; como se han detectado dentro del contexto de la enfermedad se les ha echado la culpa, pero ellos son consecuencias y nunca causa de las enfermedades, porque, ¿por qué iba a ser nuestro propio genoma, nuestra propia información como seres vivos, patógena?, no tiene sentido.

La teoría del pangolín asesino a debate

—Ya sé que hay muchas personas que no escuchan —intervengo—, porque tengo mi público que está muy concienciado, pero muchas personas se acercarán por primera vez a ELARCONTE o a este vídeo. ¿Un pangolín puede causar todo esto?

—[Risa] Bueno, esto también hay que explicarlo súper bien, porque hay mucha confusión. Pienso que han generado confusión deliberada, ¿vale?, esto es una opinión mía. Pero fuese o no fuese así **se ha usado la zoonosis para confundirla** con una cosa que en biología se llama «**la barrera de especie**». Una zoonosis es una enfermedad que puede causar, por ejemplo, una garrapata cuando te pica, un mosquito, un perro con rabia cuando te muerde, no es más que una septicemia, una contaminación de la sangre por entrada de virus y bacteria en el torrente sanguíneo debido a la mordedura o picadura de ese animal. Pero hay algo curioso en la zoonosis, y es que no se transmite de humano a humano. Cuando a nosotros en Wuhan nos dijeron que había un virus que había traspasado la barrera de especie y que se transmitía de humano a humano, ahí es donde estaba la mentira, eso no es una zoonosis. Para traspasar la barrera de especie hace falta un lenguaje bioquímico, el virus tiene unas proteínas que se entienden son la llave, y se entienden con la célula, ¿vale?, que tiene la cerradura. Ellos nos estaban diciendo que el material genético de pangolín, murciélago, y un beta-coronavirus canino, probablemente de perro, con humano, tenían la llave para abrir las células humanas y contagiarse de humano a humano. ¿De verdad? [Risa]

—Claro, nosotros, el público en general, no entendemos de eso, nos lo podemos creer perfectamente de principio —me acuerdo especialmente de Iker Jiménez y su teoría del pangolín asesino—, pero vosotros que habéis sido los biólogos decís «pero ¿qué nos estáis contando?». Quiero decir, eso es imposible, ¿no?, hoy por hoy, sería una causa primera en el mundo.

—No, imagínate, Pedro que llega una araña, te pica y su material genético se mezcla con el tuyo, o sea, Spider-Man sería real, y Batman también. De verdad, los virus animales no tienen las proteínas de superficie de la membrana con el lenguaje bioquímico necesario para introducirse dentro de nuestras células, eso es la barrera de especie; y no se mezcla el material genético de los animales con el de los humanos de manera normal. Lo que pasa en la actualidad es que sabemos que se está experimentando con organismos genéticamente modificados, como son los virus quimera. Por ejemplo, la vacuna de AstraZeneca es uno de ellos, es un adenovirus de chimpancé con material genético humano recombinante en células de animales y humanas; eso es claramente un virus quimérico, diseñado para entrar dentro de nuestras células e inyectar material genético, ¿no?, qué causalidad. Pues esos organismos genéticamente modificados, capaces de traspasar la barrera de especie, en la naturaleza no se conocen, pero sin embargo en la actualidad en los laboratorios se está investigando con este tipo de material genético, este tipo de vectores, y curiosamente coincide con un pangolín, que salió de la naturaleza, con un murciélago.

—O sea —intervengo—, que un biólogo, un entendido, diría «bueno, esto que nos están contando es imposible, esto solo se puede hacer a través de un laboratorio».

—Sí, es precisamente por la barrera de especie y nada más, porque un virus de cuatro especies no puede entrar en nuestras células, a no ser que lo diseñen a propósito —contesta Almudena.

—Quiero decir que mientras los informativos y todos los medios de comunicación estaban intentando inculcarnos la teoría del pangolín asesino —ay, Iker—, los biólogos, vosotros, sabíais perfectamente que eso no era así, que era imposible, que solo podía ser a través de un laboratorio prácticamente.

—Bueno, muchos compañeros realmente se han creído esta versión y no han dudado bajo ningún concepto de ella. De hecho, hay algunos que nos han escrito diciéndonos «es que no sabéis lo que son las zoonosis», y claro, nosotros contestamos «no, los que no sabéis lo que son las zoonosis sois vosotros». ¿Por qué ha ocurrido esto?». Es porque en los artículos científicos, cuando tú los lees, obviamente ellos no te van a decir que están creando un virus artificial mezcla de murciélago y humano; ellos te lo venden, por qué están haciendo ese experimento tan peligroso, como que, si en la naturaleza alguna vez ocurriese esto, es decir, si hubiese un virus emergente, zoonótico, de repente, que apareciera, pues lo vamos a estudiar con este experimento que estamos haciendo por si acaso ocurre, para estar preparados. Claro, la gran pregunta es: «Si no ocurre en la naturaleza, ¿por qué lo estáis haciendo en un laboratorio?». ¿No? Ahí ya que cada uno conteste lo que considere; pero, en fin, a mí me parecen unas prácticas con muy poca ética.

—¿Crees que el Gobierno de España sabía lo que estaba ocurriendo? —pregunto—. Porque, bueno, tiene sus consejeros, sus institutos públicos, de científicos, las universidades, que son públicas; es decir, suficiente gente que le asesora. ¿Crees que el Gobierno español sabía perfectamente lo que estaba ocurriendo?

—La gente de a pie —contesta Almudena—, o los funcionarios y demás, lo dudo, todo esto parece más de películas de miedo americanas, de estas de contagios, que la vida real. Pero quizás las personas que están arruinando nuestra economía, y que... no sé, quizás desde arriba probablemente sí, pienso que sí, es mi opinión, que sí que fue algo orquestado, porque no era lógico que en algunos países como Suecia no hayamos visto absolutamente nada de esto y, sin embargo, haya ciertos países en los que se hayan puesto todos de acuerdo, es absurdo. Sí de verdad hubiese sido un ataque a nivel mundial de un patógeno procedente de la naturaleza tan peligroso, creo que nos teníamos que haber puesto todos de acuerdo, ¿no?, realmente no sé, me parece...China, de hecho, volvió enseguida a la normalidad; bueno, a la normalidad dentro de como lo conocen ellos, porque, en fin, ellos siempre tienen sus controles y demás. Pero es absurdo esto, sí que tiene toda la pinta de haber sido planeado, desde luego.

—Ayer tuvimos a la doctora María José Martínez Albarracín —sigo exponiéndoles mis dudas—, y a mí me dejó impresionado porque coincidió con otra genetista que no conocía, que salió en Alerta Digital y yo hice un vídeo sobre ella, y dijo exactamente que el 30 % de los vacunados morirán en los próximos meses, en pocos meses. ¿Está de acuerdo con esa afirmación?

—A ver, María José y yo llevamos trabajando juntas casi ocho o nueve meses, nosotros nos llevamos fenomenal, ella desde la medicina y yo desde la biología hemos conectado a la perfección, igual que hay otros compañeros médicos que, aunque no salen también están ayudando, y mis compañeros biólogos; pero yo soy un poco más prudente en este aspecto de generar esa alarma. A ver, no quiero decir que las vacunas no estén generando..., ya que estamos viendo hoy en día una mortalidad inusual y una serie de efectos secundarios adversos graves o gravísimos también más alto de lo habitual, pero no soy capaz de predecir en el futuro lo que pueda ocurrir. El cuerpo humano es una máquina biológica increíble, si una persona no se revacuna, y revacuna, y revacuna, puede ser que simplemente su cuerpo elimine los tóxicos y no ocurra nada más. Pero es que no se sabe, realmente esto no se sabe.

El problema es seguir y seguir vacunándose

—Entonces, ¿qué piensas que pueda ocurrir en otoño? ¿No esperas lo peor? ¿Piensas que se pasará?

—Si siguen vacunando y vacunando ese es el problema, la vacunación y revacunación, incluso se está llegando a pensar en mezclar vacunas de diferentes laboratorios, cuando no tienen para nada que ver muchas de ellas, pues probablemente la mortalidad, como ya estamos viendo, aumentará y seguramente los efectos adversos aumentarán. Y a largo plazo las enfermedades neurodegenerativas sí, y las autoinmunes; sabemos, y estamos seguros de ello, que veremos en un futuro a mucha gente con estas enfermedades. Desde luego, nosotros hemos pedido el cese de la vacunación. Sea como fuere, sin dar cifras, sin decir lo que vaya a ocurrir o no, sabemos que como continúen vacunando, pues las muertes y los efectos graves van a continuar, por tanto nosotros lo que hemos pedido es el cese de la experimentación, de los ensayos con seres humanos a través de la inoculación de sustancias genéticamente modificadas, que esto además contradice nuestro código deontológico, nuestra ética profesional, y contradice el código de Núremberg, que prohíbe este tipo de experimentos y de ensayos con humanos. Entonces, sea como fuere, pase lo que pase, esto es malo y tiene que cesar.

—Hay más preguntas por aquí —del chat en directo—, dice ALEJANDRO: «Almudena, ¿puede explicarnos la teoría del contagio, si es cierto que se contagia con las famosas gotitas de Flügge?».

—Bueno, para empezar, comentaré que los doctores argentinos Roxana Bruno y Luis Marcelo, que son amigos nuestros, afortunadamente todo esto que ha pasado ha hecho que tengamos grandes amistades en todo el mundo, ellos hicieron un estudio de revisión científica y presentaron una gran cantidad de pruebas de que los receptores del virus SARS-CoV-2 no están en el sistema respiratorio humano. Encontraréis muchísimas publicaciones que intentarán haceros creer que así es, pero nosotros en el informe tenemos algunos estudios en profundidad, con una metodología impecable que se han hecho en el año 2020, que demuestran que los receptores de la famosa proteína de espiga no están en el respiratorio, por tanto, el contagio por vía aérea es absurdo, no tiene ningún sentido.

—No tiene sentido —puntualizo—. O sea, entonces la mascarilla tampoco.

—Bueno, la mascarilla; pero no solamente por eso, sino porque un virus es nanométrico, entonces realmente ningún fabricante de mascarillas se atrevería jamás a poner en su bolsita de mascarillas «previene de virus» o «previene para coronavirus», ninguna. De hecho, hace poco una compañera me mandó un anuncio de una mascarilla que había hecho CSIC Antivirus, y yo dije «pues será la primera», porque el resto ninguna, ni siquiera los fabricantes se atreven a poner eso, por tanto, otra cosa que es absurda.

—¿Los vacunados son un peligro para los no vacunados? —Menuda pregunta que le lancé.

—[Risas] Pues aquí tenemos otro debate en la mesa. Nos hemos acostumbrado como a una especie de diálogo único y parece que somos todos zombis y decimos lo mismo, pero que sepáis que en nuestro grupo hay muchos compañeros, y entre ellos yo, que no estamos a favor de afirmar que los vacunados sean capaces de contagiar, y os diremos por qué, tenemos nuestros propios argumentos. Primero el humano, no nos gusta fomentar la división entre personas vacunadas y no vacunadas, tampoco nos gusta fomentar el terror de «cuidado, que en mi trabajo hay un vacunado y me va a contagiar», y tercero, que cuando a una persona se le inoculan, que no es un virus completo, es un fragmento de información genética procedente de un virus, se lo inoculan por el torrente sanguíneo. ¿Por qué lo hacen así? Para invadir la inmunidad del huésped. En el caso de que el vacunado en cualquier momento tosiese, estornudase cerca de otra persona, ¿qué le llegaría a la otra persona, al no vacunado? Lo que fuese que llegue, que no son partículas virales viables, eso desde luego, desechos, le entraría por la nariz, por la boca o por los ojos, nunca por la sangre. En la nariz, en la boca y en los ojos tenemos el microbioma, que es la primera barrea inmunológica de protección del organismo, por lo tanto, ocurra lo que ocurra, el no vacunado siempre va a contar con su sistema inmunológico, cosa que el vacunado pues está por ver, porque estos tóxicos que entran por la sangre generan unas reacciones exageradísimas que de manera natural jamás ocurrirían.

—Ahora se ha prohibido la vacuna de AstraZeneca. —Vuelvo a la carga—. Bueno, el Gobierno español está por ahí dándole vueltas, que si una edad sí, que si una edad no, y mucha gente conocida mía dice aliviada «bueno, es que a mi madre o a mí no me van a poner AstraZeneca, sino que me van a poner Pfizer». ¿Qué les diría?

—Que cualquiera de las dos tecnologías tiene una gran cantidad de riesgos. La de Pfizer es un ARN mensajero envuelto en nanopartículas lipídicas; una de esas nanopartículas se llama «nanopartícula lipídica catiónica», ¿vale?, es una terminología. El caso es que no está aprobada para su uso en humanos, porque es tremendamente tóxica. De hecho, ya han ido a juicio en Alemania, ya han ido los peritos y han hablado sobre esta partícula tan tóxica que se puede almacenar en los tejidos indefinidamente, se puede acumular en el hígado, puede generar daños a largo plazo, etcétera. Por lo tanto, yo Pfizer no lo pensaría como el lado bueno, desde luego. Y la de AstraZeneca tiene una tecnología totalmente diferente, es un adenovirus vectorizado de chimpancé, es una partícula viral y sintética, y genera trombosis porque lleva un gen plasminógeno que es tremendamente dañino. Ya se sabe desde hace muchísimo tiempo que los adenovirus tipo 5 generan muchos problemas a nivel del sistema circulatorio, por tanto, tampoco la aconsejaría, así de claro. O sea, es una ruleta rusa, creo que lo has dicho tú ya muchas veces, que es una ruleta rusa, que yo te sigo siempre, y vamos, estoy de acuerdo contigo en que te estás poniendo una pistola en la cabeza y te puede tocar.

—Todas son malas, pero ¿cuál es la peor? —insistí.

—No sé, ahora mismo se ha focalizado mucho en AstraZeneca, sin embargo, hay países que llevan reportados más de cien mil efectos adversos de la Pfizer. Es que no te podría decir ninguna, porque creo que esto es una lucha entre las empresas, saber cuál es menos mala. Desde mi punto de vista, ninguna inmuniza, y desde mi punto de vista, todas son peligrosas, no me voy a decantar por ninguna, sinceramente.

—Por aquí tengo más preguntas, FDELGA dice: «¿Se puede llamar vacuna a algo que está en fase experimental? ¿No es más bien un experimento genético?». Bueno, pienso que la ha contestado ya, ¿no? Sí.

—Sí, sin duda, están en fase de ensayo, y además que no es una vacuna en sí, porque realmente es la primera vez en la historia de la humanidad que estas sustancias están diseñadas para entrar dentro de nuestras células y hacer modificaciones, ¿no?, utilizar los órganos celulares, o sea, eso no había ocurrido jamás.

—Julia dice: ¿En transfusiones de sangre sí cabe el contagio? —Nueva pregunta desde el chat.

—A ver, en transfusiones de sangre el contagio en sí... A ver, ¿qué entendemos por contagio? ¿El traspaso de información de un organismo a otro? Está claro que si una persona tiene tóxicos en la sangre y hacemos una transfusión de sangre de una persona con tóxicos en la sangre a otra pues obviamente eso es peligroso, porque los mismos tóxicos que tendrá una persona que se haya inoculado estas sustancias pues lo va a tener quien reciba esa transfusión, entonces desde luego eso habría que evitarlo.

Las mascarillas a debate

—Un tema muy controvertido, que nos están obligando y muchísima gente se está peleando con la policía diariamente, es el tema de las mascarillas —cambio de tercio—. ¿Son eficiente las mascarillas para contener los virus?

—No —contesta rotunda Almudena—, porque los contagios no se producen a través del aire, los receptores del virus no están en el sistema respiratorio, por lo tanto, no. Y es que, además, estas mascarillas están generando unas patologías nunca vistas en personas, tanto psicológicas como físicas, que no merece la pena. Ni hay base para ello, ni desde luego son beneficiosas desde ningún punto de vista.

—Para defenderte de un virus tendrías que llevar un traje, quiero decir, una máscara, como nos enseñaban en el ejército, para combatir armas biológicas. Tendrá que salir la gente a la calle con esas alcachofas puestas practicante con filtro para protegerse, ¿no es así? —puntualizo.

—Sí, tal cual —me ratifica Almudena—. La gente no lo sabe, pero el SARS en su día, en el año 2003-2004 se declaró arma biológica, el SARS-1, que es el hermano del SARS-2, ambos son creados. Y muy pocos laboratorios tenían cepas, de hecho, había que pedir un permiso especial para poder tener una muestra de estos virus. Hoy en día como la legislación se ha abierto a todo el mundo lo puede tener cualquiera, pero realmente las personas que manipulan estos organismos genéticamente modificados, si habéis vistos las películas de contagios y demás, sabéis perfectamente de qué hablamos; o sea, ellos trabajan en unas condiciones de bioseguridad alucinantes, si nos quisieran proteger de verdad tendríamos que ir igual que ellos, con un traje de estos de astronautas y un tubo llevándonos aire a la escafandra, etcétera. Por tanto, una mascarilla imaginaos lo que nos pueda llegar a proteger si de verdad hubiese un arma biológica por el aire, un virus de murciélago por el aire, yendo de persona a persona, o sea, apocalíptico realmente.

—¿Hay tecnología para fabricar este tipo de virus apocalípticos que acabe con una gran parte de la población o piensas que todavía no se ha dado con la tecla? —le pregunto a la bióloga—. O que los virus se atenúan, que pierden fuerza, como decía Trump, y que eso es imposible que acaben con la especie.

—Bueno, sí Trump dijo eso tenía mucha razón, porque no es el único que lo ha dicho, y personas tan notables como Luc Montagnier o como el doctor en bioantropología Máximo Sandín también lo han dicho, así como Judy Mikovich, que ha trabajado con este tipo de virus que son artificiales. Quieren generar virus que sean mortíferos, o no sé si quieren o no, pero lo hacen, y luego resulta que como los virus son parte de la vida y están codificados en todos los genomas de los seres vivos, cuando estos virus entran en los sistemas naturales biológicos, los mismos mecanismos de reparación del material genético y el sistema inmunitario acaban con ellos muy rápido, por eso cuando vemos las curvas epidemiológicas después de las vacunas los estallidos son tipos pirámides, porque cuando inoculan son muy altos, pero después enseguida desaparecen. Entonces, intentan e intentan, pero como parte de un paradigma erróneo, que es que los virus son patógenos, pues al final no les sale bien.

Cómo vino y se expandió por el mundo el coronavirus chino

—A ver, te voy a pedir que te mojes un poco —aquí la iba a poner a prueba a Almudena—, no digo que lo que vayas a decir sea cien por cien, pero que te mojes un poquito, que corras un poquito de riesgo. ¿Cómo crees que se ha llevado el proceso? O sea, por lo que nos has contado ya esta noche, el virus es imposible que haya salido de forma natural, quiero decir que esto ha sido en un laboratorio, y partiendo de ahí, ¿cuál crees que ha sido el proceso para llegar a esta situación?

Es decir, se escapó ya sea bien, intencionada o involuntariamente, yo pienso que es intencionadamente, pero después, ¿cuál ha sido el recorrido? ¿Cómo llegó hasta España? ¿Qué es lo que ha pasado? ¿Por qué tuvimos esa ola tan grande en marzo y de repente ya no tenemos? ¿Cuál crees que ha sido todo el proceso? —Atención a la respuesta que en esto me da Almudena porque es realmente brutal y nos da una idea de todo lo que ha podido ocurrir, creo que es un punto clave de mis investigaciones.

—Lo que se escapó del laboratorio viajando con personas de Wuhan por el mundo eso no es real, o sea, eso fue otro cuento. Así no ocurrió ni muchísimo menos, porque los virus quimera una de las características biológicas que tienen es que deben ser inyectados por el torrente sanguíneo directamente, esto lo específica muy bien la bibliografía, porque estos virus tienen que evadir el sistema inmunológico para llegar a las células, ¿vale?, si no pues no llegarían a ningún sitio, entonces **obligatoriamente tiene que ser inyectado**. Por eso nosotros en el informe pedimos que se investigue la campaña de vacunación de marzo pasado, porque es ahí de verdad donde se ve un pico de mortalidad inusual, y además los médicos confirman que fue algo nunca visto; entonces, nosotros pensamos si bien un lote de vacunas, si bien todas las vacunas, no sabemos, pero pedimos que se investigue. Y seguramente la expansión por el mundo fue a través de las campañas de vacunación, no pudo ser de otra manera.

—O sea, tuvo que ser a través de las campañas de vacunación, no existe otra manera. —Creo que lo dejó bien claro y sin lugar a duda, pero quedaba un punto suelto—. El polisorbato 80 del Informe Barbastro ¿en qué lugar quedaría, como un complemento a esa mortalidad o jugaría también un papel fundamental dentro de este plan?

—Para mí un complemento a la mortalidad. Todos los años muere gente de gripe, aunque ahora digan que la gripe ha desaparecido, cosa que es otra mentira, y nosotros creemos que esa mortalidad se debe a las campañas de vacunación, sobre todo en mayores de 65 años. La vacuna CHIROMAS es una de las peores vacunas que hay, porque tiene un montón de adyuvantes y muy poquitos antígenos, entre ellos el polisorbato 80, que se usa en muchos… En cosas incluso de alimentación, o sea, no penséis que solo en vacunas, es decir, el polisorbato es un preservante, un detergente, que se usa en productos de todo tipo. El problema es que cuando hicieron el Informe de Barbastro se dieron cuenta que la mortalidad, que casi toda la gente que había fallecido respondía a una vacunación con este producto y a una reacción al polisorbato 80. <u>Probablemente todos los años se haya estado muriendo gente por este tipo de productos; de hecho, hay muchísimos expertos que están pidiendo por favor que se revise el contenido de todas las vacunas.</u>

—Entonces —vuelvo a la carga—, ahora se supone que el virus está atenuado, porque ha perdido esa fuerza, ya no tiene fuerza, y ahora se supone que para revivirlo tienen que seguir inyectando de alguna forma, ¿no?, tendrían que seguir inyectándolo.

—Claro, lo que pasa es que si os dais cuenta la vacuna antigripal se pone entre el 50 y el 64 % de la población mayor de 65 años en toda España desde hace años ya, y sin embargo, a España vacunas del SARS, de este coronavirus, han llegado creo que un millón, y otro millón u otros dos millones que van a llegar ahora, eso no va a generar los picos que se vieron el año pasado; de hecho, ahora mismo no se está observando... Mi compañero Jon Ander Etxebarria, que es el que lleva todo el control estadístico de la...

—Vamos a ver, parece que hemos perdido a Almudena. Sí, se nos ha quedado colgada, se nos ha quedado congelada la imagen —pierdo por algunos momentos la conexión—. Bueno, estaba la entrevista siendo interesantísima, pero parece que se nos ha quedado colgada la imagen, a ver si la recuperamos.

—Perdón, algo ha pasado. —vuelve Almudena, ¿no le habrá gustado la última declaración al CNI, pienso?

—Ah, vale, perfecto. Sí, la tenemos ya aquí.

—¿Me escuchas?

—Sí, te escucho, pero la imagen la tenemos congelada. Vale, bien, ya, perfecto.

—Pedro, ¿me escuchas?

—Sí, te escucho.

—Ah, vale, te había perdido por completo. Pues como comentaba —sigue contando Almudena—, desde mayo pasado no se ha vuelto a ver la mortalidad que observamos, por eso nosotros insistimos en que hay que investigar ese pico en particular, porque ahora no se está observando esa mortalidad tan alta como se vio el año pasado.

—Bueno, se nos ha quedado tu imagen congelada, pero sí te escuchamos perfecto, porque lo importante aquí es el sonido. Entonces, ¿qué crees que ocurrirá para otoño? —La gran pregunta del millón en aquellos momentos.

—Pues no sabemos, la verdad, no sabría decirte, porque ahora hay mucho caos. Claro, al haber cerrado la atención primaria, normalmente las vacunas se ponían en la atención primaria, y como esto está totalmente colapsado, bloqueado, y atendiendo a la gente prácticamente por teléfono, pues probablemente este pico no lo volvamos a ver [entre risas] hasta que no reactiven otra vez todo el sistema sanitario, que lo han dinamitado al final. Y si no pues lo veremos, lo veremos en las gráficas de los años posteriores; a la mortalidad de la gripe tendremos que sumarle ahora la de las nuevas vacunas, claro.

—O sea, que va a haber un pico de mortalidad también en otoño muy probablemente.

—Si vuelven a vacunar otra vez como antes, sumando las nuevas vacunas experimentales, pues sería de lógica que así fuera —confirma Almudena.

—Julia dice: «¿Habéis podido analizar alguna vacuna COVID-19? ¿Qué componentes lleva, independientemente de lo que ponga en su prospecto?». Este punto se convertiría en trascendental a la postre.

—No, no, es que eso es complicadísimo no, lo siguiente, ojalá hubiéramos podido. Tenemos gente trabajando en asistencia primaria y manejando este tipo de productos, pero no ha habido forma de eso. Aparte, necesitaríamos un laboratorio y una serie de cosas; no contamos con esos recursos.

—Pregunta ROSMAR542: «¿Qué ha pasado con la gripe que este año no hay apenas casos?».

—Creo que se han reportado cuatro casos si no recuerdo mal, por los datos que nos pasa el compañero Jon Ander, o sea, cuatro casos, es alucinante. Nosotros hemos presentado una gráfica en el informe en la que se ve claramente como desaparece la gripe así tal cual, ¡puf!, por arte de magia. —Una de las mayores trolas de la historia de la humanidad.

La gripe ha desaparecido misteriosamente

—Otro caso, eso no se lo cree nadie, vamos —puntualizo—. Bueno, han llegado a convencer a la población a partir de los medios de comunicación masivos de que la gripe ha desaparecido, que solo ha habido cuatro casos en España, y se han quedado tan panchos, ¿eh?, se han quedado a gusto.

—Han dicho que era la mascarilla y la gente se lo ha creído, no me lo puedo explicar; o simplemente no se han hecho preguntas y han dicho «pues a seguir». No, no ha desaparecido. El problema que nosotros hemos planteado en el informe es que no se están haciendo test de la gripe, por lo tanto, no sabemos. Esos PCR positivos de COVID-19, que ellos dicen que son COVID-19, no sabemos cuántos realmente son gripe, porque es que estos virus respiratorios dan positivo cruzado, y bueno, no... Como el seguimiento de la gripe no se está haciendo, y ahora sabéis que por cada PCR se paga un dinero, etcétera, pues la máquina sigue rodando, y lo que han hecho, o nosotros decimos que han hecho, es cambiar semánticamente la gripe por otro nombre, COVID-19, pero la gripe sigue existiendo. —Total, no han podido acabar con ella en milenios y resulta que la solución era una simple mascarilla.

Dice Julia: «Pues yo creo que hay que hacerlo, si es necesario pedir una pericial en un juicio y analizar componentes». Pues se podría hacer si un juez lo determina, ¿no?

—Sí, sin duda. —Fijaos como siempre han estado a favor de analizar los viales—. Nosotros hemos llegado a un punto en el que ya queremos que todo esto vaya a juicio, hemos empezado a hacer informes como locos para los abogados, para los afectados, para las asociaciones, para quien nos lo pida, no nos importa, estamos trabajando a diestro y siniestro, porque esto hay que demostrarlo. Y que lo digamos nosotros pues sí está bien, porque la gente igual empieza a pensar y a recapacitar, pero tenemos que demostrarlo, y eso solamente puede ser en un juzgado, y corre prisa, porque ya llevamos un año, esto tiene que empezar a mover.

—Pregunta ANONYMOUS: «¿Estáis sufriendo presiones Biólogos por la Verdad?».

—A ver, nosotros desde la sinceridad hemos escrito a todos los colegios oficiales de España para decirles que, aunque seamos pocos, no estamos de acuerdo con lo que se está haciendo, que nosotros hemos propuesto estas hipótesis alternativas, y que no vamos a seguir apoyando toda esta maquinaria de PCR y vacunas de las que somos responsables; y les hemos pedido, por favor, si podíamos hacer un debate, un debate constructivo, sin tirarnos los trastos a la cabeza, intentando hablar de qué está ocurriendo, que nos escuchen. ¿Y presiones? No, realmente no, simplemente ellos se han asustado, han hecho el avestruz, han metido la cabeza debajo de la tierra, y el debate han dicho que nos lo llevemos al Círculo Polar Ártico, que ahí seguro les importa los problemas de la gente de aquí, y que no tenemos credibilidad, que la ciencia está en *Science* y *Nature*, y que lo demás no tiene credibilidad. Es absurdo, porque eso es negarse a plantear dudas razonables que ellos saben que existen. Cuando uno se da cuenta de que la mayoría de ellos tienen laboratorios de PCR, o están trabajando en hospitales, o están involucrados con la fabricación de vacunas, yo pienso que aquí no hay ningún debate por abrir, ¿no?

—Sí, efectivamente —ratifico las palabras de Almudena—, saben que les podéis plantear cosas a las que no pueden contestar, y evidentemente no quieren el debate y ridiculizan, se dedican simplemente a intentar ridiculizar, y como ellos son los que tienen los grandes medios de comunicación, porque son los que tienen la pasta, pues con eso es suficiente. No les interesa entrar en un debate con vosotros ni muchísimo menos, y menos teniendo a los grandes medios de comunicación a sus pies, digamos, a su favor. ¿Por qué no se hacen las autopsias? ¿Es lógico eso que dice el Gobierno, no vaya a ser que nuestros médicos forenses se contagien y mueran?

—Nada —contesta Almudena—, otra herramienta más de avestruz, de meter la cabeza debajo de la tierra. No se hicieron autopsias y se impidió trabajar adecuadamente a los anatómicos, a los patólogos, etcétera, pues porque no se querían que supiéramos la verdad, que la mayoría de esas personas habían muerto por tóxicos que les había entrado por la sangre. ¿Por qué sabemos esto? Porque ha habido muchos países que sí que han hecho estas autopsias y lo han corroborado. Una neumonía bilateral intersticial entra por el intersticio pulmonar, que es el sistema circulatorio; que me expliquen cómo es posible que un virus respiratorio entre por la sangre. Eso se debió a tóxicos o vacunas que entraron por la sangre. Por lo tanto, ellos no han querido... Y luego encima todas las patologías que tenían ya de por sí esas personas, que les ha podido fallar cualquier cosa, dar positivo en la PCR y simplemente entrar dentro de fallecimientos COVID-19, eso algunas, y otras habrán muerto por otras causas. Entonces, simplemente pienso que ellos han querido tapar la verdad.

—O sea, que muchos son los convencidos de que aquí hay una acción dolosa, ¿no?, quiero decir, que aquí había un plan, una acción, que no existe una conexión con la realidad, digamos con lo que nos están contando. De todas maneras, ¿puede haber alguna excusa en algún tipo de virus tan peligroso que no se pueda hacer alguna autopsia? —vuelvo a remarcar—. Quiero decir, el médico forense mientras no se inyecte el virus está seguro, ¿no?, o sea, tiene total seguridad.

—A ver, el único problema que podría haber sería en cadáveres radiactivos, como bien sabemos, que están emitiendo partículas radioactivas, que entonces la peligrosidad se suma. Eso ya se vio en Chernóbil, que no se sabía, muchas cosas no se sabían, y se vio que las personas que habían fallecido —bueno, se sabe de antes, pero así tan graves se averiguó en Chernóbil— siguen emitiendo radiactividad. Está la famosa historia de estas trabajadoras en los relojes del siglo XIX, que estaban poniendo productos radiactivos, y cuando desenterraron los cadáveres brillaban todavía. Quiero decir, que si no es un tema de radioactividad; lo de los virus no tiene ningún sentido, porque cuando las personas mueren todo lo biológico muere con ella, y el virus es un fragmento de información biológica, es una biomolécula, por tanto, todo lo que muere pues muere con ella. Eso no tiene lógica tampoco.

Sobre las pruebas PCR

—O sea, que queda claro, señores, que hasta ahora los médicos forenses no se contagian a no ser por elementos radiactivos; lo único que se conoce por virus hasta ahora no ha habido ese tema. Y las famosas PCR, ¿qué pasa con ellas? O sea, ¿son efectivas? Muchos dicen que son efectivas, pero que se están usando de una forma que no se deben de usar, es decir, son como las mascarillas, que son buenas, pero se usan de forma incorrecta, o sea, no sirven para llevarlas por la calle digamos, no sirven para llevarlas al aire libre. ¿Qué pasa con las pruebas PCR? ¿Sirven? ¿No sirven? ¿Sirven, pero se usan mal? ¿Qué es lo que pasa con ellas?

—Una prueba PCR no está diseñada para el diagnóstico de una enfermedad —comienza diciendo Almudena—, porque, para empezar, solamente detecta fragmentos de aproximadamente doscientos nucleótidos del virus que queremos encontrar, o de la secuencia que queremos encontrar. El SARS se sabe que tiene treinta mil, entonces es como si tú en el Quijote vieras a Rocinante, molinos y Sancho Panza y ya dices que has leído el Quijote, no, entonces ahí tienes fragmentos, el resto del virus, los huecos, los rellenan con programas bioinformáticos, por lo que esto no indica que la persona tenga en ningún momento un virus o partículas virales viables. Luego, por otro lado, no se están haciendo cultivos, es decir, coger líquido bronco alveolar o de las mucosas y ponerlo en una placa Petri con células del respiratorio y ver si realmente ahí crece algún virus infectivo, por lo tanto, carecen de poder diagnóstico. Y luego hay otra cosa importante que hemos descubierto nosotros, y es que la secuencia de los cebadores que usan en los PCR coincide con retrovirus endógenos en fase extracelular, o sea, con componentes del propio transcriptoma humano, como por ejemplo el virus del catarro común; entonces, si tú tienes un catarrazo puedes dar positivo, y eso no significa que tengas SARS, sino que está detectando los propios componentes del transcriptoma humano. Ni es específica ni detecta partículas virales viables ni se hacen cultivos virales para comprobar que ese positivo es cierto. Entonces, ¿para qué sirven? Para engordar las listas, ya está.

Los *morgellons*

—O sea, que uniendo todos estos elementos que hemos hablado, vamos, estamos más que convencidos que, aunque sí existe, está muriendo evidentemente gente, y algo nos han echado, pero que estamos ante una gran farsa; es decir, que aquí hay intereses ocultos y se está actuando de una forma dolosa. Bueno, Almudena, te voy a preguntar de algo que no sé si sabrás, a mí me tiene impactado, yo no lo había visto nunca en la vida, si no sabes simplemente dices «yo eso no lo había escuchado nunca», pero te tengo que hacer esta pregunta. ¿Qué son esos bichos que aparecen en las mascarillas? ¿Eso es real? ¿No es real? ¿Eso está? El *morgellons*, que le llaman, esa fibra. Porque a mí me tiene eso más que impactado. Eso desde el punto de vista biológico, ¿qué es lo que es?

—El *morgellons* es una enfermedad que se consideraba psicológica, porque las personas que la padecían sentían como que les corría por la piel algo, como gusanos o artrópodos o insectos, y se pensaba que era un desorden..., no se sabía bien, algo raro, algo muy poco común, un desorden psicológico, eso es lo que está descrito en la bibliografía; sin embargo, aquí vemos gusanos, ¿no?, se ve lo que parecen anélidos negros, en estos vídeos. Yo solamente le diría a la gente, ya lejos de escandalizar, por favor, no reutilicéis las mascarillas tanto tiempo, porque es que nuestras propias bacterias, los gusanos que pueda haber en la tierra, los parásitos, te tocas la mascarilla, sudas, estás continuamente con ella; tener la mayor higiene posible en este sentido de quitárosla, que esté seca, porque yo desde luego no lo he comprobado, pero tiene mucha pinta de que es una contaminación debido al mal uso de las mascarillas, ¿no?, que la mayoría de la gente no se las cambia tanto como a lo mejor debería.

—A mí me tiene impactado, vamos. —Después descubriríamos que era parte de la nanotecnología que se estaba usando—. Y más la gente que está en los trabajos ocho horas con las mascarillas, es decir; y son en las mascarillas que venden en farmacias, o sea, yo si tengo que ponerme alguna, uso de tela y a lavarla. Bueno, por aquí BLEAK dice: «¿Hablaríais en el comité del abogado Fuellmich? Él y abogados reputados establecerán los juicios de Núremberg 2.0». No sé si lo conocerás, yo no lo conozco muy bien. —Al final este movimiento me pareció una auténtica pantomima.

—Bueno, es un compañero que sí que está muy metido, porque es alemán y está muy metido en el tema, pero no sé qué estaban diciendo ahora de que se había echado para atrás todo este proceso. Sí que estaban reuniendo pruebas para hacer un macrojuicio, pero yo de momento, o sea, las noticias que nos llegan son de estas muy virales, como le pueden llegar a cualquier persona. No te puedo decir.

Por aquí, ASE VERSIS —pregunta del chat en directo— dice: «Buenas. ¿Qué opinas de la mezcla que van a ir haciendo con las vacunas? gracias».

—Pues hombre, que no deberíamos de inyectarnos una de un fabricante y otra de otro, porque sumas los efectos adversos de dos totalmente distintas. Desde luego, yo no me inocularía ninguna, pero lo de mezclarlas es una negligencia muy grave por parte de las autoridades. Desde luego, no atiende a pensar en nuestra salud en ningún momento.

—No, esta gente parece que está decidida a inyectarnos cualquier cosa, pero a la gente hay que inyectarles lo que sea, vamos, están obsesionados con meternos una cosa de esas en el cuerpo, ya les da igual.

—Sí, cuántas más mejor.

—Cuantas más mejor —reafirmo tristemente.

—Lo último que dijo nuestro presidente es que iban a vacunar al 70, no sé si habéis oído que está continuamente con el número del 70 %, el 70 % lo tiene en la cabeza, a mí me parece una burrada eso que están diciendo.

—Bueno, sabes que ayer y hoy acudieron el 50 % menos de personas a los centros de vacunación —noticia que en aquel momento tenía muy fresca porque suponía un alivio—, porque la gente ha cogido miedo con el tema de AstraZeneca. Resulta que no solo ya ha cogido miedo a AstraZeneca, si no ya a todas, y se está viendo un descenso importante a la mitad de gente que va a los sitios para vacunarse, o sea, que eso es una buena noticia.

—Sin embargo —contestó Almudena—, los medios de comunicación dicen lo contrario, porque el domingo estaba oyendo la radio y decían «menudas colas aquí para vacunar», y preguntaban a un señor y decía «pues yo he entrado enseguida, estaba yo solo», y digo «pero cómo pueden mentir así a la gente a la cara», y le estás oyendo al hombre que está diciendo «pues yo estaba aquí solo, he entrado, me he vacunado y me he ido a mi casa», y estaban diciendo que estaban abarrotados. O sea, ellos pretenden que tengamos el deseo de vacunarnos. Yo le digo a la gente que por favor se esperen un poco, no les digo que no se vacunen, eso es decisión suya, nadie va a tomar esa decisión por ellos, solo que esperen a ver qué ocurre, que sean prudentes, que tengan prudencia, porque es que todo esto huele muy mal, la verdad, sinceramente, no dan ninguna confianza, y me alegro de que no estén yendo a vacunarse.

—Ya te digo, y yo más. Dice JULIA: «¿Esos informes lo publicáis en algún sitio? Sugiero que lo hagáis, aunque sea en redes sociales o medios como este». Bueno, no sé si os lo habrán tumbado en Facebook o en algún sitio.

—Nosotros como estamos muy capados, porque YouTube y Facebook nos capan todo, o casi todo, tenemos la página web nuestra, que es biologosporlaverdad.es, y podéis entrar a todos los documentos que hacemos, son para vosotros, y podéis descargar toda la información, vídeos, y todo lo que tenemos. O sea, que entráis, buscad informe COVID-19 y ya está, lo bajáis.

Las pruebas fiables para detectar un virus

—Dice JULIA: «¿Qué prueba sería fiable y veraz para detectar el virus?».

—Si de verdad lo hicieran bien, y así debería de haber sido, tenían que haber hecho cultivos celulares en células del aparato respiratorio humano, no PCR. O sea, no puedes como paso previo al aislamiento de un virus en un paciente... Si tú quieres una causalidad, causa-efecto, es decir, te estoy diciendo que el virus SARS-CoV-2 está provocando la enfermedad COVID-19, para yo poder demostrar esa causalidad, esa causa-efecto, tendría que recoger virus del esputo o de las mucosas de la persona directamente, sin pasar por ninguna prueba, en una placa con células del respiratorio humano, ¿vale?, células humanas, ver qué crece, qué se duplica, qué destruye las células humanas, recoger ese sobrenadante, purificarlo, y entonces sí, secuenciarlo, etcétera; pero nunca al revés. Así sí que podrían probar que el SARS destruye las células del sistema respiratorio. Es que eso no se ha hecho, y cuando se ha hecho no se ha obtenido ni una sola partícula viral viable. En Wuhan se hizo en diez millones de personas, y de todos los positivos de ninguno se consiguió cultivar el virus. O sea, haceros una idea de que esto no se ha hecho todavía, por eso decimos que el virus no se ha aislado, no se aislaron pacientes, PCR positivas es otra cosa.

—¿Sería muy descabellado decir que en España no ha muerto nadie de coronavirus porque no se han hecho autopsias y no se puede afirmar tal cosa?

—No, para nada. De hecho, sería muy cabal decir que no se ha demostrado que el virus SARS-CoV-2 genere la enfermedad COVID-19, ni tampoco que sea el responsable de las muertes, es que en esas estamos. ¿Que existe? Sí, los sabemos, ya sabemos que lo crearon, pero de ahí a toda la gente de la calle que solo por una PCR le han dicho que estaba infectada de SARS, o una persona que ha muerto por una PCR le han dicho que ha muerto de SARS o de COVID-19, como lo queráis llamar, eso no se ha demostrado.

—¿Está confirmado que existe una relación causal entre algunas vacunas con enfermedades neurodegenerativas por adyuvantes?

—De hecho —cuenta Almudena—, hay mucha bibliografía al respecto de esto, o sea, no penséis que es algo que es la primera vez que se habla, es que hoy día la población tiene conocimientos médicos, biológicos. [Risa leve] Cualquier persona de la calle ahora mismo tiene que ser médico, epidemiólogo, de todo, porque no nos queda otra que enterarnos de todo. Pero que sepáis que muchísima gente ha estado denunciando todas estas enfermedades neurodegenerativas.

—Como el autismo —apunto.

—Como el autismo, el alzhéimer, el ELA; enfermedades que al final se han correlacionado directamente con los productos de las vacunas, sobre todo adyuvantes, metales pesados, etcétera.

—Por aquí MERIEL dice: «¿Pero el PCR no es una herramienta más para diagnosticar?».

—No, ya hemos dicho que no vale para diagnóstico, hemos explicado por qué. O sea, realmente si no recoges el virus completo, y solo fragmentos, que además coinciden con el transcriptoma humano, ahí no estás demostrando nada, simplemente que hay unos fragmentos en tu organismo que son parecidos a los que ellos dicen que es SARS, pero que también son parecidos al virus del catarro común de todos los humanos, porque los humanos también tenemos coronavirus, y son virus endógenos, que no son las causas de las enfermedades, pero sí que se expresan.

—Las personas que se han vacunado, si no se ponen más vacunas, ¿su cuerpo será capaz si están sanas y fuertes de eliminar esas toxinas?
—Una pregunta que nos preocupa a todos y volvemos a ella una y otra vez.

—Pienso que sí —piensa, no lo asegura—, que hay muchas probabilidades. De hecho, normalmente en estos ensayos a la mayoría de la gente no le suele pasar nada grave, por eso al final acaban…Todos los medicamentos tienen efectos adversos y siempre hay una mortalidad, siempre, en algunos medicamentos casi nada y otros muchos. Hay muchísima gente que sobrevive, por eso lo siguen usando. Al final somos datos estadísticos, hay un porcentaje de la población que sufrirá graves efectos adversos, hay un porcentaje de la sociedad que morirá, y hay otro porcentaje de la población que su mismo cuerpo eliminará todos los tóxicos y ahí se acabará la historia. Entonces, claro, es posible.

—Bueno, por aquí dicen —vuelvo a preguntas del chat en directo—: «¿Si pasamos la mascarilla por el microondas eliminaríamos los gusanos de la mascarilla?».

—[Risa] ¿Y por qué no tirarla a la basura y comprar otra?

—Ya directamente, ¿no? Es que es un poco una idea peregrina, no sé, a lo mejor es peor el remedio que la enfermedad.

—No sé, yo desde luego...

—Yo lo he dicho, en mi casa el microondas no existe —algo cierto hasta que me trasladé de piso—, os digo así. Bueno, sabéis que soy detective privado, a mí me gusta mucho el tema de investigación, y desde hace mucho existen testimonios de cómo los espías usaban los microondas para eliminar gente, quiero decir, para provocarles cánceres. Entre la comunidad de inteligencia, en fin, eso era normal digamos, ¿no?, que para el público no existe esa correlación. Entonces, microondas en mi casa no hay, ¿eh?, o sea, eso de principio. Dicen por aquí: «¿Por qué callan los médicos?».

—Yo he tenido la oportunidad de conocer a muchísimos médicos este último año —responde Almudena—, de lo cual estoy tremendamente orgullosa, porque he conocido a personas maravillosas, de las que además he aprendido un montón de cosas, y ellos son los que deberían opinar al respecto, ¿no?, que conocen su profesión. Por lo que ellos me han dicho a mí, la mayoría de los médicos trabajan por protocolo, tienen mucha presión de perder el trabajo, muchos de ellos creen en el sistema, no se han hecho preguntas; otros puede que lo sepan o no, pero ellos están haciendo su trabajo; algunos tienen conflictos de intereses; los colegios les presionan mucho. Sé que no son excusas, pero es la realidad de lo que está ocurriendo.

—Miedo mezclado con el «yo no quiero saber nada», o sea, hacerse el sueco y ya está. Dicen por aquí —preguntas del chat en directo—: «Siempre me pregunto qué hacemos con las mascarillas después de usarlas, dónde las tiramos. ¿Y si eso fuera contagioso?».

—No, porque las mismas bacterias que tengo yo las tenéis vosotros y demás, o sea, en una comunidad humana que convive en España, por ejemplo, igual por comunidades seguramente habrá variaciones, todos tenemos las mismas bacterias, y los virus que tenemos codificados en el genoma son iguales para todos los seres humanos. Entonces, realmente uno no va a contagiar a otro absolutamente nada, lo que sí que es verdad es que están generando un problema de contaminación, porque no se están reciclando adecuadamente y demás, pues que es grave. Pero no, en cuanto al contagio creo que no habría problema.

—Almudena, llevamos una hora de programa, vamos a despedir ya, ha sido interesantísimo. ¿Qué le diría a la gente como mensaje final? ¿Cómo afrontar los próximos meses?

—Creo que ningún conocimiento científico de ningún tipo, ninguna titulación, nada, puede ganar al sentido común, y les diría que utilicen su sentido común, que seguro muchos de vosotros ya lo estáis haciendo, para tomar las decisiones más correctas. Que no dejéis que los caciques que están intentando obligarnos a hacer cosas que no tienen derecho, ni les ampara la ley, nos obliguen a ello; oponernos directamente si no queremos una PCR, si no queremos que nos vacunen, que nada nos presione si es lo que de verdad queremos. Y que piensen de manera optimista, cada vez somos más personas despiertas y los dormidos cada vez son menos, así que en cualquier momento esto va a acabar.

—En algún momento acabará, efectivamente, esto es una lucha por la conciencia. Pues muchas gracias, Almudena. No te vayas, porque te despido en privado, y mientras despido el programa. Y al resto pues, bueno, ya habéis escuchado a Almudena Zaragoza, bióloga, y a mí me ha dejado con muchísimas conclusiones, quiero decir, sobre todo un dato fundamental, que solo se puede transmitir a través de la sangre. Es decir, en la vacuna está la clave, o sea, en las campañas de vacunación del 2020 está la clave, solo se podía transmitir a través de la sangre, no a través del aire. Pues como siempre, sabéis que está televisión se financia con vuestras subscripciones, así que espero que la sigáis apoyando. Muchas gracias, apuntad el canal de Telegram para estar informados, y Elarconte.com, que va repleto de información. Y os dejo algo bonito de ELARCONTE para el final, venga, gracias y hasta la próxima.

Conclusiones de esta entrevista

Esta entrevista, sin duda, fue una de las más reveladoras que he hecho. En ella me quedó ya claro que el virus solo pudo ser inyectado y que, muy probablemente, la campaña de la gripe había jugado un papel primordial. Curioso que en esta entrevista también salió la referencia al Informe Barbastro. Coincido con Almudena en que lo que el jefe de farmacología del hospital de Barbastro descubrió fue algo que, muy probablemente, llevaba pasando ya hace mucho tiempo, es un añadido más a toda esta tragedia que hemos vivido.

Sumamente esclarecedora esta entrevista, gracias, Almudena.

CAPÍTULO XII.
CONVERSACIONES CON
EL DOCTOR LUIS DE BENITO

Al doctor Luis de Benito lo recuerdo por su intervención en Televisión Española, en aquella entrevista en donde la presentadora se puso nerviosa intentando generar una alarma que parecía que el doctor le boicoteaba una y otra vez. No era el discurso que ella quería, el doctor transmitía tranquilidad y normalidad en los hospitales y ella parece que intentaba generar una alarma injustificada. Aquella emisión no le tuvo que gustar mucho al Gobierno, sin duda. Estábamos al principio de la pandemia, y las televisiones en España se esmeraban minuto a minuto en generar alarma social. Ponías a funcionar el televisor y todo era pandemia, no había otra cosa más que pandemia, hora tras hora, segundo tras segundo, incansables, la agenda había que cumplirla, para eso el gobierno les paga los suculentos honorarios en publicidad.

El doctor Luis de Benito es licenciado en Medicina y Cirugía por la Universidad de Navarra y doctorado en el Programa de Biología Celular por la Universidad de Navarra. También ha trabajado en televisión como en el programa *Saber vivir* de Televisión Española. Comencemos la entrevista.

—Al otro lado, el médico Luis de Benito —digo comenzando el programa—. Ya sé que muchos de vosotros lo estáis esperando

porque ha sido una de las voces más claras en esta crisis sanitaria. Yo
me niego a llamarlo pandemia. Pienso que con crisis sanitaria va, que
chuta... Lo tenemos ya al otro lado de la línea. En un momento en
nada comenzamos. Venga aquí, lo espero. Muy bien, Luis, ¿qué tal?
Muchas gracias por estar aquí en *ELARCONTE*. Un momento, que
te desmuteo. —Estaba el micro apagado—. Vale, ahora.

—Muy buenas noches, Pedro —comienza a decir el doctor Luis
de Benito—. Y a toda la audiencia de EL ARCONTE... Esta noche
que me dejéis hablar un poquito.

La famosa entrevista en Televisión Española

—Un poco, has sido una de las voces más activas durante esta
crisis sanitaria —remarco—. Y yo te vi por televisión la primera vez
que te entrevistaron. Creo que no se fijó en Televisión Española, ya
no me acuerdo la cadena, pero dijiste: pero ¿dónde está la crisis? Si yo
tengo cuatro pacientes aquí en el hospital. Y la presentadora intentando chinchar como queriendo que le contara, yo qué sé, que está todo
saturado, que esto va a reventar. ¡Por favor, métanse en sus casas! Y le
contaste todo lo contrario y la descolocaste. La dejaste fuera de juego.

—Bueno, es que aquello fue bastante movidito en las redes sociales muy a mi pesar. Yo no iba buscando aquello que fue el resultado.
Pero es cierto, era el trece de agosto del año pasado. Claro. En este año
hemos vivido momentos de fluctuación, lógicamente de más tensión,
de menos tensión, más ocupación en los hospitales, más crisis locales y no en todos los sitios de España, golpeando por igual al mismo
tiempo. Y claro, trece de agosto. Pues yo no sé por qué existía un
cierto interés por los medios de comunicación de generar una alarma
social. Yo estaba precisamente trabajando en mi clínica, en Segovia,
no en el hospital donde trabajo habitualmente. Yo, que estaba en Segovia y uno de los compañeros que, bueno, pues trabajaba... Yo estuve
trabajando algunos años en Televisión Española, no sé si recordaréis
el programa *Saber vivir*, y me dijo: «Que hay que hay que salir, que
hay que decirlo». Pero tú sabes que no voy a decir lo que tenéis en
el guion, porque, en fin, no es eso. Bueno, bueno, pero es igual, hay
que salir y me sacaron del quirófano y ya que fue y..., ¿no? Y claro,

se encontraron algo que yo realmente fueron una encerrona. Yo, allí no iba con idea de montar la parda. Lo único claro, que llevaba en el guion de que había que decir que había alarmar Pues, claro, yo no sé dónde esté preguntando, porque yo en estos momentos no creo que exista esa alarma que estáis intentando generar. Y eso fue un poquito lo que generó tensión. Yo no sabía ni me imaginaba que podría tener la repercusión que luego tuvo, pero que no estaba preparado ni nada. Era simplemente que me chocaba y dije: «Yo no sé para qué me traéis aquí a hablar de una situación que médicamente, no sé, no corresponde a la realidad». Y eso fue…

—Y hoy en día, ¿cómo está el hospital? ¿Cómo ve la situación hoy en día? —le pregunté.

—Bueno, volvemos a lo mismo —contestó el doctor—. Mira, Pedro, el problema está en que la afectación es heterogénea y desigual. Quiero decir, y siempre lo he dicho, si en una provincia hay una sola persona que tiene a su hijo en la UCI y es el único paciente de CO-VID-19 de esa provincia. A esa persona tú no le puedes decir que no hay coronavirus en su provincia porque la persona que más quiere está en la UCI. Entonces, es muy complicado generalizar. Pero si uno trata a los números en términos globales y yo creo que después de un año se puede hacer, es cuando te das cuenta un poquito de la magnitud de la pandemia entendida en términos numéricos, me refiero, es decir, grado de aceptación, repercusión sobre la población general. Y eso es lo que yo creo que con un año que ha pasado, como digo, con fluctuaciones con variaciones locales, ha habido provincias o municipios que han sido muy afectados localmente en un momento de cierta intensidad y otros que ni se han enterado. Entonces, si miramos todo eso en el conjunto de la población española, nos podemos hacer un poco a la idea de qué es lo que ha repercutido esta crisis sanitaria en España en el último año.

—¿Hay crisis sanitaria o pandemia o qué es lo que hay? —pregunté.

—El concepto crisis sanitaria y el concepto crisis de pandemia, me gusta que lo pregunte, porque es que todo merece, depende de las definiciones que quieras dar. Uno de los aspectos más polémicos era precisamente hablar de pandemia con arreglo a los criterios que había variado la Organización Mundial de la Salud, de lo que debe ser una pandemia que, en realidad, a los médicos asistenciales nos descolocaron un poquito de lo que era una pandemia. Normalmente grosso modo la gente entendía una pandemia como una enfermedad que afectaba a muchos países y que había muchos pacientes afectados. Luego, pues las modificaciones de ese concepto de pandemia por parte de la Organización Mundial de la Salud es que, bueno, no hacía falta que hubiera mucha gente afectada, pero que hubiera muchos países ya era una pandemia.

»Entonces, claro, eso te obligaba a una cosa muy importante que era saber cómo estaban los otros países de afectados, y si ya es difícil de saber cómo estamos afectados en un país por la variación de los datos de las fuentes de información, si eso ya es difícil en un país, vete a saber cuándo te dicen: ¿cómo están en Israel? No sé cómo están en Israel. Pues ya lo ves, los medios de comunicación... No, en Israel pasará lo que los medios de comunicación te quieran decir que pasa en Israel o en Hungría o en Suecia o en Brasil o donde quieras. Eso es mucho más difícil, entonces ya el concepto de pandemia se hace fácil, manejable desde el punto de vista de un país, el concepto nuevo.

»Entonces ese es un concepto que ha variado. Luego, crisis sanitaria, claro que la ha habido, y la lleva habiendo mucho tiempo. Crisis sanitaria entendida en los términos laborales, es decir, ha habido muchos colegas sanitarios que, bueno, a río revuelto, ganancia de pescadores. Es decir, como hay una situación de pánico general en la sociedad, vamos a aprovechar para reivindicar esa situación laboral injusta que llevamos arrastrando muchos años, que es cierto que es real, o sea la población sanitaria en España, pues que tiene unos contratos que son una mierda hablando mal y pronto, son muy precarios. Entonces, claro, no existe parangón en otros países donde la precariedad de los sanitarios y hablo de sanitarios en concepto amplio, no solo médico, es que un médico se va a trabajar al extranjero, por ejemplo, presenta su currículum y ven que ha estado trabajando tres meses aquí, dos meses allá, un mes tal, luego le hicieron un contrato de una semana en otro sitio y se quedan ojipláticos. Pero bueno, ¿qué tipo de contratos nos hacen a los sanitarios en España? Si esto parece un churro.

»Entonces laboralmente claro que hay una crisis y algunos han aprovechado la situación sanitaria para también meter la situación de crisis laboral. Vamos a agrandar. Vamos a preocupar a la sociedad, haciendo ver que, en el fondo, toda esta crisis viene por la precariedad de la situación de las plantillas de los hospitales españoles. Como veis, se ha enturbiado, se han metido en este concepto de crisis sanitaria. Concepto, aceptación por una infección o por una afección de pacientes. Pero aprovechando que el Pisuerga pasa por Valladolid, pues meto mi reivindicación laboral, que también es justa. Pero a lo mejor no en ese momento.

—Hay mucha gente —comento tomando la palabra—. Bueno, ¿cómo ve ahora la situación? Porque al principio, sí, es cierto que había mucho miedo. Parar todos era algo nuevo. Incluso a mí me sorprendió, acostumbrado a todas las maquinaciones posibles y por haber, pero a mí me sorprendió incluso, al principio había mucho miedo, sin embargo, parece que todo se ha ido tranquilizando y ahora, parece que la sensación es que hay hospitales vacíos y mucha alarma social. ¿No? Porque la gente..., no lo sé cómo lo percibes tú, Luis. Pero parece...

—La situación —contesta rápidamente el doctor de Benito— claro que ha ido variando muchísimo a lo largo de este último año. Ya te digo, hace justo un año en Madrid y te digo en Madrid. Bueno, también y en Álava, en Cataluña, País Vasco, algo. También en alguna zona de Ciudad Real se vivían situaciones muy tensas, con mucha saturación hospitalaria, con los hospitales desbordados, con gente que tenía que ser derivada a hoteles. Sí, eso se vivía justo el año pasado, en esas áreas que te he dicho en otras áreas, en Asturias ni se enteraron. Por ejemplo, de esto yo hablaba con compañeros de otras regiones de España que me decían eso pues porque me lo dices tú, si no me lo dices tú, yo no me lo creo. Entonces sí que dio lugar a un desbordamiento y una crisis en la que nos vimos desbordados por una afluencia masiva de pacientes, que no sabíamos qué hacer con ellos. Muchos se morían por falta de atención, por no haberlos atendido bien. Y ahora hacen hincapié en que la mitad de los fallecidos por COVID-19 nunca pisaron un hospital. Se murieron en la residencia. No fueron atendidos porque estábamos colapsados. Esa era la situación en la que vivíamos hace un año. Yo eso lo reconozco. Fue un momento de una crisis muy gorda y tan traumática para mí que decidí plasmarlo en un libro. Lo escribí y dije yo, a ver si consigo olvidarme de esto porque fue muy traumático. Se pasó muy mal, pero conforme ibas viendo que esa situación iba cediendo, ibas viendo, aquí socialmente puede haber algo más.

—Entonces, ¿comprendes el deseo de las autoridades de prolongar el estado de alarma? Bueno, vivimos en un estado de alarma...

—Sí, sí... Luego, las situaciones actuales, ahora no tiene nada que ver con lo que se vivía hace un año.

—¿Se ha mezclado lo político con lo sanitario? —inquirí—. ¿No?

—Bueno, se ha aprovechado —ratifica el doctor—. Entonces, yo no sé en qué momento, en qué momento se produjo es o si ya estaba de inicio. Yo como médico, pues asistía a los pacientes como sabía y como podíamos en marzo, en abril, en mayo, pero al mismo tiempo iba pensando, bueno dónde están las autoridades sanitarias porque no estaban. Ya, no había una coordinación y, de hecho, fruto de esa falta de coordinación, pues luego estamos analizando las cosas que hicimos mal y que están saliendo ahora, que está saliendo en lo económico, en el procedimiento, en cómo tratábamos a los pacientes porque no teníamos ni idea, no había protocolos. Bueno, sí había muchos protocolos, cada día había uno o dos protocolos.

¿Es el COVID-19 una gripe?

—¿O sea, que los síntomas que veía ahí no eran de una gripe normal, sino que eso es algo nuevo? —pregunté interesado.

—Totalmente. Era una situación sanitaria bastante novedosa y desconcertante que generaba un cierto caos y, lo por qué no decirlo, también miedo entre los sanitarios, entre lo desconocido. Las plantillas se mermaron mucho, hubo hospitales en los que el 30 % de su plantilla estuvo de baja, con lo cual el 60 % que quedábamos, pues teníamos que estirarnos para intentar atender a gente, no solo en el hospital, sino en centros que se habilitaban al efecto, IFEMA, etc. O sea, fue una crisis dura de atender médicamente y sabíamos que era un paciente más complicado que una gripe normal.

»Era un paciente desconcertante porque presentaba fenómenos trombocitos porque presentaba complicaciones que una gripe normal no daba; y entonces nos desconcertaba la falta de coordinación, la falta de medios que no sabíamos cuándo, si iba a doblegar la curva, si os acordáis de que se hablaba mucho de la curva, a ver si doblegábamos la curva… Quédate en casa, no salgas porque ya si sales y te contagian, no sabemos dónde te vamos a poder atender porque no tenemos camas.

»Y vino lo del confinamiento. Primer confinamiento aquel, en fin, toda esa situación, yo la escribí para recordarla, porque es que si no la memoria se diluye y se pierde lo que aquello fue. Sí, pero es un capítulo pasado. Es algo que pasó entonces que ha generado una memoria traumática en mucha gente y vive de aquel recuerdo. Y de manera que eso ha sido aprovechado. Pues si para fomentar el miedo y perpetuar una situación que fue dramática, qué duda cabe fue una pandemia. Fue un desbordamiento sanitario, pero que luego el curso de la enfermedad no ha tenido las características.

—Sí, Trump dijo que bueno, el virus empezó sobre marzo. Dijo: «Después del verano el virus se debilitará y desaparecerá». ¿Es posible que Trump estuvieran en la razón cuando dijo eso? Quiere decir que el virus se ha debilitado y se ha ido.

—Determinadas personas hacen determinados pronósticos —contesta de Benito—, no sé exactamente de qué fuentes se nutren para decirlos, es más, se me antoja como un brindis al sol. Yo cuando, por ejemplo, con el anterior ministro de Sanidad decía: «Pues es que dentro de dos años hará falta otra dosis de vacuna», digo y un licenciado en filosofía advenedizo del Ministerio de Sanidad y Consumo, ¿qué elementos de juicio tiene para decir eso? Probablemente porque lo está leyendo en un papel de alguien que le ha dicho tú di esto, pero nada más. O sea, quiero decir que me diga… Por ejemplo, es que a dos años la vacuna te deja estéril y han pasado dos años para poder decir esto. He oído a otro decir, es que la inmunidad de la vacuna te dura dieciocho meses. ¿Y cómo sabes si no han pasado dieciocho meses para poder hacer ese brindis al sol? Quiero decir, que cuando hay esos pronósticos que da la gente para bien o para mal, no sé qué elementos de juicio tienes o si meramente lo que pretenden es preparar a la población para lo que se pretende hacer con ella en el futuro. ¿Le parece a usted que le vamos a poner una dosis de eso todos los años?, que no sabemos muy bien cómo funciona, pero hemos previsto que cada año usted se ponga una dosis, por ejemplo. Pienso yo más así, porque si no médicamente que me digan a mí, qué elementos de juicio tienen para decir: esto protege, se tiene que hacer esto, ¿en base a qué estudios hacen esa previsión? Insisto, para bien o para mal.

—Sí, porque si un médico no lo sabe, puede imaginar un ministro que es experto en filosofía, y a ver de dónde saca esos datos, no lo sé.

—Y ni en filosofía —puntualiza el doctor.

—Por ahí anda la cosa. Por ahí andará —remarco—. Sobre la existencia del virus hay mucha polémica. Yo en esto soy agnóstico. A mí me han preguntado muchísimas veces. Digo, mira, yo no soy científico, no sé, yo soy investigador privado, soy detective privado, yo no descarto nada. Yo en estas cosas soy agnóstico personalmente, esta es mi opinión Y si es cierto que no se ha demostrado la existencia del virus. Pero yo no cierro la puerta ni muchísimo menos a que el virus, pues si haya sido un arma biológica y que la hayan soltado, quiere decir, yo digo simplemente que no tengo la prueba concluyente para decantarme ni por un lado ni por el otro. ¿Qué opina Luis de Benito, existe el virus o no existe?

—Bueno, yo tampoco soy virólogo, no soy experto en virología, sí que he tratado el tema con expertos o que dicen ser o que se autodenominan expertos en virología de distintas ramas. Fíjate que los virólogos que he consultado, ni siquiera se ponen de acuerdo en si los virus son seres vivos o no son seres vivos. Sí que coinciden todos, porque forma parte del pan de cada día suyo, en que los virus existen, estudian una ciencia. Claro. Si los virus no existen qué ciencia estás estudiando, porque mi canal de YouTube que yo tengo, bueno, que tenía, porque ayer me lo censuraron. Yo sé que ese canal lo sigue gente que cree que no existen los virus en absoluto, que son exomas que no sé qué... yo he estudiado, en la carrera me enseñaron, pues los virus y tal y he estudiado los virus que hay, etc. Me lo he creído. No tengo un laboratorio en casa para estudiar virología, pero por ejemplo trato bien pacientes con hepatitis C, que es un virus ARN, por ejemplo. Y claro, les das un tratamiento y mides la carga viral por PCR y funciones, es decir, hay datos empíricos de funcionamiento con pacientes que tienen virus, que tienen enfermedades víricas, que funcionan. Es un modelo que funciona con respecto al coronavirus. Pues he oído un montón de teorías. Yo he estado con virólogos que están convencidos de que se ha secuenciado y que está perfectamente secuenciado. Otros que dicen que no, que en absoluto, que son bibliotecas genómicas y se han hecho un constructo. Otros que dice que igual es una secuenciación sintética y natural, híbrida. Otros, que no son virólogos, que creen que los virus no existen, que dice que esto es un invento. Eso no es verdad. Los pareceres son muy variados, ahora bien, como médico clínico y asistencial, te digo… Algo hubo. O sea, lo que vimos hace un año para mí tiene visos de una enfermedad infectocontagiosa. También estuve hablando de las hipótesis del 5G, todas estas cosas, a mí no me cuadran tanto. Sé que la radiación electromagnética tiene unos daños sobre los tejidos, igual que las radiaciones ionizantes, la radioactividad, todo eso lo estudiamos en la carrera, pero para mí el patrón de afectación de los pacientes que llegaban, que veíamos, no me cuadraba tanto con una afectación por agentes físicos tipo, ondas electromagnéticas o agentes químicos, que lo sostienen algunos, que lo mantienen algunos.

»Bueno, pero a mí en ese sentido, como médico asistencial, insisto, yo andaba preguntando si usted tiene un microondas en casa o tiene wifi o vive cerca de una antena. No, yo miraba la saturación de oxígeno. Digo, este se está poniendo muy malito, hay que atenderle, tendrá un virus, tendrá una batería, no lo sé, pero voy a atenderle. No voy a decir que bueno, usted no se está muriendo que los virus no existen. No la encontró como que se está ahogando. Eso es mentira, hombre. No, algo tendrá, entonces, independientemente de cuál sea la hipótesis por la que esas personas enfermaron y enferman que hoy en día todavía hay, bueno, habrá que estudiarlas. Pero tú preguntabas el origen del virus, que me han preguntado otras veces. Viene de un laboratorio, se escapó… Todos los soltaron. Mira, no lo sé. No lo sé. Pero tanto si se soltó, como si los soltaron y se escapó como si lo soltaron, el efecto ha sido el mismo, pero hablar de si lo soltaron o se escapó, habla de intencionalidad y yo ahí no puedo entrar, si hubo alguien que lo soltó deliberadamente, no lo sé. Y ni creo que se pueda llegar a saber sobre las elucubraciones que cada uno tendrá que hacer o se creerá más una hipótesis o más otra. Pero yo, como médico, doy fe de lo que he visto. Intento darle una explicación. Sé de sobra que la explicación que yo intento darle no explica todo; pero desde luego de las que conozco es la que más información me da y con esa me quedo a falta de que alguien me explique otra fisiopatología mejor o más convincente.

—Por aquí dice Julia que se ha comprobado donde ha habido más fallecidos —dije mirando las preguntas que hacía la gente a través del chat en directo—. Había antes de eso que empieza antenas 5G, pero también hay gente de la sociedad civil, que está intentando hacer estudios en donde hay antenas. Pues, en fin, que hay más patologías, ¿no? En fin, y no está claro, tampoco yo lo veo del todo claro exactamente. Tiene una pregunta, más por aquí. Dice —no la ve el doctor Luis de Benito—, doctor, por favor, ¿usted cree que los vacunados pueden contagiar?

—Es otro de los mitos que está por ahí circulando. *Stricto sensu*, teóricamente, cuando uno se cree que la vacuna está compuesta por lo que dicen que está compuesta, eso en sí no es contagioso. O sea, lo que te inyectan en una vacuna no produce ni enfermedad teóricamente y por lo tanto tampoco vas a contagiar a nadie, ¿qué pasa? que cuando empiezas a ver gente que se vacune y se pone malita y que son un efecto secundario de reacciones o cogen la enfermedad... Un caso de un compañero de Ibiza, ¿verdad? Muy famoso, que también es un *youtuber*. Se pone malito a raíz de vacunarse. Coge coronavirus. ¿Lo cogió con la vacuna o esto se le vino concomitante con la vacuna de forma casual? Entonces hay muchas conjeturas al respecto. Si estrictamente nos creemos que la vacuna está compuesta de ARN mensajero que no es en principio el virus. *Stricto sensu*, una persona que se vacuna no tiene porqué contagiar a nadie de nada relacionado con esa vacuna. A lo mejor lo contagia una lepra, una tuberculosis, otra enfermedad que tenga, lógicamente, ¿no?, pero no de coronavirus. No, no es plausible. No es lógico pensar que una persona que se vacuna va a contagiar de coronavirus a nadie, salvo que esa persona que se vacuna se contagie de coronavirus y contagia el coronavirus, pero no por haberse vacunado, sino porque la vacuna que se ha puesto, no la protegido en absoluto para no cogerse el coronavirus que se ha cogido después.

Vacunados contra no vacunados

—¿Es posible que el discurso de que nos metan es que los que no estéis vacunados sois un peligro para los vacunados porque podéis contagiar, eso digo yo que falso, ¿no? En ese sentido.

—Como digo que aquí bulos han corrido por todas partes en todos los sentidos —sigue explicando el doctor—. Yo creo que, si aplicamos el sentido común, eso es un peligro de esto de la vacuna. Hay que vacunarse por solidaridad, dicen algunos. Si uno mira en los tratados de medicina y las indicaciones de la vacuna, desde luego, no encontrará ninguna que diga la vacunación por solidaridad. Esa indicación no existe. No, pero ahora está muy en boga. Hay que vacunarse por solidaridad, y yo siempre le digo a la gente: bueno, pues usted, por solidaridad ampútese un brazo por solidaridad con los que tienen diabetes, y hay que amputarles un brazo, una pierna o póngase quimioterapia por solidaridad con quien se pone quimioterapia. Hombre, sea solidario. Es absurdo hablar de la solidaridad cuando es una vacuna. Una persona se vacuna o se pone una vacuna. Si realmente la vacuna protege y de qué protege, eso es lo que la gente... Digo que cuando una persona se vacuna, si considera que la vacuna realmente previene de que te contagies y que no se contagie o que contagies a otro y ninguna de las vacunas asegura eso. De hecho, al que se vacuna le dicen: siga llevando mascarilla, siga evitando los contagios porque puede contagiar. Entonces, lea la letra pequeña de lo que es la vacuna y lo que la vacuna protege. Pfizer, por ejemplo. Pues eso propone que, de diez mil vacunados, a ciento cincuenta de ellos les va a asegurar una enfermedad que si la cogen va a ser menos agresiva, ciento cincuenta de diez mil vacunados. Ese es el nivel de protección del que estamos hablando de una vacuna de Pfizer. La de Astra hay que evaluarlo porque está dando otros problemas de índole trombótica. Bueno, pues las vacunas podrán tener más o menos utilidad, más o menos seguridad. Pero yo, en todas mis intervenciones, en lo que hago hincapié como médico es en el factor necesidad. Yo no puedo evaluar si una vacuna es segura o si es eficaz. Yo no puedo evaluar. Yo me lo tengo que creer porque eso lo dirá el tiempo. Si es segura y es eficaz lo dirá el tiempo. Pero antes de ponerse la vacuna, uno lo que tiene que analizar es la necesidad. Y la necesidad se analiza en función de qué me previene frente a qué riesgo, cuál es el riesgo que tenemos y si me pongo la vacuna cómo disminuye ese riesgo, de qué me inmuniza la vacuna.

»Eso es lo que la gente se tiene que preguntar; la gente, empezando con los médicos, que analice. Y por supuesto, bueno, y las autoridades políticas también deberían porque también son personas, aunque no parezcan. Pero ahí estamos, todo el mundo debería analizar. Cuando alguno toma alguna decisión en su vida, pros y contras, eso es a lo que yo apelo e intento estimular en los que me ven. Y al final, si decide vacunase, pues vacúnese y si decide no vacunarse pues no se vacune, pero estime pros y contras de su decisión.

—Eso, ¿se puede llamar vacuna a algo que se ha creado en tampoco tiempo?

—No es una cuestión de tiempo —contesta de Benito—; que también ese es otro factor de las cosas que circula entre la gente que está en contra de la vacuna. Hombre, pues vamos a ver, el factor tiempo, pues es como todo, depende. Depende de la pasta que haya por medio, la gente corre más o menos. Es cierto que hay cosas de las que a lo mejor tarda tiempo en observarse el efecto, y en el caso de las vacunas, así sucede. Por eso existe esa incertidumbre. Y ese miedo y ese recelo y decir bueno, es que a largo plazo no se sabe, pero no se sabe con ninguna medicina. Por ejemplo, tratábamos ahora recientemente a los pacientes de hepatitis C con los nuevos fármacos, que son muy eficaces para tratar la hepatitis C; que hay más de setecientos mil pacientes con hepatitis C en España. Claro, los que han probado los tratamientos antiguos pues lo pasaban muy mal entre el interferón y la ribavirina. Y ahora bueno, en doce semanas se toman una pastillita y se ponen fenomenales sin efectos secundarios. Es una maravilla de tratamiento, claro, la gente con reacciones a lo mejor te pregunta: «Oiga, doctor, y este tratamiento en diez años, ¿no te pondrá de color verde, no te dará más cáncer? Y yo no tengo ni idea, espera que pasen diez años para que le podamos decir, pero a día de hoy parece que está funcionando bien. El perfil de fármaco, seguridad, farmacovigilancia, el levantar dudas de lo que puede dar de sí la vacuna en cuanto a que te proteja o te provoque males en el futuro, son conjeturas. Por eso insisto. Lo que sí que tenemos en la mano es por favor, analice la necesidad y la necesidad surge de que usted compare, ¿qué es lo que ha pasado en España?, ¿cuántos afectados ha habido?, ¿cuántos fallecidos?, ¿quiénes han sido los fallecidos? y ¿de qué me protege la vacuna? Si me vacuno. Estos son los factores, pero eso son números de las fuentes oficiales.

»El ministro de Sanidad o Consumo o el Gobierno de España se lo puede decir, fíese de ellos, aunque pudieran o podrían ser filtrados un poquito, pero incluso cogiendo en los más estrambóticos, usted lo coge y se da cuenta que es una enfermedad que tiene una letalidad menor del 1 %, es decir, que de cien personas que enferman de

COVID-19, menos de una de esas cien fallece. Y generalmente el que fallece no tiene más de setenta y cinco años. Es gente que también hay menores, pero la inmensa mayoría, el 86 % de los fallecidos del COVID-19, tenía más de 75 años, de edad más avanzadas y tenía otra movilidad que en gente joven. Que no se cumple en esto y que ha salido en los periódicos y que ha servido un poquito para hablar mal, pero si coge los datos en conjunto, usted se da cuenta de que no hay, desde el punto de vista epidemiológico, un motivo para la alarma o para justificar una vacunación masiva con un producto que tampoco parece que proteja tanto y que parece que puede tener un efecto secundario por lo menos a corto medio plazo, a largo, ya ni se sabe ya el tiempo lo dirá.

—Sí, por aquí dicen —intervengo dirigiendo preguntas del chat en directo—: Doctor, ¿qué opina del cambio del nombre de AstraZeneca?

—Si no opino de la vacuna, ¿qué te digo del cambio de nombre? Vamos, no sé cómo se le llamaba a la de antes ni sé cómo se llama la de ahora. Me da exactamente igual, que sea un lavado de imagen, pues hombre, si tan mala era antes pues igual de mala será, aunque le hayan cambiado el nombre o si tan buena era, tan buena será cambiándole el nombre. Como dicen: el mismo perro con distinto collar, ¿no?

—Por aquí preguntan, ¿piensa vacunarse? Perdona la pregunta personal.

—No, no es pregunta personal. Yo no me he vacunado. Yo fui a mi hospital y me dijeron cosas porque había que irse, yo trabajo en varios hospitales. Me habían llamado en varios. Bueno, pues bueno, en alguno fui ya y dije que tengo que presentarme y decir que yo no me vacuno y estaba esperando que me preguntaran porque, claro, decían que la comunidad de Madrid iba a preguntar a los que no se querían vacunar por qué no querían vacunarse. Simplemente pues llevar una relación de causas, de motivos por los que uno no quería vacunarse. Yo estaba deseandito de que me lo preguntaran y, para mi sorpresa, nadie recogió cuál era el motivo por el que yo no quería vacunarme. Estaba deseando asentarlo, ¿a que tenéis curiosidad por saber por qué no me quería vacunar? No me quería vacunar porque simplemente no lo necesito, por ese análisis que os he dicho, si no veo que tenga necesidad, para qué me voy a exponer a un riesgo, por pequeño que sea. ¿Y cómo se valora la necesidad? Yo siempre le digo a los pacientes, ¿tú qué vas buscando en una vacuna?, ¿qué pretendes?, ¿qué le pides a una vacuna?, ¿tú por qué te vacunas? Se lo pregunto a cada uno de los que están viendo el programa. ¿Usted por qué quiere vacunarse?, ¿qué le pides a una vacuna?, ¿qué vas buscando en la vacuna? Que te proteja, ¿no? Buscas protección. Buscáis que si te llega el virus no te afecte, no te enfermes. Eso es lo que le vas pidiendo a una vacuna. Es lo que tradicionalmente hacen las vacunas. Te inmuniza frente a una infección. Bueno, pues eso ya lo tenía. Entonces, si lo tengo, ¿qué me va a dar una vacuna, esa era mi razón, mi argumento para no vacunarme. ¿Por qué? Porque yo estoy con pacientes COVID-19 que me tosen, qué tal desde hace tiempo, desde hace un año. Y si yo no me enfermo, será que yo tengo algo que al virus no le gusta o que tengo una inmunidad, entonces qué pretendo que me dé una vacuna que no tenga yo ya. Y no solo yo, pues mucha más gente, como digo, por la inmensa mayoría de los sanitarios que han estado trabajando con gente con coronavirus o de familiares que han estado atendiendo gente con COVID-19, se han inmunizado, se han inmunizado porque su sistema inmunológico ha aprendido a reaccionar frente a esa infección y no enferman. Es decir, es de esos cien que enferman por coronavirus, uno fallece, noventa y nueve no. Esos noventa y nueve se quedan inmunizados, y qué mejor vacuna que la inmunización natural. Esto ha sido así siempre. Vamos. De hecho, Merk, una de las multinacionales farmacéuticas se retiró de la carrera, por buscar vacunas alegando esto mismo. Dice que no vamos a conseguir una vacuna más eficaz que la inmunización que se consigue pasando la infección y, entonces, ahí dije no hace falta. Y es así realmente, la inmensa mayoría de la gente, en mi opinión, no necesita la vacuna porque su riesgo de enfermar es bajo y si enferma, tampoco le va a proteger demasiado la vacuna, por lo menos las vacunas que existen actualmente. Y sobre esas que son incertidumbre. Esas son mis razones. No quiero extenderme más, pero me parece que no hace falta meterse en profundidades de qué contiene. Mire, una vez que a uno le inyectan una sustancia, pues tú no sabes si va {rehenes}, si va vitriolo, si es agua destilada, es que te da igual. Esto ya es un acto de fe, te han puesto algo y ya, algo está. Yo cómo puede dudar de si en la ampolla o si ya en la jeringuilla viene lo que viene. Me tendré que creer lo que me han dicho que me han puesto, pero punto, nada más. Pero si usted no se fía de su médico, pues no vaya al médico.

—Por aquí pregunta Julia: «Pero, doctor, ¿usted cree que esto es una vacuna en el sentido propio de la palabra?».

—Propio, en sentido propio. —Se ríe el doctor.

—Porque no es lo que nos contaban de las vacunas que era el virus débil, sino que era otra cosa, ¿no? —termino mi pregunta.

—Vamos a ver —comienza diciendo de Benito—, vacunas hay de muchos tipos. Hay virus atenuados, hay fragmentos, hay toxoide como la del tétano (toxoide tánico), hay muchos tipos de vacunas. Las vacunas se desarrollan para intentar estimular el sistema inmunológico de manera que reaccione frente a un virus o una bacteria, una infección que puede ser importante para esa persona. Bueno, pues eso tradicionalmente es una vacuna. Originariamente viene de vaca, ¿no? De las pústulas del coptos, de lo que era la vacuna de la viruela, que fue donde se originó toda la vacunología, que, por cierto, parece que antes de la vacunología, la gente se tenía que morir. Digo esto, saliendo al paso de la gente que va diciendo que es que mientras no nos vacunemos todos, la humanidad no se va a inmunizar como si las vacunas fueran imprescindibles para que la humanidad se inmunice. Bueno, pues es que antes de que existieran las vacunas, la humanidad también pasaba pandemias y la humanidad se inmunizaba sin necesidad de vacuna. Luego, alguna forma más de adquirir inmunidad aparte de las vacunas existe. Es una pequeña digresión que hacía. Pero claro, lo que teóricamente ahora ha saltado más para hinchar más esta polémica en la cual yo insisto, no entro, pero porque me parece que es colateral, es en que a lo mejor estos productos que se están vendiendo como vacunas no son vacunas al uso, como las otras vacunas que conocíamos, da un salto cualitativo importante porque utiliza ya un material genético RNA. Entonces, esto no se sabe a la larga lo que puede dar, ya entran las conjeturas. En ese sentido, no es una vacuna al uso de las vacunas clásicas, pero sí es cierto que altera el sistema inmunológico. Hay una reacción inmunológica, una respuesta. Digamos que el sistema inmunológico del que se pone una vacuna de esas, sí que se entera. No es agua destilada normalmente, no es una sustancia inocua, es algo que estimula o, si quieres, cabrea al sistema inmunológico para bien o para mal. Eso si es el tiempo, nos lo dirá.

—Porque hay plantillas de policía que han quedado a la mitad, después de vacunarse, quiero decir que han quedado hechos polvo. ¿Eso es normal?, ¿qué dé tantas reacciones? —le lanzo la pregunta.

—El concepto de reacción posvacunal siempre existe, teóricamente, cualquier vacuna por ese mecanismo de acción que tiene de estimulación del sistema inmunológico va a causar una respuesta inmunológica en el que se pone una vacuna y la reacción febril posvacunal es muy frecuente, o el dolor o la inflamación locales. Es decir, esto con las vacunas clásicas que conocíamos. Pues al niño le llevabas al pediatra, le ponía la vacuna y tal... y puede darle fiebre. Entonces, lo que decías, las vacunas claro que estimulan el sistema inmunológico. Claro que provocan una respuesta, claro que el sistema inmunológico, lo que son los linfocitos, la polución de inmunoglobulina, los anticuerpos, todo eso claro que se activa. Pero pienses que se activa en un lado positivo, lo está estimulando y estimula positivamente. Pero claro, dices, a lo mejor no lo estimula tan positivamente. Es decir, es una incertidumbre y hay algunos inmunólogos que empiezan a pensar que a lo mejor la acción de estas vacunas pueda debilitar el sistema inmunológico y hay una cierta incertidumbre sobre cómo se comportará el sistema inmunológico de las personas vacunadas cuando tenga el virus de la gripe, que sigue existiendo, u otras infecciones. ¿Será el mismo?, ¿tendrá la misma capacidad de respuesta?, ¿será mejor que el sistema inmunológico de los que no nos hemos vacunado?, ¿será peor? No se sabe, pero los más agoreros dice que a lo mejor nos encontramos que el año que viene hay una pandemia bastante letal de gripe entre los vacunados de COVID-19, por ejemplo. Ya lo veremos.

Experimentando con la población

—Cuando se experimenta con la población, y yo pienso que es un experimento con la población, pienso que cualquier puerta se puede abrir —puntualizo.

—Pues sí, ya, Pedro, es que lo que la gente tampoco sabe de los que quieren optan por vacunarse es que son voluntarios. Teóricamente se están apuntando voluntariamente a la fase cuatro de un estudio de investigación prospectivo. Es un estudio de investigación que en la fase cuatro necesita un reclutamiento de la población. Pues para ver cómo siente separaban con la población y si estamos empezando a ver efectos secundarios, que, bueno o se notifican o no se notifican, no se silencia. Me tocaba de tipos que decía que es que la plantilla de la policía ha recibido la mitad. Sí, sí, pero mejor estamos hablando simplemente... Digo que, a lo mejor, pues resulta que tendrían que, hay plantillas de policía que se han reducido a la mitad o a la cuarta parte y a lo mejor son solo, y pongo solo entre comillas, relaciones vacunales febriles que no van a más. Pero bueno, y ojalá, ojalá los efectos secundarios de las vacunas se queden en eso. Unos efectos inmediatos que también entre las plantillas de profesorado en distintos institutos se está viendo. Bueno, pues yo confío y deseo, porque, aunque yo no me haya vacunado, yo lo he dicho muchas veces, claro, a las personas que optan por vacunarse y no les deseo ningún mal, no les estoy diciendo en absoluto, ojalá te dé esta enfermedad o te desestabilices total. Te vas a morir por haberte vacunado, ¿no? Sin embargo, sí que a veces veo gente que cuando ve que no te has vacunado, pues te dice pues ojalá te coges un coronavirus y termines en una UCI y no haya cama para ti. Yo no deseo el mal a nadie ni para el que se vacuna ni para el que no se vacuna, es una decisión, a día de hoy voluntaria individual, los pros y los contras los tiene que analizar cada uno y sí que sabe salir al paso de esos comentarios que son absurdos, de que es que usted es un insolidario, una bomba, es que va a contagiar a los demás porque eso se caen por su propio peso. Proceden del miedo, generalmente.

—Anónimo pregunta —digo mirando al chat—: «¿Qué necesidad hay de vacunar a los mayores de noventa años? Y nadie cuestiona nada. Saludo».

—Es una pregunta muy buena, me evoca una conversación que tuve yo. Bueno, con en el blog, en el canal mío. Pues la polémica saltó en un país escandinavo, no diré cual, pero hay tres, pero que hubo una residencia donde efectivamente pusieron vacuna, la de Pfizer a la población y el 30 % falleció, una reacción febril importante. Bueno, pues claro, haciendo valer en el canal, que ojo, que había pasado esto en aquellas residencias, en algunas de España también ha pasado, se está estudiando, tal vez puede haber vinculación entre haber puesto la vacuna y en el que se muriera la gente. Ya lo veremos.

»Yo siempre dejo todo en el plano hipotético, aunque a veces los números son así, tan cantosos y alguna diría: pues está claro, pues si se han muerto pues está muy claro. Yo tiendo a no cargar tanto las tintas, dejo la posibilidad de que habrá que estudiarse, casualidad o causalidad, pero bueno, dejando esto marcar así, me sorprendió una persona que en un comentario —porque también tengo comentarios de gente que no está de acuerdo— decía que era un irresponsable y un antiético y un depravado y no sé qué por comentar esto, esta reacción vacunal en esta residencia cuando se había puesto a gente mayor, la mayor parte de ellos terminales y entonces, hablar de eso... ¡Es usted un bellaco! Perdone un momento, acaba de decir usted que se ha puesto vacuna a pacientes terminales. A ver, ¿qué quiere decir que se ha puesto vacunas a pacientes terminales?, ¿qué indicación tiene una vacuna a un paciente terminal?, paciente terminal, entendido que no tiene un pronóstico de vida muy allá, ¿y qué está usted experimentando?, ¿cómo se le hincha el brazo cuando se le pone?, porque, ¿qué beneficio pretende trasladarle a un paciente con un horizonte de vida muy corto con una vacuna?

»Una vacuna es para una protección a largo plazo, ¿o no? Entonces, ¿qué sentido tiene si estaba experimentando? Se está experimentando con la gente mayor. A ver qué pasa.

»Sí, es una pregunta oportuna. Pero uno pregunta: ¿noventa años? Bueno, a lo mejor es que llega a los ciento diez. Oye es que aquí ya somos unos longevos. Pero es cierto, yo también me lo planteo. Si una persona ha superado el punto de corte, lo que es la esperanza de vida, todo lo que vive por demás, digamos, es gratis.

»Pues sí que es una pregunta que yo también me hago cuando una persona de ochenta y seis o noventa años. ¿Me vacuno o no me vacuno? Mire, haga lo que quiera, ¿usted qué pretende, ser inmortal? Y vienen los problemas en las familias... Es que el abuelito se quiere vacunar o no quiere o el nieto este sí, pero este otro no. En todos se enfrentan los nietos o los hijos porque unos a favor porque el abuelito o la abuelita porque no está muy decidido. Ve cómo todos en la familia se enfrentan por si el abuelito o la abuelita no se vacuna. Es motivo más de controversia que de utilidad clínica. Seamos honestos. Vamos a ver, si tuviéramos dos abuelitos iguales, a uno le ponemos la vacuna y otro no. Ya verá a cuál de los dos le va mejor, pero por muy bien que le vaya a uno u otro, lo mejor de la diferencia de un año entre uno y otro. Porque, hombre, son edades avanzadas. Yo siempre pienso que ahí los médicos hemos perdido el norte.

Mascarillas para contener el coronavirus
o para someter a la población

—Bueno, hago un inciso —aquí me dedico a promocionarme— para deciros que este canal ya veis que todo es gratuito, se financia de vuestras suscripciones. Ya ves que no hay publicidad, que todo es limpio, la web es de máxima calidad elarconte.tv. Pero es por eso, por hacer independientes para poder seguir siendo independientes y dar esta información, vosotros sois los únicos que podéis sostenerlo, quiero decir, no hay más. Así que os invito a suscribiros y a colaborar con el mantenimiento de la web. El tema de las mascarillas, doctor, ¿qué pasa ahora? El Gobierno nos ha dicho que tenemos que ponérnosla todos, incluso cuando estamos en el campo, ¿qué opina sobre esto?

—Bueno, eso lo decía ayer, eso parece que hoy lo ha rectificado, pero se dará cuenta que es absurdo, total. Es un absurdo total. Quiero decir, yo esto lo digo no solo como persona, lo digo como médico, también. Lo que pasa es que claro, el decir esto, por ejemplo, ayer en el canal de YouTube, ya era motivo para que YouTube te lo censurase porque no puedes decir nada contrario a lo que dice la OMS o lo que dicen las autoridades.

»Si las autoridades han dicho que hay que llevar mascarilla. Dices que me parece un absurdo ir caminando por el monte tú solo, con mascarilla... ¿Cómo? Este está diciendo algo contra lo que dice su Gobierno pues hay que censurarle. Es la política que sigue YouTube y entonces. ¿Pero qué pasa? Entonces, lo que pasa es que atenta al sentido común, atenta el sentido común de cualquier persona, es que no hace falta ser médico o ir montado en el coche solo. Pues no hace falta llevar la mascarilla. Y como tantas situaciones más, entonces, yo sí me rebelo contra eso, no he sido hasta ahora especialmente beligerante con el tema de las mascarillas.

»Yo considero que la mascarilla es un elemento de protección, pero igual que puede ser un casco o puede ser solo el cinturón de seguridad, puede ser un paraguas. Pero uno no lleva siempre un paraguas por si acaso algún día llueve; o no va andando por la calle con un casco más que cuando entra a una obra y se lo pone por si se le cae algún cascote; el cinturón de seguridad se lo ponen el coche si va en marcha, si está parado y estacionado no tiene por qué estar con el cinturón de seguridad puesto. Y, aun así, aunque lleves el mecanismo de protección, lleves un casco como que te caiga una viga, por mucho casco que lleve, te aplasta y si llevas el cinturón de seguridad y te pegas un golpe a doscientos kilómetros por hora, por muy cinturón de seguridad que lleves probablemente tampoco sobrevivas.

»O sea, los elementos de protección son útiles. La mascarilla es un elemento de protección, pero es un elemento de protección donde debe estar para proteger y sabiendo que no es un elemento de protección a cien por cien. Una persona que anda por el campo sin mascarillas sola tiene menos riesgos de contagio que cien personas montadas en un vagón de tren con una FPPII mucho más, ¿qué duda cabe?

—¡Qué es una medida política más que sanitaria, entonces! —sentencio.

—Por supuesto —me reafirma el doctor—, es decir, y ahí eso atenta contra el sentido común, por eso llega el momento en que te revelas. Pero por favor, por favor, ya está bien. Y apelas a las autoridades médicas. Pero vamos a ver, colectivo médico, es que ya esto se pasa de castaño oscuro que están diciendo ya verdaderas barbaridades, que te están diciendo que barras las escaleras para arriba.

»Entonces, es cuando ya protestas, cuando medicamente te enfrentas, por favor, no podemos permitir... como decía ayer en el vídeo, también fue un punto bastante duro para mí que estemos luchando, peleándonos para enfrentarnos al Gobierno, porque ahí estará una ley de eutanasia que no es digna ni para los pacientes ni para los médicos.

»Y los médicos protestan contra la eutanasia, nos estamos preocupando por las últimas horas de vida de los pacientes y estamos matando a nuestros pacientes sanos. Día a día, a base de hacerles llevar una mascarilla que no les vale para proteger ni a ellos ni a nadie. Les estamos quitando calidad de vida por una falsa protección y una protección innecesaria, pues a mí me parece farisaico desde el punto de vista médico que estemos reivindicando, no a la eutanasia. Y, sin embargo, no digamos de nada frente a las mascarillas, no sé si se puede decir más claro, pero es mi punto de vista, y eso es lo que yo intento trasladar al colectivo médico. Que está muy bien que reivindiquemos la salud de nuestros pacientes. Pero vamos a hacerlo no solo con los que se están muriendo, con los moribundos para que no les aplican eutanasia, sino cuidados paliativos dignos con su persona, peleémonos también por los que están vivos. Por esos niños que les están haciendo llevar mascarilla o hacer deporte con mascarilla.

—Madre mía… —exclamo.

—Eso sí que es indigno —prosigue el doctor—. Entonces un médico que se preocupa por sus pacientes debe protestar contra esa situación, ahora aun a riesgo de que nos vamos a llamar al orden porque usted está diciendo que las mascarillas no son útiles. Mire, no son útiles para comer macarrones. No, si usted se pone mascarilla e intenta comer macarrones, pues no.

Sobre las PCR

—Las PCR, menuda polémica —intento abrir otra fuente de debate de esta crisis sanitaria—. Yo tengo la sensación de que cuando quieren cargar sobre una población que hay pandemia, se ponen a hacer PCR y de golpe y porrazo salen veinte, treinta, cuarenta, noventa positivos y cierran el pueblo, ¿qué pasa con las PCR?, ¿se puede fiar uno de las PCR?, ¿las PCR qué indican, que ha estado enfermo?, ¿indican que tiene el COVID-19? ¿qué es lo que indican, ¿cómo se están usando?, ¿y cómo se deberían usar?

—Mira, la historia de las PCR en esta crisis se originó casi por escasez, luego por aclamación popular y ahora, por desvergüenza, ¿me explico? Cuando empezó todo esto, una manera de intentar cribar rápidamente. ¿Quién podía estar contagiado?, quién no era con la PCR, extrayendo material de la nariz, del fondo de la nariz para analizar a ver si había coronavirus. Eran escasas, por aquel entonces los hacían a los diputados y cosas de estas y claro, la comunidad médica clamaba porque necesitamos más pruebas, más problemas, más pruebas.

»Luego se empiezan a generalizar y empiezan los contratos, por ahí el chanchullo. Y bueno, se hacen como churros, empiezan a hacerse y los gobiernos se dan cuenta que es un índice, un marcador muy interesante para manejar a la población. Por eso te he dicho, porque la PCR, ya sabíamos de antes que tienen falsos positivos y falsos negativos. O sea, cuando teníamos todo el problema de la pandemia encima, yo tengo conocidos y vosotros que, si no hace falta ser médico, gente que haga una PCR positiva y está tan chachi, tan fenomenal, gente que da una PCR negativa. Pues vive tranquilamente y dos días después está para ir en la UCI. Esto lo hemos visto a mansalva, así que utilidad. Bueno, aproximada como herramienta, ¿por qué?, porque la PCR es una herramienta, una herramienta y donde le falla mucho la utilidad a la PCR como técnica para saber algo de coronavirus es en la calidad de la muestra, que es una basura, o sea tomar una PCR de un exudado nasal os falla más que con una escopeta de feria.

»Y falla también en el procesamiento de la muestra, en el número de ciclos. No vamos a entrar en eso porque hay en personas que saben más que yo. Yo sí que soy un defensor de la PCR. Cuando han dicho: es que la PCR no vale para nada. Perdón, la PCR en conjunto. Es una técnica que, bien usada, es muy útil. Yo lo explicaba a los pacientes, por ejemplo, con hepatitis C o hepatitis B, hay que pedir una prueba de PCR para que me amplifique el material genético de un virus que está circulando en la sangre. Es decir, una muestra de sangre es mucho más válida que una muestra de un exudado nasal y allí hacer replicación vírica, y sabes cuantificar cuántos virus tiene. Ahí es muy útil, tremendamente útil. Por eso, decir que una PCR no vale, así en términos generales, es otra salvajada.

»Claro que vale, pero es como decir que una llave inglesa no vale, no. Pues claro que no vale, si lo que quieres es clavar un clavo porque una llave inglesa no es muy adecuada para eso o este martillo es malo, este no vale porque intento cambiar la rueda con el martillo y no puedo. No, es que no es la herramienta para eso. Entonces, aquí estamos mezclando. Y la PCR, ¿qué ha pasado? Que ya se han utilizado como herramienta por parte de las autoridades. Como decías, como apuntabas, Pedro, para hacer crecer el número de casos.

»El error ha estado en vincular la incidencia y la aceptación, la gravedad de la situación sanitaria al número de PCR.

»Eso fue lo que comentabas al principio del video de la entrevista de agosto con Televisión Española. ¿Por qué?, porque estaban venga a hacer PCR, descubrir PCR positivas y de eso derivar una situación social de que había mucho contagiado.

—Claro, pero es que una PCR no te dice que tiene el coronavirus, simplemente, lo que te dice es que tienes una infección o que algo ha tenido una infección, ¿no?

—En la práctica, en muchos hospitales se sigue funcionando porque no hay un método estándar. No hay un patrón de oro que te lo diga. Lo que más importante es para saber si un paciente tiene coronavirus o no es la situación clínica del paciente, eso es lo que manda, vuelvo a decir, o sea, un paciente. Yo he tenido muchísimos que han llegado a la consulta… Doctor, es que me ha dado una PCR positiva. Digo ¿qué te pasa? No, no, a mí nada, pero me ha dado una PCR positiva, ya ¿y qué? No, pero es que me ha dado PCR positiva, ¿y qué quieres que haga? Pues porqué me ha dado positiva si estoy fenomenal. ¿Y por qué me la ha hecho? Esto no sé, tú sabrás por qué te lo has hecho.

»Entonces, al final la gente se ha hecho pruebas sin saber muy bien por qué se las hacía, es que me la han pedido, pero siempre, yo se lo digo a los alumnos. Siempre que pidáis una prueba, pensad que vais a hacer con el resultado de esa prueba, ¿os va a indicar algo?, ¿os va a ayudar en algo?

»Hay gente que pide por ejemplo un electrocardiograma y no sabe leer un electrocardiograma, entonces para qué le pides esta prueba. No sé, porque había que pedirla. Pero ¿tú sabes leer esto? No, pero lo he pedido. Pues así, con esto de la PCR, con todas las pruebas, falta ojo clínico.

—Ahí entramos en el campo de los asintomáticos —otra de las grandes cuestiones de esta crisis sanitaria que tenía que tocar sí o sí con el doctor—. La gente está muy preocupada por el tema de los asintomáticos, un concepto que yo jamás lo había escuchado con casi cincuenta años que tengo ya, yo nunca había escuchado eso de los asintomáticos, he tenido que estar en esta pandemia para que me lo expliquen. ¿Eso es así o no? ¿Eso existe?

—Sí, mira, escucha, Pedro, pero es otro de los términos que, gracias a todo este batiburrillo, ha servido para la confusión. Asintomáticos es una palabra que existe. Claro que existe asintomático, que no tiene síntomas. Yo estoy asintomático. No tengo síntomas. Bueno, si sigo hablando un poco más, tendré síntomas de faringitis, ¿verdad? Pero estoy asintomático. La polémica surgida al asintomático es que, si contagio, no contagio, no sé qué… ¿Cuál es el más contagioso?

»Vamos a ver, eso es un término diferente. Contagiar o no contagiar, es algo que solo puede hacer la persona que tiene algo que contagiar. Yo, para dar algo a alguien, debo tenerlo. Si yo tengo un *helicobacter pylori* y puedo contagiarlo. Y si yo no tengo *helicobacter pylori*, yo no lo contagiaré. Es una bacteria que vive en el estómago de mucha gente de la mitad de la población española. Y solo vive en humanos. Además, puede producir cáncer gástrico. O sea, que no es moco de pavo. Bueno, para contagiar hay que tener algo que contagiar, tenga o no tenga síntomas, pero no por el hecho de tenerlo, lo vas a contagiar porque depende de otro factor muy importante que es la susceptibilidad de la otra persona.

»A lo mejor, estás tratando con otra persona que ha pasado el coronavirus y tú le estás pasando coronavirus, pero no se va a infectar. A lo sumo, lo que va a hacer es reforzar sus defensas. Tengo pacientes que les hago, bueno, no les hago seguimiento de algunos pacientes que son hipocondríacos, a lo mejor, con los meses se hace una serología. Quieren ver cómo están sus anticuerpos de coronavirus. Y entonces me traen las estadísticas. Algunos hay en sus gráficas y tal que les gusta mucho. Y dicen: mire, me ha subido la cifrado de anticuerpos del mes pasado a este y ¿eso qué significa? Pues eso quiere decir que en este mes has estado en contacto con alguien que tiene el coronavirus y que te ha tosido, trae un coronavirus más y ha estimulado tu sistema inmunológico. Ah, pues nada. Pero no, yo me he encontrado bien. Bueno, se han puesto a hacer una PCR en el transcurso de estas últimas semanas que ha dado positiva. Claro, si ha venido un estímulo y está en la nariz y te haces una PCR y se detecta el virus por casualidad, pues la PCR es positiva... Pues no tengo enfermedad, aíslese quince días en casa, ¿para qué?

»Lo que hace falta es tener conocimientos de qué es una prueba diagnóstica, una PCR, una serología y, sobre todo, de la situación clínica del paciente. Todos los conceptos se han manejado en plan batiburrillo y han contribuido al caos que tenemos, y ves pacientes con anticuerpos, sin anticuerpos, que, si me puedo contagiar, que no, que me hago otra PCR, que ¿cuál es la mejor prueba? Que se hagan todos los que van a venir a mi boda una PCR. Encuentras unos caos sociales de tres pares de narices porque faltan criterios médicos.

Sobre la pandemia del miedo

—Una última pregunta, porque llevamos ya una hora de programa; pero creo que por aquí había una pregunta muy interesante de Anónimo. Pero, aparte que recuerda que le censuraron el directo de ayer de YouTube. Por eso estamos aquí. Dice Pedro, pregúntale al doctor, pone aquí, dice, preguntar al doctor qué piensa de los países que, sin tomar medidas, no han tenido exceso de mortandad.

—Bueno, las cosas son como son porque no las contamos como nos las contaron, entonces, históricamente si uno analiza, por ejemplo, también lo decía en una entrada de mi blog. Dice, por ejemplo, pues cuando surgió la epidemia de SIDA, los mayores se acordarán del SIDA y estas cosas. Pues claro, había un país en Europa que no tenía SIDA, era todo muy extraño. En medio de Europa y un país que no tiene SIDA hasta que descubrieron que lo que no tenían eran kits diagnósticos para el SIDA, claro que había SIDA, pero si no contabilizaba pues allí no contaba como que no había SIDA.

»Entonces, ¿ves como todo depende de lo que quieras contar? Entonces, si en un país como España, te dicen: todos con mascarillas, y ¿por qué los franceses allí no?, ¿por qué no sé y no sé cuánto?, ¿por qué otros países no?, ¿es más agresivo el virus de aquí? Viene un extranjero aquí con una PCR negativa y sí puede moverse y un español con una PCR negativa no puede salir de su provincia.

»Ves cosas de estas absurdas que entonces, como digo, las cosas son como son, porque nos las contamos como nos las contamos y vemos gente, hay países donde no han aplicado. No se lo han creído tanto. Insisto, si analizamos lo que ha pasado este año en España, claro que ha habido momentos muy trágicos. Para mí lo más trágico ha sido los pacientes que han fallecido y que han muerto solos. Eso ha sido muy duro para los fallecidos y para las familias, igual que te hayan fallecido sin asistencia médica. Por supuesto que también ha sido muy duro, pero si superamos y si nos quedamos en los números fríos de los fallecidos, tampoco ha sido tan dramático, analizar los números fríos. Y veis el volumen de afectación no es como para haber generado la alarma social que se ha generado y el caos. Porque hoy en día la pandemia que tenemos es de miedo. La pandemia, el virus, lo demás está afectando con diferencias al cerebro de la gente. Eso es lo que más está afectando. Y como médico también lo tengo que tratar y por eso estoy aquí, y por eso estoy intentando convencer a la gente que claro que hay que tomar las debidas precauciones, pero hay que saber de qué protegerse.

—Muchas gracias, doctor Luis de Miguel de Benito. No sé si tiene algún mensaje final para las seiscientas personas que ha habido en la sala.

—¿Seiscientas personas? ¡Qué barbaridad! Qué trasnochadores. Pues allí habrá algunos, algunos de los pingüinos que se dedican a sonreír y a saludar porque es el antídoto que tenemos un poco para hacer frente a la epidemia de miedo. El superarla por elevación, no entrando al mismo nivel de angustia, de miedo, de insultos, de enfrentamiento con la gente.

—La verdad te hace libre —termino diciendo—. Muchas gracias, doctor Luis de Benito.

CAPÍTULO XIII.
ENTREVISTA AL BIÓLOGO
FERNANDO LÓPEZ MIRONES

Cineasta documentalista y biólogo, Fernando López Mirones ha sido una de las caras visibles durante esta crisis sanitaria. Sin duda ha sido una de las personas que más esfuerzos ha desarrollado para intentar informar al resto de la población de los riesgos que suponían las nuevas vacunas. Sin embargo, su esfuerzo titánico se vio apagado por la maquinaria de los grandes medios de comunicación. No le importó jugarse su prestigio, gastarse su propio dinero. Él mismo sentía que tenía una responsabilidad social y sufría viendo que no podía llegar a más gente para contarle lo que realmente estaba pasando. Él, como biólogo, lo veía todo tan claro, que sufría sobremanera viendo como la gente era engañada y llevada inexorablemente al matadero. Esta entrevista fue grabada el 30 de marzo de 2021 a las 21 horas en elarconte.tv.

—Bienvenido a Elarconte.tv —comienzo el programa—. Bienvenido a esta nueva entrevista con el biólogo Fernando López Mirones, El Arconte TV ya sabéis que se financia solo con vuestras suscripciones, por eso aquí encontráis un espacio de libertad, un espacio de libertad para que siga siendo así, suscribíos y apoyar este proyecto para que podamos seguir trayendo con total libertad y que hablen con total libertad los invitados no los censuren, como nos censuran en las *big tech*. Así que como sé que estáis esperando al biólogo empezamos. Bienvenido, Fernando López Mirones. Es la segunda vez que te entrevisto ya. ¿Qué tal?, ¿cómo estás?

—Hola, don Pedro, don Pedro y parroquia, un placer, un honor estar de nuevo en El Arconte —comienza Mirones.

—Cuánto tiempo, ¿no? creo que la última vez fue hace cuatro — cinco meses, y en estos cuatro, cinco meses ha cambiado algo esta crisis sanitaria, porque yo digo que no es pandemia, una crisis sanitaria, porque la han provocado, porque ahora mismo pienso que la están provocando los políticos, ¿pero tú has visto algún cambio de estos cinco meses desde la última vez que nos vimos hasta hoy en día?

—No, por desgracia lo que hemos hecho es corroborar lo que ya habíamos dicho y lo que estábamos sospechando, lo único que sí que hay es más estudios y evidencias sobre cosas que intuíamos, pero que ahora se pueden afirmar rotundamente, porque todo este año igual que les ha servido a ellos para engañarnos un poquito más, también ha servido porque mucha gente en el mundo, muchos biólogos y médicos y, incluso algunas instituciones hayan sacado o descubierto de la bibliografía anterior un montón de artículos científicos donde se prueban cosas que contradicen flagrantemente lo que nos estaban imponiendo.

—Os habéis unido en Biólogos por la Verdad y habéis sacado un documento interesantísimo. ¿Cuántos biólogo sois?

—Pues somos unos se..., pues te lo digo porque es que está creciendo cada día. Somos unos cuarenta más o menos, porque según esto pasen cuatro días ya somos cuarenta y cinco o cincuenta, y en uno de los documentos nos hemos unido con médicos por la verdad y bueno nos ha dado mucha satisfacción porque en Médicos por la Verdad que estaba trabajando ya hace algún tiempo, había dos o tres cabezas visibles, pero, los abajo firmantes no habían puesto su nombre y número de colegiado, y ahora en este, después que nosotros siempre estamos y pusimos nuestros nombres, ellos se han animado y ahora hemos hecho este, uno de los documentos conjunto y el otro de Biólogos por la Verdad donde bueno, mucha gente muy buena, ¿no? como Jon Ander Etxebarría, por ejemplo, del colegio de médicos de Euskadi, o Almudena Zaragoza, la Dra. Albarracín también aunque ella es médica, está con nosotros porque su hijo y su marido son biólogos, un montón de gente, ¿no? como Bartomeu Payeras también gente que seguramente es conocida de los, de tus oyentes, y que están cada uno en sus parcelitas, investigando y repasando un montón de cosas porque, la mayoría de las cosas que están por ahí escritas y es simplemente que bucear en la bibliografía, ¿no?

—Bueno, está sí Albarracín, Almudena Zaragoza, Jon Ander Etxebarría Gárate, Francisco Medina Olmedo, Ortega Rodríguez, y Payares también, la gran pregunta, hay una corriente de gente que dice que como no se ha podido fotografiar o aislar el virus, no se han cumplido los postulados de Koch que el virus no existe, y niegan rotundamente que el virus exista. Quiero decir, yo soy en este aspecto agnóstico, quiero decir, es cierto lo que dicen, que no se ha podido aislar, pero por otra parte tampoco me cierro a que se haya podido usar como un arma biológica. Quiero decir, yo estuve ayer hablando con Luis de Benito y él dijo que al principio de la pandemia, pues sí estuvieron saturados y era una cosa muy rara, quiere decir al principio como que le sorprendió. ¿Qué nos dice Fernando sobre esto, existe el bicho o no existe, o que es lo que pasa?

Fernando López Mirones sobre la existencia del SARS-CoV2

—Bueno, esa es una discusión como la de la famosa de si existe Dios. El virus vamos a ver, para definirlo y para describirlo hay que aislarlo y después hacer un cultivo, entonces, no se puede decir que no exista, lo que sí se puede decir y se puede decir categóricamente es que no lo han aislado, no lo han aislado. Entonces partimos de la hipótesis de que hay un virus llamado SARS-CoV2 que es similar al SARS-CoV-2 que sería el uno, pero que no se llama uno, y que genera un síndrome llamado COVID-19. Es muy importante que la gente distinga el síndrome del virus. ¿Por qué? porque el síndrome o la enfermedad podría ser producida por ese virus o podría ser producida por otro virus, o podría ser producida por ese virus más un factor exógeno, o sea, puede ser multifactorial, con lo cual es importante que, como coloquialmente siempre decimos: he cogido el virus, tengo el virus, tengo él, por eso es un poco erróneo lo de: el COVID-19 porque es como: el virus COVID-19, ¿no? pero es que podría existir uno sin el otro, o podría existir el otro sin uno, yo personalmente creo que el virus existe, que el virus es un virus quimera, porque la actuación que tiene pasando entre especies no es natural, pero el virus no ha sido aislado. Es decir, contemplamos que el virus pudiera no existir, porque no lo han aislado, pero yo prefiero, yo desde luego prefiero pensar la hipótesis de que sí, ahora no se puede decir la no existencia de algo. Bueno a veces se puede pero, yo puedo decir que no existen los unicornios, pero a lo mejor hay alguien que encuentra uno, o que se descubre que era el rinoceronte, o que era un antílope con un solo cuerno, eso es muy relativo. Entonces partamos de la base de que hay algo, de que hay algo que sobre todo apareció y enfermó a la gente en el primer trimestre del año 20, y que, por alguna extraña razón, no lo aíslan, no lo secuencian, se han hecho peticiones a las CDC, a la FDA, a un montón y todo el mundo se pone de perfil cuando se pide eso, hay que decir que la gente. Bueno yo..., al personaje se le dice el cuñado médico, el cuñado médico que todos tenemos, te dirá que sí, que ha sido secuenciado, pero como todos hemos oído ya y se ha demostrado y hemos dicho muchas veces lo que se ha hecho es una reproducción matemática a partir de bancos de datos de GenBank y otros, reconstruyendo unas secuencias que son hasta treinta mil, pero que se han quedado contentos y dicen que eso es la secuenciación, pero sin aislarlo y un posterior cultivo en células; sobre todo tendría que ser en células de pulmón humano para saber que ese efectivamente se comprueba que ese virus es el que causa eso, y eso todavía no se ha hecho.

—Yo, sinceramente, aunque tengo todas las puertas abiertas me inclino a pensar también que es un arma biológica, quiere decir que se ha soltado, lo que pasa es que claro...

—Sí, sí, yo también —reafirma Mirones.

—Sí, incluso ayer hubo una interesante entrevista con Luis de Benito aquí y le puse el caso de Crown, y Crown decía, yo me acuerdo de que decía, bueno el virus se debilitará pasado el verano, del año pasado, decía, y Luis de Benito decía: y bueno ¿cómo sabe él que se debilitará?, yo no lo sé, ¿cómo sabe él?, ¿es posible? ¿Cómo podía saber Crown que se debilitaría?, porque tenía al lado a Fauci, a lo mejor, no sé, ¿no? Porque ¿sabía más que nadie o porque le habían informado más?

—Sí, probablemente es por eso, pero es un proceso natural de los virus, de los virus epidémicos que después de pasar un tiempo, de ser más virulentos, se atenúen, y yo creo que es lo que ha pasado y por eso después de la, bueno, pandemia o epidemia, ha venido la infodemia y la *plandemia*, que han ido agarradas al virus. Es decir, no es necesario para darse cuenta de que nos están manipulando, decir que el virus no exista, o sea el virus puede existir perfectamente igual que existen los lobos y luego hay gente que se inventa los hombres lobo, es decir, es una ampliación del mito. No significa que necesariamente tenga que no existir, es decir, es completamente compatible el hecho de que el virus esté ahí, de que haya matado gente y que posteriormente lo estén aprovechando para otros fines ampliándolo y reduciéndolo a placer como desde luego a mí me parece que es evidente.

—Lo que yo sí he descartado ya, desde el principio descarté —dije—, es que fuera de un pangolín, que un chino se pusiera enfermo por un pangolín y resulta que nos ha contagiado al mundo entero...

—No.

—[Risas] ¿Qué posibilidades hay de que un chino se coma algo en mal estado y cause un reseteo financiero a nivel global, un hundimiento de todos los países?

—Claro, ninguna —rotundo Mirones.

—¿Qué probabilidades hay de eso? —remarco.

—Ninguna —reafirma.

—Analicemos, al menos, ¿no?

Sobre la zoonosis

—Los virus todos pueden pasar de un animal a una persona —comienza Mirones—, pero lo que no pueden hacer después es pasar de persona a persona, es decir que esa persona se lo pase a otro, a menos que sean parásitos de otro tipo, pero no todos los virus, es decir, no pasan lo que llamamos la barrera de especie, y mucho menos de tres especies diferentes, si esto ocurriera hace tiempo que en el planeta tierra, pues no estaríamos, porque habríamos cogido tal cantidad de virus... No, la barrera de especie es fundamental en los virus, y no es una cosa que pueda ocurrir ni comiéndolo ni en ninguna otra manera, se contagiarían algunos, pero no pasaría después de otra persona a otra, eso no tiene ningún sentido, este virus desde luego de biólogos por la verdad tenemos claro que es un virus quimera, es un virus creado, porque tiene secuencias génicas de..., y reacciones, y formas de actuar de diversas procedencias y de especies distintas. Además, la manera que tiene de, digamos de comportarse aunque sea una palabra un poco rara para un ser que no está vivo, es realmente como si algo hubiera sido deliberadamente amplificado para que infectara a seres humanos de una forma evidente. Pero además es que hay muchas otras cosas que deberían ellos demostrar porque nosotros lo que planteamos más que nada son dudas, es decir, son cosas que se están dando por hechas en los telediarios, pero que en absoluto están demostradas, por ejemplo, no está demostrado el contagio respiratorio de persona a persona, no está demostrado en absoluto. Tampoco está demostrado que sea un virus respiratorio, puesto que los famosos receptores los ACE2 y las *spike* están en muchos otros lugares del organismo y curiosamente no están en los pulmones. Entonces, ¿por qué han dicho desde el principio que era un virus respiratorio? Es todo muy sospechoso, y, efectivamente, suena a un plan que tenían establecido jugando con la bioestrategia, ¿no? Igual que hablamos de geoestrategia, ahora habría que hablar de bioestrategia. Y todas las cosas no encajan en absoluto, como no encaja lo que nos están haciendo ahora. Pero por no adelantarme, iremos llegando a los temas que más nos preocupan.

—Sí, por aquí en el documento habláis de la falacia de la zoonosis y los virus sin aislar, quiere decir que, entre especies es muy difícil, bueno pues que se traslade, ¿no?, un virus. Las PCR, ¿qué pasa con las PCR? —aquí le pregunto al biólogo por una de las claves de esta crisis sanitaria—. Yo veo que, muchas veces, para aislar una población y hundirla económicamente no se tiene en cuenta a las personas hospitalizadas, sino las PCR positivas. Entonces, claro, cuando quieran aislar mi pueblo, por ejemplo, solo tienen que ponerse dos furgones de ambulancias para ponerse hacer PCR y salen unos cuantos y aíslan el pueblo, ¿quiere decir que se están usando políticamente las PCR en vez de usarlas de una forma sanitaria?

Las pruebas PCR sostienen el circo del coronavirus

—Efectivamente —confirma Mirones—, las PCR son el palo central, como decía el Dr. Sousa: el palo central que sostiene todo el circo. Todo el circo tiene un palo en el centro que es la creación de las PCR que son unas pruebas inespecíficas que no detectan el coronavirus y que, como se ha demostrado científicamente en un montón de artículos que tenemos y que hemos puesto a disposición en la página de biólogosporlaverdad.es, está absolutamente demostrado que no sirven para diagnosticar y que además a los ciclos de amplificación, que no hace falta saber lo que son, es simplemente que cuando se ponen a más de 22, o sea, no sirven nunca. Vamos a ver, lo dijo Kary Mullis que le costó la vida —el inventor de las pruebas PCR que, curiosamente, murió antes de la pandemia—, pero lo han dicho todos, y no sirven para eso. Son un instrumento para utilizar en estudios y para añadir luego a otro tipo de pruebas. Pero, sobre todo, a más de 20-22, que es como se estaban haciendo a 35 a 40 de amplificación digamos que detectan cualquier cosa, detectan virus endógenos humanos, detectan parte de nosotros mismos, detectan si tenemos estrés, detectan la gripe, detectan adenovirus que son de los resfriados y detectan absolutamente todo, a tal nivel de tener un 97 % de error, un 97 % de error; fíjense que es mayor que tirar una moneda, porque tirar una moneda tiene 50 % de error. O sea, si usted tira una moneda, tiene 50 % de probabilidades de cara y 50 % de cruz, en principio, en teoría. Bueno, pues estas tienen 97 %, es decir, es una barbaridad. Con lo cual, todos los datos que procedan de PCR, y yo cada vez que pongo la televisión y veo que vuelven a mencionar las PCR, que vuelven a pedir PCR para los aviones, por favor, no sirven para absolutamente nada, para nada, pero para nada. Pero lo que la gente tiene que saber es lo siguiente, no solo para la gran invención del asintomático, el asintomático es una figura retórica y literaria creada para…, porque pensar, oye si a la gente le sale PCR positivas y no se ponen enfermos, ¿cómo lo explicamos?, ¿no? Bueno, explicamos inventando una cosa que se llama el asintomático, es decir, todos somos enfermos, no hay presunción de salud, somos presuntamente contagiosos.

—Nada, que nos la han colado. —Aquí llegamos a un punto central de toda la farsa, es un momento cumbre, la pruebas PCR y cómo las han estado falseando.

—Alimentar la PCR y el asintomático pueden perfectamente hacer lo que quieran, pero la gente tiene que tener clara una cosa, los muertos, los fallecidos, que los están diciendo cada día, no son

fallecidos por COVID-19, son fallecidos con PCR. En los fallecidos, la causa de fallecimiento se diagnostica, no se diagnostica, sino
que se certifica si tiene peritonitis y PCR positivo, la causa se pone
COVID-19. Esto está ya demostrado. Nos lo han dicho muchísimos
médicos en secreto y otros lo han corroborado: se está haciendo por
protocolo. Es decir, los hospitales tienen protocolos, el médico no
tiene la culpa; a él le dicen: mira, cuando hay sospecha, PCR positiva
o tiene síntomas parecidos, que son todos, porque el otro invento es
que todos los síntomas de la COVID-19 son síntomas que tenemos
constantemente con un montón de cosas, con lo cual todo es CO-
VID-19 y la gente se está muriendo incluso de accidente. O sea, me
están reportando cosas increíbles: cáncer, ataques cardiacos, accidentes
que figuran como cifras COVID-19. Los familiares, cuando alguien
fallece, sumidos en el dolor, normalmente no se meten en estos líos,
a veces ni lo miran, a veces cuesta decir: oye, pero ¿has mirado, has
mirado lo que pone? Y otros, muy poquitos, se ponen peleones y
dicen, oiga. Incluso el otro día me reportan unos que tuvieron que
enfadarse para que el médico no pusiera COVID-19 porque sabían
perfectamente que su padre había muerto de un cáncer terminal que
tenía hace mucho tiempo. Luego, los enfermos, los que están en UCI
y los que están dentro, todos los que figuran como COVID-19, más
del 50 %, yo diría que más del 75 %, no son COVID-19; luego los
datos que están diciendo a la gente son mentiras; son otras patologías
que dicen que han desaparecido y no han desaparecido, y luego todas
las mentiras se basan en las PCR efectivamente.

—Por aquí tienen preguntas —comienzo a leer los mensajes del
chat en directo—. Soy Consciencia dice: «Fernando, ¿puedes explicar
de forma clara y sencilla lo de la amplificación?».

—Sí, la amplificación, exacto. Las pruebas PCR detectan trazas,
trazas de aminoácidos que han relacionado con el virus. ¿Qué ocurre?,
que son unos treinta los que han detectado, y son comunes a muchísimos otros virus. Para detectarlos lo que hay que hacer es lo que se
llama ciclos de amplificación, que es como si dijéramos que, dilui-
mos tanto, es como si pusiéramos un poquito de rioja y le echáramos
muchísima agua encima, de tal manera que, al final... Imagínense un
vaso de vino al que le echáramos veinte litros de agua y después qui-
siéramos detectar ahí el resto del vino y decir si es de Rioja o si es de

Ribera. Queda tan diluido y tan amplificado que puede ser cualquier cosa. Es decir, vamos a detectar al final trazas insignificantes de uva, o de un vino, pero pretender de ahí decir que es Ribera del Duero o Merlot o Buyones Sauvignon es absolutamente absurdo, es un poco similar a esto. Es decir al amplificarlo tanto se pierde toda la identidad y lo que hace es que se detecta un abanico muy amplio de exosomas humanos, de coronavirus que tenemos, porque no olvidemos que nosotros tenemos coronavirus asociados a nuestro cuerpo que trabajan, que son beneficiosos, y tenemos un montón de virus, porque la gente... es que, de pronto, se ha aprendido la palabra coronavirus, la palabra virus en sí mismo y parece que son cosas malísimas, pero gran parte de nuestro genoma está compuesto por virus y bacterias que son beneficiosos, y entonces al amplificarlo tanto, al poner tantos ciclos, simplemente lo que ocurre es que detectamos muchas otras cosas, no solo COVID-19, sino muchas otras cosas. Esto lo han estado haciendo a escondidas durante prácticamente un año, porque además a la gente, que ya ha visto estos programas y ya la hemos informado, muchos van y le preguntan: ¿oiga a qué ciclos, ha hecho usted esta prueba? Porque te dan un papel y le ponen positivo, ¿oiga a cuantos ciclos lo ha hecho? Y te dice la enfermera, no, no lo sé. ¿No?, pues tiene usted obligación de decírmelo, porque si esto se da a treinta y cinco ciclos, esto no significa absolutamente nada. Entonces, el instrumento en base al cual se están tomando las medidas que arruinan al mundo, y en base al cual se están dando autorizaciones de uso de emergencia a productos génicos experimentales a los que llaman falsamente vacunas, todas, todas, todas, están basadas en las PCR, cuyos cebadores, que son las sustancias, digamos, que se utilizan para hacer la reacción y cuyos, digamos, parámetros fueron definidos desde enero del 2020 por Drosten, y que fue el primero, el que está en Alemania con Ángela Merkel.

»Y curiosamente, este hombre fue —sigue contando López Mirones—, el que ya definió todo esto desde el principio, ¿no? Es muy curioso Christian Drosten, efectivamente. Que Christian Drosten ya tuviera graduados los PCR, que los venda una empresa suya, que lo publique además en una revista en un solo día, que era suya y que además todavía no existía la pandemia cuando él hizo todo esto, y desde entonces, por una cosa, que no me preguntes por qué, es un extraño fenómeno de infodemia, la gente sigue hablando de PCR y

sigue diciendo la vecina del 5.º tiene COVID-19, ¿por qué? Porque
ha dado PCR positivo.

—Justo —exclamo.

—PCR positiva no es tener COVID-19, en absoluto, en absoluto,
podría salir que está embarazada en forma igual de absurda.

—Y por eso ha desaparecido la gripe —apuntillo—. Aunque dicen que es por la mascarilla, que como ahora llevamos la mascarilla,
que ya no hay gripe, y yo he estado hablando y, bueno, hablando con
gente, la gente en el pueblo, ¿no? Yo salgo y la gente se lo cree, se lo
creía, a pies puntillas, gente inteligente, nada de gente que no ha ido
a la escuela, nada de eso.

—¡En serio! —exclama Mirones.

Sobre la desaparición de la gripe

—Y lo comentan, dicen, fíjate, este año, qué poca gripe hay, esto es
por las mascarillas, o sea se creen a ciegas todo lo que dicen los medios
de comunicación, ¿las mascarillas pueden, o sea, pueden parar la gripe
o se está escondiendo todo por el tema del COVID-19? —pregunto.

—Nada eso ha sido —afirma el biólogo Mirones—. Simplemente han hecho un cambio de nombre y lo que antes se llamaba gripe
ahora se llama COVID-19, nada más, porque la cantidad... O sea,
que la gente por favor revise que ponga, muertes gripe 2008, y vea
las cifras entre veinte mil, cuarenta mil, cincuenta mil colapsos en los
hospitales por gripe. ¿Qué pasaba?, que no había infodemia entonces nos importaba tres pepinos, la gente pues bueno, era una noticia
pequeña en una esquina y nadie le hacía caso. Porque la gripe tenía
una leyenda blanca, y sin embargo en el COVID-19 han hecho una
leyenda negra. Ahora dices que tienes COVID-19 y la gente palidece
de miedo, o sea es pánico es un fenómeno exactamente igual que lo
que he dicho antes de los hombres lobo, los dragones, los vampiros,
la gente cuando cree que algo existe, se pone realmente enferma. No
tiene ningún sentido la gripe no puede desaparecer por las mascarillas. Y si la gripe hubiera desaparecido por las mascarillas, hubiera
desaparecido también la COVID-19. Lo que no tiene ningún sentido es que desaparezca una enfermedad respiratoria y no desaparezca
otra enfermedad respiratoria. La gripe no ha desaparecido, a mí me

han reportado médicos, por privado, que no puedo decir los nombres, obviamente, y me han dicho hoy, Fernando, me han llamado la atención. La coordinadora me ha llamado y me ha dicho que por qué había firmado siete diagnósticos de gripe, que eran demasiados, que tenía que poner COVID-19 porque los síntomas son los mismos y, en caso de duda, hay que poner COVID-19. Porque que sepa la gente que una UCI, una UCI COVID-19 a un hospital le está reportando 48 000 euros, unos seis mil más o menos cuando es un ingreso COVID-19, entonces a ellos les interesa y los protocolos del hospital le dicen, por favor, cuanto más COVID-19 pongáis si queréis que tengamos nuevos quirófanos, si queréis que tengamos la nueva planta, si queréis que tengamos un montón de cosas, haced el favor de, cuando haya duda, poner COVID-19, porque así recibiremos la subvención correspondiente que es mucho mayor cuando se pone COVID-19. La gripe no ha desaparecido, simplemente le han cambiado el nombre, y la gripe era una enfermedad mortal, era una enfermedad que mataba mucha gente. Curiosamente, los números de muerte de la gripe corresponden bastante con los números de muerte que se asignan a la COVID-19, más lo que ahora está ocurriendo por falta de atención a enfermedades como, sobre todo, cáncer, cardiopatías. La gente ha cogido tal pánico a ir al hospital que hay personas, y personas mayores, que necesitaban cuidados, revisiones, intervenciones quirúrgicas, que hace seis, siete, ocho, doce meses que no pisaba un hospital porque tienen pánico a entrar y no salir, y eso es lo que está produciendo una mortalidad. Y cuando la gente dice: pero ¿cómo puede decir eso?, que se ha muerto mi cuñada, vamos a ver. Hay una cosa que no entiendo, ¿por qué cuando se muere alguien cerca de uno, que es un gran dolor obviamente, uno se convierte en absolutamente creyente de los telediarios? ¿Qué tiene que ver? Yo creo que debería ser al revés, es decir, si se me muere alguien próximo, yo quiero saber la verdad, quiero saber, quiero ir detrás de la justicia acerca de la muerte de mi padre, de mi madre o de mi esposa, y no quiero que me engañen. Tampoco querría que utilizaran a mi ser querido para atemorizar a la población, y para arruinar a la población, luego deberían ser los primeros que deberían estar aplaudiendo todas estas corrientes. Que nos estamos jugando literalmente la profesión y hasta la vida, que estamos tratando simplemente de que no nos engañen y de que no nos digan la mitad solamente y pongan el foco solamente en biólogos y médicos, ya que tienen un conflicto evidente de intereses, todos los que salen en las televisiones grandes, todos, porque los conozco y a muchos personalmente; todos trabajan directa o indirectamente para Pfizer, Moderna, AstraZeneca, Soros y Gates, absolutamente todos, entonces, cuando la gente dice, pero, bueno, ¿va a saber usted más que es un simple divulgador científico?, ¿va a saber más que este señor que trabaja en el CSIC? No, no sé más que él, pero hablo más que él, él sabe, pero no habla, entonces los que saben no hablan, y los que hablan no saben. Si se fijan los que hacen grandes alharacas y grandes afirmaciones, son siempre locutores, son siempre periodistas, son siempre tertulianos, que no tienen ni la menor idea; de hecho, están utilizando la expresión vacunación como sinónimo de estar inmunizado, o sea, dicen habitualmente la frase: ya están inmunizados 1500 ancianos más. Esto no lo dice ni Pfizer; no inmunizan. Entonces no están inmunizados, no están inmunizando; ¿por qué lo repiten? Es un escándalo increíble lo que está ocurriendo con el periodismo, y debería darle vergüenza y deberían acabar todos en la cárcel.

—Bueno, hasta cierto punto ya se está imponiendo la frase *terrorismo informativo*, ¿no? Porque es que miedo tras miedo tras miedo...

—No te oigo. —Parece que en este punto se fue la conexión.

—Miedo tras miedo y se colapsan las ciudades y encierran las ciudades y se...

—No te oigo, no te oigo por algún motivo.

—Pues, a ver, no sé si me escucháis, si me escucháis vosotros, desde el chat, si me lo podéis decir. —Arreglamos la conexión.

—Vale, ahora sí, ¿no?, se escucha sí, a mí me escucha.

—Sí —confirma Mirones.

—Y yo te escuchaba bien —sigo la entrevista—. Bueno, te puedo decir, yo tuve que renunciar a una gastroscopia porque querían hacerme una prueba PCR, yo me negué, le dije que yo llevaba mi test serológico, test de sangre que es mucho más efectivo y dijeron que no lo aceptaban, que o me hacían la PCR o que no me hacían la gastroscopia, y yo renuncié a la gastroscopia, porque digo, que esta gente, un PCR de esos, es un 50 %, me dice que tengo el COVID-19 y no me dejan salir del hospital o no me dejan salir de casa y me encierran, evidentemente renuncié a la gastroscopia y me quedé sin ella, o sea os lo digo de primera experiencia, pero vamos.

—Sí, sí —comienza de nuevo a coger el hilo de la entrevista Mirones—, están ocurriendo casos de películas de terror, o sea de ancianos que van a una revisión de un pie, les meten en una sala y le sacan una PCR sin solicitarlo, le da falso positivo y al señor lo encierran, y el señor tiene que llamar a su casa diciendo: mira que es que yo, que me han encerrado, que no podéis venir a verme, que no puedo volver a casa y lo tienen ahí dos o tres días absolutamente deprimido y te pasan a una sala COVID-19. Es que incluso, o sea, lo que está ocurriendo es tan grave como que tú puedes tener una PCR positiva y te metan en una sala COVID-19 y cojas el COVID-19 de verdad, es que es tremendo. Más que salas COVID-19 son salas de cultivo. Lo que se está haciendo es una iatrogenia, que es, el otro día, el doctor Sousa, que es médico, lo decía, decía los médicos hemos matado a miles de personas.

—Sí —confirmo triste y sabiendo que así es como se ha funcionado en España—. Una prueba positiva en un hospital y puede que no vuelvas a salir con vida, propio de una película de terror.

—Y esto, hemos matado a miles de personas —sigue reflexionando Mirones—. Así de sencillo y así de claro, y están mintiendo, yo lo... Mira, yo estoy muy enfadado con los médicos y con enfermería porque están siendo absolutamente cómplices de una cosa que muchos están sospechando. Los disidentes, los que nos dan la información, porque tenemos un montón de topos y son los que nos cuentan las cosas, y ellos mismos me dicen: mis compañeros están absolutamente abducidos. Mira, a la gente le tenemos que decir una cosa importante, los médicos normales, los médicos, por el hecho de serlo, tienen que saber ustedes que no saben absolutamente nada de virus, pero nada, los virus son materia de los biólogos. Los médicos lo que hacen es curar de forma protocolar las enfermedades que producen los virus. Entonces, cuando a ellos les dicen que hay que poner respiradores y que hay que poner un medicamento u otro, eso viene desde arriba, desde gerencia del hospital, y bueno ellos tienen una cierta capacidad de maniobra, pero no pueden poner lo que les dé la gana, los médicos no son científicos, son técnicos.

—Perfecto —exclamo entendiendo el concepto—. Una cosa ser el ingeniero y diseñar aviones y otra es pilotarlos, el médico es el que los pilota, el biólogo es quien los diseña.

—Un ejemplo que me gusta poner es si usted quiere averiguar en un avión, un Boeing 747, cómo son los motores, cómo se han creado, cómo se han hecho, cómo son de seguros y cómo están evolucionados, ¿usted con quién tiene que hablar, con el piloto del avión o con un ingeniero aeronáutico? Usted al que ve es al piloto, el piloto lo aterriza, lo levanta, el piloto es maravilloso y hace cosas increíbles, pero el que diseña y el que sabe del avión se llama ingeniero aeronáutico, y usted nunca lo ve, pues esto es igual, usted al biólogo nunca lo ve, usted ve médicos y farmacéuticos, pero ellos saben de la enfermedad, no saben del virus.

—Por aquí dicen —digo mirando al chat en directo—: ¿por qué ya no quiso hacerse la prueba PCR y salió espantado?, dijo incluso que no era obligatorio, [risas] o sea, también tenía miedo, supongo que cuando lo dijo es porque también tenía miedo. Ya hay ahí más preguntas, un mail muy interesante de Rosmar542: ¿Se han hecho las suficientes autopsias a las personas que han fallecido por COVID-19? ¿Qué sabemos de las autopsias en España: se han hecho, no se han hecho?

Las autopsias en España

—Buenísima la pregunta porque es otro de los palos de este circo —responde Mirones—. Las autopsias no se han hecho, se prohibieron al principio con la excusa del contagio. Dijeron: no, no, es que como vamos a manipular unos cuerpos que están contagiados con algo tan gordo, se ha quedado ahí en el sueño de los justos y no se hacen. Se hacen de forma muy puntual para otras cosas, pero no con el motivo de COVID-19. Y no solo eso, sino que están prohibidas las autopsias, y es en una autopsia donde se averigua, es donde realmente se averigua por qué, de qué patología ha muerto esa persona. Entonces es algo increíble.

—Entonces, claro, si no hay autopsia, estaba claro que no querían que se supiera la verdad del porqué moría la gente.

—No —refirma Mirones.

—Realmente, nadie ha muerto de COVID-19 en España, porque no se sabe.

—Si no las has realizado...

—No se sabe...

—Si no permiten aislar el virus —sigue contando López Mirones—, si no permiten hacer autopsias, que es donde se ve si el órgano afectado es el pulmón, es el corazón, es el riñón es lo que sea, son los tegumentos, es el cerebro, es ahí donde se aprende, después de un año, ¡un año!, imagínate la cantidad de autopsias que se podían haber hecho, que se podían hacer. ¿Por qué han dicho que no? Esto es lo que la gente tiene que preguntarse, y por qué la gente se cree tan pancha, y por qué han dicho que no, ¿por qué? Pero si las autopsias son fundamentales, pues solo hay un motivo: que no quieren que se vea lo que se puede ver en una autopsia, entonces vamos a ver, cuando en mayo desaparezca la prohibición, qué hacen. Porque unos médicos en Italia, que ya en abril del año pasado hicieron unas autopsias de forma ilegal, no encontraron rastro alguno de los virus en los pulmones, en absoluto. Otro estudio en China, con más de mil, no, con más de mil no, con más de un millón, con más de un millón de personas que teóricamente habían dado PCR positivo y tenían COVID-19, no consiguieron encontrar el virus en ni una sola persona, ¡ni una sola en un millón! Todas estas cosas..., ¿qué ocurre?, que nos la dicen los telediarios, o sea, ¿cómo nos las vamos a inventar? Todos estos documentos están ahí, todos estos son estudios que yo no estoy citando porque yo aquí no voy a poner a leerlos, pero que los pueden encontrar en Médicos por la Verdad y los pueden encontrar en un montón de gente que los estamos poniendo. ¿Por qué no nos hacen caso? ¿Por qué no sale en los telediarios? Eso es lo que la gente tiene que preguntarse antes de poner el brazo para que le metan una sustancia génica en fase experimental. Que no estamos locos, que somos miles en todo el mundo, de un montón de gente con expedientes médicos y biológicos alucinantes que están diciendo lo mismo que estoy diciendo yo ahora mismo aquí.

—Así es.

—Con uno solo bastaría, pero son miles.

—Ya oficialmente en España, señores, no ha muerto nadie de COVID-19 pues porque no hay autopsia. Y como no hay autopsia, para saber, pues no se puede decir que ha muerto de COVID-19 o no.

—No, claro —confirma Mirones—. Ellos dicen, o sea, están muriendo de forma indirecta, ya van cerca de dos mil personas. Pero, claro, ellos lo niegan, ellos dicen que es casualidad. Dicen que, joder, se han muerto siete, después de pasar las tres olas. Y están perfectamente justo después de las vacunas y dicen que es que ya les tocaba porque era gente mayor. Entonces, ¿qué pasa, que la evidencia les funciona? Por otro lado te están diciendo, uy, estaba mejorando, eso era hasta hace poco, hasta que han cambiado el pandebiómetro, estaban funcionando las vacunas. Mira, está bajando, o sea, la evidencia, cuando es a favor del relato suyo, sí, sí, la gente se la cree, pero cuando no, resulta que no. O sea, las personas que están muriendo están muriendo, pero la gente tiene que ver una cosa: los efectos secundarios adversos son de por vida, de por vida. Los que están hablando de ellos son los leves, los leves, los dolores de cabeza y tal, eso, ojalá fuera solo eso.

—Ojalá —remarco.

—Pero no es eso lo preocupante.

Vivimos un momento revolucionario

—¿Qué ocurrirá en otoño? ¿Qué va a ocurrir en otoño? —me pregunto y pregunto al biólogo—. Yo me temo que va a ser peor, que va a ser peor, mucho se está balando de que va a venir una ola tremenda, tremenda en otoño. En principio, no tenía que ser así porque todo el mundo o el 70 % está vacunado. No tendrían por qué pillar la enfermedad, ¿no? Que inmuniza nos lo han repetido hasta la saciedad. ¿Qué ocurrirá en otoño? ¿Saldremos de esta o no, o irá a peor?

—No, no, si la gente se sigue vacunando no vamos a salir de esta nunca más en la historia de la humanidad. O sea, ahora mismo estamos viviendo un momento absolutamente revolucionario en el que, si no nos plantamos, y no descarto la violencia, si no nos plantamos, va a cambiar el mundo para siempre. Esto, y está igual el virus, hace muchos meses que está atenuado. Se van a inventar, se van a inventar vacunas y, desde luego, la gente tiene que saber una cosa: no es la vacuna, van a ser, ya están hablando de seis cada año, y además de seis cada año, nadie le dice que no tenga que pagarlas usted de su bolsillo en un futuro. O sea, lo que están haciendo es un control, una dictadura sanitaria que nos va a tener a todos controlados. Hoy me estaban reportando, de forma también confidencial desde la Comisión Europea, que este famoso pasaporte verde que quieren hacer no es para viajar, si hay mucha gente que está vacunada que lo están celebrando, como diciendo: uy que bien, me van a dejar viajar. No, no, no, esto, una vez que esté implantado, lo que van a pretender es que no puedas ir a comprar a un supermercado, no puedas entrar en algún tipo de edificio inteligente, que ya hay muchos, porque te van a detectar desde la entrada, pero no que tengas la vacuna, que tengas la última dosis de las seis del año, que tengas la PCR, que no tengas otra serie de cosas y, desde luego, que no seas una mala persona, o que seas insolvente, o que hayas estado en la cárcel. O sea, una vez que se instaura eso, la información que se meta dentro y que se utilice es infinita. La gente tiene que saber, los que sean partidarios de, que hay que agradecérselo de participar en este experimento génico porque gracias a ellos, dentro de un par de años, a lo mejor hay una vacuna, esta gente tiene que saber que si ahora abren la puerta a dejarse registrar, están abriendo una puerta muy peligrosa, y que tarde o temprano se arrepentirán, y que cuando quieran bajarse de eso, no podremos irnos. Lo que estamos viviendo es un cambio global, que es absolutamente global, esto no tiene que ver con política, ni con Sánchez, ni con nada, es global, solo en España y Chile por ejemplo vamos bastante por delante, porque somos países pilotos de esta estrategia, y a través del pánico, del terror, un control social a través de la salud, y la gente ya está convertida: o sea, los covidianos ya son covidianos.

—Sí —afirmo.

—Luego, ahora están empezando ya a ir por los niños, van a empezar a querer vacunar niños y a querer inocular a la gente durante el resto de su vida. Esto no va a acabar nunca, y no voy a entrar en el juego de lo que va a pasar después porque ellos con las PCR lo suben y lo bajan, y en Médicos por la Verdad estamos sospechando desde hace tiempo que, no solo las vacunas de la gripe, sino que estas inoculaciones que están haciendo ahora pueden ser las causantes de las olas y de la COVID-19. O sea que la COVID-19 está entrando a través de las vacunas.

—Bueno hay multitud de gente fallecida después de haberse puesto la vacuna, sobre todo en residencias, eso por toda España. El recurso a la violencia, siempre que sea legítima, en legítima defensa, desde luego que está más que justificado, quiere decir que. A mí, yo tengo claro que no me vacunan y si me obligan, pues tendré que defenderme eso lo tengo claro. Estos no son vacunas, quiere decir, esto no son vacunas como a mí me ponían de niño, que eran, decían que era el virus atenuado, ¿qué tipo de medicina es esta? Nos lo podrías explicar como biólogo.

—A ver, esto que nos están proponiendo son productos génicos en fase experimental, son productos génicos que se han intentado..., se estaban desarrollando cuando dicen, no es que esa tecnología llevaba mucho tiempo, se estaba intentando esta tecnología del ARN mensajero para patologías de cáncer, por ejemplo, pero nunca fueron aprobadas porque los efectos secundarios eran descomunales y porque las pruebas con animales morían todos. Hicieron pruebas sobre todo con Hurones muy próximos a nosotros en el sistema inmunológico y morían todos, no algunos, todos. Entonces tenían esta tecnología ahí parada hasta que han visto la oportunidad de sacarla aquí. Entonces, la gente tiene que saber varias cosas, una que no son medicamentos aprobados, no están aprobados, tienen una *emergency use authorization*, es decir, una autorización de uso de emergencia. La autorización de uso de emergencia se concede con dos premisas. Las dos premisas son que haya una emergencia, por ejemplo, tipo una guerra o tipo una pandemia peligrosísima, y dos, que no haya una alternativa, la emergencia como la crean, con las PCR, por eso son tan importante las PCR. Si desenmascaramos las PCR ya no habría emergencia y ya no habría vacuna, las falsas vacunas. Y que no haya otras alternativas también es falso porque, en vez de estar invirtiendo en medicamentos que curen a la poca gente, porque es que la mortalidad del 0,1 al 0,3, que es poquísima, la poca gente que realmente lo coge y se pone muy malita... Invertir en medicamentos que curen a esas personas, que las saquen adelante cuando se pueda, pero eso no es negocio, lo que es negocio es inyectar productos durante toda su vida a una persona. Y no es casualidad que esto lo esté haciendo la misma persona que hace Microsoft, es que usted se está metiendo un sistema operativo. Usted, cuando se meta Pfizer, lo que va a hacer es tener que actualizar el sistema operativo de Pfizer todos los años. Y, ojo, porque por esa vía lo que no nos metan ahora nos lo meterán el año que viene o el siguiente o dentro de diez años. Entonces, estos productos génicos experimentales que nos están introduciendo, que están en fase 4 de experimentación y todo esto está dicho por ellos, en los propios documentos de Pfizer, de Moderna y de AstraZeneca está escrito; en la propia OMS está escrito. Es que es increíble, que parece que la gente no va a leerlo, es decir, esto no son cosas conspiranoicas, es que ellos lo ponen, es que tienen esa autorización de uso de emergencia y que es experimental, no lo están ocultando, lo que pasa es que bueno, luego llegan los telediarios y dicen que llegan las vacunas..., Esto no son vacunas.

—Es una locura, ¿no? No dicen que se está sometiendo a la población a un experimento realmente, sino que lo que te dicen es que son seguras, están más que probadas, te llevan ahí.

—No, no.

—A un médico, un científico.

—No, no —vuelve a decir Mirones.

—No, no, esto está más que probado, total seguridad, 100 % y tal...

—Puedo garantizar que no, que no. Además, ni siquiera ese 95 % que empezaron diciendo, ¿no? Noventa y cinco por ciento de efectividad es efectividad, se llama efectividad relativa, y no es cierta, la efectividad absoluta, que una cifra no tiene sentido sin la otra, se calcula entre un 1 % y un 6 %, como mucho. Pero, además, ¿efectividad sobre qué? Porque los documentos de Pfizer, que la gente los puede leer porque son públicos, están ahí, son cincuenta y tres folios, quiero recordar, pero hay que leerlos, joder, joder, o créannos, o léanlo, o no sé, pero lo que no puedo es hacer caso al del telediario. Ahí, sí, exactamente, que lo más que puede producir es que si usted coge la enfermedad sea un poquito menos grave, no inmuniza, no impide que contagie y no impide ser contagiado. Luego, entonces, todas las medidas que están forzando a la gente... No, es que usted es profesor, usted trabaja cara al público, usted atiende en una tienda o es policía y tiene que vacunarse, es absolutamente mentira, *es mentira*, porque una persona vacunada contagia exactamente igual que una persona no vacunada, y espérate que no contagie incluso más, porque hay una cosa que se llama AD, que es una amplificación por vacuna que cuando un vacunado tiene un contacto posterior, no solo con el virus COVID-19, sino con otro virus, tiene una reacción, una hiperreacción inmunológica que le hace enfermar muchísimo más que una persona normal y, por tanto, puede convertirse en más contagioso que un no vacunado. Atención a lo que estoy diciendo, *atención a lo que estoy diciendo, pueden convertirse en más contagiosos.* Y todo esto es lo que estamos descubriendo y publicando en estudios que están ya hechos, y que están y que existen, lo que pasa es que hay que atar los cabos, ¿no? Es absolutamente absurdo, ¿no?, cómo están convenciendo a la gente de un modo totalmente acientífico, que no les digan que es evidencia científica porque no lo es. Y nosotros estamos ofreciendo más de cien artículos científicos de *Journal of Medicine*, de *Science*, de *Neither*, de un montón de revistas donde todo esto que estoy diciendo se certifica y viene en estudios.

Los vacunados como bombas biológicas

—Por ahí hay mucha gente que dice que los vacunados son una auténtica bomba biológica, que no se sabe cómo se van a comportar cuando venga la temporada de gripe en otoño; y también hablan sobre la fertilidad, incluso los biólogos argentinos sacaron un documento diciendo que podía afectar gravemente la fertilidad, ¿esto es así?

—Sí —contestó rotundo Mirones.

—Que... —No pude terminar la frase.

—Sí, en el documento que hemos sacado Biólogos por la Verdad se da la casualidad de que los receptores ACE2, estos famosos, están sobre todo en las células germinales, es decir, en la producción de espermatozoides, en la implementación de la placenta y en la producción de óvulos, es donde más están estos receptores. Entonces si usted libera ARN, que es material genérico sintético que va a producir una hipersensibilidad ante estas, supuestamente para la proteína spike; pero ¿qué pasa si tiene un parecido, una homología, por ejemplo, con la sincitina y con otra serie de proteínas que tenemos en nuestro organismo y que son fundamentales? Lo que va a ocurrir, lo que puede ocurrir, no lo que va a ocurrir, ojo —son ellos los que tienen que descartarlo, no nosotros—, lo que puede ocurrir es que ataque directamente a la gametogénesis, que es la producción de espermatozoides de óvulos y que produzca realmente infertilidad en la gente que se introduzca esto en el cuerpo. Y esto ellos deben de garantizar que no ocurra. Sin embargo, lo que están haciendo es bajar cada vez más la edad y ya están empezando hacer las pruebas con niños, ellos saben que con niños van a tocar hueso, que cuando a los niños les empiecen a pasar cosas, un padre o una madre cabreado mueve el mundo, y por eso los dejan para el final, pero van a por todas, van a por todas y a por todos. Realmente, yo ya estoy empezando, y mucha gente tenemos ya un síndrome de depresión porque estamos muchos meses ya contando, descubriendo y tenemos el síndrome de Casandra, de saber perfectamente que esto es cierto, que además de que estamos arruinando nuestras carreras, no ganamos nada. Yo aquí no cobro nada, en ninguna televisión que voy cobro nada, estoy abandonando mi trabajo, estoy abandonando muchas cosas y a ver, me estoy autoinmolando, porque ya salgo en Google: pones mi nombre y sale «Fernando López Mirones, negacionista». Hay gente que me está dando la espalda y estamos teniendo problemas familiares y sociales de todo tipo. A la universidad donde doy clases le están escribiendo en las redes sociales diciendo: cómo tienen a este individuo negacionista como profesor. O sea, la presión es increíble, y todos lo que estamos haciendo esto lo estamos haciendo completamente gratis y, además, perjudicándonos. Y, sin embargo, lo que los están informando a ustedes en televisión están cobrando, no solo en la televisión, sino que les están pagando, por ejemplo, Asociación Española de Vacunología. ¿Usted cree de verdad que el presidente de semejante asociación le va a decir a usted la verdad? Es como si usted le pregunta por los motores de Mercedes al presidente de Mercedes o al ingeniero jefe de Mercedes o a cualquier persona que esté trabajando en la fábrica Mercedes o Audi o Volkswagen. ¿Qué les va a decir? Pregúntele por los aviones de Iberia al presidente de Iberia. ¿Qué le va a decir? Que son cojonudos. ¿Qué le va a decir? Claro, somos los independientes, estamos siendo perseguidos, estamos siendo callados, nos estamos arruinando, estamos corriendo serio peligro incluso en nuestra integridad física y, sin embargo, la gente prefiere creer a los que cobran.

—Por ejemplo, dicen por aquí otra pregunta… —Una pregunta del chat en directo—. Ya hay muchas preguntas, no creo que nos dé tiempo a todas. Dicen por aquí: ¿Se puede pedir que me hagan una prueba serológica en un centro privado? Me piden una PCR para hacerme una prueba.

—Sí se puede pedir, que yo sepa sí. Lo que pasa es que tampoco son tan fiables, pero sí que se puede pedir. Y cuidado que estamos descubriendo otra serie de cosas..., pero, bueno, todavía no las puedo contar, pero yo, desde luego, evitaría todo tipo de pruebas sobre la COVID-19, porque ninguna es determinante, ninguna funciona y no tienen sentido si uno no está enfermo. Cuando uno no está enfermo, no hay que hacerse pruebas de nada. Y entonces ya está bien de que estemos aceptando que nos tengan que vulnerar nuestros derechos, porque, además, es que no está sujeto a derecho ni siquiera, ¿no? Y vulnerar nuestros derechos para hacernos pruebas constantemente para todo..., porque, ojo, los que fabrican estas pruebas también se están haciendo multimillonarios. Entonces, intenten que no tengan que hacerles pruebas para nada. Usted no está malo, si usted no está enfermo, usted no tiene fiebre, usted no tiene por qué hacerse ninguna prueba.

—Por aquí dicen: ¿Ve alguna esperanza de que los médicos hablen alguna vez?

—Sí —contesta Mirones—. Tenemos una esperanza porque ya hay cien que han firmado, o ciento y pico, porque cada día crece. En este documento de Biólogos por la Verdad con Médicos por la Verdad hay cien valientes. Y hay que reconocer una cosa, igual que la inmensa mayoría están siendo cobardes por error u omisión, los que están saliendo son héroes porque ellos pueden ser expedientados. El doctor Sousa, Alejandro Sousa, está recibiendo una presión enorme, pero no pueden, no pueden echarlos porque ellos no están haciendo nada malo, y porque ellos tienen un juramento hipocrático y es su obligación moral. Desde aquí hago un llamamiento a que, por favor, se enteren, que analicen todo lo que estamos publicando que lo miren, por favor, que dejen de llamar negacionista a la gente, que lo miren y con argumentos lo debatan, porque otra cosa que tiene que ver la gente y preguntarse por qué no hay debates en las televisiones públicas y por qué no me llevan a mí o a cualquiera de médicos o la doctora Almudena o a cualquiera de estos. Que nos lleven y nos ridiculicen, a mí que me pongan con veinte de estos médicos del sistema en famosos programas de misterios, por favor que me sienten en una mesa con siete, a ver, ¿por qué no lo hacen? Que me ridiculicen, que me saquen los colores, ¿saben por qué no lo hacen? Porque no sacarían los colores, ni siquiera tendría que hacer ninguna afirmación, con cinco, con cinco preguntas los desmonto, porque no sabrían contestarlas, no pueden contestarlas. Están todo el tiempo haciendo falsa disidencia, están hablando siempre de cortinas de humo, si cierran aquí, si cierran allá, sin mascarillas aquí, sin mascarillas allá. Este tipo de cosas son tonterías, aquí lo fundamental son las PCR, las vacunas, los asintomáticos y la infodemia. Lo que están haciendo es absolutamente mentira. Y no nos vayamos, por favor, sin decir que vías de estudio muy serias certifican que las mascarillas no sirven, en absoluto, salvo para gente que está infectada y que está dentro de un lugar cerrado.

—Por aquí hay más preguntas. Dice por aquí: ¿Sería posible que Biólogos por la Verdad contacten con científicos de la declaración de gran Barrington? Un saludo.

—Sí, por supuesto, hay una cosa muy bonita que está ocurriendo, es que todos los que nos estamos metiendo en esta cruzada lo hacemos solo por búsqueda de la justicia y de la verdad, nada más, y como lo hacemos gratis e incluso es que perdemos dinero. Y nos estamos juntando con gente del todo el mundo, nos animamos y nos pasamos información. Ahora estamos funcionando muy bien, con muchos abogados, porque es fundamental presentar en Bruselas y en todos los tribunales y enseñar a los jueces, y darles documentos fehacientes para que tengan los datos reales de que a la gente no se le puede impedir la entrada a ningún sitio con pruebas que no funcionan, o que a la gente no se le puede hacer ningún tipo de presión. Entonces, por favor, las vacunas no son obligatorias, no les pueden hacer a ustedes firmar nada, no firmen nada. Tampoco tienen que dar ninguna razón. Es que veo mucha gente agobiada, ¿qué puedo decir?, ¿qué puedo decir? No, no, tiene que decir: «No, gracias, no me apetece participar en un experimento». No tiene por qué, no le pueden presionar; es ilegal presionarle, es ilegal darle algún tipo de, digamos, prebenda a los que se vacunen y a los que no, no; ni mandarle a un sitio peor que a otro, sería lo mismo. Me gusta este ejemplo porque es una cosa a la que todos tenemos ya la sensibilidad hecha. Es como si dijera: no es que si usted es homosexual le vamos a dar las peores asignaturas, o le vamos a mandar a los peores destinos, ¿a que no aceptaríamos esto? O que dijera: no que si usted es mujer, o si usted se va a casar y va a quedar embarazada no la podemos contratar, ¿a que no aceptaríamos esto? Pero no lo aceptaríamos, tampoco lo aceptaríamos los heterosexuales, ni tampoco lo aceptaríamos los hombres, no por que afecte a una mujer lo vamos a permitir, ¿verdad? Pues, por favor, los que sean partidarios de vacunarse, que me parece muy bien, son los primeros que tienen que decir: vacunarme sí, pero porque quiero, lo que no quiero es que a nadie se le obligue a hacer cosas que van contra la declaración de Núremberg, y que además van contra una serie de libertades fundamentales que una vez que nos las quiten, cuidado, porque va ser muy difícil de recuperar. No, digan no, gracias, no les pueden presionar ni les van hacer nada. Y otra cosa, son ustedes muchos más de los que creen, créanme. La gente está callada, en su empresa, que usted cree que son uno o dos, cuando salgan del armario, verán que no, que incluso entre los jefes hay mucha gente que opina como usted, que no está segura. Si no está seguro, no se deje vacunar. Me parece muy triste la gente que me está diciendo: es que lo hice porque como lo hacían todos. O sea, como lo hacían todos, has participado, te has metido ARN sintético o adenovirus de chimpancé, que es lo que tiene AstraZeneca —o sea, lo de AstraZeneca es una barbaridad—. Con ADN durante el resto de tu vida vas a tener problemas. Si están negando las muertes a una semana, ¿te imaginas lo que van a decir dentro de siete años, que seguirá muriendo gente por las vacunas? Lo estás haciendo para que no te miren mal por el pasillo, ¿en serio? Por favor, que la gente se informe, que vaya y vea estos documentos, que esto todo es gratis, que mire si es verdad, que mire si son los científicos que lo firman, ¿si son reales, si son gente?, ¿son alemanes, son canadienses, estadounidenses?, gente importantísima que firma todas estas cosas, no nos hemos vuelto locos de repente.

—Bueno, aquí está el documento que han firmado Médicos por la Verdad y Biólogos por la Verdad, podéis descargarlo en biologosporlaverdad.es y en medicosporlaverdad.net. Esto es aquí en España y, bueno, dice: «En el presente documento, firmado por sesenta médicos y treinta y seis biólogos —eh, casi nada—, se expone...». Ya hay más porque ese PDF no estará actualizado, pero en la página ya hay más de cien médicos —remarca Mirones.

—¡Más de cien médicos! —exclamo.

—Que son unos valientes y desde aquí los felicito, porque tienen mucho valor y que vayan saliendo cada vez más y más y más.

—«Se exponen argumentos de peso avalados por estudios científicos previos y reportes de casos reales sobre muertes y efectos adversos registrados a las agencias del medicamento de todo el mundo —leo el documento—; información empírica y objetiva en la que los abajo firmantes nos respaldamos, para pedir el cese inmediato de las campañas de vacunación destinadas a implementar productos génicos en la población sana, con la excusa del virus SARS CoV2. Creemos firmemente que los riesgos no son asumibles, ni un solo efecto adverso o muerte debe ser tolerado. Entendemos que es imprescindible demostrar sin lugar a duda el aislamiento del virus SARS CoV2 y su cultivo directo en pacientes con RT PCR positivas, para asegurar al 100 % su presencia y demostrar su conexión directa con la enfermedad denominada COVID-19, antes de exponer a la población a cualquier ensayo clínico. Consideramos una absoluta barbaridad la experimentación con productos génicos en las personas sanas, ya que supone un ataque directo al código deontológico de nuestra profesión, la cual se fundamenta en la preservación de la salud y de la vida». Bueno pues aquí tenía el documento que son treinta y una páginas, lo podéis descargar, lo podéis imprimir, son muchos puntos en los que dicen por qué se oponen a la vacunación, son puntos realizados por especialistas, por médicos y por biólogos, quiero decir que no son… Y lo están avisando y lo están diciendo, y bueno… Pero los medios de comunicación que algún día, si muere gente y mueren más, sencillamente tendrán que responder, tendrán que responder, porque han participado todos, aquí están participando prácticamente todos. No sé, llevamos ya cincuenta y ocho minutos de programa, Fernando, no sé si tienes algún mensaje final ya para la audiencia.

—Pues sí.

—Están conectadas más de mil personas que, en una web, es muchísimo porque le estamos quitando cuota a plataformas como YouTube; que dices esto en las *big test* y te tiran el video, te cierran el canal. Quiero decir que es que…, encima eso, encima.

—Sí —dice finalmente Mirones—. Yo creo, de hecho, bueno, yo tengo un canal que se llama El Aullido en YouTube que pueden ir, por favor, que lo tengo un poco…, me han hecho unos *strikes*. Lo tengo un poco parado porque ya sabes que no se puede decir nada, pero bueno que hay muchos videos ahí que, bueno, que me visiten. Y ya saben que suscribiéndose nos dan un apoyo. Pero, mirad, yo quería decirles que este tipo de documentos... Yo comprendo a la gente, muchos de ustedes están pensando, bueno, ahora, cómo se lo digo yo esto a mi cuñado covidiano, a mi prima la enfermera y a mi hermano que es traumatólogo, que me dirán lo que sabe un traumatólogo de virus es lo mismo que sabe el piloto del avión que hemos hablado antes, o sea, nada; porque no tiene por qué. Miren, imprímanlo, pásenselo y verán como ellos se niegan a leerlo, porque esto ya es una cosa emotiva, lo que han hecho es un relato en el que quien es creyente ya lo es, es una nueva religión, sin duda, y se niegan a leerlo. Todas las referencias que están ahí son referencias científicas que las pueden comprobar. Mándenselo, por favor, y diga: mira, no me digas más que no ni me digas más que soy un negacionista y, por favor, refútame lo que viene aquí, léetelo y dime que no, dime que no, porque está y todo lo pone ahí. Y entonces lo pueden ustedes hacer, lo pueden ustedes comprobar, y desde luego no es posible que miles de médicos y biólogos y científicos de todo tipo en todo el mundo, con muchos trabajos irrefutables, premios nobel y gente muy importante, nos hayamos vuelto todos de pronto locos y créanme, no lo hacemos por nada, porque esto solo trae la ruina. ¿Van a creer a los que se están forrando o van a creer a los que nos estamos arruinando? No nos hemos vuelto locos. Por favor, escúchennos y no se vacunen porque no hay vacuna. Cuando haya vacuna seré el primero en ponérmela.

—Pues muy bien, muchas gracias, Fernando. Hemos hecho una encuesta que la voy a mostrar, mientras que hemos estado hablando. Pues dicen, por ejemplo: ¿qué es el COVID-19? Un virus de la naturaleza. Un arma biológica. No existe. Ni puñetera idea. «Un virus de la naturaleza», un 0 %. No se lo cree nadie. [Risas]. «Un arma biológica», el 64 %. «No existe», el 14 %. Y «Ni puñetera idea», un 21 %. O sea, que ha ganado que es un arma bilógica un 64 %, después ni puñetera idea, que no lo sabe, agnóstico. [Risas]. Como yo, agnóstico —termino el programa—. Y un no existe, minoritario, pues muy bien, muchas gracias, Fernando. Muchas gracias también a todos. Yo pienso que la entrevista ha sido muy explícita. No te vayas, te despido después en privado. Y al resto, pues nada, para más información, como siempre, Elarconte.tv, aquí, y en Elarconte.com también, y si queréis que os llegue la noticia al móvil solo tenéis que apuntaros a mi canal de Telegram El Arconte. Y el documento lo podéis descargar en Biólogos por la Verdad y Médicos por la Verdad. Buscad ahí Médicos por la Verdad o Biólogos..., y ahí está el documento. Descargadlo y, ya lo sabéis, máxima difusión. gracias y hasta la próxima. Yo dejo por aquí la verdad os hará libres; eso, la verdad os hará libre.

En esta entrevista veía a Fernando López Mirones realmente afectado por algo que él sabía que iba a ocurrir y, sin embargo, no podía parar. La máquina de la propaganda televisiva ha sido tan brutal que ha arrastrado a millones de personas al matadero. ¿Habrá justicia alguna vez contra todos aquellos programas que incitaban a la gente a vacunarse diciendo que todo era seguro? ¿Habrá justicia para aquellos periodistas que atacaban a los negacionistas simplemente porque estaban más lúcidos que el resto que acudían como ovejas al matadero? gracias, Fernando López Mirones.

CAPÍTULO XIV.
ENTREVISTA AL DECANO
DEL COLEGIO DE BIÓLOGOS DE
EUSKADI JON ANDER ETXEBARRÍA

Una de las entrevistas que para mí fue más esclarecedora durante esta crisis sanitaria es la entrevista al decano del Colegio de Biólogos de Euskadi, Jon Ander Etxebarría. Como veréis durante la entrevista, deja bastante claro que los datos que nos dan sobre la crisis son inverosímiles. Ya ni habla sobre la barrera Inter especies, sino que se limita a decir cosas tan sencillas y simples como que un virus intestinal se convierte de forma mágica en un coronavirus. Jon no se cree la versión oficial, pero también añade cómo están usando las PCR para confinar poblaciones a su antojo sin ningún criterio científico.

—Buenas noches, Jon, qué tal, ¿cómo está? —comienzo la entrevista.

—Buenas noches. Bien —contesta Jon.

—Antes que nada, gracias por estar aquí por esta invitación, porque desde luego su presencia es muy reveladora. ¿Qué tal?, ¿cómo ha visto esta crisis sanitaria en general?

Más que una crisis sanitaria ha sido una crisis política

—Bueno, yo, en primer lugar, lo que tendría que decir es que esta crisis —y desde el inicio se salió de tema—, se ha tratado más como una crisis [en vez de vírica] o una crisis sanitaria como una crisis política. Si nos fijamos, por así decirlo, cuando empezó la pandemia con el estado de alarma y todo esto, cada quince días tenía reuniones en el Congreso y en vez de ser las reuniones en el Congreso donde supuestamente tendrían que realmente los que tienen que debatir, cada partido podría llevar lo que quisiera, ¿no?: a sus comités de expertos o científicos. La realidad es que era un trueque de medias políticas más que de medidas sanitarias y así llego hasta las escaladas y todo es... Bueno, pues que desde el inicio creo que se ha enfocado mal el asunto, partiendo de que, bueno, [nos dijeron] que esto era una epidemia vírica muy letal y muy importante, con lo que se ha visto que no es tan letal. Al final es parecida en la letalidad, si estoy hablando, a la de la gripe, pero no sé por qué razones, pues su actuación fue más alejada, aunque lo digan ellos que muchos comités expertos que digan que tienen, alejada de la ciencia que cercana a la ciencia.

—Se ha notado mucho, porque si lo hemos notado las personas que no que somos legas en cuestiones de biología, hemos notado que había en fin una contradicción muy importante en todo el discurso de lo que decían, las personas entendidas os habéis quedado a cuadros, ¿no?, como diciendo ¿qué están haciendo? Este Gobierno qué es lo que está haciendo. O sea, algo sin poder trasmitirlo, porque, claro, hay que tener voz para poder llegar a la gente.

—Claro, si se ha notado, claro que se ha notado —contesta Jon—, pero se ha notado, sobre todo, porque, y es evidente, la ciencia, lo que tiene la ciencia, es que tiene que ser una duda razonable, si no hay una duda razonable, no hay ciencia, hay que investigar, hay que hacer hipótesis, tesis y luego conclusiones, lo de hipótesis en base a lo que hay, la tesis la desarrollas y, muchas veces, lo que ocurre en la ciencia es que el desarrollo no te dice, no te confirma la hipótesis. Entonces eso es lo que habría que haber hecho, para eso puede haber controversias científicas, evidentemente, entre una parte y otra, pero esas controversias científicas tenían que haber dejado, eh, vamos a decir que haya debate, que realmente se haya podido establecer un debate entre científicos [digo] entre ciencias, para realmente progresar en cuales las perspectivas que había que ver sobre esta crisis vírica, sobre esta pandemia. Claro, que lo hemos tratado, porque, como he dicho antes, la realidad es que no ha habido nada de eso y que todo habido es una dirección, es como si fuera una crisis política más que una crisis sanitaria.

Sobre la existencia del coronavirus

—¿El virus existe o no existe? La gran pregunta, la pregunta que le hago a todo el mundo.

—Bueno, yo creo que ya lo tengo contestado. Yo, como biólogo, pues lo tengo muy claro, o sea, los virus existen, los coronavirus existen, sí, por eso yo siempre digo que yo no soy [negacionista], pero el virus existe, el virus existe como tal. Este virus que nos han dicho, pues, en principio, creo que no, en principio creo que no como tal, que lo han podido hacer efectivo existir, sí. Han puesto todos los ingredientes para decirnos que existe un virus. ¿Por qué? Pues porque han utilizado secuencias genómicas, los bancos de datos y luego por otra parte han utilizado y esta es para mí la herramienta principal de la pandemia. Han utilizado una herramienta que es la PCR, que la han hecho *ad hoc* para que cumpla con los preceptos de ese virus que se ha creado. ¿Qué es lo que nos han hecho creer con este virus? Pues nos han hecho creer con este virus, curiosamente, además, porque el SARS-CoV-1 tampoco fue tan letal, nos han hecho creer que el coronavirus es superletal y, la verdad, por mucho que mute el coronavirus no es superletal, o no tiene por qué ser superletal. Yo ahí lo dejo, o sea, ¿qué quiero decir del virus en el sentido de a mí, lo que más me preocupa... Porque, claro, si empiezas a entrar en discusiones de si existe o no existe, pues te puedes perder y, sobre todo, la población, que es la que te tiene que entender. O sea, porque, a fin de cuentas, los científicos lo tenemos que hablar para que la gente nos entienda. Entre nosotros podemos divagar y discutir mucho, ¿no?, pero la gente necesita respuestas, y esas respuestas es que es un virus que se ha creado y se ha creado una PCRA2, y que esa PCRA2, curiosamente..., las demás veces, curiosamente, se ha basado en una técnica que no diagnóstica la enfermedad. Y, además de no diagnosticar la enfermedad, es una técnica donde bajo el supuesto del virus que todos dicen que existe como tal, de que la PCR es totalmente efectiva. Pero, qué curiosidad, esa efectividad es que el 70 % de las PCR normalmente son asintomáticos, por lo menos con los datos que yo llevo, que son los datos reconocidos, porque en los datos, el 70 % son asintomáticos. No existe eso. Primero, eso lo que muestra que la técnica PCR no sirve para diagnosticar la enfermedad porque está diagnosticando a un enfermo que no lo es un asintomático, no hay nadie que no tenga síntomas que vaya al médico.

—Entonces —pregunto—, ¿qué es lo que tuvimos en marzo? O sea, que yo he entrevistado a médicos, he tenido aquí a Luis de Benito, al doctor, y ellos sí reconocieron que en marzo del año pasado tuvieron una llegada de pacientes que tenían algo a lo que no se habían enfrentado nunca y hubo un atasco, hubo un momento en que..., sí, hubo un atasco y con unas características muy especiales. ¿Qué es lo que sucedió? ¿A qué se enfrentaron los médicos?

—Primero, mi opinión es que, efectivamente, como yo, los médicos, sobre todo, especializados en la estadística epidemiológica tipo salud pública, si tú ves los gráficos, ves que tanto en España como en el País Vasco, el pico de marzo-abril fue un pico de fallecidos importantes. Todos sabemos que en marzo-abril hubo un pico así, y un pico de hospitalizados, etcétera, ¿no?, pero el resto del año vamos a decir la tónica que ha sido propia porque nos han dicho que era el COVID-19, ha sido propia de las epidemias estacionales de abril. El resto del año ha sido así, ¿qué ocurre? Que hay que centrarse objetivamente, como esos médicos que me has contado antes, hay que centrarse en el pico de marzo-abril. Ese pico de marzo-abril nos dice algo porque ese sí que no ha sido normal, ese pico de marzo-abril nos dice algo porque, realmente, la sintomatología de las personas que estuvieron mal en marzo-abril fallecidos fue una sintomatología de gente que, vamos a decir, no ha funcionado en base a un virus respiratorio de UCI. Entonces, evaluando con la pregunta anterior, yo ese virus de SARSCoV-2, tal como dicen, diría que existe si me hubieran demostrado que hay un cultivo viral en las células respiratorias en células del pulmón. Eso no me lo han demostrado por ningún lado, por lo tanto, ahí lo dejo, lo que realmente sí digo es que la sintomatología no obedece a un virus respiratorio de UCI, de inflamaciones, trombos... Esa sintomatología obedece más a una dosificación o un agente externo que se ha introducido. Al final, acaba siendo ese pico, claro, acaba siendo una enfermedad autoinmune que la quieren llamar COVID-19. A mí la semántica no me importa, que le llamen COVID-19 si quieren, eso es un poco lo que hay. Te explico por qué creo que es ese pico, pero bueno.

—Aquí vamos a ese pico porque es lo importante. —Es lo que me interesaba aclarar—. Aquí tuvimos a Almudena Zaragoza diciendo que ella no tenía duda que ese virus, ese virus, ese pico de marzo tuvo que ser inyectado. ¿Es así realmente?, ¿piensa lo mismo?

El virus pudo ser inyectado en la vacuna de la gripe

—Bueno, con los datos estadísticos, que es lo que yo más manejo, con esos datos estadísticos, es lo que he dicho antes: en ciencia es hipótesis, aún hay hipótesis y si es hipótesis hay que demostrarla, ¿no? ¿No es un virus respiratorio de UCI? No. ¿Produce otro tipo de enfermedad autoinmune? Sí. Por lo cual, ya no es un virus respiratorio, vamos, el pico es ese y vamos a explicarlo. ¿Qué ocurre? Efectivamente, una de las posibilidades que hay importantes —y porque la estadística primero también te lo da— es que yo hice un estudio del porcentaje de gente vacunada de gripe en el periodo 19-20, ¿no?, para las estaciones de gripe19-20, en mayores de 65 años. Bueno, pues, casualidad, donde más porcentaje de vacunación había era en países de Europa. Coincidía con los países de Europa que más fallecidos por cien mil habitantes habían tenido, y es que, bueno... Voy a mirarlo a nivel de las comunidades autónomas de nuestro estado español, ¿no?, y ocurría exactamente lo mismo, porque no estaba en todas las comunidades. El porcentaje de vacunados mayores a 65 años es el mismo, el porcentaje donde más gente se vacunaba de 65 años de las comunidades autónomas, ese porcentaje tenía y presentaba el mayor número de fallecidos por cien mil habitantes. Es decir, hay datos estadísticos como para poner una hipótesis, ¿fue la vacuna de la gripe? Entonces lo que hay que hacer es investigar si fue la vacuna de la gripe. Otra gente que sabe más que yo de todo esto, porque yo soy de estadística epidemiológica, evidentemente dice que puede ser la vacuna de la gripe lo que ocurrió, que pueden hacer estudiar otras cosas. Hay quien habla de 5G y yo, como no sé mucho de 5G, no lo voy a decir, pues puede ser otras cosas, pero la realidad es que estamos perdiendo y hemos perdido un tiempo manejando mal la crisis sanitaria al no estudiar realmente lo que ocurrió con ese pico. Eso es lo que hay que estudiar de cara al futuro. Y no soy un antivacunas. La vacuna de la gripe es una vacuna y no es efectiva y te digo por qué no es efectiva, por una razón, porque del 50 % de las épocas estacionales de gripe, de los fallecidos por gripe, el 50 % se habían vacunado y el otro 50 % no, en general. Eso, estadísticamente, en virología no es significativo, pero tampoco ha sido una vacuna que, en principio, haya hecho lo que ha ocurrido este año, por lo cual yo siempre digo: oye, si a alguien le sirve de placebo me parece totalmente, ahora me preocupa cuando puede ser una posibilidad de que pueda ser la causante de ese pico que ha habido en marzo-abril.

—¿Podría ser causa del famoso polisorbato 80 del informe Barbastro o podría haber algo más?

—Podría ser una causa del polisorbato —contesta Jon—, podría ser. Eso es lo que hay que estudiar, la causa del cóctel de cepas o, por ejemplo, el H1N1, etcétera. El cóctel de cepas de la gripe que meten en las vacunas… Se pueden dar diferentes circunstancias, pero bueno es significativo el que, en epidemiología, para estudiar, hay que ver causa-efecto, entonces la causa-efecto es, oiga, los que han producido cuánto porcentaje en general se había vacunado de esto, yo le he mirado de 65 años. Eso habría que mirarlo en todos los fallecidos del COVID-19.

—Entonces, ¿descartaría, por ejemplo, que un chino se infectara de un pangolín y contagiara a todo el mundo en unos meses?

—Yo, totalmente —rotundo Jon—, totalmente. Vamos a ver. Además, yo voy a poner a mí me gusta que para que entienda la gente: ¿cómo se ha infectado el chino del pangolín?

—Pangolín asesino —remarco.

—Sí, ¿cómo es?, pero ¿cómo ocurre que se ha infectado?, ¿cómo se te ocurre por ejemplo a ti? —me pregunta Jon: el entrevistador pasa a preguntado.

—Supuestamente, comiéndolo —respondo.

—¿Eh? —exclama sorprendido el decano.

—Supuestamente, se lo comen —repito—. La historia que nos ha llegado era, pues, del mercado de Wuhan en China.

—Ya, ya, pero vamos a ver, para ser en concreción, si es un virus que dicen que se trasmite por vía respiratoria por los aerosoles; si es un virus por los aerosoles, que es algo que yo no estoy de acuerdo con ello, pero bueno yo creo que, como mucho, el virus se puede trasmitir como la gripe por contacto directo, por los aerosoles, mi pregunta es ¿crees que la gente cuando compra el pangolín está bailando con él? Vamos a decir, está no sé, no convive con él, lo tiene ahí, luego es que lo comerá o hará lo que sea, yo ahí no entro, es decir no. Entonces, a eso me refiero, que no hay posibilidad por vía aérea como nos han dicho con este virus de que haya esa... Sin entrar a lo de la barrera de especies, que también. No, o sea, creo que en la barrera de especies no. Yo solo hablo para que la gente entienda, un pangolín o un murciélago ¿cómo convive el humano con ellos? Si me dices: porque se lo come, entonces la vía de ingestión no es la aérea es la digestiva, y nos han tenido todo el rato con un contagio a través de vía aérea. Entonces sí me entiendes, ¿no?

—Sí —respondo.

—Un poco.

—Entonces —intento vislumbrar cómo se pudo expandir tan rápido el supuesto virus—, digamos que el virus, para que se expandiera tan rápidamente, tuvo que ser inyectado.

—Yo, en principio, no puedo hablar de lo que no controlo, como es lo de la 5G y tal, porque hay gente que me dice hay estudios sore todas estas cosas. En principio, yo creo que sí, yo que, mi teoría, mi hipótesis es que fue inyectado; y qué es lo que se ha inyectado en esa época, la vacuna, la gripe, es que no hay de otra, porque la gente, así, masivamente, no se le ha inyectado algo en concreto.

—Yo también creo sinceramente que tuvo que ser inyectado. Después de hablar con biólogos, también tuvimos aquí a Fernando López Mirones y, hombre, la antena siempre vamos a ver la antena, si es cierto que tienen un carácter que afecta a la salud, pero digamos que te bajan las defensas, yo estoy más en ese aspecto ahora que te provoquen la enfermedad directamente o también tengo mis dudas, o sca tampoco entiendo mucho de 5G, pero sí es cierto que vivir al lado de antenas no es bueno. Que eso está en la conciencia popular y que es así, donde hay muchas antenas y ves gente, siempre se producen más casos, misteriosamente se producen más casos pues de cánceres, tumores, muertes, etcétera, ¿no?

—Esto que dices es... Por eso te digo, yo participo totalmente en lo que has dicho y es que, además, mi pregunta ante la antena también es ¿por qué justo en ese marzo-abril, cuando es unos meses después del periodo de la vacunación de la gripe, porque las antenas [comenzaron a ponerse] en marzo-abril, en julio, en septiembre, en octubre? O sea, están en otros meses, ¿no?, luego se podrían también dar esos picos en esos otros meses, ¿no? A eso me refiero, un poco, lo que me trae la duda por la teoría de la antena, que yo no sé, no voy a discutir algo que no sé, ¿no?, pero es mi opinión.

—Yo pienso que sí, que bajan las defensas —vuelvo a apuntar.

—Sí, en eso estoy —contesta también Jon.

—Entonces descartamos, yo también lo descartaría, nos han contado una milonga: eso de que un chino se come un pangolín e infecta al mundo entero y provoca hasta un reinicio financiero, quiere decir que podemos decir que eso prácticamente es ciencia ficción.

—Vamos a ver, es que, claro, es que te voy a decir una cosa, un chino se come un pangolín y ha dicho que ya la vía no es aérea, sino digestiva, es por ingesta la vía a través a comerse el pangolín. Hombre, nadie está en contacto con el digestivo de la otra persona, lo que está en contacto puede estar en contacto por contaminación es porque sus heces fecales pues vayan a un medio receptor como puede ser el agua por ejemplo, y a través de ahí se contamina; o sea, a través de ahí, sí que habría proliferación de los virus en el agua, ¿no?, que sería a través, nuevamente, de ingesta por beber agua o por contacto con el agua, es decir, todo eso es lo que establece este..., bueno, pero es que la teoría esta que me estás diciendo...

—Es que es rarísima, ¿no?

—Claro, es una teoría que no me la creo —confirma Jon—, es que no me la puedo creer porque científicamente no cuadra. Ya te digo que yo también soy de los que creen en la barrera entre especies. No creo que tuviera que pasar el animal ahora esto, pero bueno vamos a suponer, a mí siempre me gusta ponerme en la teoría del que ha defendido eso, ahora digo: explícame cómo el pangolín por vía aérea nos ha pasado al ser humano. Porque si me dices: no, no, es porque lo ha comido; bueno, ya te estoy dando la razón, de que ya entonces ya no puede ser lo que estás diciendo, ya no puede ser lo que estás diciendo.

—Y todo eso combina con que han prohibido hacer autopsia, curiosamente —la cuadratura del círculo.

—Claro.

—Se puede determinar mediante una autopsia perfectamente todo lo que estamos diciendo, ¿no? Y lo han prohibido. No sé si se están haciendo ahora, pero no le parece excesivamente extraño. ¿Es cierto que los forenses se pueden contagiar del virus y morir en una autopsia? —Otra de las grandes preguntas en esta crisis sanitaria, por qué no se hicieron y si sus argumentos son válidos.

—Bueno, pues mira —responde Jon—, si vamos a decir primero, primer punto, lo que he hablado antes, si es por ingesta, pues difícilmente vamos a decir, el forense, ya no es por vía aérea por de pronto. Se supone que el forense va con todas sus precauciones y todos sus medios, pero es que el forense, en su trabajo, pues imagínate, ¿entiendes? Para mi él se puede contagiar, ¿no? Cuando abre el cuerpo en ese caso, quiere decir que al final no hay razón de ser para esto, yo creo que el tema de las autopsias va muy unido a... Y esto es lo que te hace dudar, pero ya no es ciencia lo que he dicho antes, lo de política lo de esto va unido a qué es lo que se ha hecho con esta crisis sanitaria. No hay autopsias. Por las autopsias se sabría perfectamente, de hecho, en Italia hicieron saltándose la ley autopsias y vieron que no había nada tema del virus, que había trombos, que había inflamaciones, que había tal, que era una respuesta a otro tipo de enfermedad, pero es que es más, es que es curioso, es curioso que del COVID-19 todos sabemos lo que ocurrió en marzo-abril de los enfermos de COVID-19. Esos enfermos de COVID-19…, a los familiares no les dejaban ni verles, ni tocarles, les incineraban directamente, ¿por qué? Porque les aplicaron, ¡qué curiosidad!, un decreto al Boletín Oficial por el que eran considerados como fallecidos por enfermedad de radiación, por mediación como si hubiera sido un escape nuclear.

—¿Sí? Sí, claro. Aplicando una normativa —apunté.

—Claro —siguió exponiendo su razonamiento Jon—. Entonces, claro, como diciendo no, no, como puede tener una radiación, entonces nada, directamente aquí, directamente fallecido, a incinerarlo y punto, por supuesto sin hacer autopsia, ¿no? Quizás otras razones de que por eso no se hacía autopsia, porque como es un tema… O sea, han aplicado el mismo criterio que si hubiera habido una epidemia de un escape nuclear, vamos a llamarlo así, no ha habido un escape nuclear, no es una cosa así, y han aplicado los mismos protocolos que en eso.

La pandemia del miedo y el control social

—Por aquí el tema de las mascarillas, el tema de las mascarillas ha sido tremendo. ¿Es lógico obligar a toda la población a usar mascarillas para protegerse? —le pregunto.

—Bueno, el tema de las mascarillas yo tengo muy claro que es un tema, es una herramienta más como la herramienta PCR asintomáticos, aquí en esta la herramienta PCR asintomático es para mí es la base, luego es una herramienta más de control social, es una herramienta más de división social, es una herramienta más de recelo social.

—De miedo —reafirmo.

—Es miedo, miedo y miedo, pues la gente ya le tienen con el miedo a que sea recelosa de quien dice: «Oye, yo no llevo mascarilla porque no, esto no está». Pero si partimos de lo que he dicho antes de que por vía aérea como lo que hemos hablado del pangolín, no te puedes contagiar. Si partimos de ahí, ¿de qué sirve la mascarilla? No sirve la mascarilla, entonces yo creo que es una herramienta más de control social. Luego también es que hay una cosa muy clara, las mascarillas, las parciales estas médicas, las verdes, estas esas mascarillas, el 98 % de las que hacen donde compras en una farmacia, por ejemplo, el 90 % y dice filtración bacteriana mayor que el 98 %. La gente tiene que saber que una bacteria es cien o mil veces mayor que un virus, si no me exige, si no me previene del 100 % de las bacterias, ¿cómo me va a prevenir de algo más pequeño? O sea, hay toda una serie de incongruencias, pero es que encima vamos a más. Como es un virus de nueva aparición, es que también es otra cosa que, evidentemente, como la OMS está metida en todo esto, pero también es verdad que la OMS tiene que librarse de muchas cosas, ¿no? Y la OMS ha venido diciendo muchas cosas como que el PCR ha bajado los ciclos etcétera. La OMS, de las mascarillas, dijo ya desde mayo que, como no sabían que era un virus de nueva aparición, como no sabían cómo funcionaba, lo que sí tenían..., o era un virus más o menos semejante por trasmisión a lo de la gripe, que lo que sí tenían eran estudios por el virus de la *influenza* y que habían visto que las mascarillas no prevenían el contagio por el virus de la *influenza* (de la gripe). Entonces te acercas a la OMS en este caso, ¿no?, no solo cuando le interesa.

—Tenemos por aquí unas afirmaciones que hizo en el diario de *La Tribuna del País Vasco*, sería —leo el artículo en cuestión—: «Biólogo experto en PCR: "Si yo quiero crear una cuarta ola, la creo". El biólogo Jon Ander Etxebarría considera que el *arma* para *crear* las olas de la pandemia son los test de PCR con ciclos: "A más PCR, más positivos". El decano del Colegio de Biólogos del País Vasco denuncia que las *olas* de la pandemia son manipulables».

—Exacto —se reafirma Jon—. Mira, es así porque vamos a ver, tengo [todo esto] en la cabeza, no lo tengo aquí; pero, bueno, por eso, las…, eh, primero, los PCR asintomáticos son la herramienta principal. He dicho que el 70 % de los PCR positivos son asintomáticos, primera medida y bajo su propio criterio. Si las exigencias acumuladas en la suma de valores absolutos positivos y no se miran los porcentajes como se deberían mirar, esa suma por lo menos tendría que descontarse del 70 %, porque son asintomáticos y no son enfermos, por mucho que digan que son bombas simplemente de contagios, eso no es así. ¿Qué ocurre?, que si tú haces eso, pues te quedas con un 30 % ya de primeras, con lo cual un 30 % para que vaya sumando en base de cuatrocientos o de quinientos, pues le va a costar mucho, pero es que por qué digo yo que si quieres crear una ola de PCR, la creas, pues porque las segunda ola que fue en noviembre por ahí, yo hablo sobre todo con datos de aquí… Te digo que si vamos a otras comunidades, la segunda ola resulta que, en la fase de subida de la ola, cuando ya toma medidas, es que va subiendo la fase, ¿no? Tiene que hacer la fase de bajada, pero para demostrar que las medidas han servido, en la fase de bajada hacen mucho menos test que en la fase de subida, hasta el punto de hacer hasta un 25 %, no sé el número exacto, un veintitantos por ciento de test menos en esa segunda ola. La tercera ola, que fue justamente la que vino después de Reyes, empezó a subir. Entonces, al empezar a subir la fase de subida, culpabilizaban a las entidades de no sé qué. Eso que tuvimos medidas restrictivas a tope, también subieron porque hacían mucho más test de PCR que cuando ya tomaron medidas e hicieron la fase de descenso. En la fase de descenso hacen menos test PCR, ¿por qué? Porque a más test de PCR, más positivos, sin embargo, a más test de PCR no más porcentaje, el porcentaje varía mucho más.

»Entonces —sigue exponiendo Jon—, es muy fácil crear una ola. ¿Cómo lo haces? Dos cosas, una, haciendo test de PCR; quiero crear una ola, pues ahora sumo test de PCR y ahora te voy a contar un dato último, subo más los test de PCR. Tomo medidas y ahora digo «baja la ola». ¿Cómo baja la ola? Bajo el número de test de PCR, pero tengo otra herramienta también que es el número de ciclos. El número de ciclos todos sabemos que se hacen más de veintidós ciclos, veintidós, veinticinco ciclos ese número de ciclos que aquí se están haciendo por lo menos es lo que se da aquí, treinta y cinco a cuarenta, lo que da falsos positivos. Voy a dar un dato, qué curiosidad que donde da la mayoría de falsos positivos que te puede dar y eso, porque [yo he hecho] test de PCR en mi día laboral, esos falsos positivos te pueden dar con esos ciclos hasta un 70 %, qu´é casualidad que el 70 % son los asintomáticos, qué casualidad. Eso por una parte y, por otra parte, en esa herramienta los ciclos pueden jugar; pero sobre todo juegas perfectamente con el número de test. Eso es algo que se ve y que lo puedo demostrar con las gráficas. Hoy en día, semana del 28 de marzo, aquí, eh, datos de marzo a 5 de abril porque fue el lunes de Pascua, o sea, Semana Santa. Hacen test de PCR, que es seis mil y pico, semana a partir del 5 hasta el día de ayer, o sea semana de Pascua y hacen nueve mil y pico, un 43 % más. ¿No voy a subir así yo la ola? Claro que la subo, por eso digo que yo puedo poner las cosas que quiera, es cuestión de hacerte la [PCR], y sabes por qué, porque lleva implícito el error que ellos utilizan cerradamente, llevan implícito el error en el mismo test, primero porque no diagnostica la enfermedad y no diagnostican que el 70 % son falsos positivos porque son asintomáticos. Pero a ellos les da igual, porque no discriminan, porque si discriminasen, bueno, pues vale, oye, pero por lo menos no estoy totalmente de acuerdo con cómo lo haces, pero lo estás haciendo de una manera más transparente. Pero es que hay más. En este momento, ¿qué se está haciendo? ¿Se está vacunando, no? Se está vacunando; teóricamente es para producir la enfermedad de forma leve para crear inmunidad, para crear el antígeno, para que crees anticuerpos, lógicamente o por lógica, un vacunado te va a dar positivo al test de PCR.

»Por qué en esta, entre comillas, «cuarta ola», que la veremos si la hacen o no la hacen al final, o se está restringiendo ahí, ¿no? Esta cuarta ola, además de hacer más test de PCR, como he dicho un 43 % más, ¿por qué no descuentan el número de vacunados? Porque, claro, curioso, me estás cumpliendo restricciones de la sociedad y, sobre todo, se han tomado medidas en sectores mucho más... Contando positivos que los estás generando tú con la vacuna, o sea, no sé… Como se suele decir, tonto y apaleado. Yo no sé de refranes, pero es que es la verdad. Yo creo que aquí, como lo he dicho desde un principio, hay una total falta de transparencia, porque si quieren lanzar unas medidas sanitarias, que veamos lo primero que tienen que ser es transparentes y después eso la gente decir, por ejemplo, cuando aquí dicen: «Que en el sector de hostelería es donde más se contagia la gente», pues no. Primero, que es imposible saberlo, y, segundo, si tú me vas a dar esas restricciones, sácame estudios científicos donde me demuestres que el sector de hostelería es donde más se contagian. Pero ¿por qué no? Porque es difícil hacerlo, poque yo no puedo ir a la mañana a trabajar, luego del trabajo ir a otro lugar de trabajo, luego a otro lugar de trabajo y luego volver, luego coger al crío en la escuela, yo puedo hacer todo eso. Luego quedar con mi mujer y quedar con una pareja de amigos a tomarme unas cervezas, ¿dónde me contagio, tomando las cervezas? Con todo lo que he hecho…

—Bueno, y yo me acuerdo también de cuánto nos insistieron cuando no estaban las vacunas, estas nuevas que han sacado, cuánto nos insistieron que nos vacunáramos con la vacuna de la gripe.

—Sí —confirma Jon Ander.

—Cuando en teoría se trata de otro virus, ¿no?, que no tiene nada que ver en teoría.

—Primero se trata de otro virus que es todavía más curioso. La gente no se ha dado cuenta que presionaron para que se vacunasen la gente de la gripe diciéndonos que eso te favorecía también para controlar la COVID-19, bueno entonces ¿qué pasa que es el mismo virus? No es el mismo virus, ¿de qué estamos hablando? Bueno, dos. Resulta que, bueno, que insisten que se vacune la gente de la gripe cuando por otra parte te insisten que prácticamente ha desaparecido la gripe por las mascarillas, no se lo creen ellos, eso no se lo creen ellos, pero bueno…

—Es que son contradicciones por todos lados.

—Claro, pero es que yo les estoy esperando ahora el año que viene, bueno, este año en la época estacional de gripe; supongo que en este año desaparecerá la vacuna de la gripe, ¿no? Porque si se va a acabar, si ha desaparecido la gripe ¿para qué vas a vacunar de algo que ya no hay?

—No, no creo, no lo creo.

—No, pero yo tampoco, pero lo pregunto, le pregunto a quién me está diciendo, claro, le pregunto a quién me está diciendo eso, oye, por vergüenza, tú eres capaz de decirlo, no sé, quitar la vacuna de la gripe que ya no hay, tú me has dicho que no hay porque la mascarilla ha funcionado, la mascarilla no ha funcionado, eso es mentira.

—Sin embargo, en fin, la mentira la sueltan con toda impudicia.

—Claro, es decir, claro, mira, yo puedo hacer desaparecer un contaminante en aguas de un río. ¿Sabes cómo lo hago desaparecer? No estoy hablando de tratamientos, eh, de posteriores, puedo hacerlo desaparecer no analizándolo, que es lo que está ocurriendo con la gripe esta, no se están haciendo test de gripe prácticamente.

—Todo es coronavirus.

—Claro.

—Todo es coronavirus —reafirmo de nuevo.

—Todo esto es coronavirus, pues ya está —también dice Jon.

—Tiene un resfriado, tiene el COVID-19 —respondo.

—Claro, por supuesto.

—Tiene cualquier cosa, tiene el COVID-19.

—Eso es —confirma Jo.

—Hasta en un accidente de tráfico le hacen el test PCR y no ha muerto del accidente, ha muerto de COVID-19. [Risa]

—Efectivamente.

—Y ya está y así.

—Claro, contamos todos los fallecidos y los fallecidos como dicen: «Son los fallecidos por COVID-19, no fallecidos con COVID-19, ¿no? Porque, claro, yo valoro lo que tú dices, es un accidente de tráfico y mira cómo te ha dado positivo, cuando los positivos dan asintomáticos, o sea, es decir, no sé, o sea. —Mueve la cabeza negativamente Jon.

—En fin, y ahora llega la vacuna, esta vacuna que, bueno, a mí me han insistido muchísimo todas las personas que han pasado por El Arconte Televisión que no son vacunas, que son otra cosa; que, bueno, que hablamos de vacuna porque así nos entendemos, pero que realmente no tiene nada que ver con ello, o que nosotros entendemos por vacuna, esta vacuna ¿son experimentos para la población?, ¿son seguras o qué son?

—Bueno —comienza diciendo Jon—, en primero lugar, porque la población tiene que ver si es mininamente analista o un poco de lo que hay, primero tiene que haber qué vamos a decir *totum revolutum* estás haciendo con las vacunas, la Pfizer, la Moderna, la AstraZeneca, ahora sí, ahora no, ahora a este… A este periodo de día, a este intermedio de edad, luego a este, luego a este… No hace mucha gracia, quitan la vacuna, la vacuna a un periodo de edad, porque se supone que, bueno, no es tan buena, por así decirlo, pero yo creo que todas son iguales, pero bueno, pero paso al periodo de edad de 70 a 79 años, ¿qué pasa?, que no importa si les pasa algo a los de 70 a 79 años. La gente no piensa que oiga, al de 60 no le quiere dar y me la va a dar a mí, yo, pero ¿qué pasa?

—Más jóvenes deberían de soportarlo mejor —añado.

—Efectivamente —confirma Jon.

—Claro.

—La gente tendría un poco ya que replantearse cosas, porque este es un problema que la gente, con el miedo, pues de miedo, está bloqueada, pero tiene que replantearse cosas. Resulta que también está en estudio y ya está paralizado otra vez porque produce trombos. Todo eso la gente tiene que plantearse cosas, pero tiene que plantearse una cosa en el tema de las vacunas muy esencial, que cualquier persona piensa que un medicamento, porque no es una vacuna es un medicamento porque es no la vacuna tradicional de un virus atenuado, etcétera, sino que es un medicamento de introducción de ARN etcétera, bueno, si no entra en términos científicos para emergentes más, la gente tiene que pensar que realmente esto de la vacuna, ¿qué protocolo se ha cumplido? Si ya todos los medicamentos de por sí tienen efectos secundarios, eso es verdad, ahora se salvan con eso, es que me hace una gracia tremenda porque ahora oyes decir: No, si todos, hay medicamentos que tienen más efectos secundarios que la vacuna esa, pues que la defienden, ¿no? Y le digo, joder, pues entonces, mira, lo que te voy es a tomar la tensión y no decir más alto pues, entonces me has estado dando medicamentos con unos efectos secundarios de cuidado, ¿no? O sea, que plantearos es un poco que estáis haciendo con la medicina, ¿no?, plantearlos un poco claro si tú haces esto dices: Una vacuna que en principio, en principio sale con menos de un año, de protocolos, esa vacuna cuando una vacuna mínimo tiene que tener un medicamento seis años de protocolo ¿qué es lo que se está haciendo? Pues, mira, se está haciendo que están la población a la que le vacunan está haciendo de cobaya, eso es lo que se está haciendo, le están administrando a la población.

—Sí, sin anestesia.

—¡Cómo! Claro, sin anestesia, claro, sí lo han anestesiado, sí. ¿Sabes cómo?, con el virus del miedo, con ese si la han anestesiado, porque si no esa persona se lo plantearía, lo pensaría más de una vez, si va a o no va a vacunarse.

—Sí, yo veo a la gente de mi pueblo que... Vivo en La Rioja y veo que van muy confiados sobre todo la gente mayor, va incluso feliz a que la vacunen, o sea que no son conscientes realmente. Yo hablo con ellos y ellos están plenamente confiados en la autoridad de que ellos velan por su salud. Ni se imaginan que pueden estar siendo eso..., siendo usados como cobayas, realmente.

»Pero eso ¿sabes por qué?, porque salen inoculados de miedo, eso sí que lo han inoculado muy bien, que hayan tenido un concierto y un conciliado tremendo sobre todo con medios de comunicación, etcétera, han inoculado el virus del miedo, el virus del miedo bloquea a la gente. La gente normal no tiene por qué saber de ciencia, qué es el ARN o qué es el ADN. Yo no entiendo completamente, pero como les han trasmitido el miedo, les han trasmitido el discurso oficial, los están bombardeando continuamente con el discurso oficial. Bueno, pues entonces yo apelo a la gente en el otro sentido, ya que a nivel científico usted no tiene por qué saber, es oficial ¿sabes a qué apelo? Apelo a decirle: «Venga, a usted le han dicho que la vacuna iba a ser el Santo grial y cuando utilice la vacuna volveríamos a la normalidad, entonces exija que volvamos a la normalidad, porque usted se está vacunando».

—Pienso lo mismo, esto es político todo, aquí se está racionalmente en mi opinión se está dando un golpe de Estado y no, con la excusa de la sanidad, vamos.

—Sí.

—Entonces, ¿qué nos podemos esperar para el próximo otoño? Hay genetistas que incluso han dicho que el 32 % de las personas vacunadas al mezclarse la gripe u otros coronavirus con esta vacuna, incluso el 30 % de las personas vacunadas pueden morir, tienen riesgo de muerte. ¿Esto es así?, ¿opina lo mismo?

—Yo, eso no lo tengo tan estudiado, evidentemente no lo tengo tan estudiado, entonces, ¿sabes qué pasa?, que, como te había explicado antes a nivel de estadística biológica, si eso ocurre habrá picos, picos importantes de fallecidos y todo es lo mismo que he dicho antes cuando la vacuna de la gripe, habrá que estudiar por qué ocurren esos picos, y entonces es cuando el momento de la hipótesis ha sido la vacuna o la mezcla de la vacuna con la gripe. Ahí es donde habrá que volver a estudiar esos picos. El panorama en principio yo creo que hay dos cosas, una tampoco pueden estirar el chicle tanto porque la gente puede estar muy dormida, muy anestesiada con el virus del miedo, pero hay otra epidemia que va a venir que es la epidemia de la crisis, la crisis social, económica, y esa epidemia, cuando se desate, puede romper la cola. Entonces ellos en eso no son tontos, ellos están manteniendo un poco las riendas agarrándola fuerte, por ejemplo ahora por qué andan hay que sí que no, que produzco una cuarta ola, que no produzco porque es por producir, que si prorrogar esta alarma o no prorrogarlo que si tal, pues porque realmente saben que los vacunados pueden generar problemas a los vacunados y eso puede aumentar UCIS y puede aumentar hospitalizados, entonces como no hay que culpabilizar a la vacuna, sino al virus, pues seguirán como manera de… Y ahí andan con lo de las olas para arriba y para abajo. Vendrá el verano y en el verano ya habrá pasado la vacuna, bueno aunque parece que ya no van a seguir vacunando, pero bueno. Pero luego vendrá el otoño y ahí es donde ellos tienen bajo su relato un discurso muy difícil, de seguir para adelante con él, muy difícil. Lo digo por dos cosas, una porque si realmente corre como hay unos científicos que dicen, ¿no?, que va a haber esos picos de fallecidos, los picos de fallecidos enseguida se van a estudiar, desde el punto de vista yo, por lo menos, estadísticamente lo van a estudiar para ver si se relacionan con el porcentaje de vacunación, y dos, porque realmente qué explicación ya nos van a dar, ¿es el virus? Cuando ellos nos han metido las vacunas de todas las cosas y todas las marcas posibles cuando han llegado la vacunación y ellos hayan querido, ¿nos van a seguir diciendo que es el virus? Ah, y la población ya el virus del miedo no creo ya que les bloquee.

Vacunas hechas con fetos humanos y cambios en nuestros genes

—¿Es cierto que estas vacunas están hechas con fetos y con abortos? Hubo una polémica porque monseñor Cañizares, en una homilía dijo que estas nuevas vacunas ARN ADN, pues están hechas con ese tipo de tejido. ¿Es cierto?

—Sí, parece que algunas sí, no todas, pero parece que algunas sí.

—Y ¿cuáles serían las consecuencias de meter esa mezcla en el cuerpo humano? Quiero decir, hay biólogos incluso, yo recibí un documento de los biólogos de Argentina diciendo que podía provocar la causa principal sería la infertilidad, ¿estaría de acuerdo con esa afirmación?

—Claro, lo que pasa es que aquí no hay que perder de vista un puede ser, yo no lo sé, pero puede ser, pero si hay que defender... no hay que perder de vista una escena, vamos a... El problema de las vacunas que tiene ahora es con los efectos secundarios inmediatos, porque claro si hay más enfermos que se hubiesen vacunado, etcétera, llegan hospitales van a seguir diciendo que es la COVID como he dicho antes. Pero estas vacunas por la infertilidad u otro tipo de cosas como lo han tenido los protocolos en los estudios, ¿quién te dice que la fertilidad no se va a ver en el 2022? La infertilidad se va a ver en años siguientes, entonces se verá en años siguientes, ellos ya el relato ya lo tienen hecho. ¿Sabes cuál es el relato? El relato es que la relación causa-efecto es muy difícil de diferir, porque esa relación causa-efecto lo mismo que podría igual potenciarse unos determinados cánceres, más cánceres dentro de tres años en un determinado órgano. ¿No entiendes esa? Pero ¿tú vas a relacionar que han sido las vacunas cuando es un tema multifactorial? Dirán que es la contaminación, el cambio climático, por eso más infertilidad, etcétera, pueden acogerse a miles de discursos para tapar esto.

—Ya, ¿cuál de todas las vacunas es la más peligrosa? Porque ahora hemos estado viendo que la de AstraZeneca, al final, parece ser que la han retirado casi, la de Janssen van a retirarla, pero, sin embargo, la de Pfizer que es mejor, ¿digamos?

—Yo ninguna.

—U otras mejores o simplemente que se está tapando el tema —insisto.

—Yo pienso realmente que no hay ninguna mejor, en este momento son todas malas por una razón muy clara, son todas malas porque, lo que he dicho antes, no han cumplido los protocolos, bueno aparte de cómo están hechas; pero bueno ya empieza el mal por ahí, no han cumplido los protocolos, entonces ya son todas malas. Lo que está ocurriendo ahora con AstraZeneca y con Janssen no es más que la guerra comercial entre ellos, la guerra comercial que hay entre ellos, porque estoy seguro que en Pfizer o en Moderna se están tapando datos, datos de enfermedad, de etcétera, estoy seguro. Pero, bueno, esa es la guerra comercial que hay entre ellos y por eso al final, como digo yo, la Unión Europea va a la subasta a ver quién me da más vacunas, quién me da menos vacunas, quién no sé qué. Hay una cosa curiosa, los trombos, la de Janssen, me imagino que la de Pfizer no y el otro también, pero ¿qué ocurre? Hay una cosa muy clara, hay una cosa que es que, por un casual, en este caso la AstraZeneca es la vacuna más barata.

—La más barata —remarco.

—Es una guerra comercial, como vacunas todas desde el inicio ya parten de salir además mal, por cómo se han hecho y porque no se han cumplido los protocolos exigentes.

—Yo he visto efectos secundarios que son terribles, de gente que sufre tembleques constantes, que no se pueden quedar quietas, parálisis faciales, se les cambia el color de la piel, los trombos, muchísimos trombos. ¿Qué es lo que causa los trombos, por ejemplo? ¿Qué es lo que causa esos movimientos espasmódicos de la gente que no se puede quedar quieta después de haberse vacunado?

—Bueno, eso es en realidad, eso es, el vamos a decir que la introducción del ARN lo que te produce creándote el antígeno, pucs te genera otra vez, te genera otros trombos, te genera una respuesta autoinmune como ocurrió con la vacuna de la gripe, pero la realidad para mí de todo es que, efectivamente, hay sus efectos secundarios, hay todo eso. Pero la realidad es que lo peor de todo para que veas como hay una vacuna más potente que es la del miedo, esa gente que se ha vacunado no sale públicamente a decir: «Oye, que me ha producido esto», porque esa sería una solución para poner encima de la mesa y discutir y debatir qué son estas vacunas.

—La gran mayoría se calla sí. ¿Estas vacunas pueden cambiar nuestra genética?

—Bueno, son unos elementos transgénicos, efectivamente. Las vacunas pueden cambiar la genética, pero ahí vuelvo a decir lo mismo que he dicho antes, esta genética tampoco se va a ver en la mañana, se va a ver en tiempo, entonces el día de mañana, dentro de tres años, cuatro años, en cambio de la genética nuestra como se puede dar ese cambio, muchos lo achacaremos a la vacuna, pero Sanidad qué te va a decir...

—Por ejemplo, una persona que se haya puesto una vacuna de cualquiera, si solo se ha puesto una, ¿el cuerpo puede eliminar esas toxinas y tiene capacidad para realizarlo? Si no se pone más, puede quedar como si no se hubiera puesto nada...

—Hombre, yo creo que eso, sobre todo, va a depender de la respuesta autoinmune de la persona, es decir, las personas con respuestas autoinmune debilitadas, las personas mayores por ejemplo van a tener o tienen con la medicación muchos problemas, porque las personas mayores, que es un poco la explicación de lo que también he dicho antes de la vacuna de la gripe con la enfermedad de la COVID-19 que, en ese sentido que hemos hablado antes de trombo de formaciones, etcétera, de neumonías bilaterales, no expectorantes, sino con..., Las personas mayores tienen un sistema debilitado inmune muy débil, un sistema inmunológico muy debilitado. Un sistema inmunológico, además, para entendernos, es un sistema inmunológico que una persona mayor lo que tiene es muchos fármacos que toma, le han prescrito muchos fármacos. Fármacos que debilitan el sistema inmunológico. Una persona mayor normalmente tiene una patología, el sistema inmunológico lo poco que le queda esta esa patología, como para meterle una cosa externa como puede ser esta vacuna o en el caso de la vacuna de la gripe, y entonces ahí lo que ocurre es lo que realmente ocurre para entendernos. Un coche de veinte años que le pones a tope a trescientos por hora al final gripa, no es un coche de dos años.

—Ya, ¿cuál sería su consejo para afrontar este otoño?

—Mi consejo es incluso antes del otoño, mi consejo es no agregar más en caso, pero, bueno, mi consejo es decirles a los poderes sanitarios, políticos a los… sanitarios, sobre todo a ellos, le meto no todos los médicos son iguales, evidentemente, pero gran parte de a clase médica, sobre todo la clase médica más política que médica, que realmente acaben ya con eso, que acaben con esto porque el virus que están inoculando es mucho peor que este SARS-CoV-2. Vamos a decir que el virus con el que han estado andando todo el año, y luego ¿para qué?, para que la gente, primero, suba el sistema autoinmune, dos, suba su sistema neurológico, suba su sistema psíquico, porque con una población con un sistema psíquico mejor, todo esto que hemos hablado ya no lo miran con el miedo, sino que lo miran con más raciocinio, también con más raciocinio serán más críticos y al ser más críticos… Por eso digo que hay que empezar desde ya a ser más críticos en otoño por lo menos se podrá librar igual por parte de la población estoy hablando de dar otra respuesta.

—Pues muchas gracias, Jon. No sé si tiene alguna, algún mensaje final, algo que quiera aclarar.

—No, mira, yo una cosa, por ejemplo, que he planteado aquí y he planteado esto, bajo su discurso, eh, para volver a la normalidad, he planteado que los test de PCR solo los hagan por previa prescripción médica de atención primaria a la gente que va con sintomatología exactamente igual que los enfermos de gripe cuando van a la atención primaria, y como cualquier prueba como se ha tomado unos rayos X ha tomado no sé qué, pues prescriba si quiere el test de PCR; todo eso bajan brutalmente. Dos, que el mismo médico exija que la prueba la hagan a 22 ciclos, y que esa prueba, el informe del resultado, como te dan un informe de orina o de sangre donde te hiciste los análisis, ese resultado lo den por escrito al paciente donde se reflejan el número de ciclos. Tres, en la vacunación, la vacunación yo a la gente le recomiendo primero, la vacuna es libre, es libre de vacunarse quien quiera o no, y eso hay que respetarlo por encima de todo, y no utilizar chantaje cuando se habla de pasaporte verde, chantajes de temas laborales de trabajos que puede hacer o no ha llegado a una información, etcétera. No tiene que utilizar chantaje. Y ¿cómo se vincula la vacuna? La vacuna, al final, es un medicamento, ¿quién prescribe los medicamentos?, el médico, entonces lo que él tiene que hacer es que el paciente le llame al médico, que le diga al médico que realmente se tiene que vacunar por esto, por esto y por esto de su salud, que es lo que veo el control de la salud, que firme con nombre y apellido y su número de colegio, que le recomienda: por eso, por esto y por esto, lo invito a vacunarse y luego, por supuesto, que le dé el informe de efectos secundarios, de posibles que puede producir, para que sea un documento aceptado por el paciente, si lo firma se vacuna, si no lo firma no se vacuna, pero por lo menos estará informado, que es lo mínimo que se tiene que hacer, informar y dar la razón de por qué me tengo que vacunar. Por ejemplo, una persona de 60 años, de setenta y tantos años, que no ha tenido nada, que no le ha dado nada de esto, va al médico, vamos a decir, análisis anual que se hace de control, ¿no?, y el médico va y le dice que tiene que vacunarse, que le diga por qué y por escrito.

—Algo que no solemos hacer, quiere decir pedir responsabilidad al que nos diga que nos van a inyectar, simplemente vamos y hacen con nosotros lo que quieren, y así, nadie se hace responsable.

—Claro, si es lo mismo que los test de PCR, cómo pueden ser los test de PCR una herramienta que han utilizado, que es la herramienta donde nos vuelven locos, nos vuelven locos con los resultados por los positivos. Al final no hay ni un informe de alguien que le hayan hecho un test de PCR ni un informe escrito al paciente de que ha dado positivo a estos ciclos, no hay. Sabes cómo funciona, por lo menos aquí, eh, lo creo en otro lado, te mandan un mensaje diciendo que ha dado positivo, que curiosamente tiene mucha gracia una cosa, mandaban SMS a alguien que ha dado negativo, pero como no ha estado en contacto sino con su mujer, que ha dado positivo, pues entonces también tiene que hacer la cuarentena. Entonces ¿para qué me iba hacer el PCR, para subir tus estadísticas?

—Sí. —Más claro el agua.

—Claro.

—Netamente quiere decir, es que se le ve el plumero por todos lados, pero, sin embargo, desgraciadamente muchísima gente cuela, ya cada vez menos, eh, ya mucha gente está pensando que nos están tratando como conejos de Indias, que han hecho una tomadura de pelo, pero aun así todavía hay mucha gente que, en fin, cree ciegamente a los grandes medios de comunicación. Pues, muchas gracias, Jon llevamos casi una hora de programa, no sé si querías decir algo al final.

—No, ya yo creo que lo importante es precisamente que la gente que la población vaya liberándose, ahí sí que necesitamos una vacuna que es la vacuna de la autoestima, me gusta llamarlas así liberándose del virus del miedo, para por lo menos afrontar el otoño que viene de otra manera, porque yo creo que el relato ellos ya lo tienen y es la población la que tiene que dar otra respuesta a ese relato.

—Muy bien, muchas gracias, Jon Ander Etxebarría, decano del Colegio de Biólogos de Euskadi, no te vayas, porque nos despedimos en privado, ya que yo despido el programa.

—De acuerdo.

—Y bien —comienzo a despedir el programa en directo—, para más información, como siempre en mi web elarconte.com. Espero que les haya gustado y que sea muy aclaratoria esta entrevista con, yo creo que vamos, el tercer biólogo que entrevistamos en El Arconte Televisión casi nada, recordemos que los biólogos como me dijo Fernando López Mirones es el que construye el avión, los médicos serían los pilotos, digamos, o sea, es que prácticamente es ciencia pura, muy aclaratorio. Quiero decir, a mí me ha dejado muchísimas cosas clarísimas, sobre todo que, en otoño la vacuna de la gripe pudo… Claro, todo es una hipótesis porque no lo sabemos cierto, había que investigarlo, pero el virus pudo ser inyectado por la vacuna de la gripe, pudo ser así, pudo ser así y habría que investigarlo, claro está, es una hipótesis, simplemente.

»Como siempre, esta plataforma se financia con vuestras suscripciones, así que, por favor, lo que podáis, puedes suscribiros apoyar esta plataforma para que podamos seguir trayendo gente independiente, porque ya habéis visto los grandes medios de comunicación. También como siempre, apuntaros a canal de Telegram El Arconte y también a Odysee, una plataforma extraordinaria, venga, gracias. Hasta la próxima; y os dejo algo de despedida, hasta luego.

»Espero que os quede claro de esta entrevista el nivel de manipulación que ha sufrido la gente a través de los medios de comunicación. Esta crisis ha sido la crisis del miedo provocado por la propaganda de los grandes medios. El miedo baja nuestra autoestima y nuestras defensas, asumamos el futuro con optimismo. gracias, Jon.

CAPÍTULO XV.
ENTREVISTA A LA DOCTORA
NADYA POPEL

Una de las personas que más me ha gustado entrevistar ha sido, sin duda alguna, Nadiya Popel, la doctora ucraniana que ha demostrado ser un auténtico ángel de luz en esta crisis sanitaria. Mientras que los médicos españoles implementaban a rajatabla los protocolos médicos recomendados sin preguntarse nada más, lavándose las manos, esta mujer aplicó su humanidad luchando por la vida de sus pacientes. Esta entrevista fue llevada a cabo para el canal de El Arconte Televisión el 8 de julio de 2021.

—Bienvenidos, bienvenidos una noche más a El Arconte Televisión y a Twitch. Ya sabéis que los que estáis viendo este directo podéis hacer vuestras preguntas, pero los que no podáis asistir pues después este mismo vídeo lo tendréis en elarconte.tv. Hoy tenemos a una persona especial, a una invitada especial. Se llama Nadiya Popel. Muchos de vosotros ya la conocéis, otros no, vamos a profundizar un poquito más en el personaje de Nadiya. Y, como siempre, si estáis aquí, si buscáis la intrahistoria de la historia, es porque no os conformáis con lo que os cuentan los medios de comunicación, las televisiones; buscáis una información alternativa y por eso buscáis el canal de Pedro Rosillo y El Arconte, y eso es lo que vamos a hacer, conocer la intrahistoria de la historia. Venga, hasta ahora. Nadiya Popel, ¿qué tal?, ¿cómo te va ese apocalipsis?

—Hola —comienza hablando Nadya—, vamos avanzando en el apocalipsis fin del mundo antiguo y aprender construir un mundo nuevo.

—Ya veo que en lo que es lo laboral no te ha ido muy bien por defender la verdad. Quiero decir que te machacaron, ¿no?, te machacaron.

—Bueno, mi trabajo era muy tradicional y, ¿cómo decirlo?, muy adaptado al sistema antiguo, pero, como sabemos que el sistema antiguo se está cayendo, entonces los trabajos, tal como los conocemos, creo que se van a transformar bastante, lo estamos viendo ahora en todos los sitios. En medicina lo que tenemos es esto, ahora sí tú no aceptas unas normas te suspenden del trabajo, como me ha pasado a mí. Pero es también lo que veo, que hay mucho miedo de que se desestabilice este sistema porque todos estamos muy acostumbrados, entonces hay miedo de desestabilización porque se ve que ya no funciona, ya no es funcional y es muy caótico.

—Bastante, bastante caótico —apunto—. Pero ¿quién es Nadiya Popel? Porque muchas personas no te conocen del todo. No eres española, ¿o sí?

—Bueno, yo nací en Ucrania, en una ciudad que se llama Lviv, que se traduce como león, está cerca de Polonia. Hace cuarenta y un años que nací allí, y cuando tenía 22, 22 años, vine aquí, a España y entonces aquí hice último año de facultad de Medicina en Alcalá de Henares, en Madrid, y después hice el MIR. Fui a Menorca para hacer medicina de familia y ya me quedé en Menorca para trabajar como médico de urgencias y desde entonces estaba en un hospital público, el único que hay en Menorca que se llama Mateu Orfila, y estaba trabajando en urgencias.

—¿Cuántos años llevabas trabajando en urgencias?

—Desde 2004, que son diecisiete años —apunta Nadya.

—Diecisiete años. Y te vinieron los problemas, todos los problemas te vinieron por el tema, cuando llegó el COVID-19. Sabemos que, al principio, cuando llegó marzo, al principio del COVID-19, hubo algunos hospitales que sí se saturaron. ¿Tú notaste algo en tu hospital o no, o todo era normal en el mes de marzo, al principio?

—Bueno, ¿en marzo de 2020, te refieres?

—Sí.

—¿De cuando empezó la pandemia?

—Sí —puntualicé.

—Pues cuando empezó la pandemia aquí se notó que había muchos menos pacientes de lo habitual. Más o menos en promedio se veía sesenta pacientes en marzo de lo normal y pacientes complejos mayores. Entonces cuando empezó la pandemia la gente dejó de venir al hospital, supongo un poco por miedo y también por directrices de no venir a no ser que estén muy mal. También pacientes oncológicos no venían por lo mismo, por miedo de contagiarse o también por directrices. Entonces el hospital se quedó vacío, no veíamos a nadie. Sí es verdad que con el caos que había de uniformes y de todo lo que teníamos que poner y cada día diferentes directrices, parecía que había trabajo, pero no era por flujo de pacientes alto, simplemente por el caos que llevábamos a ver qué vamos a poner o cómo nos vamos a proteger. Y también por pruebas, porque de repente hemos pasado de no pedir pruebas así ordinarias a todos a pedir pruebas de PCR a todos, que al principio tardaban veinticuatro horas en salir. Entonces la gente estaba, a veces veinticuatro horas, esperando una prueba solo sin tener una clínica clara y entonces los boxes se saturaban por esta espera innecesaria, pero, como había caos y nadie sabía cómo mejor hacerlo, se hacían estas cosas raras.

—O sea, que tú lo que viviste, al principio, más que saturación, fue caos, ¿no?

—Sí, porque después...

—Sí, eran los propios médicos o la propia dirección la que no sabía muy bien cómo enfrentarse a esta nueva situación, digamos.

—Sí —siguió contando Nadya—, nadie sabía nada. Las batas venían de China, pero venían cada vez diferentes modelos, a veces como monos así, de arriba abajo, a veces como batas, a veces de plástico, a veces de tela, a veces de otro color, a veces pantallas cuadradas, a veces gafas y, entonces, nadie sabía qué es lo que realmente nos teníamos que poner. Había pánico, la gente se preocupaba para no contagiarse, por eso se lavaban las manos todo el rato hasta tener heridas en las manos, pero no se sabía nada claro ni los protocolos estaban claros, ni la dirección sabía lo correcto, ni se sabía qué hacer con gente mayor si daba PCR positiva ni si hacer aislamiento a parejas o no. Había también turistas todavía aquí y entonces si, por ejemplo, el marido daba positivo y la mujer daba negativo, la mujer también se ingresaba solo porque estaba en contacto, pero no tenía síntomas ni tenía nada. Y lo curioso es cuando uno de la pareja daba positivo y otro negativo y esto chocaba porque decían que era muy contagioso, pero las parejas que compartían la habitación o bus o avión o lo que sea no salía PCR positiva. Incluso a los mismos pacientes que venían por neumonías se les hacía PCR y a veces salía negativo. Entonces se repetía la prueba a lo mejor PCR o también se hacía una PCR anal o se hacía antígeno o se hacía anticuerpos hasta que salga positivo. O a veces no salía positivo, simplemente era una neumonía bilateral con PCR negativo, pero aun así se ponía el diagnóstico de coronavirus. Era como todo muy extraño y muy raro.

—O sea, que al final todo era coronavirus. ¿Tú sentiste que a la gente se la diagnosticaba con coronavirus, aunque tú dijeras: «Pero si esto es una gripe o un resfriado de toda la vida de Dios». ¿Tú veías eso?

—Sí, sí, la gente que estaba asustada a veces venía y pedía pruebas de PCR que se hacía y si salía positivo un catarro se convertía en coronavirus y se convertía en aislamiento para toda la familia, para la persona; a veces un ingreso que no necesitaba oxígeno y no necesitaba nada, solo para aislamiento y de esta manera se saturaba la planta simplemente por no saber qué hacer con esta persona que ha salido con una prueba positiva. Y el hospital estaba así, estaba caótico, pero no por trabajo, sino porque se metía gente a lo mejor de geriátrico que salieron positivos, y era una vez trece personas que trajeron de un pueblo porque no sabían qué hacer con ellos y, de repente, trece personas de 80 años con mucha necesidad de cuidado caen a un hospital de agudos porque sale prueba positiva y esto eran meses que era así, como no saber qué hacer.

—¿Y esos ancianos estaban bien o no? ¿Se les veía que tenían.? Lo único que habían dado positivo.

—Sí, estaban bien, pero, como no sabían cómo aislarlos o cómo cuidarlos en el centro geriátrico y han dicho que por precaución se ingresan, pero, claro, no necesitaban nada. Eran sanos, simplemente han tenido algún contacto o algo. Y, claro, en una planta de veinte o treinta camas de repente meter trece personas, la planta se satura. Pero, claro, no solo era esto, eran infartos que se hacían PCR y ya después de repente era coronavirus o procesos infecciosos de otra índole, de procesos abdominales o de garganta o de ojos. O simplemente, por ejemplo, tuvimos una señora que ha venido por dolor de ojo, se le diagnosticó un derrame, creo que era…, no recuerdo qué era, pero necesitaba cámara hiperbárica para su patología y le hicieron PCR, no sé por qué, bueno, hacían a todos, y entonces le negaron este tratamiento de cámara que le podía salvar la vista solo porque tenía esta prueba positiva y al final no se realizó el tratamiento. Esto significa que su patología no ha podido ser tratada y a lo mejor, no sé exactamente, pero puede ser que haya perdido visión solo por no hacer la terapia por una prueba positiva. Y esto pasaba mucho. Por ejemplo, un…

—¿Y a ti te sancionó el hospital porque contabas todas estas cosas, por contar o hay algo más? —interrumpí, mil disculpas.

—No, esto yo no contaba a nadie. Esto, simplemente, yo lo observaba y me sorprendía todo, pero yo pensaba bueno, se va a arreglar esto porque esto es evidente, pero no se arreglaba, seguía así. Quizás al principio había más pánico, después ya no había tanto pánico, ya se dejaba a familiares entrar. Pero, aun así, aun así, se seguía con esta locura. Pero yo lo que hice es cuando vino gente, después de ponerse la AstraZeneca, que estaba muy mal y yo lo comuniqué en un periódico, que había efectos secundarios de vacuna, y es cuando me llamaron la atención, es cuando me dijeron que yo no puedo hablar de efectos secundarios de vacuna. Aun así, yo he seguido trabajando, pero yo había hecho después un vídeo y se ve que se revisaba todo lo que yo hacía, y el vídeo que grabé, no sé cómo, acabó en mi gerente y es cuando ya me llamó segunda vez y me dijo que me van a suspender provisionalmente.

—¿Y cuánto tiempo esa suspensión?

—Bueno, de momento me han dado seis meses para decidir, porque están decidiendo qué hacer conmigo, y después me darán la sanción que consideran.

—A lo mejor, después decidiremos nosotros qué hacemos con esos directores que les importa más que se esconda todo a la verdad, quiero decir, ¿por qué los doctores no hablan, por miedo, porque no quieren perder el trabajo? ¿Por qué? ¿O porque están convencidos de que su trabajo es como lo tienen que realizar, es realmente así?

—Bueno, hay diferentes situaciones. Por ejemplo, mi jefe directo me ha dicho que cree fielmente en lo que se está haciendo, que cree que hay que poner la vacuna, que cree que el virus es muy mortal. Lo que pasa que yo no entiendo cómo cree, por ejemplo, que el virus es mortal si desde que yo trabajo allí, diecisiete años, jamás he visto unas urgencias tan vacías como estaba durante la pandemia, quiere decir, estaba vacía horas, horas que yo podía leer y podía, yo qué sé, hablar o podía hacer cosas. No sé cómo se cree la gente que esto es como lo cuentan, porque lo evidente, y además tú puedes verlo, que yo sé que si viene una persona con catarro, al catarro de toda la vida no hay que hacerle cien mil pruebas, simplemente que se vaya a casa y ya está. Y no es así, a esta persona se le pueden hacer no sé cuántas pruebas y después aislar toda su familia, estas cosas que yo no entiendo. Yo creo que tienen algo como mucho miedo que se ha infligido durante esta pandemia por la tele y la gente está como hipnotizada y no entiende. Después otra franja de médicos es que entiende un poco y empieza a ver cosas, pero tiene miedo, tiene miedo de que se suspenda, que se censure, que se desprestigie, que pierdan su sueldo; no todos pueden permitirse perder un sueldo, tienen sus gastos mensuales, entonces simplemente callan por miedo. Y después hay otra franja de médicos que son algunos jefes, alguno es mi jefe, que no creen en nada, ni en mascarillas ni en vacunas ni están vacunadas ni van a vacunar a sus familiares, pero aun así salen por la tele o por periódico diciendo que hay que cumplir órdenes y simplemente viven doble vida: uno para uno mismo entendiendo lo que está sucediendo y otro para la sociedad diciendo lo que se manda desde arriba, haciendo este tipo de doble vida.

—Sí, es como si dijéramos el evangelio, que ni frío ni caliente, quiere decir, son tibios, quiere decir, son los típicos chaqueteros, vamos, muy típico español. De eso en España tenemos muchísimos ejemplos, quiero decir, son personas que simplemente las que se acercan al sol que más calienta y que no quieren complicarse mucho la vida, quiero decir, y de esos miserables, desgraciadamente, España está llena. Bueno, ¿tú sentiste que los médicos tenían miedo al virus, alguno no recibía a los pacientes por miedo al virus o no, o era simplemente.? ¿Había miedo?, o sea...

—Sí, es que en esta primera franja que cree fielmente en todo lo que se dice por la tele había una compañera mía que ha entrado en un pánico tan grande que no podía atender a las personas y se puso de baja por miedo, por miedo, por todo este también caos de uniformes y una especie de locura que vivíamos, pero también por miedo. Y otros también, los que creían mucho, me vigilaban si yo lavaba las manos o si yo lavaba el ordenador o si yo estornudaba o si yo llevaba máscara porque decían que les voy a contagiar de no sé qué, porque yo nunca he dado positivo a nada, y entonces estaban con este pánico y era de verdad porque se lo cree, se lo creían.

—Increíble, increíble que en España haya tan pocos médicos con esto, que los hay, hay médicos, pero quiero decir que han salido muy pocos. De los cientos de miles que, ¿cuántos médicos habrá en España titulados?, no sé, cien mil, ochenta mil, cien mil, por ahí, no lo sé, cuántos pocos médicos honestos realmente hay. Porque ¿tú, entre los médicos, piensas que la mayoría estaban convencidos de que esto era un virus mortal o había muchos que decían esto es un cachondeo, quiero decir, o eran mayoría los que decían esto, simplemente, es una tomadura, una gran tomadura de pelo?

—Al principio había 90 % que se lo creían, pero después poco a poco empezaron a ver incongruencias políticas de viajes, de turismo, de hostelería. Aquí, por ejemplo, a Menorca podían venir franceses sin ninguna prueba, pero de Madrid no podías venir aquí de vacaciones. Entonces veían estas cosas. También veían que venían parejas que dormían juntos y uno salía positivo y otro salía negativo, uno se ponía mal y otro no tenía nada de clínica, quiero decir que era muy incongruente todo. Y entonces con el tiempo han ido viendo que esto no tiene lógica, pero, aun así, el, digamos, como miedo al desprestigio, a pensar diferente, a perder el sueldo y trabajo fijo es superior a poder decir esto no va conmigo o yo voy a decir algo. La gente, incluso, tiene miedo a hablar conmigo. Yo, si voy al médico o voy al hospital, se esconden para que no se relacionen conmigo porque soy una especie de rechazada o una especie como de leprosa, una cosa así.

—Sí, sí, sí, alguien que está fuera del sistema, está claro. No quieren problemas, pero ellos están viendo a la gente caer, quiero decir, están viendo a la gente morir. Su trabajo es salvar vidas, pero parece que es lo que menos les importa, que lo que más les importa son ellos mismos, quiero decir, porque se dan cuenta de que hay mucha gente que no está siendo bien atendida, que están cayendo, que están muriendo y, en fin, que son gente que puede ser irrecuperable de su patología por no estar bien atendida y gente que con las vacunas está cayendo. Y, sin embargo, callan, callan.

—Sí, ahora urgencia está llena y mayoría son personas vacunadas, pero hay una negación colectiva de este hecho y en las historias clínicas no se pone que esté vacunado ni tampoco se comunica a los familiares que puede ser efecto secundario. Simplemente lo niegan para proteger su integridad mental, es como que yo no lo quiero ver y yo no lo veo y lo niegan. Es una especie de psicosis. Esto, en el fórum por la libertad mundial, se habló que es una psicosis colectiva provocada por miedo y negación.

—O sea, tienes constancia de que actualmente las personas que están llenando las urgencias son personas vacunadas.

—Sí.

—Tienes constancia de ello, quiero decir, te lo están contando, que allí quienes más... Impresionante. Y cuando tú estabas, quiero decir, ¿cuánto tiempo hace que te sancionaron? ¿Hace mucho tiempo que dejaste el hospital?

—El 15 de abril es cuando me avisaron por primera vez y me sancionaron más o menos 15 de mayo.

—En mayo. Tú veías cómo se vacunaba a la gente, cómo se le vacunaba ya y...

—Yo vi vacunarse al colectivo médico sanitario con Pfizer, que no dio muchos problemas, y después AstraZeneca en las maestras y en los policías, que cayeron como moscas. Era mucha diferencia de unos profesionales a otros profesionales, y la patología era muy rara y no conocida prácticamente, había cosas que yo no he visto en mi vida. Y también lo curioso que no lo podías relacionar, no podías hablar de un efecto secundario de vacuna porque no se acepta. Es como si no pudiera existir, eso no puede ser, bueno, la gente lo niega y, claro, en historias, yo lo ponía en mi historia, pero eso también se censura, no lo puedes poner.

—Pero esas órdenes, ¿de quién venían, de la dirección, de que no se ponían eso o era una psicosis colectiva? ¿O piensas que no lo ordenaba nadie, sino simplemente que era una psicosis?

—Es una psicosis, la gente lo niega, pero también, al ver cómo se me sancionó, de repente la gente también entró en pánico de perder el trabajo, entonces es como doble psicosis.

—¿A ti te vacunaron, Nadiya?

—Bueno, me propusieron, como a todos, me llegó la hoja que no ponía prácticamente nada, que simplemente preguntaba si tú te querías vacunar. No ponía ningún profesional, pero sí que tenías que dar tu consentimiento. Y quien quería pedía cita, se vacunaba, firmaba y ya está, pero yo simplemente omití esta carta y yo no me vacuné de nada. Yo sabía ya de qué iba, digamos, y yo desde hace, bueno, no sé, desde hace años yo estoy con tema de crecimiento personal, entonces para mí esto no ha venido muy de golpe. Yo estaba preparada porque, digamos, el algoritmo de esta pandemia se hizo en octubre y ya se sabía el resultado, cómo reaccionaba la gente. Esto se iba avisando como cualquier otra arma que se aplicó para la humanidad, entonces era bastante previsible.

—¿Qué crees que pasará en otoño, Nadiya?

—Bueno, muchos biólogos dicen que las vacunas van a provocar muchos estragos. Yo creo que, como la causa es multifactorial, que no es solo porque haya una espiga o magnetismo o grafeno o todo lo que se dice, sino que es multifactorial, que es compuesto de muchas cosas, entonces depende de muchas cosas; por ejemplo, del 5G porque pueden activar estas nanopartículas. De momento se ha aplazado activación de 5G porque la gente ha hecho protestas, pero si se enciende puede dar problemas también; enfermedades víricas, oportunistas que sí que vienen en otoño pueden desencadenar estas reacciones desproporcionadas inmunitarias que se alteran con las vacunas y entonces, claro, ahí, por ejemplo, Luc Montagnier, que es un premio nobel dice que en dos años puede morir toda gente vacunada. Yo no sé hasta qué punto esta predicción es correcta, pero yo he visto que gente que se puso AstraZeneca aquí está muy mal, está muy enferma y tiene secuelas y problemas muy serios neurológicos.

—¿Personas jóvenes?

—Sí, jóvenes. Aquí tuvimos un Guillain-Barré, que es como parálisis de piernas en una chica de 23 años; después una Encephalon-Meningitis con 35 años. Después patologías de todo tipo, así, 50, 60 años, ictus, muchos ictus. Y la edad la verdad es que no frena, los jóvenes también tienen problemas, muchos problemas.

—¡Madre de Dios! O sea, que vamos, yo me quedo alucinado porque esto no está saliendo en los medios de comunicación, que los hospitales se están saturando, o sea, bueno, se están saturando, se están llenando, pero de gente vacunada que van con efectos secundarios, que van con diferentes efectos secundarios. Y esto, desde luego, La Sexta no lo echa ni Antena 3 ni nadie. Al contrario, todo el mundo que vaya la gente a vacunarse, que más, que más gente vaya a vacunarse. Bueno, yo veo unos vídeos tremendos de gente convulsionándose que llevan dos meses con convulsiones y no hay forma de pararlos y los médicos no tienen ni puñetera idea de qué le pasa a ese hombre; ni de noche paran, las veinticuatro horas convulsionándose. ¿Encontrasteis algún enfermo de este tipo o no?

—Sí, es que los enfermos caían todos los días. Yo veía a cinco, seis, siete personas al día más o menos todos los días que trabajaba. Entonces síncope, por ejemplo, en una señora síncope. Estaba señora sana y, de repente, se desplomó y perdió todo sentido. Es una desconexión completa, es bastante frecuente ahora con esta vacuna, una especie de desconexión sin preaviso. No era cardiológico y no tenía tampoco patología neurológica. Ella no recordaba nada, estaba minutos así. Es una especie de desconexión, es como un ordenador que tú apagas y haces *reset*, pues es lo que pasa con la gente, es apagar y no recuerdan nada, y después, cuando se despiertan, no saben qué pasó y esto es muy frecuente. En gente mayor también pasa, no conectan, especialmente los que han tenido antes alzhéimer o demencia y, de repente, después, en dos o tres horas conectan. Es frecuente. Y después, aparte, los ictus son frecuentes, de cualquier área cerebral ictus, que la gente no puede caminar o no puede hablar, es frecuente, y problemas de fallo multiorgánico también. Yo sé que en UCI de mi hospital hay gente con fallo multiorgánico que está mal y está allí. Y gente joven, por ejemplo, he visto parálisis facial periférica bilateral. Esto no he visto en diecisiete años, quiero decir, a veces se te paraliza un lado de la cara por un herpes, que esto puede pasar, pero que se paralice por dos lados eso no he visto jamás; pues lo he visto con esto, con las vacunas. Y cosas como no poder caminar o temblor de las piernas en gente joven y qué pasaba y qué pasa con ellos porque la tecnología que tenemos no llega, no es suficiente, es obsoleta para este tipo de vacunas porque las vacunas son una nanomedicina, es una nanotecnología, se cuentan en nano milímetros y pruebas que tenemos como un TAC o resonancia pueden detectar centímetros o medio centímetro, pero no llegan a tanta precisión. Por eso mucha gente no tiene diagnóstico ni tiene tratamiento.

—Y la gran pregunta es: todos los médicos y la gente que está vacunando, ¿cómo pueden dormir por la noche cuando están viendo a toda la gente que viene con efectos secundarios? Yo les preguntaría a los médicos o sanitarios que van a ver este vídeo cómo podéis dormir por las noches.

—Es complicado el tema porque, encima, por ejemplo, este mes han dado un plus por COVID-19 para la gente que trabajó más de tres meses en sitios de urgencias y UCI y tal. Claro, es un plus económico al sueldo y la gente, de alguna manera, se pone alegre de recibir pluses porque lo ve como un beneficio económico y hay mucha gente que se beneficia de esta situación. Pero otra gente lo ve como que esto no me pasa a mí, lo que pasa es que es una visión muy limitada porque hoy no te pasa, pero mañana te va a pasar porque es que nadie está exento de reacciones y yo creo que es una visión muy muy limitada.

—Claro, vamos a ver —tomo la palabra—, es que estamos viviendo los... Es que, vamos a ver, estas armas biológicas se activan a largo plazo; estamos viendo a la gente que está cayendo primero, pero eso no significa que dentro de un año, de dos siga cayendo gente, quiero decir, las patologías que se pueden ir desarrollando al cabo del tiempo que son peores porque, y eso que esta arma, si es un arma biológica, y yo considero que más que una medicina es un arma total, quiero decir, esto se activa con el tiempo, está pensada para activarse no en el momento, sino con el tiempo, pasado X, X tiempo para que no haya una relación causa-efecto. Pero estamos viendo que es que ya mucha gente está cayendo, imaginaos la que puede caer en el futuro. Indudablemente, dirán que no son las vacunas, dirán que es una variante, que si viene la variante india, que si la nepalí, que si la de mi pueblo, que si la del pueblo de al lado, etc., pero los que estamos despiertos, los que estamos avisando y aquí todos los médicos que han pasado por El Arconte Televisión, todos los biólogos que han pasado lo han dicho, el otoño va a ser terrible, pero terrible, van a caer como moscas, o sea, premios nobel como Luc Montagnier lo han dicho también. Quiero decir, los que hemos entrevistado y hemos visto muchos vídeos hablando con los biólogos, a los que no están comprados por las farmacéuticas, lo sabemos y, evidentemente, lo que van a decir, como esta gente es tan criminal, dirán que es una variante y que hay que seguir vacunando. Y entonces ya será, vamos, entonces ya el que se vacune otra vez yo pienso que ese ya no tiene ninguna posibilidad de supervivencia, pero ninguna, vamos, absolutamente ninguna. Y, además, lo han dicho todos, todos los virólogos lo han dicho, si te vacunas una vez a lo mejor con ejercicio y cuidándote el cuerpo va eliminando esas toxinas, pero, como insistas, no hay forma, o sea, no te salva ni el Tato, ni el Tato, o sea, nadie, como insistas en meterte eso. Y lo han dicho aquí, en El Arconte Televisión. Bueno, Nadiya, ¿cómo ves tú esta polémica?, porque sabes las investigaciones que ha llevado a cabo *La quinta columna* y ahora estamos en una distopía absoluta entre la disidencia. Resulta que la gente se está peleando como en el fútbol: como tú eres del Madrid y tú eres del Barcelona, ahora hay gente del grafeno y gente de la proteína *spike*. ¿Qué piensas de toda esta polémica que se ha liado entre gente que piensa que es grafeno y gente que piensa que es *spike*?, ¿por qué?, ¿crees que esto está dirigido, que esto ha sido espontáneo? En fin, danos tu opinión.

—Bueno, yo creo que la vacuna es un nivel de tecnología tan alto que no somos capaces de entender qué está sucediendo. Tenemos que pensar que la medicina tradicional hablaba de biología, eran de alguna manera procesos biológicos, y farmacología se adaptaba un poco a la biología dentro de nuestros conocimientos, pero, claro, ahora, si dentro de esta biología biomedicina, tú introduces tejidos metálicos o tejidos magnéticos, entonces, ¿cómo vas a saber cómo funcionan o cómo reaccionan? Un médico ordinario, un biólogo ordinario no lo sabe porque no lo hemos estudiado. Nosotros no estudiamos ni grafeno ni grafito ni magnetita ni nada de esto, es una tecnología nueva y es algo que tenemos que aprender. Entonces, yo creo que aquí hay un poco por desconocimiento rechazo a lo desconocido, pero, visto lo visto, tenemos que abrir la mente, yo creo que hay que empezar a investigar y a aceptar cosas por muy increíbles que sean porque yo creo que vamos a ver algo que jamás habíamos pensado que vamos a descubrir, como, por ejemplo, hace dos días salió una noticia de un militar que aceptó que se tiraba durante esta pandemia plomo, óxido de plomo desde los aviones militares, y esto puede provocar neumonía. Quiero decir, ¿quién de nosotros estudiaba intoxicación por plomo o, por ejemplo, imantación en el cuerpo? Esto no se ha visto jamás.

—Eso digo yo.

—Yo no he visto jamás esto. Yo empecé a estudiar Medicina en, espera, en 1997 o algo así, y estudié en Ucrania, fui también a Inglaterra, en España y yo esto no lo he visto. Yo, primera vez lo veo ahora después de la vacuna, que una persona vacunada me consultó y yo lo hice, yo puse el imán, la primera vez en mi vida vi imantación en la cabeza, aquí.

—¿Lo has podido comprobar? ¿De eso cuánto tiempo hace, perdona? —Recordemos que antes de la polémica del grafeno salieron muchos vídeos con los primeros vacunados de gente que se le pegaban todo tipo de objetos metálicos, hubo vídeos hasta con la cubertería entera adherida.

—Hace dos semanas, más o menos, vino un hombre aquí después de ponerse primera dosis de AstraZeneca y me buscó porque la gente ya me conoce aquí, en el pueblo, por el nombre y entonces cuando tienen problemas me buscan, buscan mi teléfono y vienen a pedir ayuda o vienen a desintoxicarse o vienen a pedir cosas para sus familiares. Y entonces este hombre, yo tengo el vídeo de este hombre que se le quedó aquí el imán y él mismo estaba tan sorprendido que yo creo que se fue un poco asustado. Y yo lo siento mucho por él, pero es que se le pegó, se le pegó aquí.

—¡Como para no asustarse! Bueno, hay gente, que, yo no sé, la verdad, en qué mundo ha vivido, que decía: «Hombre, pero si eso ha ocurrido de toda la vida». Digo: «Sí, hombre, de toda la vida. Claro, de toda la vida a la gente se le pegaban las cucharas, los tenedores, las ollas». Quiero decir...

—Mira, y te voy a decir la verdad...

—¿Tú, como doctora, piensas que eso ha ocurrido de toda la vida? Porque tú también dices que no lo has visto nunca.

—Mira, yo mañana tengo una charla en Valencia porque, digamos, tengo una amiga que quiere que hable un poco en los pueblos, en Valencia, en Murcia, en Burgos, para hablar con la gente, dar información, y te digo que yo estoy leyendo cosas de lo que dice Ricardo de *La quinta columna*, lo que dice Andreas Kalcker de magnetita. Yo estoy aprendiendo porque esto no lo estudiábamos. Yo tengo que aprender, yo tengo que entender, tengo que leer los estudios porque no lo sabemos. La medicina clásica ahora es obsoleta, necesitamos darnos prisa y empezar a estudiar. Entonces no es cuestión de pelear, es al revés, es integrar conocimiento de otras personas, integrar por biofísica o nano física, nanotecnología, nanotubos de grafenos, que son portadores de fármacos, y no es desde ahora. Yo hoy he leído un estudio de 2017 que se usan fármacos para llegar a las células cancerígenas y se usan nanotubos de grafeno para buscar estas células. Esto ya está desarrollado, lo que pasa que no lo sabíamos. Entonces, el grafeno puede interaccionar con ondas electromagnéticas y se le puede conducir a un sitio del cuerpo. También leí lo de magnetita porque curiosamente magnetita es como un óxido de hierro y cuando hay coronavirus aumenta mucho la ferritina en la sangre, pero a unos niveles impresionantes de miles de ferritina, de 15 000, 10 000. Lo normal es entre 2 y 40, quiere decir, de repente aparece mucho hierro en el cuerpo, y esto no se ha explicado por ningún lado, esto no hay explicación. Entonces también tiene que haber hierro desde fuera que te entra, pero, claro, es una bomba tan fuerte y lo del coronavirus y lo de las vacunas que tenemos que estudiar y aprender todos.

—¿Qué le dirías a las personas que insisten en que eso no se puede pegar nunca en la vida, que eso es imposible y que eso es la grasilla?

—Bueno, es increíble, es verdad que es increíble y por eso hay mucha negación, pero ¿qué es lo que yo aconsejaría? Pues que cojan un imán y que empiecen a poner en su cuerpo, en el cuerpo de sus familiares, en sus mascotas porque se van a sorprender. Yo, cuando lo vi primera vez y se me quitaba de la mano imán de este hombre, yo no me lo podía creer. Yo lo ponía otra vez y otra vez y otra vez y yo decía: «Esto no puede ser».

—Y el hombre diría: «Para ya, ¿no? Para ya. Que sí, que se pega. Que sí, que estoy imantado».

—Sí, no me lo creía, pero ni en broma.

—Claro, no me creo, una vez más, una vez más, una...

—Porque no te lo crees, es verdad que es increíble, pero que lo hagan, que lo hagan, que lo comprueben y que vayan aprendiendo, porque negando no vamos a ningún lado. Tenemos que abrir la mente, pero mucho y muy rápido porque esto va muy rápido. Entonces necesitamos aprendizaje y además buscar el antídoto porque tenemos que ayudar de alguna manera. A mí me llama la gente y me dice oye, ¿cómo lo saco de mi cuerpo? A mí me piden soluciones y entonces yo tengo que buscar métodos. Les recomiendo cosas porque quieren quitarlo, porque además cuando se pone la vacuna…

—Claro, un metal en el cuerpo. Eso, ¿cómo se sacan partículas metálicas del cuerpo? ¿Cómo se expulsa eso? —le pregunto.

—Bueno, es que realmente las partículas son nanopartículas, son muy pequeñas. Por ejemplo, en la nariz, aquí, con PCR, he visto a una persona que se lavaba con agua del mar. Hay muchas personas escépticas, pero agua del mar tiene muchas cualidades y también es hipertónico, quiere decir, tú cuando lavas una superficie absorbe, como es sal, pues saca, digamos, el plasma o suero o exceso de suero y permeabiliza mejor las mucosas, quiere decir, se abren poros y pueden salir sustancias. Y yo he visto que a una persona se le quitó magnetismo de nariz después de lavar una semana con agua del mar la nariz.

—Claro, de lavarla, pero eso es por las PCR, por las dichosas PCR, pero el que le han metido la vacuna, eso, ¿cómo lo quita, también bebiendo agua de mar, por ejemplo?

—Bueno, yo tengo una lista de once sustancias que pueden mejorar o limpiar un poco. Por ejemplo, argonitas, que son cristales que también interaccionan con estas nanopartículas, que se toma una cucharita por la mañana todas las mañanas, argonitas. Después, el pino silvestre, una gota cada ocho horas con aceite, esto modula el sistema inmunitario. Después agua del mar se puede beber para eliminar. ¿Qué más era? Ah, CDS…

—¿El CDS sirve también para quitar el magnetismo ese?

—Bueno, lo que hace es estabilizar la membrana para que la proteína *spike* no destruya las células e inactiva la proteína *spike*, y también hay gente que utiliza imanes, uno con carga positiva y otro con carga negativa, lo eleva a un sitio, por ejemplo, pone aquí la carga positiva, aquí carga negativa, entonces atrae nanopartículas a estos puntos y después lo deja, no sé si con aceite o con algo para que vayan saliendo nanopartículas. Esto fue una enfermera que se lo pegó en el brazo y esto salió también en el vídeo que puso no sé si CDS para que penetre mejor en la piel y por encima el imán y estaba no sé si una semana, y después al despegar salieron cosas así metálicas de color negro. Y son, digamos, métodos que la gente busca para mejorar todo esto, lo que entra en el cuerpo, pero claro…

—¿Me puedes pasar ese vídeo, por favor?, porque, vamos, tiene que ser la bomba. ¿Me puedes.? Porque yo no lo he visto.

—Sí, te pasaré la lista de estas cosas, y cada uno tiene que buscar el método que le guste más o ir probando porque se están descubriendo cosas, bastantes cosas interesantes.

—Porque yo os lo digo, que a mí tampoco me hace falta comprobarlo. Como detective privado, sé perfectamente que el testimonio de muchos es en sí una prueba, o sea, eso es válido y si hay una persona que te dice una cosa y si hay otra que no conoce a esa persona de nada en X kilómetros y te dice exactamente lo mismo y otra y otra y otra y otra, pues hay que ser muy burro para pensar que es que se han vuelto locas todas las personas y que no saben diferenciar lo que es que se te pegue un objeto a que se te imante. Las personas no son tan burras, lo saben diferenciar. Sin embargo, hay gente también tan burra que, por mucho que te lo muestren y que se lo pongan delante de los ojos, no quiere verlo, se niegan por pura negación, por pura negación porque va en contra de sus principios, de lo que han estudiado. Pues chico, pues, ¿qué quieres?, ¿qué quieres? Si uno tiene que estar abierto a la verdad. Si lo que tú has estudiado, la mitad de las cosas no valen, son falsas. ¿O es que no lo sabes ya, que la mitad de lo que tú has estudiado no sirve para nada? De lo que todos, de los que nos han educado, de lo que nos han metido desde la escuela, porque si pensáramos en todo lo que nos han metido en la escuela no estaríamos ni aquí, quiero decir, estaríamos viendo la televisión, el partido de Inglaterra contra Dinamarca y *gran Hermano* y etc. Pues como esto, el resto que se lo han creído todo, como el resto que se lo han creído todo. Has visto, la gente está también que, bueno, ha salido un nuevo vídeo por ahí, que yo lo he colgado ya en elarconte.com, en donde aparece el punto fluorescente de donde la persona se ha inyectado. No sé si tú lo has visto, ese vídeo.

—Sí, porque, digamos, luminiscencia tiene mucho que ver con las vacunas porque incluso yo he visto respecto de Moderna *luciferín*, que lo quieren negar y lo quieren esconder, pero esto salía en el prospecto original de Moderna y yo lo he visto con mis ojos. Quiero decir, se introduce la luz artificial de una luciérnaga que se distingue de luz fotónica y crea proteínas fotónicas de espectro distinto de luz y esto tiene mucho que ver con nuestra absorción de ondas gamma del sol. Y, aparte de esta luciferina, también parece ser, no sé si era grafeno o alguna sustancia que podía iluminar diferentes espectros de luz. Quiero decir, nosotros recibimos energía del sol, pero para esto necesitamos que las ondas gamma se absorban y crean foto proteína, que es la típica de nuestro cuerpo, pero si tú metes una sustancia lumínica que aporta luz, digamos, para proteínas, pero que no es original, no es foto proteína, pueden subsistir dependiendo de esta sustancia, que en este caso es luciferina, pero ya no van a absorber la luz gamma del sol. Entonces se cambia la reacción fotónica de nuestras células que necesitamos luz. No de toda la reacción, pero tiene mucho que ver luminiscencia con la vacuna.

—Madre mía, madre mía. Aparte de esos efectos, ¿has reportado otros que todavía no se ha hablado de ellos? ¿Has visto tú aparte?, porque ya hemos visto parálisis faciales, ictus, hemos visto convulsiones, hemos visto todo eso después de que la gente se vacune, también se habrá vuelto loca, en fin, hemos visto a los imantados vacunados. Bueno, que también dicen que hay gente que no está vacunada que se imanta también. Entonces, todo se complica más. En fin.

—Bueno, las nanopartículas en vacunas no es primera vez que se ponen, lo que pasa que no nos dábamos cuenta. Es ahora cuando empezamos descubrir. Tampoco es la primera vez que se pone un organismo modificado genéticamente. Ya tenemos tres vacunas que son gripe, papiloma virus humano y hepatitis que son vacunas recombinantes, quiere decir, modificadas genéticamente.

—O sea, y esas vacunas, ¿cuánto tiempo hace que se han estado inyectando?

—Más o menos diez años.

—¿Diez años?

—Sí, de hepatitis y papiloma virus son diez años de vacunaciones y en nanopartículas ya salen estudios desde 2010, 2013 en las revistas americanas que explican que hay nanopartículas en fármacos, no solo vacunas, en fármacos oncológicos, por ejemplo. Después magnetita, también hay muchos estudios de 2013 y 2015 hablando que la nanopartícula de hierro puede romper el ADN humano, quiere decir, disociar las dos hélices de ADN. Y esto lo hablaron también en el foro, lo habló muy claro Mikovits, Judy Mikovits, hablando de cambio genético del humano porque con estas vacunas y nanopartículas se rompe el ADN humano y se altera código genético. Por eso, de alguna manera, es posible hablar de un humano transhumano, transgénico como un tomate.

—Transgénico, pero humano no se sabe. En fin... Nadiya, estuviste en Sitges, allí nos conocimos personalmente, ¿puedes resumir de lo que hablaste en esa ponencia?

—Sí, en Sitges yo hablé de organismos modificados genéticamente, qué leyes los avalan, porque además han sacado leyes hace un año y hace un mes que avalan que se puedan hacer ensayos clínicos con organismos modificados genéticamente, quiero decir, con estas vacunas por necesidad urgente. Además, avalan al productor de las vacunas por propiedad comercial e intelectual del fabricante, quiere decir, se protege mucho al que produce esta vacuna con las leyes permitiendo que no se indiquen los ingredientes abiertamente. Esto lo avala Unión Europea y lo avala nuestro gobierno español. Y después hablé de AstraZeneca, de los fallos que tiene y que se explica abiertamente por su ficha técnica cómo funciona y que no tiene ninguna seguridad y está escrito y que no está indicado ni en embarazadas ni en niños ni en personas con patología ni en mayores de 56 años porque no hay estudios absolutamente. También hablé de que es un doble ciego, quiero decir, que nadie sabe lo que se administra a la persona; también hablé de que hay placebos, por eso hay tanta diferencia de reacción entre una persona y otra, e incluso ahora he conocido que la misma marca cuando se pone a las personas no se pone lo mismo, quiere decir, va enfocado en los grupos, a las etnias, a los países y se modifica lo que está dentro.

—No me digas, ¿sí? O sea, eso, ¿con qué intención?, ¿con qué intención? ¿Piensas que puede ser para atacar a la raza, según qué raza?

—Creo que es por planificación. Por ejemplo, primero han puesto a los sanitarios; no ha habido muchas bajas porque, claro, si ponen primero a sanitarios y caen todos, los siguientes no lo ponen. Entonces después los que van, por ejemplo, a los Ministerios o a los políticos, estoy segura de que tiene diferente composición que a las maestras que han venido aquí, que han caído como moscas, una detrás de otra. Quiero decir, aquello que a veces sale que se ha conseguido una dosis y se hace un estudio y después este estudio difiere de otro estudio de otra persona es muy posible, es lógico porque no cada dosis, no cada vial contiene la misma sustancia.

—Madre mía. Y los policías, ¿por qué? Porque digamos que son los encargados de la seguridad, pero han caído como moscas también con AstraZeneca, han caído muchísimos.

—Sí, policías eran como maestros, más o menos. ¿Por qué? Porque AstraZeneca tiene función rápida, quiere decir, en cuanto se pone da efectos rápido. En cambio, Pfizer no porque tendrá otro mecanismo de acción.

—Quiere decir que puede ser a largo plazo, que a lo mejor al principio no se nota tanto, pero a largo plazo puede ser fatal, puede ser fatal.

—Sí, sí. También hay que pensar que hay placebos, quiero decir, que simplemente es... Yo creo que hay que ver que se quiere hacer confundir a la gente porque, claro, cuando uno se siente tan bien, dice, mira, es que yo estoy perfectamente bien, no entiende que otra persona está fatal y entonces se crea una confusión entre los grupos y entre los profesionales, que no entienden qué está sucediendo.

—Sí, sí, esto lo he visto yo alguna vez, que si a ti te va mal oye, chico, pues a saber, eso es lo mismo porque te ha sentado mal, pero no tiene nada que ver conmigo y ya está, y que lo que hablas son tonterías y ya está, quiero decir, eso lo hemos visto muchas veces. Bueno, Nadiya, llevamos una hora de entrevista y no sé si se me ha quedado algo en el tintero. Si no, pues bueno, si quieres dar un mensaje final para todas las personas que te van a ver... —Y ahora a leer.

—Bueno, tú me preguntaste lo de efectos secundarios, que no te respondí. He visto alteraciones visuales con pérdida de visión o disminución de visión, alteraciones auditivas, quiere decir, todos sentidos se afectan, que es táctil, visual, auditiva, gustativa, olfativa porque el efecto es neurológico, a nivel neurológico y nuestros, digamos, centros neurológicos están aquí, en la cabeza y se afecta a la cabeza con esto, con estas vacunas. Y también encefalopatía de Wernicke he visto, que es una encefalopatía que cursa con alteración de la marcha visual, confusión, hay muchas confusiones y alteración de entendimiento, cognición y síncopes. También he visto cosas muy raras con Pfizer que es como un derrame pleural, quiero decir, se llenó de agua el pulmón. Y arritmias, también arritmias. Quiero decir, se afecta todo, todos los órganos. Es curioso, por la afectación de todos órganos. Y, bueno, el mensaje final que tú dices. Yo creo que como humanidad nos tenemos que unir, unir todos los conocimientos porque necesitamos conocer y necesitamos aprender rápido, y apoyo de todas las personas juntas, que cada uno aporte lo que pueda, lo que sepa, lo que pueda proponer. Que no nos desanimemos porque es nuestra evolución como especie y tenemos que pasar por un salto; ahora tenemos un salto cuántico y la verdad que sí que es un salto porque es de repente, de un día para otro la medicina, todo conocimiento tiene que saltar. Y yo creo que vamos a ganar o vamos a aprender y vamos a salir adelante porque hay mucha gente que trabaja, que estudia, que da conocimiento, que lucha, que hay juicios también abiertos para poder derivar todo esto, hay abogados, hay millonarios trabajando —yo he conocido gente millonaria que quiere aportar, dar donaciones para proyectos buenos, para proyectos positivos—, hay muchísima gente trabajando en su propio desarrollo espiritual, emocional, de conocimiento —es muy necesario tener vibración alta— y creo que entre todos, biólogos, biofísicos, médicos, abogados, jueces, he conocido un juez muy simpático de Italia, de Sicilia que está también con cosas legales luchando y también he conocido a un político argentino que es un concejal que también está luchando a pesar de todo, y yo creo que hay tanta gente en el mundo positiva y que está yendo adelante que tenemos que tener esperanza, poner nuestro granito de arena en todo esto y creo que vamos a ver cosas muy bonitas en un futuro próximo.

—Pues muchas gracias, Nadiya, y aquí despedimos ya esta entrevista y, bueno, enhorabuena por ser tan valiente; todos los valientes sufren las consecuencias, quiero decir, muchas gracias, Nadiya.

—Bueno, que vaya bien, adiós.

—Adiós, Nadya, gracias.

CAPÍTULO XVI.
EL INFORME DE BIÓLOGOS
POR LA VERDAD

Todo lo que hemos visto hasta ahora lo podríamos resumir en este informe realizado por Biólogos por la Verdad el 15 de marzo de 2021. El informe se puede descargar de su página web https://biologos-porlaverdad.es/informe-covid-19/. De hecho, muchos de los entrevistados fueron finalmente firmantes de dicho documento. Es el caso de, por ejemplo, Jon Ander Etxebarría, Almudena Zaragoza o Fernando López Mirones. Un documento que se ha silenciado, lo mismo que los médicos que se revelaban contra la sinrazón que les imponían desde los Ministerios. Los firmantes son treinta biólogos y otros especialistas en ciencias ambientales, que desean desmarcarse del relato oficial al que consideran lleno de incongruencias y, sobre todo, de miedo, de mucho miedo. El miedo siempre es la gran arma para controlar a la gente y llevarla al redil deseado.

El documento no tiene desperdicio con puntos absolutamente demoledores por su rotundidad, todo hecho por especialistas en la materia. Después, como siempre, las agencias de verificación pondrán a algún becario con los tres años de periodismo recién terminados a contradecirles, qué os apostáis... Lo han hecho hasta con el premio nobel Luc Montagnier, ahí es nada. Entre los puntos más interesantes que deseo destacar en este ensayo escribo los siguientes:

En el punto número tres del apartado «La profesión de la biología ante la pandemia», escriben: «El virus SARS-CoV-2 es un virus quimera artificial, su origen es un laboratorio debido a que en biología existe la barrera de especie y esta solo se puede traspasar mediante cultivos de virus en células animales, hecho que solo puede ocurrir en condiciones controladas y jamás en la naturaleza». Para los no muy entendidos diremos que un virus quimera es un virus híbrido. La misma rotundidad que expresan en el documento la hemos podido escuchar cuando entrevistábamos en El Arconte Televisión a los biólogos. Pertenece a la ciencia ficción pasar la barrera interespecies, sería como creer que puede existir Spiderman, que es picado por una araña y se convierte en el famoso súper héroe del cómic de Marvel.

Pero más rotundo es el punto 4 en que dice textualmente: «El presunto aislamiento del virus SARS-CoV-2 es un fraude científico, como lo fue el del virus SARS CoV, debido a que no se han conseguido cultivos virales, ni partículas virales viables del mismo. Los virus de bibliotecas genómicas o bases de datos no pueden considerarse patógenos reales sin demostrar su crecimiento directo en células humanas, sin pasar por cultivos animales. Se debe demostrar su crecimiento directo en células del aparato respiratorio humano, para comenzar cualquier debate».

En el punto número seis consideran inviable el contagio de humano a humano, por la misma lógica de que antes se tenía que haber producido una zoonosis que después se iría reproduciendo de persona en persona. Posteriormente hablan de las pruebas PCR, considerándolas inválidas para diagnosticar la enfermedad tal y como se ha estado haciendo. Recordemos que las pruebas PCR han sido una de las bases de todo este gran engaño. ¿Quieres una gran pandemia? Déjame hacer pruebas PCR a más ciclos de lo recomendado y tengo a todo el mundo enfermo y asintomático. El asintomático ha sido otro de los pilares de esta gran farsa. Un enfermo que no está enfermo; pero que contagia y va matando a la gente propagando los virus, esto ha sido de fábula, mejor imposible.

Biólogos por la verdad dedica los puntos siete, ocho, nueve y diez para hablar de estas pruebas PCR y sus conclusiones. Al final del punto 10 dice llanamente «una persona sin síntomas es una persona sana». ¡Qué palabras más revolucionarios y lógicas a la vez! Ha habido tal grado de locura en este país y la gente ha llegado a estar tan sumamente ciega y absorbida su mente por las consignas que le lanzaban desde los medios de comunicación, que una verdad tan simple se convierte en un arma revolucionaria.

En el punto número ocho hablando de las pruebas PCR establece como veinte el número de ciclos por encima del cual no se pueden considerar como pruebas seguras y no deberían ser aceptadas. Además, si no se ha aislado el virus tampoco puede haber pruebas PCR específicas para detectar el virus, por lo que estas pruebas lo que detectaban era innumerables patógenos que no tenían nada que ver con el SARS. Si nos acordamos, la gripe desapareció, es decir, lo que detectaban en muchos casos no era más que el virus de la gripe. De hecho, es lo que literalmente expresan en el documento en su punto 14 cuando dicen «se deduce también que la enfermedad COVID-19 ha sustituido a la gripe, sin esta haber desaparecido en ningún momento, sino más bien se la ha cambiado de nombre. Cabe destacar la existencia de un pico inusual de mortalidad detectado entre marzo y abril de 2020».

Por otra parte, habla de las vacunas génicas. Este tipo de *vacunas*, que no deberían llamarse realmente así, no son ni mucho menos como las que nos ponían cuando éramos pequeños, es decir, con el virus atenuado. Este tipo de *medicamentos* son experimentales y hasta la crisis del COVID-19 tan solo se habían probado en animales con resultados realmente desastrosos. En cuanto a ellas en el punto doce Biólogos por la Verdad apunta que «estos productos génicos tienen graves deficiencias a nivel biológico como son homología con retrovirus endógenos humanos y sus proteínas retrovirales, de vital importancia para la reproducción, el sistema inmunológico y neurológico entre otros, pudiendo estas sustancias causar graves problemas de autoinmunidad, infertilidad y neurodegeneración, entre otras graves patologías». Ahí es nada, infertilidad. Recordemos los titulares en los que se intentaba tranquilizar a la población femenina diciéndoles que no había evidencias entre los desarreglos en su ciclo menstrual y la vacuna. Lo cierto es que el informe de Biólogos por la Verdad ya lo avanzaba; pero ya lo avanzaban los biólogos entrevistados incluso antes de ser administradas las vacunas que iba a haber problemas de este tipo. Pero como hemos visto anteriormente, se ha sometido a la población a un experimento masivo, usados como ratas de laboratorios saltándose cualquier legalidad, ni prescripción médica ni consentimiento informado. Una auténtica locura que va a convertir España en un gran cementerio. Tenemos que recordar que ahora estamos experimentando los efectos de las vacunas a corto plazo, nos queda saber a largo plazo cómo se comportarán y las consecuencias de las mismas.

Para terminar en el punto número quince y como conclusión al pico de mortalidad detectado en marzo-abril de 2020, no se muerden ni mucho menos la lengua y lo achacan directamente a la vacuna antigripal de la temporada 2019-2020 unido además «a las medidas de abandono de colectivos de personas mayores en residencias, donde se centraron la mayoría de las muertes, así como a la desatención médica o diagnóstico erróneo».

Como vemos, el informe que lo podéis consultar completo y descargarlo desde su página web resume y pone por escrito, todo lo que en multitud de ocasiones han manifestado a través de las redes sociales.

Las vacunas COVID-19 no son seguras.

Las vacunas contra el COVID-19 se han administrado a la población como un experimento genético.

Las consecuencias a corto y largo plazo pueden ser y están siendo muy graves.

Las pruebas PCR han sido la base del gran engaño.

No se ha aislado el SARS-CoV-2.

No existe la zoonosis, es una gran estafa.

Los asintomáticos son personas sanas.

La vacuna de la gripe como punta de lanza de la transmisión del COVID-19.

Son las mismas conclusiones a las que todo el mundo llega una vez que se ha puesto a estudiar el fenómeno de la crisis del COVID-19, con la diferencia de que estas conclusiones están puestas por verdaderos especialistas en la materia en un documento de cincuenta y siete páginas y poniendo sobre la mesa su nombre y su prestigio personal.

CAPÍTULO XVII.
CARLOS VALLÉS

Matemático, licenciado en Económicas y Ciencias Empresariales además de diplomado en Estadística. Carlos Vallés ha trabajado de *trader* y economista para las firmas más importantes. No podía dejar de preguntarle cómo ha vivido esta crisis sanitaria. Lo conocía porque él mismo me escribió, era seguidor mío por el canal El Arconte de YouTube y me sorprendió su sencillez, una persona con un currículum tan abultado y lleno de experiencia. Esta entrevista fue realizada una tarde del mes de junio de 2022. Entrevistando a Carlos quería saber cómo desde las matemáticas, que son ciencias puras, se podía demostrar el engaño al que hemos estado sometidos.

—Bienvenidos una tarde más con Carlos Vallés —comienzo el programa—, matemático, *trader* y economista que nos tiene que decir muchísimas cosas sobre esta crisis sanitaria. Buenas tardes, Carlos, ¿qué tal?, ¿cómo estás?

—¿Qué tal, Pedro? ¿Cómo te va la *life*?

—Me va bien, me va bien. Me va, bueno, bien. Bien, dentro de lo malo que está el mundo. Dentro de lo malo, va bien. Carlos, ¿ha habido pandemia, según tú, o no ha habido pandemia? ¿Se puede decir que el mundo ha vivido una pandemia o no? —comienzo a saco, quería escuchar su versión como matemático y estadístico.

—Bueno, definitivamente no —comienza a disparar Carlos—, o sea, eso te lo puedo responder con toda seguridad. Hemos vivido una mentira espectacular, nos han engañado como a chinos y, bueno, todo esto que estamos... Ojo, yo no entro en temas políticos ni conspiranoia ni no conspiranoia. Todo lo que voy a comentar a lo largo de tu entrevista tiene que ver con ciencia, con lo que se puede demostrar empíricamente y no lo que sea producto de mi imaginación. Yo, como científico, solamente creo en la evidencia. Y la evidencia apunta a que todo esto ha sido una gran farsa, pero muy muy... Y no solamente una gran farsa, sino que yo creo que han matado a mucha gente que no tendrían que haber matado como... Eso ya puede entrar dentro de las suposiciones, aunque yo creo que se puede demostrar. Y, bueno, como me imagino que vamos a tocar varios temas, pues iré exponiendo a lo largo del programa.

—Desde las matemáticas, ¿por qué no ha habido pandemia?

—Hombre, no ha habido pandemia, primero porque fallan, primero porque faltan, fallan las cosas por muchísimas partes, es decir, fallan desde un principio, las estadísticas no son coherentes en el sentido de cómo es posible que a julio del año pasado, del 2020, cómo es posible que haya diferentes letalidades en diferentes países, es decir, cómo es posible que en España hubiera una letalidad del 17 %, en Italia del 20 %, en Estados Unidos del 21 % y luego te encuentras países como Alemania que tenía una letalidad del 3,5 %, en Arabia Saudita del 2 %, en China del 5 %... el 5,1 %, perdón. O sea, vamos a ver, eso de momento genera muchísimas dudas porque una enfermedad genera una letalidad igual más o menos en todos los países. Puede haber diferencias porque digas, bueno, es que hay un país que los ciudadanos son más sanos, menos sanos o por la medicina, hay más acceso a medicina de calidad y todo eso, pero España, que tiene los ciudadanos más sanos del mundo no porque lo diga yo, sino que lo dicen estudios, que el español es la persona más sana que hay en el mundo y que además es la persona dentro de las tres mejores sanidades del mundo y todo eso, y no encaja. La población alemana, por ejemplo, es más vieja que la española, y entonces no hay explicación para decir... Pero, vamos, todo eso no son nada más que datos que engloban un poco lo que estamos diciendo. Luego, lógicamente, las pruebas de PCR, como te podré demostrar, la falsedad de las pruebas de PCR, cómo se han estado generando las pandemias, las variantes y todo eso, todo eso está, vamos, las pruebas de PCR no valen para…, o sea, valen para muchas cosas, pero, desde luego, no para decir lo que han dicho. Tampoco podemos demostrar todo el tema de la vacuna… Primero, además, el virus, por supuesto, existe, pero el virus tiene una letalidad muy baja, es decir, el virus tiene una letalidad inferior incluso a la de la gripe, que también lo hemos estado estudiando y mirando y todo eso. Entonces, no hay motivo para generar una pandemia de lo que se ha hablado; es más, incluso, como también hablaremos a lo largo de la entrevista, veremos que tampoco hay evidencia de que las vacunas sirvan para nada, que será un tema que abordaré también. Toda esa eficacia que han estado dando del 95 % de Pfizer o del 93 % de AstraZeneca o del 84 % de Sinovac, etc., también son datos falsos porque son datos que son medianamente verdaderos, pero como en un juicio cuando dicen «¿va a decir usted la verdad?», «sí», «¿toda la verdad?», «sí, sí, claro, toda la verdad», «pero no me diga ninguna mentira y nada más que la verdad», «sí». Entonces, claro, si te cuentan una verdad, pero no te cuentan toda la verdad y encima te mienten un poquitín, pues entonces ahí está. Y luego, evidentemente, ya hay… y luego ya hay estadísticas de cómo han ido evolucionando e incluso dentro de las vacunas veremos el riesgo que tienen algunas vacunas y, dentro de lo que es la inmunología, cómo funcionan los…, la evidencia que hay de que las vacunas estas están creando un problema incluso de una inmunodeficiencia; que por eso se habla y lo extenderé un poquitín más, y no sigo porque si no te cuento todo, de por qué están generando SIDA. No, perdón, SIDA no, el virus del VIH, porque el SIDA es la enfermedad. Entonces hay que recordar simplemente que SIDA es un síndrome de inmunodeficiencia adquirida, entonces también a lo largo de la entrevista veremos cómo este virus está exponiendo mucho, la vacuna, no el virus, está exponiendo mucho a que la gente tenga un contacto, gente que esté en contacto con vacuna y gente que no esté en contacto con la vacuna que esté en contacto con el virus del VIH sean más propensos a contraer el VIH los que están vacunados que los que no. Y, en fin, hay infinita, infinita no porque infinito sería, entonces no existiría la verdad… la mentira, pero hay más que pruebas demostrables de que todo lo que nos han estado diciendo ha sido un cuento chino desde el principio hasta el final.

—Bien. Las vacunas, ¿por qué dices que no han sido efectivas? ¿Qué datos puedes aportar? Matemáticos, estadísticos, sobre la mesa, vamos.

—Bueno, vamos a ver, una de las cosas, primero, yo he estado mirando información, yo he estado investigando y, bueno, he tenido que leer un poco de inmunología para ver cómo se calcula el éxito de una vacuna. Bueno, vamos a empezar por decir, cuando nos han estado vendiendo la moto de que las vacunas tienen un 95 % de eficacia, ¿qué quiere realmente decir ese 95 %? AstraZeneca ha dicho que tenían un éxito del 70,3 %, Sputnik ha dicho que del 74,2 %. Ahora si yo a ti, si a la gente le preguntases, oiga, ¿usted qué entiende por éxito? Pues entiendo que un 95 % de éxito quiere decir que 95 de cada 100 no se van a contagiar. Eso es lo que entiendo yo que la... Vamos, yo no lo entiendo así, pero es lo que, lógicamente, entendería la gente. Bueno, pues mira, yo he estado mirando información sobre las estadísticas y primero esto es verdad, pero no es verdad. Vamos a ver lo que quiere decir eso. Mira Pfizer, Pfizer ha hecho un estudio... Yo he estado mirando los estudios de Pfizer y los de Sputnik y los de AstraZeneca y de los de CoronaVac y todos ellos, pero me voy a centrar solamente en tres. Mira, Pfizer hizo un estudio de aproximadamente unas 43 660 personas, de las cuales a 21 837 se les administró la vacuna y a 21 824 se les administró un placebo. Para que la gente sepa lo que es placebo, un placebo quiere decir que te han dicho que ahí va la vacuna, pero realmente no hay nada ahí dentro, es decir, es líquido sin más. Es decir, es simplemente, por eso se llaman experimentos ciegos; ciegos quiere decir que, sin que nadie sepa lo que le están dando, a unos les dan la vacuna de verdad y a otros no para ver, para que no entre el juego el sentimiento, y doble ciego sería cuando además ni siquiera los que te ponen la vacuna saben lo que te están administrando, si es el placebo o si es el de verdad. Bueno, de la gente que le administró Pfizer el verdadero, la vacuna, 8 desarrollaron el coronavirus y, de los del placebo, 162 desarrollaron el coronavirus. Entonces, ¿en qué se fundamentan Pfizer y todas las demás para decir que eso tiene una eficacia del 95 %? Bueno, pues muy sencillo, han cogido y han dicho vamos a ver, si ha habido ocho personas, ¿qué porcentaje representa 8 sobre 162?, es decir, ¿cuántos más se han contagiado que tenían el placebo de los que se han contagiado con respecto a los que tenían la vacuna? Pues si divides 8 entre 162 te dará un 0,05, o sea, un 5 %, ¿de acuerdo? Entonces, ¿eso qué quiere decir? Pues que hay un 95 % más de personas que han cogido el virus de los que han sido vacunados con placebo que los que se han vacunado con la vacuna. Ahora bien, esto no es verdad porque esa estadística es cierta en ese sentido, pero tú lo que tienes que decir es ya, pero ¿cuántos más se han afectado con respecto a la realidad? Eso se llama, y en estadística, en matemáticas existe también, el primero se llama el riesgo relativo, pero a mí lo que me interesa es el riesgo absoluto. Entonces ese riesgo absoluto, ¿cómo se calcula? Se dice, bueno, vamos a ver, ¿cuánta gente se ha contagiado con el placebo? Y ahí vemos que se han contagiado un 0,75 %, mientras que, con el virus, con la vacuna se han contagiado un 0,04 %. Entonces realmente, ¿cuánto más ha supuesto el placebo que lo otro? Pues le restas, a 0,75 % le restas el 0,04 % y te da un 0,71 %. Esa es la efectividad de la vacuna. ¿Qué quiere decir ese 0,71 %? Bueno, ese 0,71 % quiere decir que están librando, solamente es eficaz la vacuna en... solamente tiene una efectividad del 0,71 %, es decir, menos del 1 %. Para que la gente entienda lo que quiere decir el riesgo absoluto y relativo, tú imagínate, como en el caso que voy a exponer de los números de la gente, de los niños que se han contagiado, que mira, los niños, ha habido dieciséis niños menores de 19 años que han muerto como consecuencia del coronavirus, dieciséis niños, y han muerto cerca de setenta y ocho mil personas que no eran niños. Y entonces me dices joder, pues entonces está claro que a los niños no les ha afectado el coronavirus. Ahora un dato que deberías tener en cuenta es: oiga usted, pero ¿cuántos niños hay en el mundo y cuántas personas hay que sean adultas?, porque de acuerdo, han muerto dieciséis niños nada más, pero no es lo mismo que hayan muerto dieciséis niños de entre veinte niños que hay en total, que entonces sería un 90 %, un 80 %, que el que hayan muerto dieciséis niños de entre diez millones de niños que hay. Eso es el riesgo relativo. Entonces aquí nos encontramos que el riesgo relativo de Astra, perdón, de Pfizer, está en el 0,7 %, lo cual, y esto he estado viendo que efectivamente muchos científicos se quejan a las farmacéuticas de decir oiga, ustedes no mientan, porque, claro, ustedes lo que están diciendo es una estadística que sí, que es verdad, que han cogido los que se han contagiado con vacuna y los que se han contagiado sin vacuna, pero, claro, ahora me tiene usted que decir cuántos se han contagiado de verdad porque, claro, si hay millones de personas... Y entonces esto nos da un estadístico que se llama el NNT, ¿de acuerdo?, que se llama *number needed to... for treatment*, que quiere decir número de personas necesarias para que reciban el tratamiento y que sea seguro. Entonces para ver la efectividad realmente de ese Pfizer, entonces lo que tienes que hacer es decir bueno, pues si esto tiene una efectividad del 0,7 %, ¿cuánta gente necesito vacunar para que, entre ellos, lo que se llama la famosa esa que llamaban del tope ese que hablaban del 70 %?

—El 70 %, sí. Inmunidad, la inmunidad del rebaño que llaman —puntualizo.

—Cuánta gente tenemos que llegar para llegar a la inmunidad. Y entonces eso es muy sencillo, divides 1 entre 0,7 % y te dice la cantidad de gente. Y entonces para proteger a una persona con la vacuna de Pfizer tienes que vacunar a 141,6 personas. Dicho de otra manera, si somos 48 millones de personas, dividimos cuarenta y ocho millones de personas entre 141,6 y nos da que si vacunásemos al 100 % de la población española solamente estarían protegidas 338 983 personas. Esto es una mierda, es decir, ¿qué eficacia tiene esa vacuna? No tiene una eficacia del 95 %. Y ahora vamos a ver el riesgo que tiene vacunar a las personas. Bueno, pues este estadístico, ¿qué estadísticas ha sacado Sputnik? El que más alta cifra ha representado le vamos a llamar riesgo relativo, que es lo que ellos dan, el que más estadística alta ha tenido ha sido Pfizer. Sputnik ha sacado en sus estudios un 74,2 % de eficacia en cuanto a riesgo relativo, pero su riesgo absoluto, que es el que nos interesa, nos interesan los dos en conjunto, pero el riesgo absoluto es del 1,16, y AstraZeneca ha dicho que tenía un 70,3 % de efectividad, pero su riesgo absoluto es del 1,21. Dicho en términos, quiere decir que para proteger a una persona con Pfizer necesitas vacunar a 141 personas, que para proteger a una persona con Sputnik necesitas vacunar a 83 personas y que para proteger a una persona con AstraZeneca necesitas vacunar a 82,3 personas. Dicho de otra manera, con Pfizer, para el caso de España, ¿cuánta gente habría protegida si vacunásemos al 100 % de la población? Estarían protegidos, os lo voy a decir ahora, 338.983 personas. Si vacunaseis con Sputnik, pues sería 1 entre 83 por 48 millones, estarían protegidas 578 000 personas, y si fuera con AstraZeneca pues más o menos lo mismo, quinientas, un poquito menos, serían 575 000. Lo puedo calcular, vamos a ver, para que tengáis cifras por si las queréis obtener. —Carlos en este momento comienza a memorizar y a realizar cuentas—. Uno entre 82,3 por 48 millones de españolitos, 583 232 personas. Entonces, lo que queda claro con esto es que la vacuna es un fracaso, es decir, esa vacuna no vale ni para tomar por saco. Entonces, esa vacuna, no valen ninguna de las tres, ninguna de las tres. Entonces, lo siguiente que debemos tener en cuenta son una serie de datos adicionales que serían oiga, me parece muy bien, pero yo me quiero vacunar, ¿qué riesgos tengo si me vacuno? Y entonces entramos en el siguiente aspecto que vamos a ver. Entonces, ya hemos tratado el primer punto, el primer punto hemos dicho que claramente no podemos decir que el virus no existe porque es como decir demuéstreme usted en un juzgado que usted es inocente y mientras tanto usted es culpable, no se puede demostrar científicamente la no existencia de algo, pero sí se ha demostrado y hay clarísima evidencia de que sí existe el virus. Si el virus es creado o es natural, me parece que hay 73 coronavirus distintos, hay bastante evidencia, pero no hay demostración al 100 % de que el virus ha sido creado en un laboratorio. Y, además, se ha hecho por enriquecimiento de función, bueno, no sé cómo se dice en español porque son térmi- nos ingleses, enriquecimiento de función, *gene function* se llama en inglés, pero bueno, ante esto nos tenemos que proteger, es un virus y tal. Ahora lo que ha quedado evidente, y luego ya pasaré también a ver, es la letalidad del virus. La letalidad del virus ha sido bajísima, muy inferior a lo que es la letalidad de la gripe. El virus en el caso de España ha estado en torno al 1,34 %... Perdón, me he equivocado, en el 1,12 % de letalidad y en cuanto al año..., durante el primer año y después del segundo año, ya una vez contabilizados los muertos también del 2021, ha estado en el 0,78 % de letalidad, es decir, muy por debajo, ojo, de letalidad que esa es otra gran mentira que nos han contado, que contaban al principio. ¿Qué quiere decir letalidad? Antes de pasar al siguiente apartado, ¿qué quiere decir letalidad?, porque, claro, letalidad no es que se haya muerto el 0,78 % de la población, no, letalidad es cuánta gente de la que se ha vacunado..., perdón, cuánta gente de la que ha contraído el virus ha muerto. Entonces, a mí no me diga una estadística de cuánta gente ha muerto con respecto a la población española, porque eso no me habla de la letalidad del virus, eso me habla de la mortalidad española. A mí me tiene que hablar de la letalidad. Y ahí es donde han empezado con la primera gran mentira. ¿Por qué han mentido en ese aspecto? Pues muy sencillo, porque si tú tienes la mortalidad, que es el número de muertes asociadas al coronavirus con respecto al total de ciudadanos de un país, pues entonces van a ser muy parecidos, porque como no ha muerto ni dios, o sea, han muerto muy pocos para los que tenía que, para lo que tenía... Pues claro, te encuentras que 78 000 entre 48 millones, te lo voy a decir ahora, 78 000 personas entre cuarenta y ocho millones es el 0,01 % de la población. Y entonces, ¿qué pasa? Que en Alemania va a ser, con que haya el doble de letalidad va a estar en torno a lo mismo. Y entonces así ocultan con las estadísticas un número que es completamente falso. Vamos, no falso, sino que no dice la verdad. La muerte, la cifra que hay que tener en cuenta es la letalidad y la letalidad es cuánta gente de la que ha contraído el virus ha muerto. Y esas letalidades son las que he empezado diciéndote desde el principio que no encajan. Si, por ejemplo, la persona, nosotros sabemos que la gripe, como media —estas cifras no las conozco, pero vamos a hablar de una cosa completamente lógica—, nosotros sabemos que la gripe tiene una media de duración de entre cuatro y siete días y sabemos que tiene..., que normalmente muere una cantidad muy..., o sea, mueren en torno a seiscientas mil personas al año en el mundo de gripe.

—Quince mil en España. Quince mil en España, aproximadamente.

—Sí, creo, me suena que, efectivamente, es esa la cifra. Yo no me atrevía a decirlo, no sé, porque pensé que eran treinta y cuatro mil, pero sí, es posible que... Efectivamente, tienes razón, quince mil personas en España. Ahora, claro, lo que no tiene sentido es que en España la gripe mate a un 0,1 % de la población y en Alemania mate al 4 % de la población. Oiga usted, el virus de la gripe tiene una letalidad y esa letalidad tiene que ser más o menos parecida entre los países. Igual que la duración de la gripe, no me encaja que a mí me diga que la media en España de duración de la gripe, que también he calculado estas cifras, sea de cuatro días y que en Estados Unidos dure veintiún días. Oiga usted, la gripe no dura veintiún días, bueno, entonces no me cuente a mí ese cuento chino. Entonces esas letalidades entre países del coronavirus no encajan para nada. Siguiente punto, entonces.

Entonces, volviendo a lo que estábamos hablando, es el capítulo de la letalidad, entonces lo que quiere con la letalidad es que, aparte de que las cifras que han dado son falsas y están manipuladas y dirigidas en un sentido para que la gente genere ese pánico, el porqué, y eso, yo no entro en eso, yo, como científico, no entro en si el nuevo orden mundial, no, no, yo solamente creo en la evidencia, luego yo, lo que yo crea... Entonces, no hay justificación ninguna para crear una alarma social como la que han creado porque si han hecho esta alarma social para esto, joder, tendrían que estar haciendo alarmas sociales cada año con todo.

—¿Tienes más datos, Carlos, sobre España?

—Bueno, es que he dejado lo más importante para el final...

—Ah, pues a eso vamos, a eso vamos —le digo a Carlos.

—Que son los datos de España, que son los que nos interesan. Yo tengo datos de todo el mundo.

—Vamos a ello.

—Yo tengo datos de todo el mundo —se reafirma Carlos Vallés—, pero he cogido los de España, joder, porque soy español y porque mi familia está ahí. Bueno, pues mira, te voy a decir varias cosas de España. Ya sabes que el informe que yo hice fue el que pidió la sociedad esta de Víctimas de los Políticos que se presentó en el Tribunal Supremo para tirar la vacunación de los niños. Bueno, pues el que hizo ese informe fui yo, que me lo pidieron y yo fui el que elaboró matemáticamente todas esas cifras. Mira, te puedo decir cifras de lo que ha pasado en España que es básicamente lo que más nos interesa. Mira, lo primero de todo voy a hablar de las muertes, no voy a hablar de estadísticas porque entonces se puede alargar un poco, pero todas esas cifras que yo te he estado dando, todas esas cifras que yo te he dado de que la letalidad del virus en España ha sido del 1,12, del 1,20 durante el 2020 y terminó siendo del 0,71 en total, esas cifras no solamente son estadísticas, sino que analítica y matemáticamente con un intervalo, con una confianza muy alta por matemáticas, te puedo decir que confirman que los datos son creíbles. En estadística se mira por un estadístico que se llama p que tiene que ser menor a 0,0001 y en matemáticas también lo podemos ver a través de una segunda derivada, pero no voy a hablar aquí porque entonces sería la leche de largo. Pero mira, simplemente lo primero que te tengo que decir es que las cifras que yo te he dado están soportadas analíticamente. En cuanto a las muertes, te puedo decir en España a lo largo del 2020 y 2021 murieron, 89.447 personas. De esas 89.447 personas, 74.839 murieron en el 2020 y 14.608 murieron en el 2021. Eso es una cifra, automáticamente la gente puede decir oye, pues es que la vacuna funciona. Ahora te diré por qué la vacuna no tiene que ver, no guarda relación el momento en el que se ha vacunado, la cantidad y cómo han caído las cifras. Te puedo decir que empezaron a caer las cifras del número de contagiados a partir de enero del 2021 dramáticamente. Y, ¿sabes qué fue lo que pasó? Que la OMS dio instrucciones de bajar el número de ciclos de 45 a 28. Y entonces, claro, bajaron las cifras. Entonces, claro, ¿qué es lo que pasa? Que la gente diría pues la vacuna... Oiga usted, cuando empezaron a caer las esas había vacunado el 0,4 % de la población. No me diga usted que con el 0,4 % de la población va a haber bajado el contagio. Otra mentira que nos han contado. Y, además, si miras las muertes, las muertes no encajan para nada. Dicen todo lo contrario, que es cuando se ha vacunado a partir del 70 % de la población que las muertes han empezado a crecer con respecto a la vacunación de una manera... Y tengo todas esas estadísticas también (cierto, en España están aumentando las cifras de muertes cada mes por «causas desconocidas»). Bueno, volviendo a lo que estaba hablando, porque no quería que la gente pensara, ah, ya está, entonces han muerto en el 2021, 14 608 gracias a la vacuna. No, todo lo contrario, la vacuna ha hecho la cosa peor, lo que han bajado ha sido el número de ciclos y entonces por eso han dicho que hay menos gente contagiada. Bueno, vamos a las 74 839 muertes que hubo en el 2020. Dos cifras importantes: primero, el grupo etario —bueno, etario quiere decir por edades—, mira, ¿dónde está esto?, aquí, el 87,31 % de todas las muertes que ha habido en España de coronavirus han sido en personas que tenían más de 70 años, y en el grupo de 50 a 74 han muerto en total un 5,1 %. En números totales, para que te hagas una idea, han sido 47 716 personas han muerto con 75 años o más y seis mil..., perdón, te estoy mintiendo, han sido 52 700 con más de 70 años y 1.961 con entre 50 y 69 años. Con menos de 49 años ha sido negligible, es decir, entre 20 y 49 años han muerto 685 personas, y niños de 0 a 19 años han muerto 16 en total. Esto ha sido un virus que ha afectado principalmente a las personas de 70 años para arriba, ¿con qué justificación están pensando en ponerles una vacuna a los niños? Si niños han muerto 14, 14 niños han muerto en total. Entonces no hay ninguna justificación para una vacuna que…

—O sea —interrumpo—, ha sido una crisis que ha afectado a la gente de 75 años hacia arriba, o sea, a los niños apenas. Es lo que has venido a decir. Y entonces ha sido injustificado el vacunar a la población infantil con el riesgo que eso conllevaba, que era una vacuna experimental encima y llevaba un riesgo grande de que no se sabe lo que va a ocurrir a largo plazo.

—Y, ojo, no solamente a los niños, incluso las personas de cincuenta y… de 64 años para abajo. ¿Qué justifica una vacuna que no ha muerto ni dios? Y además ahora decir otra cosa, de esa gente que ha muerto, porque estos son más cifras, bueno, lo primero que tenemos que ver que se llama virus identificado y virus sospechoso. Son las dos cosas que hay. Virus identificado es que has dado prueba, que has dado positivo en la prueba de PCR mientras has muerto o mientras estabas vivo o lo que sea, de las muertes, y sospechoso es que has dado negativo, pero el médico tenía sospechas de que podías tener COVID-19. Por ejemplo, imagínate que tú entras en el hospital porque te han metido un tiro en la cabeza y dices «ay, qué dolor de cabeza», cof, cof, cof [tosidos], COVID-19, y se muere, y entonces eso ya, eso es COVID-19 sospechoso. Oiga, ha dado negativo, pero es COVID-19 sospechoso porque ha tosido y le dolía la cabeza. Oiga, pero tenía un tiro. No, no. Bueno, pues en total eso, las cifras, para que las sepas, 60.358 son de virus identificado y 14.481 son de COVID-19 sospechoso. Eso, de las muertes del 2020. Entonces primera conclusión: oiga usted, aquí no ha muerto ni dios, aquí los que han muerto han sido los viejecitos, la primera conclusión es que este virus afecta mucho a los viejecitos y ahora vamos a ver una cosita más porque yo me tomo la molestia de mirar cuándo han muerto los viejecitos, cuándo se han producido esas muertes, entonces me voy a dar las siguientes cifras. Todos estos datos que estoy sacando son del Instituto Nacional de Estadística, o sea, que no son de un aventurero ni a mí se me han ocurrido. Son datos oficiales y también datos de la OMS. Todos los datos que yo tengo son oficiales de todas partes. Mira, en cuanto a las muertes, fíjate, de todas las muertes que hubo —muertes por grupo— el 78 % de las muertes tuvo lugar entre el mes de marzo y de abril, que supongo que ahí, en España, veríais que durante el mes de marzo y de abril del 2020 no paraban de llegar ambulancias, ¿verdad?

—Sí, sí, fueron los meses más duros, digamos. Después se relajó mucho la cosa, aunque seguían presionando mucho las autoridades, pero esos dos meses sí fueron críticos. Después no.

—Y entonces aquí entra una cuestión de decir oiga usted, ¿y los viejecitos?, o sea, ¿qué ha pasado en los viejecitos?, ¿cómo se han muerto tantos viejecitos de golpe para un virus que tiene la probabilidad de supervivencia del 99,75 %?, ¿cómo ha podido un virus tanto? Y si son tan peligrosos para los viejecitos, ¿cómo no han seguido muriendo?, ¿qué ha pasado en marzo y en abril para que se hayan muerto todos de golpe? He empezado a investigar un poquito más y aquí ya entramos en, esto ya no es ciencia, esto es investigación, que puede estar apoyada por la ciencia o no, hay datos que pueden demostrar y todo eso, he mirado las cifras de dónde han muerto y la gran mayoría, o sea, me parece que el 95 %, no recuerdo la estadística, la tengo que mirar, han muerto en residencias y en hospitales. Y me dirás bueno, joder, es que es donde se muere la gente. Pues mira, donde más se mueren los viejecitos es en casa. Y entonces he mirado las estadísticas de las residencias y de los hospitales, y resulta que les han estado dando dos productos que, claro, tienen que ver con la... —es que ahora no me acuerdo de los nombres; si los necesitas te los doy porque los tengo, pero no he tenido tiempo de buscar en la estadística— y son que sirven para morfina, que es como morfina para el paciente. Claro, ¿qué es lo que le pasaba? Que cogían y decían este está quejándose de dolor, morfina, este está quejándose... Y les han dado morfina y otra variante, que es que ahora no me acuerdo, que, ojo, esto mismo que te estoy contando, porque tengo las estadísticas de todo el mundo y de los quince países que más han sido afectados, estadísticas diarias desde que empezó hasta el 31 de diciembre del año pasado, los mismos datos en Italia y en Inglaterra, en Estados Unidos, en México menos, pero te puedo decir muchas, pero los de Italia e Inglaterra, clavados. Y mira por dónde ha subido la cantidad del material esa de la morfina que estaban administrando, ha subido un montón antes de los meses de abril y todo, o sea, que han estado comprando ese material. Son datos estadísticos nada más, han estado comprando. Claro, ¿por qué les estaban dando morfina? Porque les dolía mucho, o sea, que no solamente les han estado dando morfina y se los han cargado, sino que además se los han cargado con dolor. ¿Y por qué les dolía? Porque la enfermedad del virus no es una enfermedad de tipo gripal, es una enfermedad de tipo inflamatorio. Entonces les han estado inflamando todo el sistema respiratorio por dentro y eso es un dolor, cuando se te inflaman los bronquiolos, los bronquios y sobre todo los alveolos que tienen, y entonces el dolor cuando les intubas es de llorar, o sea, ya la propia vasectomía que te ponen aquí, digo, la vasectomía, cuando te meten aire por la tráquea, traqueotomía de por sí es superagresiva y superdolorosa, por eso te tienen que sedar también. No solamente es dolorosa, sino además el dolor de estar metiendo aire en un pulmón que no tiene salida, que es como si tú metes, como si quieres meter en una botella de aire, en una botella de cristal donde caben dos litros quieres meter veinte, o sea, es que al final revienta y por eso ha muerto la gente, y han muerto con dolor y por eso les estaban dando morfina, para que no doliera. Nos han estado asesinando de una manera, de verdad, que es vergonzoso. Y, bueno, ¿qué más te puedo decir de los datos de España? Pues, bueno, te puedo dar…

—Bueno, yo creo que ya es suficiente —termino impresionado—, y en todo caso recurriré al informe que le diste a Víctimas de los Políticos, gracias, Carlos.

—Gracias a ti, Pedro.

Termino la entrevista con Carlos Vallés con el cuerpo todavía cortado por la narrativa de las residencias de ancianos. Era algo que sabía, les habían estado dando morfina; pero el dato había sido brutal, morían en más de un 90 % en las residencias y en los hospitales, en sus casas no había nadie para darles morfina, no había nadie para asesinarlos. En fin, que dios los perdone a Gobierno y sanitarios, si es que puede; aunque está siempre el recurrir al autoengaño y pensar que «yo solo cumplía órdenes» para acallar la culpa. Nunca pensé en tanto salvajismo e inhumanidad. Y los niños, los niños a los que no hacía falta exponerlos a un experimento y los padres los llevaron de la mano como corderos al matadero absorbidas y secadas sus mentes por los grandes medios de comunicación. Padre, perdónales porque no saben lo que hacen.

CAPÍTULO XVIII.
ENTRAMOS EN UN NUEVO PARADIGMA

Podemos dividir este estudio en dos: un antes y un después del Informe Campra. El hecho de encontrar grafeno en los viales que se analizaron nos introduce como en otra esfera, sobre todo en una esfera mucho más desconocida.

Tenemos una visión escatológica de lo que está pasando; sabíamos que las élites nos iban a intentar colocar la marca de la bestia. Con Laureano Benítez había hablado en multitud de programas sobre esta posibilidad y coincidíamos en que las vacunas jugaban un papel primordial en todo este gran teatro del final de los tiempos. Pero es que el Informe Campra fue la confirmación de todas estas sospechas, había materiales con los que se podía introducir nanotecnología dentro de nuestro cuerpo en los viales de las vacunas. Es por ello por lo que ahora vamos a entrar en otra dimensión de este estudio. Dejamos lo conocido para adentrarnos en terreno pantanoso y que hasta ahora solo habíamos visto en las salas de ciencia ficción en el cine. Mientras que íbamos descubriendo más cosas sobre la posible nanotecnología que nos podrían haber inoculado nos preguntábamos a la vez si todo era tecnología humana o nos enfrentábamos a algo superior y más desconocido aún. Todo nos parecía tan increíble, incluso a nosotros que teníamos las pruebas delante de nuestros ojos.

En este apartado intervendrán otros personajes muy diferentes a los vistos hasta ahora. Aparecerá, sobre todo, Ricardo Delgado con *La Quinta Columna*, que fue el precursor de que se hiciera este estudio en los viales. Teníamos que hacer lo que las autoridades españolas no habían hecho y no habían querido hacer.

Quiero hacer hincapié en el hecho de que lo que vais a ver a continuación es solo una pequeña parte de todo lo que se estudió, que puede llegar a un 1 %. La investigación sobre este tema está mucho más avanzada, el problema es que no todo se puede poner, porque de otra forma este estudio sería interminable.

También quiero recordar que nos vemos en el campo de las hipótesis, salvo que indiscutiblemente se descubrió grafeno en los viales analizados, el resto todo son teorías que todavía están por confirmar con más estudios complementarios. Es un estudio que ha tenido que hacer la sociedad civil con sus propios medios, de las autoridades a las que pagamos, poco o nada se puede esperar de ellas, al contrario, que pongan palos en la rueda para que nunca se llegue a saber la verdad.

CAPÍTULO XIX.
LAUREANO BENÍTEZ

Con Laureano Benítez tengo una relación un tanto especial, y es que han sido muchas las noches que hemos pasado juntos delante del micrófono allá donde la censura nos dejaba hablar y transmitir lo que pensábamos. Los dos lanzamos las primeras teorías que después se fueron confirmando. Hablábamos del 5G y de la *casualidad* de que se estuviera desarrollando e implementando en la propia pandemia, al mismo tiempo. Lanzamos la teoría de los microchips y los nanobots y puntualizamos que la tecnología de estos sistemas ya estaba muy; pero que muy avanzada. Tan avanzada que un chip ya cabía a través de la aguja de una jeringuilla. Lo que no me imaginaba es lo que vendría después con el doctor Campra y el blog Corona2inspect.

Quiero abrir esta nueva sección con su entrevista porque realmente fue él quien pronosticó muy acertadamente todo lo que estaba sucediendo.

Resumo los poderes de nuestro entrevistado: Laureano J. Benítez (Sevilla, 1952) es licenciado en Filosofía y Letras. Ejerció de profesor de secundaria durante treinta y cinco años. Actualmente está jubilado y reside en Madrid. Ha publicado treinta y un libros, entre los cuales destacan: *Orar con el Padre Pío* (11.ª edición, 2004); *Orar con la vida de los santos* (2006); *Cuentos cristianos* (2010); *El arca de la sabiduría*

(2011); *Cuentos para educar en valores* (2011): *Actividades y recursos para educar en valores* (2009); *Parapsicología de los milagros* (2011); *El Padre Pío: mensajes del santo de los estigmas* (2014); *Los cuentos del peregrino* (2014); *Tiempo de milagros* (2015); *Crucifixio* (2016). *La patria traicionada: España en el Nuevo Orden Mundial* (2019) *El Himalaya de mentiras de la memoria histórica* (2018) *La dictadura en tiempos de virus: Acaba la vida y empieza la supervivencia* (2020)

—Hola, Laureano —comienzo la entrevista—. Has sido la persona que más he entrevistado en esta crisis sanitaria, entre otras cosas porque has escrito mucho sobre el tema. ¿Qué destacarías de tus escritos?

—Creo que lo más relevante de los artículos y libros que he escrito sobre el tema —comienza diciendo Laureano— es que mis argumentaciones en contra de la *verdad oficial* estaban sustentadas en datos y documentos extraídos de las páginas oficiales de las instituciones que crearon el Himalaya de mentiras sobre el que crearon la dictadura político-sanitaria que ha cercenado gravemente nuestras libertades. Por este motivo, nadie puede decir que lo que afirmo son bulos, patrañas de un conspiranoico, porque he combatido las mentiras usando precisamente la información que el sistema proporcionaba, pero no a través de los medios, sino de páginas de difícil localización y, dentro de ellas, en rincones casi inexpugnables.

»Otro aspecto sobresaliente es que con frecuencia me he adelantado a los hechos, en el sentido de que he vaticinado que se iban a producir una secuencia de acontecimientos en el futuro como desarrollo de la *plandemia*, y estas predicciones se han cumplido, por lo general. Por ejemplo, a la semana de la implantación del primer estado de alarma, ya estaba afirmando que el objetivo era inocular a la población con una vacuna cargada de microchip y nanotecnología.

—Me acuerdo del vídeo del doctor Delgado en la finca El Cordobés —expongo uno de los momentos que más recuerdo de mis intervenciones con Laureano—; cómo paraba el toro que estaba previamente implantado con electrodos en su cerebro. ¿Podrías explicar la trayectoria de este doctor y cómo se podría aplicar esta tecnología hoy en día?

—El doctor José Manuel Rodríguez Delgado nació en Ronda (Málaga) en 1915. Se doctoró en Madrid, y consiguió una beca para la Universidad de Yale (USA) en 1946. Era neurofisiólogo y se dedicó a hacer experimentos sobre la estimulación eléctrica del cerebro, mediante la implantación de radiotransmisores cerebrales que pudieran ser activados y manejados desde dispositivos externos, emisores de radiofrecuencias. Primero probó estos dispositivos cerebrales con monos y gatos, y luego pasó a experimentar con seres humanos, generalmente pacientes mentales. Trabajó para la CIA, el Pentágono, y es casi seguro que participó en el experimento de control mental conocido como MK-ULTRA.

»Volvió a España en el 74, y luego, en los 90, fue a California, donde falleció con 96 años.

»En 1963 hizo un experimento en un burladero de Córdoba, implantando unos electrodos a un novillo, el cual, cuando iba a embestir al doctor, era frenado en seco cuando este activaba un transmisor.

»En sus experimentos, el doctor Delgado demostró que, con un emisor externo y un receptor implantado en el cerebro, podía controlar los movimientos, las emociones y los estados de ánimo. Si esto se hacía ya en aquellos años lejanos, hoy en día la realidad es mucho más terrible, ya que, en vez de un aparato de cierto tamaño accionado manualmente, se usan las torres emisoras de ondas electromagnéticas (4G-5G), las cuales se dirigen hacia un receptor introducido en el cuerpo humano. ¿Cómo?, mediante las vacunas contra el COVID-19. Como nadie se prestaría a esta aberración tecnológica, crearon una falsa pandemia para forzar a la gente a vacunarse.

—¿Estás convencido de que han usado las vacunas para inocularnos el chip?

—Por completo, ya que las vacunas son la única manera que tenían las élites satánicas para introducir en el cuerpo la nanotecnología necesaria para interactuar con las ondas de radiofrecuencia externas. Además, todos los científicos que han podido ver los viales de las vacunas al microscopio son coincidentes, a la hora de afirmar la presencia de nanobots, óxido de grafeno, nanopartículas, parásitos como la Hydra, etc.

—¿Es lo que tenemos por delante, una agenda esotérica de las élites?

—Las élites que dirigen el mundo hacia el nuevo orden mundial, concretado en la Agenda 2030, son satánicas, al estar formadas por miembros de sociedades secretas practicantes de un esoterismo luciferino. Toda la plandemia es un rito de iniciación mediante el cual se quiere sustituir la normalidad de siempre por una *nueva normalidad* que no es sino una enorme mátrix basada en el transhumanismo, consistente en la conexión del ser humano —lo que quede— con la inteligencia artificial. Es el paso del ser humano dotado de alma y espiritualidad, a un ser híbrido, conectado al internet de las cosas. Pero este cambio de un estado a otro requiere de un ceremonial, de unos ritos, que aseguren el éxito de esta iniciación diabólica: de ahí los encierros, el lavado de manos, las mascarillas, las vacunas...

—¿Crees que estamos en los tiempos del apocalipsis anunciado?

—Ciertamente, porque el fin de los tiempos comenzará con una etapa de caos, de desorden, de ruina económica, de revueltas sociales, donde la humanidad será sometida a una manipulación total mediante el miedo. La plandemia ha sido un prolegómeno, un experimento MK-Ultra que ha servido a las élites para comprobar el grado de sometimiento que tiene la población, para de este modo aplicar su agenda apocalíptica en los siguientes pasos que ya han planeado.

—¿Ha habido un Himalaya de mentiras en cuanto a esta crisis sanitaria?

—La pandemia ha sido una enorme farsa, un circo grotesco en el que la mafia globalista ha efectuado una pavorosa ingeniería social sobre la población mundial, adoctrinándola con una catarata portentosa de embustes: que el virus existía, que iba por el aire, que era letal, que los hospitales estaban colapsados, que las mascarillas son eficaces, que la vacuna funciona, etc. Falsas estadísticas, escenas de pánico teatralizadas, estadios vacíos y transportes llenos, tres dosis vacuneras, dos años de mascarillas, niños que son una amenaza para los abuelos, es peligroso abrazarse... Un pandemónium de auténtica locura.

—¿En qué momento te diste cuenta de que estábamos siendo engañados para implementar una agenda previamente pactada?

—A la semana de decretarse el primer estado de alarma ya estaba hablando de las vacunas letales, de que iban a llevar nanotecnología, de que toda esta farsa era para forzar a la gente a vacunarse. Hice un vídeo sobre esto, que posiblemente fue el primero de la disidencia, que alcanzó 150 000 visualizaciones. ¿Cómo desperté a esta verdad? Pues creo que porque todo me parecía tan increíble que empecé a investigar un poco. La machaconería mediática me hizo sospechar más, porque toda esa avalancha de información diciendo lo mismo en todas las cadenas me resultó muy sospechosa. Deduje que la verdad estaba justamente en las antípodas de ese Himalaya de mentiras.

—¿Qué destacarías de tu obra *La dictadura en tiempos del virus*?

—Quizás su rasgo más relevante es la combinación de la ciencia, en lo que respecta a la investigación sobre el supuesto virus, su naturaleza y su origen, con la geoestrategia y los aspectos políticos, integrando la plandemia en la vasta conspiración de las élites globalistas para implementar el nuevo orden mundial, basado en un Gobierno mundial según el modelo de la dictadura china, que explico en la segunda parte del libro. En este sentido, en el libro anticipo unos hechos que efectivamente se han ido sucediendo, como sucede con el pasaporte COVID-19. Vengo a decir que la plandemia se diseñó con el fin de acabar con las democracias europeas e implantar en los países occidentales las estructuras totalitarias chinas.

—¿Qué destacarías de tu obra *Crónicas desde el Armagedón*?

—Esta obra es una actualización de la primera, con el fin de poner al día la información que expuse en el libro anterior. Su aspecto más destacado es la divulgación científica asequible a todo el mundo de la verdadera naturaleza del supuesto virus, de los objetivos reales de la vacunación, y, en especial, la presentación de la obra como una sucesión de los diversos frentes en que se está desarrollando esta guerra contra la humanidad, ya que opera a varios niveles, cuya verdad intento descifrar. El final de la obra es un llamamiento a la desobediencia civil para evitar el transhumanismo al que nos quieren llevar con las vacunas y la IA.

—Has escrito mucho sobre el nuevo orden mundial, ¿cómo lo definirías y desde cuándo existe esta conspiración?

—El nuevo orden mundial es una vasta conspiración con el fin de controlar a la especie humana, basada en el transhumanismo, mediante el uso de la tecnología, cuyo último objetivo es robar el alma a los seres humanos, arrancándoselas a Dios. Para ello, las élites luciferinas pretenden implantar una dictadura biométrica, consistente en la introducción de mecanismos nanotecnológicos en el cuerpo humano. Para conseguir este fin, el plan es llevar al mundo a una situación de caos, de miedo, de desbarajuste, que favorezca la implantación de estos mecanismos, ya que en situaciones normales sería imposible. De ahí la ruina económica inminente, las plandemias, la guerra atómica que nos espera... Y este plan existe casi desde el comienzo de la historia, pero adquirió sus perfiles definitivos en el siglo XVIII, con el surgimiento de las órdenes iniciáticas al servicio de Satanás, impulsoras de las revoluciones —tanto liberales como comunistas— de los *illuminati*, de los protocolos de Sion, de la escuela de Frankfurt... aplicando la tecnología de la IA y las técnicas de control mental del Instituto Tavistock.

—¿Cómo crees que se derrota al nuevo orden mundial?

—Con la desobediencia civil masiva, negándonos a obedecer sus leyes, no colaborando en absoluto con sus maquiavélicos planes, pues es la sumisión de las masas lo que les da su poder, pues ellos son una pequeña minoría. Y rezando, por supuesto, pues no olvidemos que estamos en una lucha de Dios contra el Diablo, del bien contra el mal.

—Gracias, Laureano.

CAPÍTULO XX.
LA QUINTA COLUMNA

Recuerdo perfectamente cuando apareció Ricardo Delgado en YouTube y cómo le fueron tumbando canal tras canal. Su ascenso fue tan fulgurante como su caída en redes sociales. En principio, para mí, *La Quinta Columna* no era más que un programa más, de los tantos que aparecían y al tiempo desaparecían por ese sitio que es Google.

La Quinta Columna comenzó a despuntar cuando se comenzó a hablar de la gente imantada después de inoculada, extraños casos que antes eran muy extraños y ahora parecían que estaban al orden del día. Mi intuición me decía que Ricardo había hallado algo importante cuando comenzó a relacionar las empresas que se dedicaban a la fabricación de los viales con empresas que fabricaban grafeno. Sin embargo, yo siempre prefiero esperar que la información se vaya asentando y tomando forma. Las cosas se ven mucho mejor con retrospectiva.

A Ricardo lo entrevisté a través de redes sociales en más de una ocasión, veía que podía haber dado en el clavo de todo lo que estaba pasando. Muchos lo criticaban diciendo que no tenía la formación suficiente para averiguar nada; ¿pero y qué más da? ¿Es que una persona *sin formación* no podía dar con la clave de lo que estaba pasando? ¿Aunque solo fuera por casualidad?

La Quinta Columna se convirtió en todo un fenómeno mundial con Ricardo Delgado al frente y el doctor Sevilla, al que después prohibieron realizar más manifestaciones públicas. Todo después vino a demostrar que Ricardo había dado con la verdadera clave del asunto y, sobre todo, se atrevió a examinar los viales, algo que ni los propios científicos se atrevieron a hacer.

—¿En qué momento te diste cuenta de que los viales podrían llevar grafeno? —comienzo mi entrevista.

—El momento crucial —contesta Ricardo Delgado— llegó cuando la doctora y urgencióloga paraguaya Torres se puso en contacto con nosotros para confirmarnos que había descubierto motas de polvo oscuro alrededor de los parches que usaba ella misma en técnicas de magnetoterapia, después de colocar uno de esos parches durante varios días en la zona del pinchazo. Hasta entonces habíamos evidenciado el fenómeno biomagnético en personas vacunadas, fenómeno de atracción y repulsión dependiendo de la zona en la que se colocaran los imanes, tanto de ferrita como de neodimio. De ahí concluimos que el material; o bien era magnético, o dentro del organismo, en contacto con células vivas, adquiría propiedades magnéticas. No solo comprobamos este hecho con imanes o metales cuando hicimos un llamamiento en las redes desde *La Quinta Columna*. Adquirí distintos aparatos de medición electromagnética y corroboramos que, efectivamente, los vacunados emitían una señal fuerte de electromagnetismo.

»Esta señal inicial empezaba en la zona de la inoculación (bíceps), pero con el paso de los días, se iba extendiendo a pecho, espalda para finalmente, acabar en la cabeza. Recorría el sistema nervioso central, por lo que concluimos que el material inoculado se distribuía especialmente en el tejido de conducción eléctrica del cuerpo humano. De ahí inferimos que podría ser un superconductor.

»Otra característica que observamos fue el efecto condensador o almacenador de energía. Los vacunados emitían corrientes alternas de hasta 0,3 voltios en determinadas zonas del cuerpo, siempre en el recorrido brazo, pecho y cabeza. Una locura que pude comprobar con la ayuda de un simple voltímetro usado en electrónica.

Desgraciadamente, todas estas evidencias las comprobé con mis propios padres que habían sido envenenados con estas *vacunas*, al someterlos a múltiples pruebas y finalmente, tuvieron que reconocer que lo habían hecho, pese a que lo negaban desde un principio.

Por tanto, sabíamos que, dentro de las mal llamadas vacunas, había un material que tenía comportamiento magnético dentro del cuerpo, superconductor y almacenador de energía.

El material maravilla, de moda, era el grafeno y sus derivados. Concretamente, el óxido de grafeno tenía aplicaciones biomédicas según infinidad de artículos científicos que habíamos estudiado.

El grafeno o sus derivados eran, por tanto, un firme candidato de lo que se estaba inyectando.

—Pero, Ricardo, tú mismo dijiste que te ayudó mucho en tu investigación ver las conexiones entre las diferentes empresas que fabrican grafeno con farmacéuticas. Parece que todo al final está conectado —seguí profundizando en la pregunta.

—Efectivamente, para corroborar algo —siguió contando Ricardo— sometemos a falsabilidad la hipótesis inicial de partida. Sin embargo, todo demostraba esa conexión. Todas las grandes corporaciones farmacéuticas como AstraZeneca, Glaxo y Merck tenían nexos con la Graphene Flagship, incluso directivos de estas corporaciones farmacéuticas eran a la vez, directivos de la Graphene Flagship. Nanografi, empresa turca de producción, a gran escala, de grafeno, era quien desarrollaba la vacuna contra la COVID-19 y además era presentada por el ministro de Industria y Tecnología de ese país, Mustafá Varank, no era el ministro de Sanidad. Presentaba, además, una vacuna intranasal y ya advertimos que el grafeno era especialmente potente en aerosoles. A esto se sumaba que, en los mercados bursátiles, todas las grandes compañías que producían grafeno tenían crecimientos alcistas coincidiendo cronológicamente con las campañas de vacunación de la gripe y de la COVID-19. La correlación estadística era del 100 %. Una vez más, todo estaba conectado.

—¿Cuándo te diste cuenta de que estabas en la pista correcta? —seguí preguntando.

—A nivel científico —continuó Ricardo—, cuando la observación refutaba cada una de las hipótesis de alta sospecha que barajábamos usando el propio método científico basado en la observación. Intuitivamente, cuando empezamos a sufrir todo tipo de ataques personales y se negaba algo tan evidente por parte de otros colectivos, aparentemente disidentes. Sabíamos que esta estructura de poder también había infiltrado a falsos disidentes en su carrera por la consecución de tan aberrante operación contra toda la humanidad.

—Cierto —puntualicé—, se te echaron encima multitud de grupos que en principio eran de tu propio equipo. ¿Cuál es la parte que más te ha dolido de todos los ataques recibidos?

—El haberme sentido engañado y haber perdido un tiempo valiosísimo para todos —prosigue Ricardo—. Nosotros trabajábamos sobre el terreno en función de observación científica y dejamos de un lado *papers* que, precisamente, venían de la parte oficialista a la cual estábamos denunciando. Eran ataques personales tanto a mí como la figura del Dr. Sevillano y al propio Dr. Campra con invenciones acerca de nuestras vidas personales con un intento de desprestigio, a la vez que perpetuaban la confusión en gran medida de todas las personas relativamente despiertas.

»Desde esos grupos, se nos animaba a no analizar vacunas. Se nos decía que era una pérdida de tiempo. Era algo... ¡Incomprensible! ¿Como va a ser una pérdida de tiempo analizar aquello que estaban inoculando a toda la población de forma global y simultánea y con los resultados que ya observábamos?

»No nos quedaba duda, a partir de ese momento, de que había una intencionalidad para ocultar la agenda del grafeno porque esta era una clave esencial de toda la operación con la que se iniciaba un agenda monstruosa.

—¿Pensaste en algún momento dejar la investigación que estabas llevando a cabo por las presiones recibidas? —le pregunté.

—Todo lo contrario —contestó—, precisamente esos ataques los reconvertí en coraje para seguir con más énfasis la investigación y solo me dieron la seguridad de que estaba en la dirección correcta. Estábamos acostumbrados a ser censurados, ninguneados y desacreditados, justo cuando la finalidad de nuestras investigaciones conducía a *verdades incómodas*.

—De acuerdo, *La Quinta Columna* se ha convertido en todo un fenómeno mundial, te han llamado de diferentes países, ¿qué es por lo que más se interesaban cuando hablaban contigo? —me interesé.

—El análisis de la *vacuna* inicial, que dio lugar al informe preliminar del Dr. Campra, el método científico que seguimos basado en la observación, la corroboración de la Teoría ambiental de la COVID-19.

El hecho de que un bioestadístico y un médico hayamos llegado tan lejos en evidenciar lo que inicialmente eran altas sospechas basadas en lo que observábamos. La constancia en demostrar algo que había pasado desapercibido para la mayoría, inmersa en otras *creencias* que venían además del propio oficialismo. Hacían hincapié en el método usado en los análisis de viales, pero el Dr. Campra, como profesional científico, no dejaba lugar a dudas en sus análisis.

—¿Pudiste comprobar que habían llegado a tus mismas conclusiones en otros países y de qué forma otras investigaciones han contribuido a la tuya? —seguí preguntándole.

—El hecho de que una teoría esté establecida es que puede ser recreada en tiempo y lugar bajo las mismas condiciones, eso nos dice la ciencia —puntualizó Ricardo—. Y eso ocurrió en otros países. Reino Unido demostró, con trazabilidad y custodia legal de las vacunas y usando igualmente la técnica microrramán, que las vacunas correspondientes a las marcas de AstraZeneca, Moderna, Janssen y Pfizer contenían óxido de grafeno, tal y como demostró el Dr. Campra. Un equipo de Luxemburgo había corroborado anteriormente el fenómeno magnético. Otro equipo de Nueva Zelanda evidenció también grafeno y microtecnología en las *vacunas*. En Latinoamérica, países como Chile y Argentina hicieron lo propio con los medios que disponían. El Dr. Andreas Noack también hablaba de derivados del grafeno, la Dra. Carrie Madej también, etc. Todos corroboraron la investigación pionera y vanguardista de *La Quinta Columna*, algo que nos agradó más por el bien común, que por el hecho de haber sido los primeros.

—¿En qué estás trabajando ahora y cuáles son tus proyectos? —me interesé.

—A pesar de seguir con labor de divulgación científica en el sentido de seguir difundiendo nuestra investigación y comprobar que todo lo que vivimos va en consecuencia con lo que descubrimos y que cada paso que dan no hace más que confirmar lo que planteamos, hemos llevado a cabo en la actualidad iniciativas relativas a la supervivencia, organización de grupos, etc.

»Pienso que la historia de *La Quinta Columna* debe ser escrita y recogida en texto, por lo que muy probablemente, exprese de la mejor forma posible todo lo vivido y experimentado. Te aseguro que da para más de un libro. En definitiva, pienso que *La Quinta Columna* no solo descubrió grafeno y micro tecnología en las vacunas, sino que ha abierto la caja de Pandora de donde estamos y quién nos gobierna realmente. Otros lo hicieron a través de otros caminos.

—¿Cómo fue todo el proceso de análisis de los viales? —le pregunté sabiendo toda la polémica que se creó en torno a este tema.

—Una vez que teníamos presente todo lo experimentado con el fenómeno magnético y sus derivadas —continuó explicando Ricardo—, era la hora de pasar a analizar la verdadera arma del crimen. Hasta ahora solo conocíamos sus *efectos* exóticos además de las escandalosas cifras de enfermedad y mortalidad ligadas a su *vacuna*. Rafa Navarro, policía de Alicante, había conseguido un vial de Pfizer y se puso en contacto conmigo para la entrega. Quedamos en un punto intermedio de nuestra geografía para recoger lo que llamábamos *el paquete*. Tras la entrega, igualmente volvimos a hacer un llamamiento en las redes desde *La Quinta Columna* y un Dr. en Ciencias Químicas y Licenciado en Ciencias Biológicas, profesor titular de la Universidad de Almería recogió nuestro encargo. Aquí conocí al Dr. Pablo Campra Madrid, que se ofreció y comprometió para analizar el vial y ofrecer el resultado. Atacar un vial de esta naturaleza no es posible *si no sabes lo que buscas*. En ciencia, hay que partir de una hipótesis. Le dije a Campra que buscara grafeno o un derivado. A lo que inicialmente, respondió que no creía que hubiera ese material en la vacuna Pfizer. Pero nosotros dirigíamos la investigación. Poco después de una semana y tras someter la muestra a determinadas pruebas analíticas, el Dr. Campra me llamó para darnos la enhorabuena. El 28 de junio de 2021 publicaba su informe preliminar donde se concluían serias evidencias de óxido de grafeno en la vacuna Pfizer. Fue cuatro meses después cuando, esta vez, de forma inequívocamente concluyente y ampliando el estudio a AstraZeneca, Moderna, Janssen y Pfizer, se demostraba científicamente y por técnica microrramán que las vacunas COVID-19 contenían óxido de grafeno. El Dr. Campra dio la cara y presentó su análisis titulado «Informe técnico final sobre detección de grafeno en vacunas COVID-19». El Informe venía firmado digitalmente y con todo lujo de detalles del método utilizado. Presentó su impecable trabajo en *La Quinta Columna* con su voz y rostro con más de dos horas de exposición. Algo, que hasta ahora no había realizado nadie. Además, hizo un llamamiento para que recrearan el trabajo en otras partes del mundo, cosa que, como sabes, se hizo posteriormente. Esos otros trabajos en otros países corroboraron además el suyo.

»No nos cabía duda alguna de que fue un punto de inflexión a partir del cual empezamos a ceñirnos en otra óptica: la óptica del microscopio. Y que todo aquel que quisiera despertar, tan solo tenía que observar. Adquirimos dos microscopios ópticos de alta calidad con ayuda de las donaciones a esta plataforma y el 14 de enero de 2.022 dimos a conocer otro informe titulado «Identificación de microtecnología y patrones artificiales en vacuna Pfizer», donde mostrábamos más evidencias de lo que aparecía en los viales. Objetos de apariencia grafénica, autoensamblados de estructuras en tiempo real y claros patrones artificiales y microtecnológicos. La investigación seguía y cada paso que dábamos, descubríamos la humillación y vejación más absoluta a la que habían sometido a toda la humanidad mediante este engaño mortal mayúsculo.

—¿Qué tienes que decir sobre los que argumentan que las pruebas de los viales no son válidas porque no se ha respetado la cadena de custodia? —pregunté con toda la intención.

—Aquellos que critican análisis cuando no han hecho absolutamente ninguno no tienen nada que aportar. Sin embargo, aportaban críticas, lo cual era muy muy sospechoso. La cadena de custodia existe con nombre y apellidos de personas desde que las *vacunas* salieron del centro sanitario hasta que llegaron a manos del Dr. Campra y el laboratorio donde se realizaron las pruebas. Cada una de esas personas estaba y sigue estando comprometida para declarar en un tribunal, algo que no ha ocurrido hasta ahora, a pesar de las más de quinientas denuncias interpuestas a través de distintas Comisarías y Juzgados.

—¿Hacía falta realmente que alguien dejara los *papers* y se pusiera a mirar al microscopio? —le dije volviendo a la pregunta.

—Evidentemente —dijo rotundo Ricardo—. Si estamos denunciando y sospechando de las propias farmacéuticas y agencias reguladoras, ¿cómo nos vamos a fiar de sus *papers* en cuanto a la composición de sus fármacos? Es de lo más razonable. Si Pfizer habla de RNA y nanopartículas lipídicas, nada de ello debería verse al microscopio óptico. ¿Cómo es posible entonces que cualquier persona pueda observar semejantes estructuras con un simple microscopio óptico? Es evidente que nos engañan en su composición y ahora sabemos, gracias al Dr. Campra, gran parte de la misma. Por tanto, seguir sus *dictados* solo llevaría a mantener engañada a más gente, incluso aparentemente disidentes.

—¿Qué censura e impedimentos has experimentado? ¿Cómo intentas sortear esa censura? —En esto os puedo decir que servidor lo ha sufrido también mucho y de primera mano.

—Aproximadamente, veintinueve canales de YouTube, todos ellos con miles de seguidores, unos treinta y dos perfiles de Facebook, igualmente con miles de seguidores. Ocho perfiles de Instagram y recientemente todos los contenidos de la plataforma Twitch que alcanzaba cerca de cuarenta y siete mil seguidores y llegaba a más de cien mil personas. Nos tememos lo peor en cuanto a la mayoría de los medios pertenecen al propio sistema. Y es este sistema, el que está inoculando esto a toda la población mundial. En Telegram, estamos observando un techo a partir del cual no suben los seguidores, incluso bajan mínimamente y tenemos constancia de que los usuarios son eliminado directamente por la plataforma sin que medie *La Quinta Columna* como creador del canal.

También usan los *strikes* para impedir la proliferación de visualizaciones en otras plataformas. Su consigna es que nuestro mensaje, como el de otros, no llegue al público. Ahora mismo emitimos en Odysee y tenemos un espacio servidor de *La Quinta Columna* donde subimos algunos vídeos aparte de un foro interactivo y dos páginas web con los artículos que enlazan a nuestra investigación.

—¿Qué fin crees que tiene todo esto? ¿Hacia dónde nos llevan? —pregunté finalmente.

—Conforme la investigación avanzaba —contestó Ricardo—, recreamos el propósito final de esta operación: el famoso transhumanismo de la 4ª Revolución Industrial del Foro Económico Mundial dirigido por Klaus Schwab. Según nuestra investigación, el óxido de grafeno y la micro tecnología actúa como interfaz entre cerebro y máquina. Es decir, neuronas e inteligencia artificial. La aparición de la Ley de Neuroderechos en Chile, los movimientos de Imbrain Neurolectronics, el neurocientífico español Rafael Yuste, la IA de Elon Musk y la deriva de donde ahora nos dicen que «ataca el virus», nos hace sopesar que plantea la estimulación conductual o neuromodulación de la población mundial usando tecnología remota e inalámbrica. Es decir,

5G y siguientes tal y como menciona, entre otros, Sebastián Piñera, presidente de Chile. El monitoreo neuronal de la actividad humana, la recogida de datos biométricos o fisiológicos de los individuos vacunados y su estimulación es posible gracias a esta interfaz aun siendo la mayor aberración a la que la historia conocida haya dado jamás. Una operación en el campo de la neurociencia con consecuencias fatales para la humanidad Y una reflexión para la esperanza, teniendo en cuenta la dificultad con la que nos enfrentamos. Conforme la verdad descubierta avanza, más personas dudan de los de ahí arriba. Conocer el mundo en el que vivimos y desengañarnos nos da la oportunidad de aumentar nuestra consciencia de donde estamos y cuál es nuestro propósito. Tenemos que influir en las generaciones venideras y una buena forma de ello es dar testimonio escrito como muy bien estás haciendo, Pedro. Una forma de que no vuelvan a tergiversar la historia es que dejemos testimonio de ella. Y para los que somos conscientes, lucha sin tregua contra la Agenda 2030 y todos los que han sido y son cómplices de llevarla a cabo y ejecutarla bajo falsos paradigmas para el supuesto bien de la humanidad. Desde *La Quinta Columna* alentamos a todo el ejército de despiertos a que se defiendan con uñas y dientes. Que se armen con algo más que el conocimiento y defiendan su integridad física y supervivencia por encima de cualquier otro instinto, una vez que somos conscientes de que las instituciones trabajan para destruirnos. Un abrazo, Ricardo Delgado.

Y aquí finalizó mi entrevista con Ricardo Delgado para este especial «final de los tiempos». ¿O habría que decir «final de unos tiempos.?». El hombre sigue, aunque el mundo no será ya nunca el mismo después de esta *crisis del COVID-19*. Solo una puntualización a la entrevista, permitidme este pequeño orgullo de escritor, la exclusiva de los microcircuitos en los viales los dio este servidor en un programa de Twitch partiendo de las investigaciones llevadas a cabo por el blog conora2inspect.blogspot.com.

Por otra parte, es cierto que la famosa cadena de custodia es el auténtico Talón de Aquiles de la investigación llevada a cabo por *La Quinta Columna*. Cualquier crítica se acoge a esto y realmente sería muy difícil defender en un juicio. Pero el paso había que darlo, nadie se atrevía, y *La Quinta Columna* lo hizo, abrió camino y, aunque sea cierto lo de la cadena de custodia, también es cierto que eso solo lo critican quienes no se atreverían nunca a hacer lo que Ricardo hizo. Ricardo Delgado abrió camino, fue valiente y se la jugó por todos. Quien critique el tema de la cadena de custodia esperaremos sentados, de pie nos cansaremos, a que hagan ellos unos análisis de los viales. Si Ricardo y *La Quinta Columna* no hicieron la cadena de custodia correcta, la justicia está tardando en hacerla, sin embargo, sospecho que nunca la harán, solo se limitarán a criticar el trabajo de Ricardo Delgado.

En fin, parafraseando a Churchill, «nunca el mundo debió tanto a tan pocos». gracias, Ricardo.

CAPÍTULO XXI.
EL INFORME CAMPRA

Hubo un antes y un después del Informe Campra. Para aquellos que no sepáis aún qué es el Informe Campra os diré que fue el primer análisis independiente de laboratorio que se le hizo a un vial de vacunas contra el COVID-19. Efectivamente, muchos de vosotros os preguntaréis si ese análisis no debería de haberse realizado ya antes de distribuir el producto entre la población por las autoridades sanitarias españolas. Pues no, no se hizo nada, ningún análisis, tuvo que ser la sociedad civil española la que se organizó para realizarlo mediante iniciativas de tipo individual. El análisis del doctor en Química y licenciado en Biología Pablo Campra era rotundo: «incuestionablemente existía grafeno en los viales analizados». Después vinieron las críticas, las presiones, malintencionadas o no, el Informe Campra marcó la agenda y puso a España en la vanguardia de la investigación que se estaba haciendo sobre los viales COVID-19.

En el apartado de «Conclusiones» de dicho informe se puede leer:

«Se ha realizado un muestreo aleatorio de viales de vacunas COVID-19 mediante técnica acoplada micro-RAMAN para caracterizar objetos microscópicos con apariencia grafénica mediante señales espectroscópicas características de la estructura molecular. La técnica micro-RAMAN permite reforzar el nivel de confianza en la identificación del material mediante el acoplamiento de imágenes y análisis espectral como evidencias observacionales que deben considerarse conjuntamente. Se han detectado objetos cuyas señales RAMAN por similitud con el patrón inequívocamente corresponden con óxido de grafeno reducido. Otro grupo de objetos presentan señales espectrales variables compatibles con derivados de grafeno, por la presencia mayoritaria de señales RAMAN específicas (banda G) asignado a la estructura aromática de dicho material, en conjunción con su apariencia visible. La investigación sigue abierta para su continuación, contraste y replicación. Ulteriores análisis con la técnica descrita u otras complementarias basadas en muestreos significativos permitirían evaluar con significación estadística adecuada el nivel de presencia de materiales grafénicos en estos fármacos, así como su caracterización química y estructural detallada».

Cuando yo hablaba con Campra por teléfono para que me adelantara algo de la investigación que estaba llevando a cabo me decía: «Lo que más miedo me da no es el grafeno, que lo hay, sino las cosas que estoy encontrando que no tengo ni puñetera idea de lo que son, esto parece un bazar chino, Pedro». Tiempo después se confirmaron sus palabras y de qué forma.

Hasta entonces no había nada tan contundente como el Informe Campra. Después de los primeros vacunados comenzaron a salir vídeos por las redes sociales de gente a la que se le pegaba la cubertería entera, hasta sartenes en los brazos y en el cuerpo. Muchos comunicadores comenzaron a decir que eso era la *grasilla* del brazo, menuda paliza nos dieron con *la grasilla* algunos, cuando se veía claramente que los cuerpos se pegaban por atracción, muchos de ellos, incluso, en el mismo punto de inoculación.

Pero más surrealista fue el día que comenzaron a detectarse emisiones *bluetooth* con direcciones MAC procedentes de personas en sitios en donde se suponía que no había móviles, es decir, que eran los cuerpos los que emitían señales de radiofrecuencia que eran captadas por los móviles y los escáneres en banda *bluetooth* de los mismos.

El doctor Pablo Campra es profesor de la Universidad de Almería, aunque él siempre ha querido dejar claro que el estudio realizado sobre los viales lo hizo a nivel personal y la universidad no tiene nada que ver en ello. El día 28 de mayo de 2022 me recibió en su casa por la mañana para la entrevista que se incorporaría a este estudio. La misma se llevó a cabo en el jardín de su casa en Almería, un día estupendo soleado. Lola, mi perrita Golden, se entretenía con el gato del doctor mientras los dos nos disponíamos cómodamente a hablar de lo humano y lo divino, nunca mejor dicho.

—Buenos días, Campra.

—Buenos días, Pedro.

—¿Cómo se adquirieron los viales y quién le propuso el examen?

—Los análisis los propuso Ricardo Delgado, de *La Quinta Columna*, y consiguieron primeramente un solo vial creo que lo consiguió un policía local, Rafa Navarro, me lo mandaron, y lo acepté ya que teníamos capacidad en la universidad, porque la universidad tiene equipos y técnicos fabulosos para hacer cualquier análisis por un precio muy asequible, vamos, estamos hablando de menos de cien euros por análisis. Cualquier universidad española te hace un análisis de estos en sus servicios técnicos, a disposición de cualquier ciudadano, lo que ocurre es que tienes que decirle al técnico lo que tiene que buscar, un análisis de estos no es mandar un vial y que te lo analicen en general, sino decirle: quiero buscar esto, este compuesto, esta estructura, esta sustancia. Entonces, Ricardo como venían manejando la hipótesis de que ahí podía haber grafeno por una serie de informaciones indirectas que tenían de artículos científicos, de efectos que se estaban viendo electromagnéticos extraños, pues me lo enviaron con el objetivo específico de detectar ahí si había grafeno o no. En este primer vial solo pudimos hacer observaciones microscópicas, al microscopio óptico y al electrónico, entonces lo primero que te sorprende es ver que según la composición del prospecto de la vacuna ahí no tiene que verse nada de nada en absoluto, porque las supuestas nanopartículas que llevan el RNA mensajero, que yo no digo que no estén, pero no se ven, no deberían verse por su tamaño nanométrico. Sin embargo, se observaban y fotografiaron en el vial una serie de microobjetos, es decir, tamaño micrométrico, que para nada podían asociarse a los componentes del prospecto. Entre esos objetos había unas láminas transparentes, traslúcidas, corrugadas, similares en su apariencia visual a lo que estaba citado en literatura como partículas amorfas de grafeno; la literatura de grafeno es muy extensa, hay un montón de imágenes, y además se compararon con un patrón comercial de grafeno puro, y entonces analógicamente se veía que esas partículas probablemente podrían ser grafeno.

»Pero claro, la observación microscópica no vale como técnica concluyente de identificación, un error en el que han caído muchos después, ya que se ha lanzado mucha gente a hacer observaciones microscópicas de agua, de todo tipo de medicamentos, de sueros, de tal, y cualquier lámina transparente que aparezca no tiene por qué ser grafeno. Sí tiene una fisionomía especial que aparece en los patrones de dos tipos, objetos carbonáceos compactos oscuros y otros como láminas bidimensionales translúcidas corrugadas, con una serie de pliegues, como si fuera un pañuelo o un clínex reposando en el fondo de una piscina. Estas láminas monocapa se generan por exfoliación a partir de los objetos carbonáceos más gruesos, y tienen su misma composición paro muchas más capas de mallas de grafeno. Por tanto, la identificación concluyente del grafeno necesitaba ulteriores análisis espectroscópicos y eso fue lo que hicimos ya en el segundo informe. Tardamos por lo menos cuatro o cinco meses en poder hacerlo, por la dificultad de disponer de nuevas muestras y la absoluta falta de colaboración del sistema universitario y científico oficial, ni de los compañeros científicos y académicos, sino todo lo contrario, y por eso estas investigaciones independientes sufren retrasos y obstáculos que en condiciones *normales* no deberían existir.

»Por tanto, este segundo análisis que costó muchos meses desarrollarlo, y gracias a, una serie de personas que me enviaron varias muestras de viales de varias vacunas diferentes, por fin pudimos aplicar una técnica analítica que resultó ser inequívoca y concluyente, que se denomina espectroscopía microrramán. Es decir, para tú analizar una sustancia que era muy escasa y estaba muy dispersa en un vial, ya que…, porque no era mayoritaria, ni que se veía con facilidad, tú necesitas combinar la localización al microscopio de una nanopartícula o una micropartícula concreta con una técnica de análisis de partículas que es la espectroscopia, que es el análisis de la señal que te reenvía un láser que incide en la partícula. Esa señal da un espectro, que es un dibujo de picos, que es inequívoco de la sustancia. Entonces, esta técnica combinada de microscopía y de espectroscopia ramán, que es una espectroscopia de infrarrojo, es una técnica inequívoca; esta técnica si a ti te sale una huella dactilar que es un espectro igual al que hay citado en literatura, y asimismo similar al del patrón puro que tú usas de referencia, se pudo concluir que muchos de los objetos con apariencia de grafeno tenían inequívocamente estructuras de mallas de carbono características del grafeno, y eso es lo que pasó: en una serie de viales se detectó grafeno de modo concluyente.

—En todas las vacunas, ¿eh? —incido.

—En casi todas las muestras, de diferentes marcas, que yo analicé sí —puntualiza Campra—. Es decir, solo puedo hablar científicamente de las muestras observadas, marcas y lotes, pero no generalizar sin muestreos más amplios… Ahora hablaremos de las falacias de la pseudociencia, de la perversión o mal uso del método científico, porque aquí hay mucha gente supuestamente científica, tanto en el sector oficial como en el sector crítico, que desconoce totalmente las limitaciones y reglas del método científico, con lo cual no están haciendo ciencia, sino que tratan de sustentar sus creencias y prejuicios. El método científico es un sistema de conocimiento muy limitado, que tiene sus limitaciones y hay que definirlas en todo trabajo científico, hasta dónde pueden generalizarse las conclusiones que tú puedas sacar de unas observaciones. Entonces, de entrada, como he declarado en sede judicial, donde he tenido dos comparecencias como testigo, todo lo que puedo afirmar es que he detectado grafeno *en esas muestras* que me han llegado. Se observaron una serie de partículas que en modo alguno constituyen el componente mayoritario en los viales, ya que en el muestreo que se hizo de 110 partículas dispersas con apariencia de grafeno, 28 emitían la huella espectral del del grafeno. Por tanto, sí se puede afirmar que hay grafeno en esos viales que a mí me enviaron, pero por las limitaciones que he expuesto antes, no se pudieron realizar cuantificaciones ni muestreos más amplios en vacunas. En ciencia, para hacer generalizaciones tú tienes que hacer un muestreo estadísticamente significativo, que es lo que se hace en un control de calidad alimentario o farmacéutico, lo que no me consta que se haya realizado ni publicado en este caso por los organismos de control. ¿Qué quiere decir? De toda la población de viales, de millones y millones de viales, tú tienes que hacer un muestreo estadísticamente significativo, y recurrente por lotes, para luego extraer conclusiones sobre la probabilidad de encontrar sustancias determinadas, que deben buscarse con técnicas de análisis específico. Yo eso no pude hacerlo por falta de colaboración del sistema, ni me consta que nadie lo haya realizado, eso es lo que he dicho en las comparecencias judiciales que he tenido. Yo no sé en otros viales, en otras vacunas, que se siguen sacando lotes, y lotes, y lotes, qué hay; lo que sí sé es que en los que yo analicé había inequívocamente grafeno. Ahora bien, ¿qué función podría tener ese grafeno en estos productos? Lo digo por ir uniendo el tema a las emisiones electromagnéticas en banda *bluetooth*...

—Antes de pasar a eso —puntualizo—, ¿has recibido algún tipo de dinero o pago para realizar el trabajo?

—Nada, cero. Yo igual que tú... Bueno, tú tendrás tu modelo de negocio *youtuber*; aquí los que estamos en esto, la gente que honorable que yo conozco como Luis de Benito, Mik Andersen, y muchos más, toda esta gente, aquí no nos llevamos un duro, al contrario, todo son presiones y riesgos en nuestra profesión. ¿no? Por ejemplo, esta entrevista, ¿cuánto tú me vas a pagar por salir en el libro? —Se ríe levemente—. Aquí estamos solo por amor al arte, o a la «verdad», siempre provisional en ciencia.

—Nada. —Sinceridad brutal.

—Coño, me invitarás a una cerveza.

—Hombre, a eso sí —respondo.

—Aquí nosotros no nos llevamos un duro, si no que corremos peligro muchos funcionarios, científicos y médicos, de apertura de expedientes administrativos por discutir la versión oficial, porque toda la maquinaria del sistema está en contra de cualquier opinión crítica frente a la vacunación, y los que dependemos de los Ministerios Públicos pues hemos tenido problemas, claro, no hasta el punto de perder el trabajo, porque no es tan grave lo que hemos hecho, pero sí se nos ponen todo tipo de trabas para continuarlo, sin contar con el rechazo de la mayoría de nuestros compañeros, quienes sorprendentemente parecen haber perdido el espíritu crítico que es la madre de la auténtica ciencia y confían ciegamente en el sistema.

—Casi —indico.

—No, casi tampoco; pero desde luego no hemos tenido ningún apoyo, hemos tenido muchas presiones para no continuar, se nos ha cerrado el acceso a servicios públicos investigación, en fin, por lo que ya sabemos. Y un duro, ninguno, por eso tenemos cierta libertad para hacer esto, porque no dependemos económicamente de esto, si bien los medios son muy limitados.

—Y conciencia y ética, ¿no?

—Claro, y sobre todo por la libertad de no depender de ningún tipo de financiación, ni de dinero, ni de negocitos de nadie, entonces esos somos los únicos que tenemos libertad para buscar la verdad de esto, porque nos da igual ocho que ochenta. A mí me da igual si ahora se siguen mirando viales y no apareciera más grafeno (más bien está ocurriendo, al contrario). En mi opinión, la prioridad ya no es seguir analizando viales, en vista de la respuesta nula del sistema científico y judicial, lo inaplazable ahora es caracterizar y explicar fenómenos como la emisión en banda *bluetooth* del cuerpo de vacunados, que ahora hablaremos, ¿no?

—Sí —le confirmo.

—Como científico, si me demuestran en ensayos replicables en condiciones controladas que esa emisión solo puede proceder del cuerpo humano, si yo analizo los pocos ensayos disponibles, y veo que son congruentes con la hipótesis planteada, que son ensayos replicables por cualquiera, yo los intento replicar y divulgar. Observación y experimentación libre, eso es acercarse a la verdad y rechazar el engaño, y lo demás es mera especulación pseudocientífica interesada. Pero la *verdad* en ciencia no es lo que yo digo, ni lo que hay en los *papers* o artículos científicos, ni lo que dice un supuesto experto, la verdad en ciencia es una conclusión provisional procedente de observaciones o experimentos controlados replicables por cualquiera. La detección del grafeno lo fue, en los mismos viales al menos, es replicable en los viales que yo tengo, con la misma técnica y sabiendo usar la técnica. Sin embargo, si alguien envía viales a analizar y no orienta al técnico no va a detectar grafeno, tú tienes que saber primero buscarlo, saber la técnica para identificarlo, y echarle tiempo, echarle horas de buscar esas partículas, porque no es tampoco lo que se ha dicho, que los viales son todo grafeno. No, son unas partículas muy minoritarias y dispersas. Ahora bien, planteemos hipótesis, que es el punto de partida del método científico, ¿qué función podrían tener ahí en las vacunas? Pues yo no lo sé mientras no tengas más datos. En realidad, en literatura científica aparecen patentes y muchos estudios sobre diferentes funciones que pudiera tener el grafeno en estos fármacos, tanto como adyuvante para generar mayor inmunidad, como transportador de partículas de RNA mensajero, si es que las hay, que esa es otra, yo no he hecho ningún análisis de material genético en estos viales, ni he visto análisis oficiales publicados, es más, ni me interesa tampoco, porque para tratar de confirmar la composición oficial que te dice el prospecto ya están las agencias reguladoras, que tampoco lo hacen. Mi interés ha sido más en detectar sustancias no declaradas, como el grafeno o metales pesados, que no responden para nada a cuerpos mencionados en los folletos y autorizaciones de emergencia. Es decir, yo todavía estoy esperando que alguien independiente, independiente me refiero que no esté en los sistemas, ni en el de investigación, ni en el médico, ni mediático, ni tenga ningún negocito o interés pecuniario de por medio, me haga una serie de análisis, secuenciaciones del ARN que hay ahí. Yo no digo que haya, ni que no haya, lo que digo es que no hay contraanálisis independientes fiable, no lo hay. Y menos rutinarios por lotes como debiera.

La cadena de custodia de los viales

—¿Qué piensa de la cadena de custodia, cuando dicen que su trabajo no sirve porque no hubo cadena de custodia?

—Bueno, la ciencia tiene sus limitaciones, que hemos dicho, y esa es una de ellas en este caso para poder generalizar; es decir, si yo analizo una caja de leche y encuentro una sustancia rara tóxica, yo no puedo decir que todas las cajas de leche de esa compañía, ni siquiera de ese lote, tienen esa sustancia. Claro que sí, la ausencia de cadena de custodia, o trazabilidad como yo mismo indiqué en su momento, si uno quiere llevar la cosa a nivel judicial, es una de las deficiencias de esta línea de investigación. Claro, en los juzgados, y salvo excepciones, se está rechazando la hipótesis de sustancias tóxicas no declaradas como el grafeno, por falta de análisis oficiales. Por eso, yo, que conozco bien las resistencias de la justicia como un sistema más a favor de la vacunación COVID-19, nunca he estado de acuerdo en judicializarlo centrándose solo en la posible presencia del grafeno o sustancias no declaradas (porque también hay investigadores en Italia que han encontrado metales pesados), porque es muy difícil demostrar que eso es generalizable a todas las vacunas, su toxicidad, su cuantificación, sus efectos adversos posibles, etc. Estamos viendo cómo en la mayoría de las apelaciones los magistrados se limitan a sancionar los planes de vacunación amparándolos en decisiones de las autoridades sanitarias y punto.

»Lo que sí sé, respecto a tu pregunta sobre la cadena de custodia, es que es muy improbable que nadie haya introducido trazas de micropartículas de grafeno en los viales sellados que yo analicé. En mi opinión, las partículas amorfas de grafeno procedían o bien de restos del proceso de fabricación, o bien tienen una función como precursores de procesos biotecnológicos bien diseñados que se activan tras la inoculación.

—Sí, todo el mundo lo niega, pero ningún fiscal, ni ningún juez, ordena que se analicen los viales con cadenas de custodia, que sería lo correcto.

—Vamos a ver, necesitamos estudios observacionales transparentes primero, tú lo dijiste hace años en un vídeo, primero que lo analice el ejército; no ha habido manera. El coronel Vara del Rey, otra persona honorable de los pocos que quedan, me comentó que hay laboratorios del ejército con tecnología de sobra para analizar no solo si hay grafeno, sino toda la composición que tiene un fármaco. Bueno, el historial de condenas judiciales por sustancias no declaradas en fármacos viene de muy de antes del COVID-19. De igual modo, las agencias oficiales de medicamentos no han encargado oficialmente hacer estos contraanálisis, pero ni aquí ni en ningún país del mundo se han hecho, porque como ya sabes, y además ahora es de actualidad, aquí dependemos de las arbitrariedades de la OMS cada vez más; organismo totalmente dependiente de intereses privados. Entonces lo que estamos haciendo algunos es denunciar la posible presencia de sustancias tóxicas no declaradas, a diferencia de otros colectivos como Biólogos por la Verdad y gente afín, quienes asumen que la composición de los viales ha de ser la que declaran oficialmente las farmacéuticas, lo cual es una posición bastante ingenua. Ellos tienen una posición, no respaldada por línea de investigación alguna ni observaciones propias, que consiste en denunciar posibles toxicidades de componentes oficiales, basándose en literatura científica, y en las mismas autorizaciones oficiales. Bueno, me parece necesaria esa línea, pero está totalmente fuera de lugar andar atacando furibundamente a quienes estamos en otra línea complementaria que es detectar y caracterizar todo tipo de objetos que pueden observarse y que en ningún caso pueden identificarse con los componentes declarados. Yo me centré en la detección de grafeno porque me lo propusieron, pero ahora me interesa más el estudio y caracterización de los efectos electromagnéticos observables en vacunados, que no pueden explicarse en absoluto a partir de la proteína espiga ni de ningún componente oficial de las vacunas, pero sí a partir de nanotecnologías basadas en circuitos de grafeno que han sido ampliamente descritas en literatura y patentes.

—¿Qué es lo que más te ha sorprendido cuando analizaste los viales? Porque llegaste a decirme «eso parece un bazar chino».

—Claro, porque eso es lo primero que debe plantearse un científico, observar, lo que te he dicho antes, que una composición oficial donde solo aparecen sales, algo que es como tipo gel y nanopartículas que tienen RNA mensajero, nada de eso se ve en un microscopio óptico... Vamos, cualquier niño puede ver los objetos no identificados en vacunas por su gran tamaño, no tiene que ser un microscopio caro, con aumento con oculares de 10X o incluso 4X se pueden ver objetos extraños ahí. Yo no sé si eso es habitual en las vacunas o son defectos del proceso de control de calidad de medicamentos, pero sí sé que ahí no tenían que estar, y eso desde luego no es lo mismo tomártelo por vía oral, ya que el sistema digestivo gestiona mucho cualquier cosa rara, que inoculárselo a una persona en vena, aunque sea por los posibles efectos trombo génicos o autoinmunitarios que podría desencadenar toda sustancia extraña. Había una serie de tipologías de objetos extraños que aparecían con frecuencia en todas las vacunas, y que luego en literatura pues aparecían con unas funcionalidades determinadas, que no son las declaradas oficialmente. Eso ya te hace sospechar que no son partículas procedentes de contaminación, sino de que están ahí inoculados en los viales deliberadamente con alguna función no confesada.

El electromagnetismo y el Informe Campra

—¿Cuál es la parte electromagnética? ¿Qué tiene que ver el electromagnetismo con el grafeno y con tu estudio? —le pregunto a Campra.

—Bueno, esta historia surgió a raíz de algunas observaciones. Primero se empezó con lo del magnetismo, que se pegaban las cucharas y tal, lo que parece ser, según creo yo por, la cantidad de evidencias que había, que era un efecto real. Además, recientemente ha sido confirmado por el doctor Pedro Chávez, otra de las personas honorables en esta historia, en una charla que dieron en COMUSAV, pues siguieron confirmando no solo que se pegaran las cucharas, sino que en algunas personas se observa magnetismo en el punto de inoculación, casi un año después de vacunarse. Yo no he realizado observaciones propias de este fenómeno, pero las abundantes evidencias sugerían que había que investigar y explicar este asunto.

»Pero ya lo que es evidente es la emisión de señales electromagnéticas digitales, códigos MAC de identificación de internet de las cosas, a partir de cuerpos de vacunados. No es una línea de mi especialidad, pero estoy siguiendo de cerca las investigaciones de expertos de tecnologías de este tipo como Mik Andersen en su corona2inspect (recientemente retirado por motivos de seguridad), y otros colegas como Germán Sarlange, biohacker argentino Diego Barrientos en su canal de YouTube Cevicas, y el mismo Dr. Pedro Chávez publicado recientemente un magnífico documental denominado *Bluetruth* sobre el fenómeno. Germán, argentino radicado en Francia, sacó la primera experimentación controlada de medición bluetooth, es decir, sin móviles o emisores de ruido electromagnético alrededor de ningún tipo, sin señales de ningún tipo. Por tanto, el fenómeno es real y puede estudiarse por cualquiera con una simple aplicación de *bluetooth scanner*, detectando por ejemplo códigos MAC a partir de todos los pasajeros en un avión que, supuestamente, llevan el modo avión activado. La dificultad en este momento es diseñar una aplicación que distinga claramente en la calle, en ambientes no controlados, entre los códigos MAC emitidos por móviles conectados a bluetooth o IoTs (internet de las cosas), de otros códigos MAC que probablemente procedan de cuerpos de vacunados, denominados IoBs (internet de los cuerpos). En ello están los técnicos.

»No sabemos la relación entre el magnetismo de las cucharas y estas emisiones. Desde luego el grafeno aislado no tiene magnetismo, ni se detecta en los viales otra cosa son los procesos que pueden ocurrir tras inocularlo en el cuerpo. Por ejemplo, como sabemos por el electromagnetismo de Faraday, cualquier corriente eléctrica genera magnetismo, o cualquier circulación en la sangre de materiales conductores de electricidad como el grafeno. Pero en los viales, lo que yo analicé, tanto por las pequeñas cantidades que había de grafeno, como por su carácter amorfo, sin formar circuitos visibles identificables por espectroscopia, como lo pequeñas y dispersas que aparecían esas partículas en los viales, eso no era capaz de generar los efectos que se veían de magnetismo a escala macroscópica, lo que he comprobado en mi casa con un detector de magnetismo en alguna gente vacunada, emitiendo un campo magnético bastante intenso en toda la cabeza, el pecho, si bien solo en algunos vacunados he observado esa emisión. Entonces, si bien no puede explicarse solo con el grafeno, podría explicarse con el electromagnetismo de Faraday, con movimientos en la circulación sanguínea de sistemas conductores de electricidad, lo que genera campos magnéticos, es decir, electricidad en movimiento. Por ahora no lo sabemos. Entonces, ¿cómo se relaciona el grafeno con todo esto? Pues el único nexo de unión, porque nosotros hemos visto, a pesar de que Mik Andersen sí asoció micropartículas de mis imágenes a nanosistemas descritos en literatura, como nanorrúteres, nanoantenas y nanosensores, o sea, toda la red inalámbrica de internet, no de las cosas, sino internet de los cuerpos, que está publicado hace tiempo y que ahora se está promocionando como algo deseable para que la gente lo reclame, eso se llama IoBs, *internet of bodies*, a diferencia de IoT, que son *internet of things*. Según han declarado sus promotores ahora, se quieren juntar las dos cosas, ¿no?, es decir, esta tecnología no es ciencia ficción, sino que está descrita y publicada desde hace cinco o diez años al menos.

»Entonces, ¿todas esas partículas qué relación tienen con el grafeno? Pues no lo sabemos. En literatura está descrito que en los circuitos IoBs en los que va la electricidad, el flujo eléctrico, todo eso, el grafeno es el material de elección por sus propiedades, porque tiene una funcionalidad que permiten que actúe ese nivel nano; pero, yo por lo menos, nosotros, no hemos confirmado con microrramán lo que podrían ser según Mik circuitos de grafeno y nanorrúteres, en nanopartícula presentes en vacunas. Entonces, las partículas de grafeno que yo detecté, ¿qué eran? Pues pueden ser dos cosas: una, restos del proceso de fabricación de esta nanotecnología que estén ahí, y otro, precursores, porque también está descrito en literatura que hay unos procesos de autoensamblaje que, si tú le metes la materia prima como precursor, esas micropartículas de grafeno luego son capaces de dispersarse y formarse lo que son *quantum dots*, o sea, nanopartículas muy pequeñas de grafeno que pueden actuar como sensores en tu cuerpo. Pero lo que he visto en los viales, lo que yo detecté, no tenía ninguna apariencia de tener una función tecnológica, nanotecnológica, ni electromagnética, porque eran unas partículas claramente amorfas, con tipología carbonácea o laminar. ¿Qué hacían ahí? Pues no lo sabemos. Probablemente por la literatura y por lo que se sabe forman parte de los circuitos que están emitiendo esas señales, pero no tenemos la prueba. Es decir, nos movemos aún en el terreno de una hipótesis a estudiar mediante la observación reproducible. En ciencia, que es lo que no está pasando, tanto en el sector oficial como en los sectores críticos a la vacunación, hay que tener muy claro la limitación de lo que se dice, y las conclusiones son siempre limitadas a las observaciones que tú has hecho, son provisionales, y se publicitan para que otros las comprueben, que eso es lo que yo hice. Lamentablemente, a muchos que se suponen científicos les hago esta reflexión: que hagan un trabajo observaciones y experimental metódico, ellos o encargado a los servicios técnicos de cualquier universidad, pues no han apoyado con sus propias observaciones nada de lo que están manifestando sobre la composición de las vacunas, ni han planteado hipótesis a estudiar que expliquen estos fenómenos, sencillamente los niegan dogmáticamente y se ceban en infundado ataque *ad ominen*, al hombre, sacando cualquier tipo de historiales manipulados del pasado de quienes estamos en esta línea. Por ejemplo, a mí me están sacando que soy un conspirador del cambio climático junto con la NASA, lo cual es ridículo si se leen mis publicaciones sobre esa línea, colgadas en mi ResearchGate. Pero da igual, aunque yo fuera promotor del movimiento político del cambio climático, que no lo soy, porque lo que yo demostré con observaciones es que localmente en Almería no solo no hay datos que avalen el calentamiento, sino que hay tendencias al enfriamiento y al aumento de precipitaciones, al contrario del metemiedos oficial sobre la desertificación del SE peninsular. Y precisamente y se me echaron encima todos los que llevan toda su carrera de investigación basada en el cambio climático. Lo que yo demostré trabajando en Usa es que, en casos como el de Almería y otros muchos, otros factores como los cambios de uso del suelo tienen una influencia mucho más directa sobre el clima local y regional que el posible efecto del CO2 global. En Almería demostré que era por la extensión de los invernaderos y se me echaron encima todos los ecointegristas, que señalan a los invernaderos como la madre de todos los males ambientales de la provincia. Es decir, aquí digas lo que digas se te echan encima un montón de radicales que no son científicos y van de científicos. Entonces, la cuestión es que, si hay unas observaciones reproducibles, usted tiene que plantear y testar una hipótesis para explicarlas. Comprobemos que efectivamente los códigos MAC proceden de cuerpos humanos, como ya se ha hecho en condiciones controladas. Y eso hay que explicarlo con algo que va en las vacunas, pues la señal procede mayoritariamente de vacunados, y no de no-vacunados.

Controversia entre el grafeno y la proteína espiga

—¿Qué diría, por ejemplo, del informe que sacó Biólogos por la Verdad? ¿Es complementario al suyo o.?

—¿El informe pericial? —pregunta Campra.

—Sí.

—Bueno, pues lo que he dicho antes, Biólogos por la Verdad está haciendo una labor de investigación bibliográfica, que es lo primero que hay que hacer en ciencia, ver lo que se ha hecho, lo que se ha publicado oficialmente, que no es todo lo que se está investigando, sino lo que consigue pasar los filtros del sistema de publicaciones. Porque ahí habría que hablar del mundo de las publicaciones científicas, que está muy controlado por los poderes económicos y fácticos, en este caso farmacéuticos, o sea, aquí se publica lo que interesa, lo que no interesa se bloquea y no sale a la luz… Porque yo otra cosa que hice en mi investigación profesional es un estudio sobre la actividad anticáncer del gazpacho, que también como he trabajado esa línea, para algunos seudocientíficos o hiperespecialistas por eso del gazpacho pues tampoco puedo investigar la vacuna, por lo visto, cuando todo en ciencia es estudiar, experimentar y observar cualquier tema con las técnicas adecuadas; pues me costó Dios y ayuda publicarlo, porque no le interesaba a las revistas médicas que tú dijeras que cualquier alimento previene una enfermedad como el cáncer, ¿no? Yo hice unos ensayos en vitro, con conclusiones limitadas, hasta ensayos en personas que no consiguieron promoción, pero al final conseguí publicarlo en una revista internacional. Entonces, el hacer un estudio bibliográfico como hace esta gente de la *verdad*, pues está bien como paso previo, pero tú no puedes confiar en que lo único científicamente válido es lo que está publicado, tú tienes que hacer tus propias observaciones, y más en este tema donde hay que desconfiar de todos los sistemas. Además, sería muy sencillo demostrar la presencia de RNAm de la *spike*, porque vuelvo a repetir por enésima vez, cualquier persona física, no tiene que ser ni personal de universidad, puede llevar una muestra a un servicio técnico de una universidad, que es un servicio público, y decirle que te analicen el ARN, que te lo secuencien, y no vale gran cosa, vamos, unos cientos de euros y lo tienes. Hombre, si le echas miles pues lo puedes hacer mucho más a fondo. Pero de esta gente lo que yo denuncio es que no están haciendo ciencia, están haciendo revisión bibliográfica y ahí se quedan. Bueno, vale, pero eso no explica los fenómenos que se están viendo, y empeñarse en negarlos, atacándonos en persona a los que estamos intentando descubrir qué hay ahí, pues no solamente no es científico, sino que no es ético ni moral, ni hace bien alguno a las personas que están a merced de la desinformación de la falsimedia para decidir si inocularse o no.

—Crees que le ha faltado trabajo de campo, ¿no?, a los Biólogos por la Verdad.

—Sí, lo acabo de decir, pero ellos se excusan en que no tienen medios, en que las máquinas valen mucho dinero; señores, están los servicios técnicos universitarios, que son servicios públicos, que te cobran mucho menos que un laboratorio privado. Es que no se quiere. Una detección y secuenciación de ARN con las secuencias se hace en un día y vale, pues no sé, no llegará a unos cientos de euros, es poco. Eso, no obstante, tampoco invalidaría la presencia de sustancias no declaradas, como grafeno y metales pesados que precisarían de las técnicas especificas complementarias para ser detectados.

—De todas maneras, la polémica que hubo entre los partidarios del grafeno y la proteína espiga, yo por lo menos lo considero como inútil, quiero decir, algo...

—No, más que inútil, maligna, diabólica.

—Maligna, y que va más para dividir que para llegar a una colaboración científica.

—Exacto, esa es una discordia de las muchas que se están metiendo aquí intencionadamente, más confusión, porque ahora lo que hay es un exceso de desinformación, hay un exceso de soberbia y de, como decimos en Almería, mucho *enterao*, metido a científico, presentando todo tipo de pseudociencia como ciencia, porque para pseudociencia ya tenemos la oficial. Pseudociencia es admitir una composición oficial de un producto farmacéutico sin presentar un contraanálisis, porque contraanálisis no hay ni en Estados Unidos, porque mira si tiene documentos publicados la FDA de todas sus *drugs*, que así le llaman a sus medicamentos, pero no han publicado un solo contraanálisis; pero no uno, la obligación es presentar contraanálisis rutinarios por lotes de lo que llevan las vacunas, y no existen, la FDA solo publica los documentos que le mandan la farmacéuticas y los aprueba: aquí me han mandado estos papeles de que tienen esto y lo voy dando por válido. La Agencia Europea, igual, la EMA española igual, aquí nadie analiza nada, y los pocos que intentamos a duras penas con muchos problemas analizar algo nos dicen que somos unos conspiranoicos del cambio climático, pues vale, pues que venga Dios y vea quienes realmente buscan la *verdad*. Otra cosa, tú no puedes ir diciendo la verdad, la verdad, porque en ciencia no existe la verdad, la Verdad, con mayúscula, es una cuestión de orden espiritual, religioso, que si quieres hablamos de eso (se ríe levemente); en ciencia lo que hay son observaciones hipótesis, experimentos, todos ellos provisionales, rebatibles y contrastables por otros, y eso te va llevando no a la verdad definitiva, pero te va alejando de la mentira y el engaño deliberado, eso sí.

—Y un mensaje final.

—Bueno, tengo más cosas que decir —contesta Campra con una sonrisa.

—Bueno, pues diga, ahora es el momento.

—Vamos a ver, no sé si os habrá quedado alguna pregunta en el tintero.

—Bueno, prácticamente las has contestado todas.

—Aquí, primero, te voy a contar mi historia con la pandemia.

—Vale.

—¿Cómo vivió personalmente la crisis sanitaria el doctor Campra?

—Mi historia con la pandemia fue, pues la de todo el mundo —comienza diciendo Campra—. Al principio te llegan noticias, te las crees, aunque por mi trabajo y mi línea de investigación yo ya tenía mis dudas de todo lo que se dice en la medicina oficial, sobre los efectos de los fármacos oficiales, tú tenías tus dudas...; pero de entrada pues todos creímos al principio que esto era un virus que había salido de un murciélago y que había que pararlo.

—Bueno, un pangolín —subrayo.

—Un pangolín, lo que fuera. Pues resulta que me puse a revisar literatura científica sobre el origen de estos coronavirus y encontré publicaciones desde al menos 2007 de toda una línea de *mejora genética* que consistían en volverlos más letales y agresivos, con la excusa de poder desarrollar vacunas en condiciones controladas para adelantarse a mutaciones espontáneas. Eufemísticamente lo llaman «ganancia de función», y es una línea de biotecnología relacionada con la guerra biológica financiada por el Departamento de Defensa de EE. UU. En particular encontré trabajos de la Universidad de Carolina del Norte dirigidos por Ralf Baric, donde colaboraban científicos de Wuhan y se creaban coronavirus muy similares al SARS-CoV-2... Este fue mi primer *mosqueo*... Lo divulgué en el canal de Rafapal... Pero como toda esta información alternativa, ahí se quedó y no tuvo respuesta oficial.

»Pero vamos, es que ya al primer mes te dabas cuenta de que había cosas ahí que no cuadraban, cosas que no eran lógicas; por ejemplo, la obsesión de vacunar a todo el mundo desde el primer día.

—Obsesión absoluta —reafirmo—. Y es que no se quería ver cualquier otra terapia o medicamento alternativo.

—Yo tenía entendido que para las enfermedades lo primero es buscar un tratamiento y no una vacuna, ¿no? La vacunación deberías ser otra estrategia complementaria a medio plazo que debería implantarse mucho más tarde, tras estudios fiables que puede ayudar con ciertas enfermedades, pero aquí hubo un bombardeo obsesivo y machacón con vacunar a todo el mundo, todos los medios a una, todos los gobiernos a una, y eso ya es para que se te enciendan todas las alarmas, ¿no? Entonces luego pues tú te pones a investigar un poco. Como mis investigaciones entonces, como la del gazpacho, iban sobre quimioprevención por los alimentos, saqué una primera nota de prensa, sobre la necesidad de potenciar el sistema inmunitario, que nadie ha hecho caso, es decir, hay un montón de estrategias de alimentación y medicina natural que cualquiera que esté metido en estos temas de la alimentación sana, o incluso en las plantas naturales, sabe que son útiles para tú potenciar tu inmunidad, y saqué una nota que se llamaba..., bueno, está todo en mi ResearchGate ahí publicado, se llamaba «La mejor vacuna: las frutas y verduras frescas», que es lo que trabajamos aquí en Almería. ¿Por qué? Por la cantidad que tienen de fitoquímicos, de biomoléculas activas, que te potencian toda la primera barrera inmunitaria que no es específica del patógeno que te entre, sino que es una barrera inespecífica, que es la que hace que el 99 % de la población pase el COVID-19 leve o moderado, y que solo tenga una letalidad de menos del 1 %. Eso desde el primer momento no se potenció en absoluto por los sistemas oficiales; primera barrera.

»Segunda barrera: bueno, vamos a ver los tratamientos. Desde el primer momento estuvieron sacando, que eso sí es muy típico de la farmacéutica, medicamentos como el Remdesivir, una serie de medicamentos carísimos cuya efectividad era muy baja, de risa, por no llamarlo de otra manera; consistía en que en vez de quince días en el hospital estabas diez, y tú decías: ¿para esto tantos miles de millones de investigaciones y esto es lo mejor que tienen contra un virus de tipo gripal que solo mata al 1 % de la población? Pues claro, tú empiezas con lógica a darte cuenta, sobre todo si apagas la tele, porque aquí el problema es que hay mucha programación mental y la gente ha perdido el espíritu crítico y la capacidad de pensar por sí mismos. Entonces empecé a hurgar, más que nada personalmente, para mí y para mi gente sobretratamientos en ensayos o experiencias fiables. A primeros de 2020, en pleno pico de mortalidad por COVID-19, y como en mis investigaciones conocía los efectos generales inmunomoduladores y terapéuticos del hidrógeno inhalado como gas médico junto al oxígeno, con más de mil publicaciones en diez años, traté de organizar un ensayo hospitalario de urgencia con respiradores que me enviaron desde China y UK. Me puse en contacto con el Dr. Nanshan Zhong experto neumólogo que con gran éxito había empleado los respiradores de hidrógeno en hospitales, experiencia que publicó más tarde y después de muchos problemas en un artículo científico serio. El Dr. Zhong es el mayor experto del tratamiento COVID-19 en China, condecorado en ceremonia de alto nivel, y había coordinado toda la estrategia de tratamientos contra el COVID-19 en China. Este neumólogo llevaba ya años usando el hidrógeno en neumología. El hidrógeno es una cosa que hay más de mil artículos científicos o dos mil, ha servido para aliviar todo tipo de enfermedades crónicas, en especial las respiratorias como el COVID-19, no por ser solo antioxidante, sino por ser un regulador del exceso de oxidación y del defecto de oxidación, porque la oxidación es necesaria para eliminar patógenos y además es un inmunomodulador. En fin, es una especie de bálsamo de Fierabrás, consumido mediante equipos de agua hidrogenada es más bien preventivo, pero en los respiradores como me fueron enviados y que aún conservo, demostró gran eficacia curativa para pacientes ya ingresados en UCI por COVID-19. Descubrí entonces que este hombre estaba sacando adelante al 80 % de pacientes con el hidrógeno, y entonces gestioné el envío de respiradores de H2/O2. Que, a diferencia de los que se venían empleando, solo con O2, no causaban exceso de oxidación y abrasión de los pulmones. Me enviaron dos equipos, y toda la asesoría y el protocolo de la terapia e investigación.

»Entonces me topé con otra nueva e intrigante decepción: no hubo manera de realizar ese ensayo ni promocionar esta terapia ni en España ni en toda Europa... Por cuestiones formales de papeleo.

Aparentemente. ¿Qué hubiera sido lo lógico? Que toda la maquinaria y financiación del sistema científico medico occidental inmediatamente hubiera apoyado ensayos con este tipo de terapias, porque esto era cuando estaban muriendo unas tasas muy altas de gente, ¿no? Entonces, ¿tú qué esperas?, que el sistema médico científico diga «venga, vamos a probar esto», ¿no? Pues nada, ahí lo metí en el sistema oficial de terapias urgentes de la Junta de Andalucía, lo intenté organizar con hospitales por aquí, cero, respuesta cero total, todo parado, bloqueado deliberadamente o no, sistémicamente. Intenté también con otra gente en Italia para montarlo a nivel europeo, cero, todo bloqueado, todo tapado; digo «bueno, pues nada». Yo veía la gente muriendo masivamente en 2020, yo tenía mis máquinas por si acaso mi familia tenía algo, y aquí las tengo, aun paradas. El problema *burocrático* que tenía era que no le habían dado la utilización de uso médico en Europa, no le han permitido hacer ensayos oficiales, no le han dejado entrar. ¿Por qué? Porque el hidrógeno, al igual que otros gases de uso médico como el ozono y dióxido de cloro, del que ahora hablaremos, pues son unos remedios genéricos no patentables que han mostrado alta eficacia y toxicidad nula o leve para una gran mayoría de enfermedades crónicas, infecciosas, y de todo tipo, incluso cánceres, virales, de todo. Representan, por tanto, una amenaza a los remedios farmacéuticos... y a las vacunas. Y por eso tomé conciencia ya en 2020 de que los tres remedios citados, a los que habría que añadir posteriormente otros como la hidroxicloroquina o la ivermectina, estaban siendo objeto de un bloqueo sistemático por parte de todos los sistemas, científico, médico y mediático, ya que eran una alternativa más eficaz e inocua que la vacunación masiva.

—Y son baratas, ¿no?

—El dióxido de cloro sí, pero el hidrógeno y ozono necesitan equipos más caros, pero pueden administrarse hospitalariamente. Es decir, el COVID-19 se hubiera parado en el primer mes si se hubieran combinado estos tratamientos. Pero se bloquearon y persiguieron deliberadamente por la falsimedia, siguiendo consignas claras de más arriba; todo para imponer la vacunación como una estrategia posible. Todo esto..., fíjate que estamos hablando de gases, el dióxido de cloro es un gas, el hidrógeno es otro gas, y el ozono es otro gas, que demostraron los médicos de la asociación de ozonoterapia, también con muchísimos problemas, muchísima oposición, muchísimo zancadilleo, juego sucio, demostraron que la mayoría de los pacientes los controlaban, ya hospitalizados en UCI, como el caso pionero de la clínica de Ibiza; también han ido a saco contra la ozonoterapia. Entonces, bueno, tú te vas dando cuenta que aquí te quieren meter la vacuna desde el primer momento, todos los tratamientos que no sean su Remdesivir y cosas que ellos controlen carísimas e ineficaces, un tratamiento vale mil o dos mil euros. La agresión continuada contra la terapia de dióxido de cloro, con la que yo mismo me traté el COVID-19 con éxito, es un ejemplo de la siniestra voluntad del sistema de poder planetario de ir a cargarse cualquier remedio de esta enfermedad. Hay que tener en cuenta que son remedios genéricos, o sea, no son específicos de un virus o cepa, como una vacuna que solo va contra esa cepa que la han diseñado, no, es que valen para cualquier tipo de patógeno o mutante, diseñado para guerra biológica o espontáneo. Y como ha demostrado muy bien la gente de COMUSAV, el doctor Manuel Aparicio, honorable también como su colega el Dr. Chávez, realizando una gran labor terapéutica y de investigación que al final consiguió publicar, porque la terapia de dióxido de cloro frente al COVID-19 está ya publicado en *papers* científicos, aunque sea ignorada por el sistema médico, consiguió publicar con mucho esfuerzo otros *papers* con miles de casos, demostrando la efectividad que tenía el dióxido de cloro bien empleado y la toxicidad nula. En relación con el dióxido de cloro otro trabajo que hice yo al principio, este sí fue de mera revisión bibliográfica, porque empezaron a atacar al dióxido de cloro con que era tóxico y que se iba a morir la gente que se lo tomaba, que era una cosa que venía del MMS, aunque había gente que llevaba diez o veinte años tomándolo sin toxicidad alguna. Y claro, la toxicidad está en la pureza del preparado y sobre todo en la dosis, una cosa puede ser tóxica en ciertas dosis, tú te tomas un montón de sal, un montón de azúcar, y te intoxicas solo del subidón que te da de insulina. Y el dióxido de cloro estaba muy estudiado en desinfección de aguas por la agencia americana EPA en documentos oficiales de hace veinte años, y yo realicé y divulgué los datos oficiales sobre los rangos de toxicidad, que estaban muy por encima, hasta de los niveles efectivos que estaban demostrando estos médicos frente al COVID-19. Ahí, claro, tú vas atando cabos y te vas dando cuenta que todo esto es la historia de una gran manipulación, de un gran engaño organizado, de una operación que la han publicitado ellos de, bueno, no quiero entrar en conspiraciones, pero realmente no tiene lógica científica, ni médica, todo lo que está pasando, con lo cual queda claro que ahí hay un plan, hay un plan de vacunación... para empezar. Y ya te preguntas para qué quieren vacunar compulsivamente a la gente. Está claro que es muy ingenuo pensar que a los que han bloqueado los tratamientos les preocupa el control de la pandemia o pandemias de las que hablan continuamente. Entonces nos quedan tres hipótesis o posturas: una es por puro negocio, improbable montar algo tan complejo solo por negocio, otra que para enfermar y matar gente y disminuir la población, y otra es que se inocula para para meterle algo no confesado que transforme radicalmente a los seres humanos: el transhumanismo. Y según esta tercera opción pueden plantearse dos hipótesis derivadas, siempre según han hecho público en foros de la élite planetaria como el de Davos: una de ellas consistente en manipular la genética humana meter genes raros, puede ser, y la segunda, que no descarta la anterior, meter una nanotecnología para el control remoto vía emisión y recepción de información electromagnética. En mi opinión, podrían ser las dos, yo no digo que no, yo la que no he estudiado es la genética. Lo que está claro es que solo para reducir la población no es necesario este jaleo, para matarnos tú no sueltas un virus, hundes toda la economía, para luego meter una vacuna y matar a la gente, o enfermar a la gente poco a poco, eso es mucho más sencillo, porque para eso hay técnicas de guerra biológicas, química o convencional muy sencillas para hacerlo. Entonces tú vas cuadrando todo y dices, aquí la función de toda esta pandemia es el control, lo que han querido tener siempre los poderes fácticos económicos, el control sobre la población, pero ya un control exhaustivo a nivel tecnológico, mental y por tanto espiritual, que está desarrollado nanotecnológicamente; entonces ahí sí tiene lógica todo este jaleo para tú ir metiendo nanotecnología de control en el cuerpo a la gente, ir implementando el internet de los cuerpos, el IoBs, eso sí va teniendo lógica. Y bueno, ya cuando constatas con tu propio móvil en un vuelo que ves, los cuerpos humanos emiten identificadores MAC, pues no te cabe duda.

»Esto es una investigación trabajo que están haciendo muy bien expertos en estos sistemas, si bien en la sombra y con ningún apoyo, pero aun aquí como en todo son más cosas que no sabemos que las que sabemos. Es decir, la emisión MAC está comprobada con seguridad a partir de cuerpos humanos y no de móviles; pero también hay algunos casos en los que los móviles, algunos móviles con el bluetooth conectado, porque hay mucha gente que lo lleva conectado, emiten direcciones MAC aleatorias, que se llaman fantasmas, es decir, que no se pueden distinguir de la de los cuerpos en la mayoría de aplicaciones disponibles, y ahí es donde se está trabajando con ingenieros informáticos para diseñar una aplicación que consiga analizar los paquetes de datos que se están enviando, porque ahí ya se puede analizar la MAC de destino, que es una IP de destino que hay, y se puede analizar la MAC de origen, porque para la internet de las cosas y de los cuerpos tú lanzas una señal de identidad, como el Sputnik cuando lo lanzaron (bueno, los terraplanistas dicen que todo eso ahora es otro engaño...), que empezó a lanzar un bip, bip, bip, y entonces ese bip tú dices: estoy aquí, estoy aquí, podéis mandarme información. Pero claro, nosotros no tenemos ni idea de qué tipo de información se está enviando, ni recibiendo, lo que sí sabemos es que están descritos estos sistemas como capaces de generar toda una red de IoBs donde tú puedes controlar un poco no solo la fisiología, sino neuronalmente, el funcionamiento neuronal; pero claro, todo eso hay que estudiarlo, hay que verlo en un cerebro, hay que observarlo, en fin, son hipótesis de trabajo que hay que ir comprobando. Lo que no se puede hacer es lo que hacen ciertos sectores de la disidencia de andar negando evidencias, observaciones, sin estudiarlas y encima atacando a las personas que estamos intentando hacer aquí una labor ingrata y desinteresada. Que a mí sí me consta, porque los conozco personalmente, como a ti, el doctor De Benito, Mik Andersen, Diego Barrientos, Pedro Chávez, Manuel Aparicio... Yo sí sé que aquí hay gente que está haciendo esto por amor al arte y a la humanidad, que son totalmente confiables.

—Sí, por ética y por humanidad.

—Y por eso, como tienen libertad, porque no se llevan un duro, están haciendo una gran labor. Los otros no sé para quién trabajan o si es su ego el que les hace autocegarse y boicotear estas líneas de investigación, pero a mí me tienen que explicar de dónde viene la señal *bluetooth*. La señal se escanea a cien metros, porque los móviles son la puerta de salida de la emisión del cuerpo, entonces, claro, uno emite y con su móvil puede mandar la señal a donde quiera, la cuestión está en estudiar esos paquetes de datos y discernir claramente cuáles vienen del cuerpo y cuáles pueden venir de móviles, o de *smartwatch*, o de IoTs, que esos normalmente aparecen con nombres, pero no siempre. Por otra parte, las aplicaciones que uno se pueda bajar, gratuita o no, son un poco limitadas para hacer esta distinción, por eso están algunos expertos desarrollando otros códigos informáticos, donde claramente tú puedas distinguir IoTs de IoBs. Pero, vamos, cualquier persona se puede ir con un móvil al campo, donde no haya nadie sin móviles, con algunos vacunados y comprobar que el cuerpo está emitiendo, aunque no en todos. Y eso no viene como se dicho a veces «no, es tú propio móvil que manda...», eso es muy rocambolesco. Hay una cosa que es la famosa navaja de Ockham, la explicación más sencilla es la primera que debes tener en cuenta y comprobarla con más observaciones, no la más compleja.

—Pues muchas gracias, doctor Campra, y enhorabuena.

—Pues a ti. Han quedado cosas por decir, pero bueno, aquí nos paramos.

—Dígala, si tiene alguna cosa más.

—Sí, claro.

—Entonces venga, vamos a ello.

—Pues vamos a ver, lo que hay que hacer aquí ya es estar muy tranquilo, intentar desintoxicarse del exceso de información que hay por todos los lados, no solo oficial, que ya tenemos la tele apagada algunos hace tiempo, sino en las redes sociales, porque hay mucha confusión y mucha contaminación informativa. Y uno debe tener claro que hay tratamientos efectivos como los mencionados aquí eficaces contra cualquier pandemia nueva, sean o no provocadas por guerra biológica. Ahora están amenazando con la viruela del mono... La gente debe tener claro que la vacuna no es la única salida, que existen tratamientos como el dióxido de cloro accesibles perfectamente, no tóxicos si uno se lo toma como se lo tiene que tomar, siguiendo protocolos testados, como los de COMUSAV, que puedes controlar cualquier tipo de patógeno, que no te tienes que vacunar de nada con vacunas experimentales de eficacia y toxicidad no contrastadas por el tiempo en estudios suficientes. Porque teniendo en cuenta la falta de lógica en todo esto, yo no me fio ya en qué tipo de vacuna y dónde están metiendo, y porqué hay una obsesión de vacunar de muchas más cosas, eso se ve, no solo de COVID-19, sino que si el meningococo, que si tal o cual enfermedad..., todas son vacunables y hay como demasiada obsesión con vacunar, y eso digamos que... mosquea.

—Sí, como que no existe otro remedio para la medicina más que la vacuna —remarco.

—Todo, hasta para la artritis, para la depresión, para todo están sacando vacunas, lo cual, digamos, es para decir «oye, aquí están metiendo algo, les interesa». ¿Por qué les interesa que se vacune la gente? Esto no es un negocio solamente, es algo peor.

—Ten en cuenta que todo lo que sea por vía oral se destruye en el estómago, pero lo que es intravenoso permanece, entonces quieren introducir algo en el cuerpo que permanece, ¿no es así?

—Claro —afirma Campra—. Que ahí hay contrainformaciones que si la Pfizer ha sacado una pastilla con un chip que te la tomas, eso es contrainformación, eso en el estómago no llega a ningún lado. Igual que el grafeno lanzado a la atmosfera por *chemtrails* (en realidad *contrails* o estelas de condensación de agua bien estudiadas), que si por vía oral, en los alimentos, en el agua, tampoco llega a ningún lado, esas observaciones que se han sacado, o los alimentos magnéticos, eso no es riguroso científicamente, porque por el estómago no entra el grafeno en el cuerpo, y el grafeno amorfo solo tampoco lo genera una señal *bluetooth* y código MAC, tiene que ser un sistema autoensamblaje en el cuerpo, que están descrito en literatura o medianamente ensamblado. Y, pues nada, que la gente esté tranquila, porque existe el remedio, pero hay que informarse y tener espíritu crítico con la falsimedia, pero si no tienen el remedio, que ejerciten su libre albedrio como les plazca y asuman las consecuencias.

—Como mensaje final, ¿qué le recomendaría a la gente? Porque mucha gente ha enfermado de COVID-19 o de lo que hayan estado. ¿Qué les recomendaría?

—Pues bueno, el mensaje final es espiritual, o mejor religioso. En estos últimos tiempos que estamos con seguridad viviendo, asistimos a una guerra espiritual sin cuartel, y el que no sea espiritual lo va a pasar muy mal, además de no entender nada, ni la plandemia, ni la guerra de Ucrania... Y ser espiritual no es cualquier mejunje *new age*. Para mi ser espiritual es ser cristiano, porque yo soy cristiano antes que científico. Y está claro que los que estudiamos el cristianismo desde las enseñanzas de la patrística hasta ahora, que estos tiempos están descritos hace siglos, y que lo que viene ahora es una selección: quiénes van a estar apegados a la materia, cayendo en los engaños masivos por intentar salvar su vida material, y quiénes van a estar en la verdad de lo que está ocurriendo y que nos han transmitido nuestros antepasados en dos mil años de espiritualidad cristiana... Y ahí va a haber una selección de trigo y cizaña. Por eso yo ya me dejo guiar por una regla, que a ti te falta, por cierto, que te iba a regalar un santico para que lo pusieras detrás. Yo confío ya solamente en aquellos comunicadores que dan testimonio valiente de su fe y salen detrás con un Cristo, una virgen o un santico, esa gente con lo que tienen detrás no pueden decir mentiras. Precisamente el otro día vi al Dr. Aparicio, a la gente del dióxido de cloro, gente que está realmente en la guerra espiritual que se está librando, la última batalla contra la mentira...

—Sí, porque hay gente que, al fin y al cabo, no tiene fe, es muy voluble.

—No, y además es muy frágil e influenciable por el miedo, porque si tú tienes miedo a la muerte, a la enfermedad, entonces eres ganado fácilmente manipulable; ahora, si tú tienes Fe en que tienes un alma y tienes otro destino, si te lo mereces, pues eso te da una tranquilidad que no tienes por muchas revisiones bibliográficas que hagas. Y nada, poco más que decir.

—Pues muy bien, muchas gracias, doctor.

—Ah, perdón, otra cosa. —Vuelve a reír—. Para los que digan que no tienen nada que ver la ciencia y la religión, que este habla de religión, no es un científico y tal, es que es lo primero que iba a decir cuando me dijiste que hiciera esto, yo le iba a llamar a esto «El COVID-19 o la idolatría de la ciencia», porque aquí lo que ha pasado y lo que está pagando la gente con sufrimiento es la idolatría de la ciencia, el haber puesto a la ciencia en el lugar de la religión, una nueva religión derivada del materialismo, del determinismo, todo eso que son doctrinas filosóficas indemostrables, que no tienen que ver con la ciencia, porque la ciencia es lo que te he dicho antes, la ciencia es un método, experimentos reproducibles, que hago yo y lo pongo a disposición de otro para que lo haga, lo debatimos, pues vale, no vale. La ciencia no es ni el sistema científico, ni los expertos, ni las publicaciones, ni la

OMS. Entonces, todo eso se ha entronizado como una religión dogmática con verdades absolutas, y eso no es la ciencia. ¿Qué tiene que ver eso con una religión? Pues bueno, que yo puedo ser perfectamente religioso de cualquier religión y hacer mi experimento científico, de hecho, la ciencia fue creada por monjes católicos a partir de la escolástica medieval, no la montaron los musulmanes precisamente, ni los ateos. Entonces, es perfectamente compatible el tú tener una visión espiritual de una guerra espiritual que se mueve en otros planos, en otros planos que la ciencia no entra ahí ni puede entrar, porque la ciencia solo son observaciones del mundo sensible, en el otro no tiene nada que opinar, ni que existe, ni que no existe, ¿entendido? Entonces yo como científico puedo decir que soy cristiano perfectamente y podemos hablar de lo que quieras, pero no tiene nada que ver con la ciencia. Ahora, toda la gente que entronice la ciencia, esos están en el error y en el engaño, porque la ciencia no es la Verdad, la ciencia son hipótesis discutibles sobre observaciones preliminares de fenómenos sensibles. Y ya no digo más, que está muy largo.

—Pues muchas gracias, doctor Campra.

—A ti.

Como siempre, tenía que ser una persona de fe la que diera la cara de la forma que lo ha hecho el doctor Pablo Campra. La mayor parte de la población española, incluso para la que podía hacer algo su consigna ha sido «no te metas en problemas», sigue la corriente. Si no hay convicciones no hay vida, ni humanidad. gracias, doctor Campra.

CAPÍTULO XXII.
LA BOMBA

Y saltó la bomba, la bomba de la nanotecnología. Nos lo imaginábamos, lo sospechábamos; pero no sabíamos hasta qué punto estaban metiendo mierda en las vacunas, y mierda muy cara, además. Todavía recuerdo las palabras del doctor Campra mientras examinaba los viales y tomaba fotos: «Esto parece un bazar chino». Mira que estaba avisado, aun así, tengo que confesar que me costó salir de mi asombro. Las películas de ciencia ficción se quedaban cortas ante lo que teníamos delante de nuestros ojos. Rúteres, circuitos, nanochips, antenas a nivel nanomicro, piezas que se auto ensamblan dentro del cuerpo, ¡la leche! Esto no puede ser humano, es de las primeras cosas que se nos vinieron a la mente. «No digas nada todavía, que lo estamos estudiando», me contaba Campra. ¿Pero por dónde empezar a coger aquello? ¿Cómo iniciar siquiera a dar la noticia cuando no sabíamos qué demonios teníamos enfrente?

«Te voy a pasar algo de material, Pedro, para que te des cuenta de que lo que menos me preocupa es el grafeno dentro de los viales», me dijo Campra. Y tuve la fortuna de tener ante mí las primeras fotos sacadas del laboratorio de lo que le estaban metiendo en vena a la gente. Y las fotos eran las siguientes:

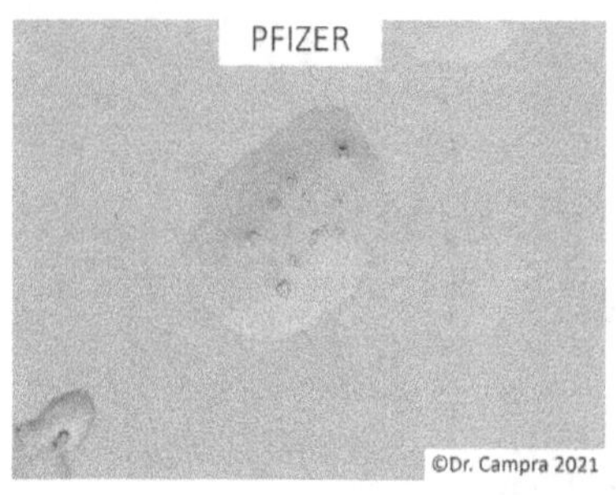

©Dr. Campra 2021

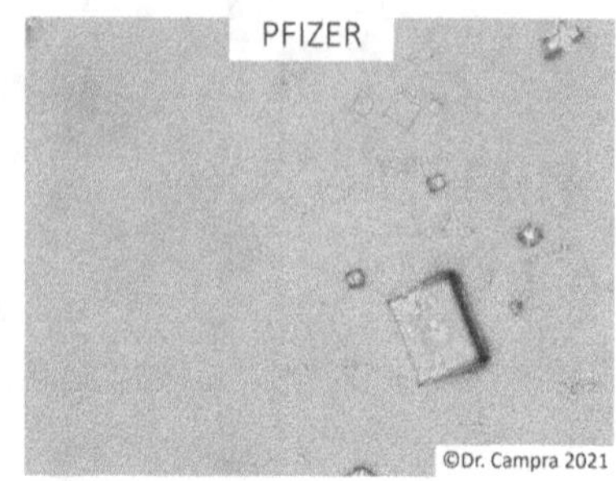

©Dr. Campra 2021

PFIZER2JORbanda

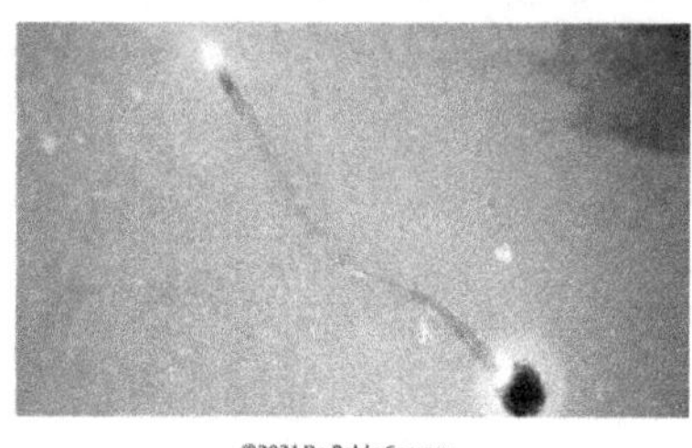

©2021 Dr. Pablo Campra

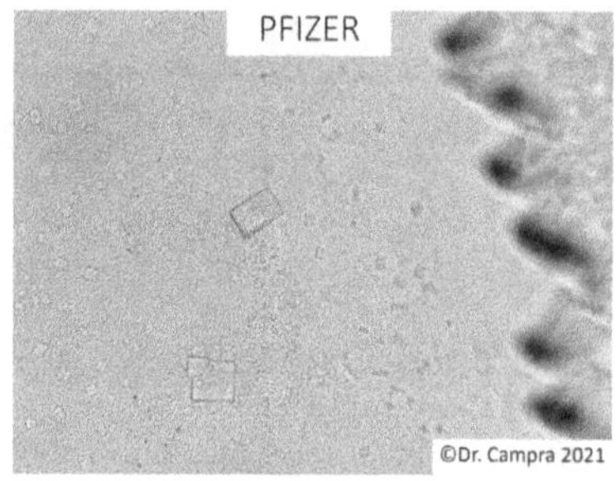

©Dr. Campra 2021

FIBRASYBANDAS

FIBRASYBANDAS

ASTRAZENECalifornia

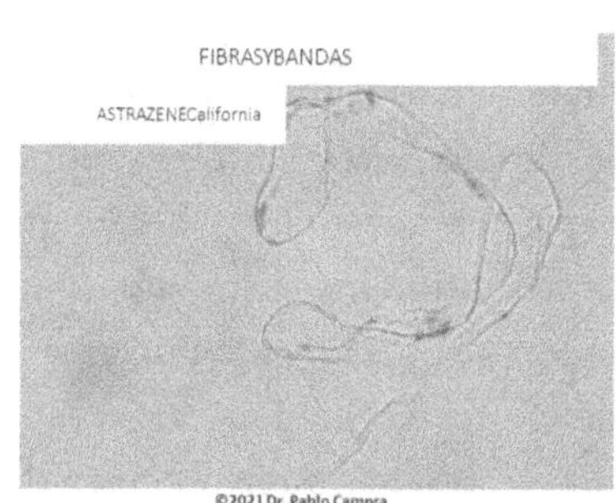

©2021 Dr. Pablo Campra

PFIZER2JORbanda

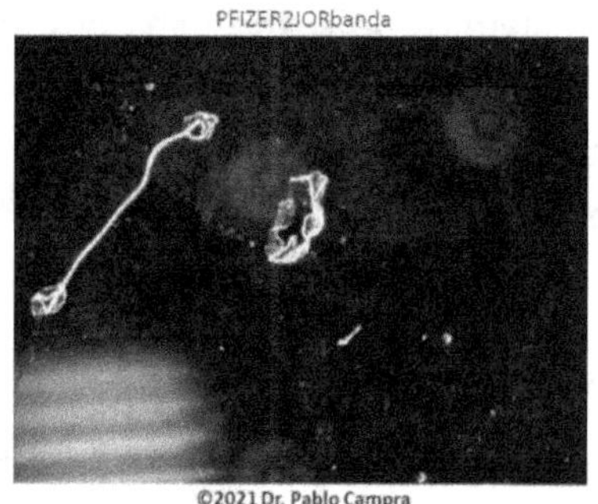

©2021 Dr. Pablo Campra

FIBRASAND BANDES

MODERNA

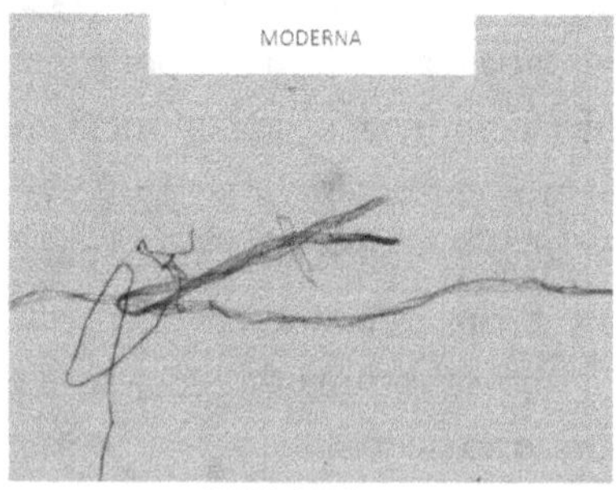

©2021 Dr. Pablo Campra

Estas fueron siete de las primeras fotos salidas del laboratorio del doctor Campra que tuve la fortuna de poder ver por primera vez antes de que la noticia se expandiera y alcanzara nivel internacional. Eso sí, los medios de comunicación chitón, al contrario, insistiendo a la gente con que si las vacunas eran superseguras, que hay que ver los que no se vacunaban lo insolidarios que eran, que si no debían dejar entrar a los no vacunados en restaurantes y eventos públicos y un largo etcétera. Y nosotros viendo desde la impotencia lo que realmente estos demonios, porque no se podría decir de otra forma lo que son, le estaban metiendo a la gente.

Fue allá por el mes de enero de 2022 cuando anuncié en Twitch en un directo las importantes informaciones que salían de Almería, informaciones que corrieron como la pólvora por todo el mundo, tuve ese honor de dar la primicia a nivel mundial. Me acuerdo de que esa misma noche conectó conmigo Colin Rivas en directo, que tampoco se creía lo que teníamos delante y comenzamos a especular con que posiblemente no era tecnología humana. ¿Serían extraterrestres los que estaban inoculando a la gente todo este material? Las hipótesis más descabelladas se nos pasaron por la cabeza. Estaba claro que no estábamos puestos en los últimos avances que se estaban dando en este campo. Todas las hipótesis se nos ocurrieron hasta que llegó un ingeniero español que no quiso dar su nombre nunca a conocer.

Mik Andersen y el blog Corona2inspect

No teníamos claro lo que era, especulábamos, lo que sí sabíamos es que aquello tenía que ser la famosa marca de la bestia, el 666, metida como una especie de código de barras por el cual no podrías ni comprar ni vender. Por aquellos tiempos, a los no vacunados no se nos dejaba entrar a ciertos lugares públicos y el pasaporte COVID-19 estaba empezando a implantarse. La segregación entre las personas vacunadas y no vacunadas comenzaba a funcionar debido a la brutal propaganda y presión que ejercían los grandes medios de comunicación. Campra se daba cuenta de que aquello escapaba a sus conocimientos y a lo que es su especialidad. Allí no se necesitaba un biólogo ni un químico, sino un ingeniero en telecomunicaciones por lo menos. Y apareció un ángel, un ángel en forma de ingeniero que vino a decirnos que ni mucho menos aquello era tecnología alienígena, sino terrestre y muy de aquí.

Tengo que decir con todo el orgullo que en aquel momento éramos el centro del mundo. Toda la investigación de vanguardia se estaba desarrollando aquí, en España. Ricardo Delgado abrió el fuego con el tema del grafeno, el policía local Rafa Navarro, expedientado, tuvo la osadía de conseguir unos viales y llevarlos hasta Ricardo que, posteriormente, se los entregaría al doctor Campra. De ahí al laboratorio y el análisis posterior. Aquí empezó la historia y aquí comenzó todo. Estábamos haciendo lo que el Gobierno español tenía que haber hecho de oficio, examinar los viales bajo microscopio antes de inocularlos a la población española. Tengo que reconocer que estuve estudiando la posibilidad de conseguir algunos viales para su análisis. Se lo estuve comentando a Colin Rivas, que sí lo pretendió en Portugal y el intento fue fallido, los viales no se vendían a ningún precio. Por otra parte, aquí en España no se hizo ni un solo análisis: de los laboratorios al cuerpo de las personas, directamente. Eso sí, después vendrían los de las agencias de verificación a contarnos que no hacía falta hacer ninguna comprobación porque las vacunas ya habían pasado unas pruebas exhaustivas de la leche, las de mi prima, y que venían con todas las garantías, con todas las garantías para jodernos la vida, eso es verdad. Y, por supuesto, los que estábamos denunciando lo que estaba ocurriendo éramos unos conspiranoicos, cómo no.

Mik llegó como caído del cielo, el doctor Campra me llamó: «Oye, Pedro, estoy viendo tus programas que estás dando las noticias sobre el material que te mandé, hay un ingeniero español que quiere permanecer en el anonimato que está haciendo un trabajo extraordinario, a mí me está dejando asombrado, lo está desentrañando todo. Se ha puesto un pseudónimo para que no lo conozcan, Mik Andersen, y tiene un blog que ahora te lo paso». El blog en concreto se denominaba corona2inspecto.blogspot.com. En él, Mik estaba desentrañando qué es lo que significaban todos aquellos nano circuitos y qué función tenían. Mik comenzó a poner nombre a cada componente electrónico a partir de la bibliografía científica existente. Es decir, la tecnología era humana y muy humana, recién salidita de los laboratorios de nano ingeniería electrónica. El trabajo de Mik fue descomunal, hasta que le cerró el blog Google de un día para otro y sin avisar, con todo el material. gracias a Mik, que había guardado cada uno de los artículos e hizo un blog personal, corona2inspect.net, en donde colgó todo el material del antiguo blog más las nuevas investigaciones que estaba llevando a cabo y que eran espectaculares, lo estaba desentrañando todo.

Inmediatamente me puse manos a la obra y a través de la plataforma Twitch fui dando las exclusivas de las investigaciones ofrecidas por Mik en su blog. «A Mik le gusta mucho cómo estás exponiendo todo el material en tu programa, Pedro —me decía Campra— porque le estás dando la importancia que realmente tiene». Aun así, tengo que decir que nunca pude hablar directamente con Mik Andersen, él buscaba el anonimato absoluto. A mí no me importaba *dar la cara* mientras Mik suministrara este material y pudiéramos llegar hasta el final de lo que estaba pasando. Tengo que decir que tuve algunas presiones para que dejara de hacer los programas, algunos comentarios me llegaron que me iban a llevar hasta Sanidad para denunciarme. En ese momento y metidos en faena ya no me importaba nada, solo quería descubrir qué es lo que estaba sucediendo, el celo profesional era superior a la sensación de riesgo, digámoslo así. De todas formas, ya venía del Expediente Royuela y su difusión, así que estaba hecho a las presiones de forma sobrada.

Mik comenzó desde su blog a dar las primeras informaciones y a comparar bibliográficamente lo que se encontraba en las fotos que Campra había realizado en el laboratorio a partir de unos viales de la vacuna Pfizer, la más suministrada en España y el mundo, por cierto. Pero llegaron las debilidades humanas, Mik temía ser descubierto y eso le llevó en un momento determinado a borrar él mismo toda su obra. Así es, el día 6 de junio me llama el doctor Campra y me da la noticia: «Se ha ido, Mik se ha ido sin dejar rastro y ha borrado absolutamente todo». Efectivamente, Mik había borrado su blog corona2inspect.net, así como había eliminado también su cuenta de Telegram por lo que no podía comunicarme con él. Tengo que decir que personalmente jamás lo llegué a conocer. El miedo, el «yo no quiero problemas», esa frase tan española que nos lleva a querer pasar desapercibidos en todos los lugares. El «yo no quiero problemas» es la frase más dañina que se haya podido inventar en este país. Por el «yo no quiero problemas» los médicos y enfermeras han aplicado los protocolos sin inmutarse, aunque eso llevara a la gente a la tumba. Por el «yo no quiero problemas» nuestra policía la vimos convertida en policía política en dos estados de alarma completamente ilegales en donde se pisotearon los derechos de las personas.

Mik se fue como si con él no fuera la cosa, como si escondiéndose fuera a parar lo que está por venir. O luchamos ahora o después será siempre demasiado tarde, no hay sitio en donde esconderse para nadie.

El caso es que el propio Mik había aceptado trabajar en este proyecto, escribir aquí en este estudio y dar sus últimas informaciones, tenía más de veinticinco folios preparados ya para enviármelos con las últimas investigaciones realizadas, sobre todo, en el campo de las señales MAC. Todo se esfumó, Mik no da ya señales de vida. En un intento desesperado creé un grupo de Telegram, corona2inspect, para recoger todo el material que la gente hubiera podido guardar y reconstruir lo mejor posible todas sus informaciones. Tengo que decir que la respuesta ha sido muy positiva y se ha recuperado más de la mitad de su trabajo. A continuación, presento una pequeña reconstrucción de lo que Mik llegó a comparar en la bibliografía científica, realmente un gran trabajo. Después pude saber que Mik no se *había ido del todo*, sino que seguía trabajando; pero esta vez fuera de cualquier foco mediático.

25 de noviembre de 2021

Identificación de patrones en vacunas de coronavirus: nanorrúteres

Información descrita por Mik Andersen a partir del descubrimiento de grafeno en los viales analizados por el doctor Campra. Mik subraya que «hasta la fecha, también ha habido pruebas e indicios más que razonables de la existencia de carbono (https://corona2inspect.blogspot.com/2021/10/identificacion-patrones-vacunas-coronavirus-nanopulpos-nanotubos-carbono-grafeno.html) y esferas mesoporosas, nanorobots coloidales (https://corona2inspect.blogspot.com/2021/10/identificacion-patrones-vacunas-coronavirus-esferas-mesoporosas.html); objetos que no deben formar parte de ninguna vacuna y que no están declarados entre los componentes de la misma. Adicionalmente, se han identificado y evidenciado otro tipo de objetos en imágenes de muestras de sangre, de personas vacunadas con las vacunas del Coronavirus, específicamente también micronadadores, nanoantenas de grafeno cristalizado y puntos cuánticos de grafeno conocido como GQD».

«En esta ocasión, analizando una de las imágenes obtenidas por el Dr. Campra, correspondiente a una muestra de la vacuna de Pfizer, ver figura 1, se ha descubierto que, con mucha probabilidad, se trata de un nanorrúter o parte de su circuitería. En la imagen original se aprecia una gota bien definida en la que aparecen estructuras cristalinas de formato cuadrangular o cúbico. Si te fijas bien, puedes ver unas marcas en estos cristales, con un patrón regular, bien definido en algunos casos, pero limitado por la óptica del microscopio».

Mik cree identificar un nano-rúter de puntos cuánticos a partir de una de las fotos de doctor Campra. El hallazgo ha sido posible y según el original escrito por el propio Mik aislando cada cristal cuadrangular y aplicando un proceso de rasterización, enfoque y delineado de los bordes de la imagen, con el fin de pronunciar aún más las marcas observadas.

Como vemos en la imagen siguiente, lo que hace Mik es ampliar y dibujar el contorno de uno de los elementos observados, descubriendo lo que parece circuitería y pudiendo identificarlo en la bibliografía científica. Tengo que decir que este primer hallazgo fue uno de los más impactantes. La imagen está obtenida a partir de una foto realizada en un vial de Pfizer.

A partir de este descubrimiento Mik iría haciendo un boceto sobre qué función podría cumplir cada elemento y llegaría a crear todo un mapa sobre cómo podrían funcionar todos los elementos dentro de nuestro cuerpo en una especia de nano red de rúteres, antenas y sensores. Imprescindible para después realizar un nuevo boceto sobre cómo funcionarían las direcciones MAC que aparecen en las personas vacunadas a través del bluetooth de los aparatos móviles. La imagen y el trabajo de Mik son realmente impactantes, parece que ha identificado todo un rúter a nivel nano y lo ha intentado especificar a través de la bibliografía científica existente.

Sin embargo, para decir que esto que aparece en la imagen es un nano rúter hacen falta más pruebas complementarias de laboratorio, no solo basarse en una foto. Haría falta someter a un examen específico para encontrar materiales extraños en esa muestra concreta. Y es que nos enfrentamos al campo de lo desconocido, estas imágenes no dejan de ser una hipótesis que necesitan de más verificación. Quiero dejar esto claro antes de seguir avanzando. Seguro es el informe del doctor Campra, ahora nos adentramos en tierras movedizas, en lugares antes no explorados. También hay que tener en cuenta, que estamos haciendo el trabajo gente que no somos especialistas en la materia, los verdaderos especialistas están untados para permanecer callados. Intentaré en las próximas líneas resumir tanto el trabajo de Mik, como las líneas de investigación que se están siguiendo.

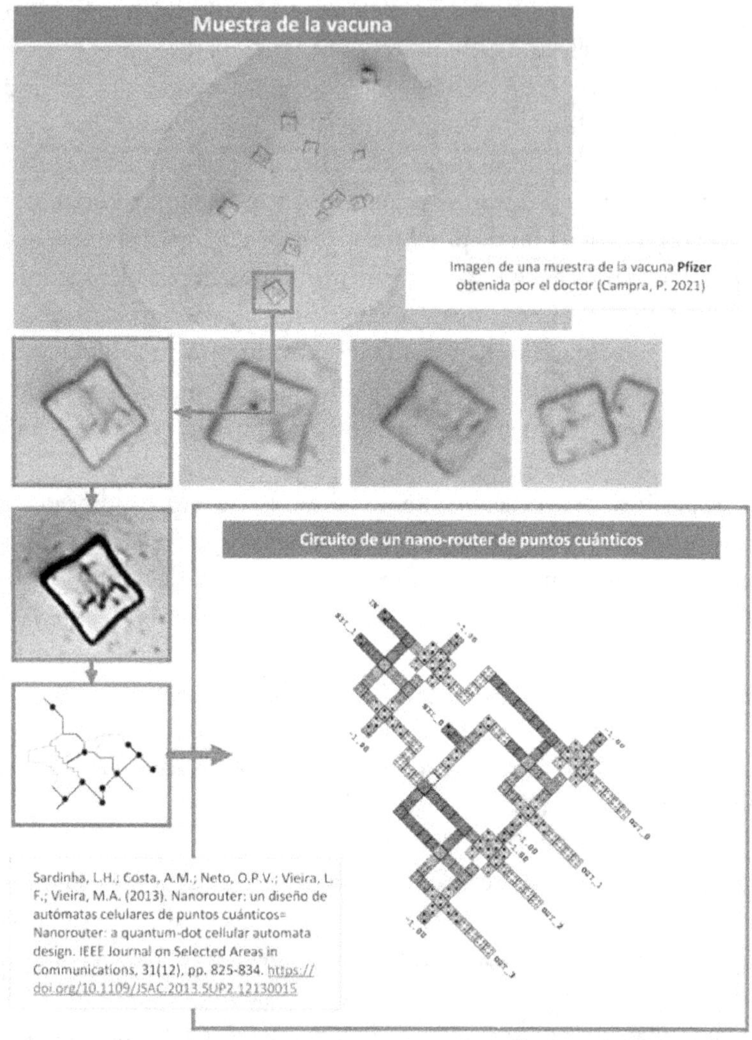

Posible *nanorrúter* de puntos cuánticos observado en un cristal cuadrangular, en una imagen obtenida por el doctor (Campra, P.,

2021). En la esquina inferior derecha se observa el circuito *nanorrúter* de puntos cuánticos publicado por (Sardinha, L. H.; Costa, A. M.; Neto, O. P. V.; Vieira, L. F.; Vieira, M. A., 2013). Note la semejanza obvia entre el boceto, la forma inscrita en el cristal y el circuito de puntos cuánticos.

Por cierto, que muchos de vosotros os estaréis preguntando qué tiene que ver toda esta circuitería con el grafeno, Mik da esta explicación: «La capacidad superconductora y transductora hacen del grafeno uno de los materiales más adecuados para crear redes inalámbricas de nanocomunicación para la administración de nanotecnología en el cuerpo humano. Este enfoque ha sido trabajado intensamente por la comunidad científica, después de haber encontrado y analizado los protocolos y especificaciones disponibles, pero también los generado por nanodispositivos y nanonodos dentro del cuerpo, en un sistema complejo llamado corona (https://corona2inspect.blogspot.com/2021/10/sistema-enrutamiento-CORONA-nanorredes.html), cuyo objetivo es la transmisión efectiva de señales y datos en la red, optimizando el consumo de energía (al mínimo posible), y también reduciendo fallas en la transmisión de paquetes de datos (Bouchedjera, I. A.; Aliouat, Z.; Louail, L. 2020 | Bouchedjera, I. A.; Louail, L.; Aliouat, Z.; Harous, S., 2020 | Tsioliaridou, A.; Liaskos, C.; Ioannidis, S.; Pitsillides, A., 2015). En esta red de nanocomunicaciones se utiliza un tipo de señal TS-OOK (Time-Spread On-Off Keying) que permite transmitir códigos binarios de 0 y 1, a través de pulsos cortos que implican la activación y desactivación de la señal durante intervalos de tiempo muy pequeños de unos pocos femtosegundos (Zhang, R.; Yang, K.; Abbasi, Q. H.; Karaqe, K. A.; Alomainy, A. 2017 | Vavouris, A. K.; Dervisi, F. D.; Papanikolaou, V. K.; Karagiannidis, G. K. 2018). Debido a la complejidad de las nanocomunicaciones en el cuerpo humano, donde los nano-nodos de la red se distribuyen por todo el cuerpo, en muchos casos en movimiento, debido al flujo sanguíneo, y en otros adheridos al endotelio de las paredes arteriales y capilares o en los tejidos de otros órganos, los investigadores han requerido el desarrollo de *software* para la simulación de tales condiciones, con el fin de verificar y validar los protocolos de nanocomunicación que se estaban desarrollando (Dhoutaut, D.; Arrabal, T.; Dedu, E., 2018)». En segundo lugar, el grafeno es un nanomaterial radiomodulable, y multiplicar la radiación (https://

corona2inspect.blogspot.com/2021/07/oxido-grafeno-absorcion-electromagnetica-5g.
html), actuando como una nanoantena, o un repetidor de señal (Chen,
Y.; Fu, X.; Liu, L.; Zhang, Y.; Cao, L.; Yuan, D.; Liu, P., 2019).

Hay que tener en cuenta que toda esta circuitería estaría diseñada para permanecer dentro del cuerpo humano y ser introducida
¡vía intravenosa! ¿Pero por qué? ¿Por qué todos estos componentes
no podrían ser introducidos dentro de los alimentos por ejemplo? La
explicación es bien sencilla, si entrara vía oral lo expulsaríamos todo
a través de nuestros intestinos, además de que los ácidos del estómago
se encargarían de reducir a la nada todos estos componentes. Toda esta
tecnología debe ser introducida vía intravenosa, de ahí la insistencia
en vacunarnos.

Mik termina en sus conclusiones: «En este contexto, es en el que se
encuentra el hallazgo de los circuitos de un nanorrúter en las muestras
de la vacuna de Pfizer, que es una pieza clave en toda la investigación
que se está realizando y que confirmaría la instalación de un hardware
en el cuerpo de personas inoculadas, sin su consentimiento informado,
que ejecuta procesos de recolección e interacción que están completamente fuera de su control».

Nanoenrutadores QCA

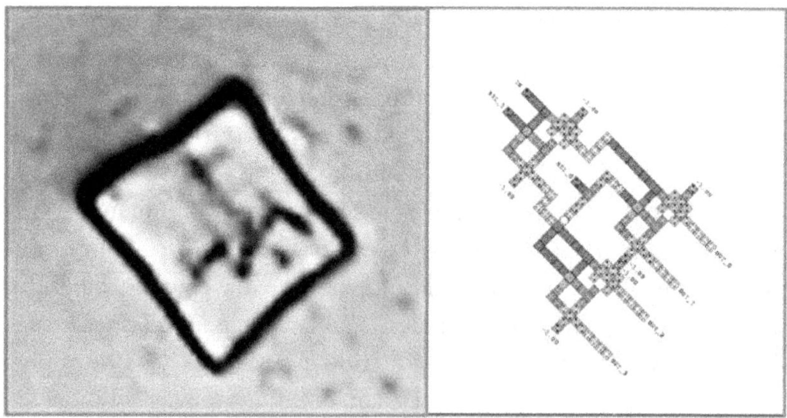

A partir de una foto, Mik intentó contornear el objeto y creyó
identificarlo con este tipo de circuitería.

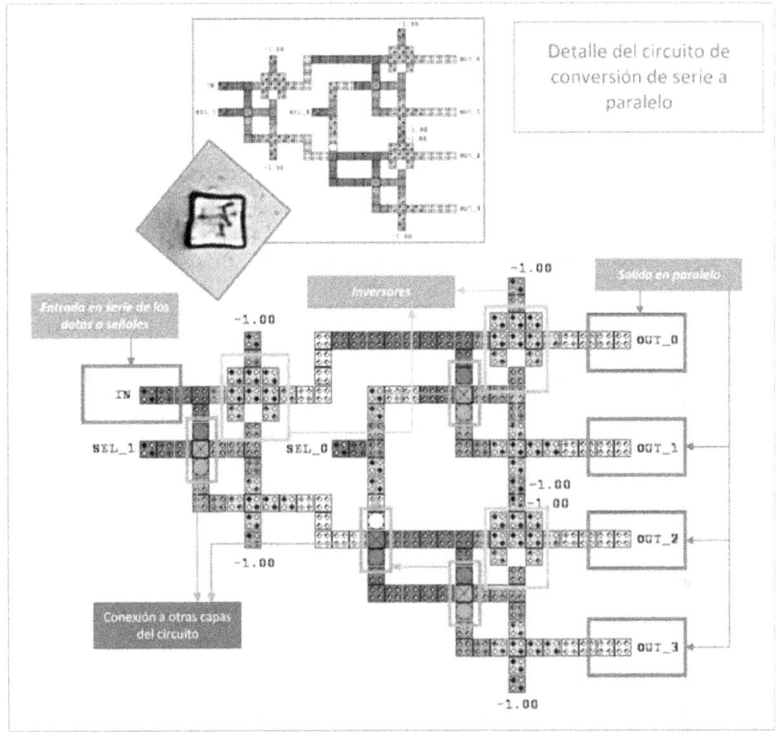

Sin embargo, el trabajo de Mik está por confirmar y, como digo, no deja de ser una hipótesis que necesita aún de más trabajo. Como ejemplo, veremos a continuación el parecido que tienen los cristales de sal común con unas supuestas antenas que Mik pudo sacar de la bibliografía científica a partir de las fotos del doctor Campra.

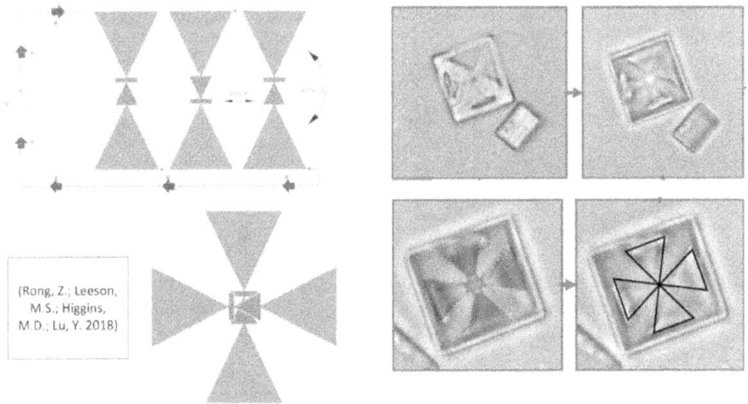

Mik lo identificó con el artículo de los investigadores (Rong, Z.; Leeson, M. S.; Higgins, M. D.; Lu, Y. 2018) que lleva por título «*Nanorredes centradas en el cuerpo impulsadas por nanorrectena en la banda de terahercios = Nano-rectenna powered body-centric nano-networks in the terahertz band*».

Si vemos al microscopio la sal común disuelta en agua podremos llegar a ver las imágenes siguientes muy parecidas a la nanorrectena que describe Mik:

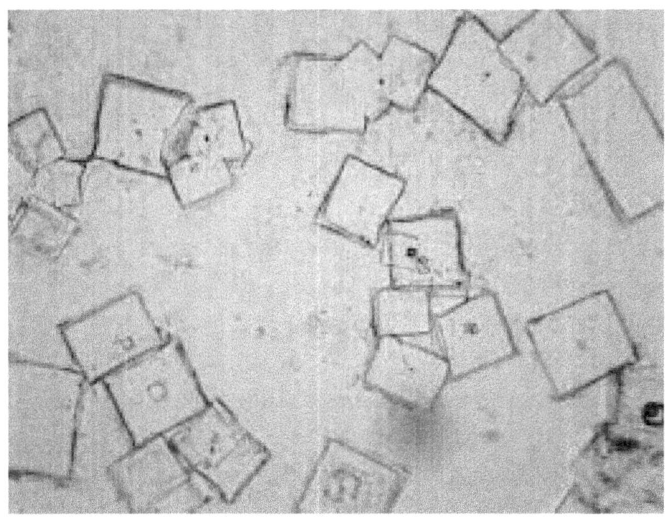

Arriba más fotos de sal común aumentada en solución acuosa. La sal común a vista de microscopio y disuelta en agua podría confundirse fácilmente con nanotecnología, además, la mayor parte de una vacuna es suero, en donde se sustenta el grueso del medicamento, es decir, agua y sal, por lo que hacen falta muchas más pruebas complementarias, no solo nos sirven las imágenes para poder determinar con exactitud qué es lo que contienen las vacunas. Por otra parte, también es verdad que podrían haber usado precisamente esta similitud de la sal al microscopio para hacer más invisible la nanotecnología dentro del cuerpo humano. Podría haber presencia de nanocircuitos confundiéndose entre todas estas partículas de sal.

La investigación se complica aún más cuando el Dr. Nagase de Canadá tras analizar bajo el microscopio viales de Pfizer y de Moderna certifica «la ausencia de ARNm en ninguno de los viales». Además, el propio doctor declaró que «extrañamente no muestran signos de ningún material biológico, tampoco de cristales de sal». Lo que el doctor vio fueron estructuras en formas de fibras y cristales con carbono y oxígeno como principales elementos y con silicio como elemento secundario, compatible con la presencia de óxido de grafeno.

https://ejercitoremanente.com/2022/06/09/dr-martin-monteverde-no-hay-arnm-mensajero-en-los-viales-COVID-19/

Estas investigaciones son corroboradas por el biólogo Juan Garberi que también puso bajo el microscopio viales de las vacunas de Pfizer y Moderna. Según el doctor, el ARNm mensajero no se replicó, por lo que no estaba presente.

El doctor Monteverde y su equipo, posterior al Informe Campra, encontraron óxido de grafeno y nanotecnología confirmada en los viales de Cansino, Pfizer, Sinopharm, AstraZeneca y Sputnik. «Nos han mentido —afirma el doctor Monteverde—, solo se ha encontrado grafeno y nanotecnología».

Sea o no nanotecnología lo que identificó Mik, lo que está claro es que para que los móviles identifiquen direcciones MAC en personas vacunadas, tiene que haber circuitería o biochips incorporados a las vacunas sí o sí. Otra cosa es que todavía no se haya podido determinar con exactitud el sistema que usan.

Morgellons

Los *morgellons* todavía nadie ha podido identificar científicamente lo que son. Hablando con la doctora española Rosa Narros en un programa para El Arconte Televisión, me pudo informar de una forma básica sobre qué son estos filamentos sintéticos que se desarrollan dentro de nuestro cuerpo. Porque sí, son sintéticos, no son biológicos y se desarrollan y crecen dentro de nuestro organismo parece que alimentándose de él. Si nunca habías escuchado hablar de los *morgellons* quizá sea hora de que esta palabra te empiece a sonar.

La doctora Rosa Narros ha tratado a pacientes con esta *enfermedad*. Ella me habló de que antiguamente a las personas que tenían la infección de morguelllons se les diagnosticaba como un enfermo

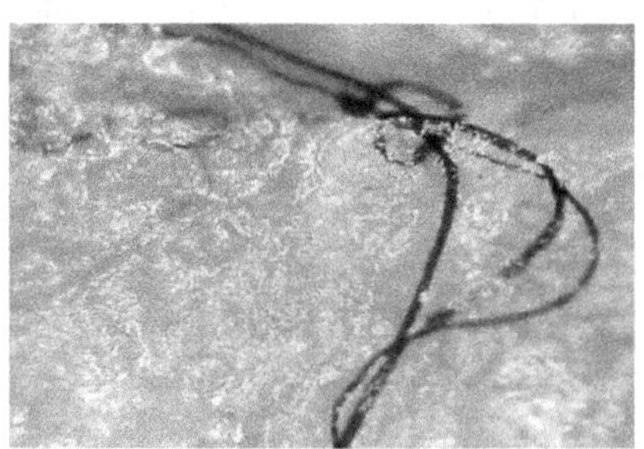

psicológico y era tratado con antipsicóticos y antidepresivos. ¡Así es! Como no tenía explicación, a las personas en cuestión se les diagnosticaba de alucinaciones y se les daba calmantes y pastillas para inhibirla. Se decía que sufría de *parasitosis*, una enfermedad que provoca alucinaciones haciendo creer al enfermo que un enjambre de insectos recorría su cuerpo por dentro. Y es que los síntomas de los pacientes eran esos, la sensación que tenían es como si cientos o miles de parásitos estuvieran recorriendo su cuerpo interiormente, el problema, es que no eran alucinaciones ¡Era una experiencia real! Los *morgellons* a veces salen al exterior y producen heridas y llagas a las personas, es a partir de ahí cuando se pudo comenzar a estudiarlos.

Estos *morgellons* han sido descubiertos en las mascarillas de farmacia. Durante la crisis sanitaria multitud de vídeos aparecieron a través de las redes sociales en donde estos filamentos negros de tamaño casi imperceptible; pero que se pueden observar con lupa, se movían como un gusano intentando buscar el aliento de la persona. Es decir, se movían hacia la fuente de calor, en este caso la boca y la nariz de las personas que llevaba puesta la mascarilla.

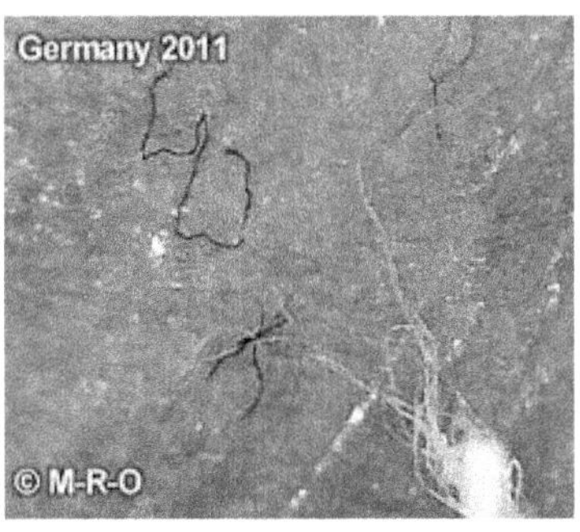

Estamos hablando de vida sintética, que se reproduce y crece dentro del cuerpo humano. Qué función tiene todavía nadie lo sabe, lo único cierto es que ya nadie puede negar el hecho en sí o tratar de locos a quienes se enfrentan a estos parásitos.

Estos filamentos parecen ser también los que ha fotografiado el doctor Campra en su estudio de los viales de las vacunas COVID-19 y cuyas imágenes aparecen al principio de este artículo. Hablando con él sobre la posibilidad de nanotecnología dentro de las vacunas en su estudio, en principio, Campra ni afirma ni niega esta posibilidad. Lo que sí me ha dicho es que todavía hay materiales dentro de los viales que ha sido imposible identificar.

Ahora lo que más preocupa es, sin duda alguna, de dónde salen las señales MAC, por qué los vacunados emiten señales *bluetooth*.

Los *morgellons* y la teoría de la hibridación

¿Cuál es la función de los *morgellons* dentro del cuerpo humano? La pregunta es difícil y además la respuesta podría ser aterradora. Hasta hace muy poco este fenómeno se negaba incluso que existiera y a las personas que sufrían esta infección poco menos que se las enviaba al psiquiátrico. Empecemos con lo que sabemos de ellos por lo que hemos podido observar.

En principio, los *morgellons* no son biológicos, no tienen vida, son sintéticos, aunque tienen la capacidad de moverse frente a estímulos como el aliento, buscan la fuente de calor. Sabemos también que se reproducen dentro del cuerpo humano, crecen y se autoensamblan formando redes. En la bibliografía científica, Mik los ha clasificado como «nanotubos o nanopulpos de carbono».

Mik realiza una entrada en su blog corona2inspect.net el día 14 de octubre de 2021 titulando la misma de la siguiente forma:

Nanopulpos de carbono o forma de vida sintética

La preocupación que está causando el hallazgo de elementos extraños en las vacunas del coron@virus, está despertando el interés de muchos investigadores, algunos de los cuáles tienen la oportunidad y los medios de obtener nuevas pruebas que confirman su existencia. En concreto, el doctor Franc Zalewski (doctor en Geología), ofreció recientemente una conferencia presentando lo que en C0r0n@2Inspect y en la literatura científica se ha calificado como un nanopulpo de carbono. El doctor se refiere a este elemento extraño como *the thing* (la cosa). La imagen SEM que presenta como prueba, véase figura 1 y vídeo 1, consta de un esferoide del que crecen varios brazos (tentáculos, flagelos o filamentos). El esferoide es identificado por Zalewski como una cabeza. La composición del objeto es eminentemente de carbono y aluminio (aunque también se cita el bromo). A continuación, en su exposición procede a explicar las proporciones del objeto, con diámetro de 20 µm en la cabeza y unos brazos de longitud completamente desproporcionada, de unos pocos milímetros (2,5 mm). También se hace alusión a que los brazos o tentáculos presentan colores diferentes, quizás debido a la composición del material con el que han crecido. En la figura 2, se pueden observar a modo de filamentos extralargos.

Por otra parte, en la conferencia hace alusión a que el *supuesto organismo* nace a partir de huevos. Esto no ha sido demostrado, puesto que el mismo Zalewski reconoce no haberlos encontrado. Sin

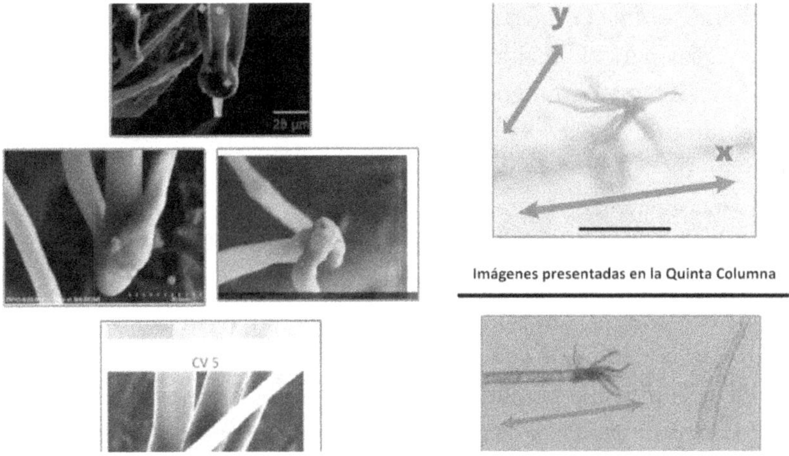

FIGURA 1. Imágenes del mismo tipo de objeto extraño encontrado en las vacunas por el doctor Franc Zalewski, la doctora Carrie Madej y el doctor Campra para *La Quinta Columna*. *Su análisis de los viales de la vacuna.*

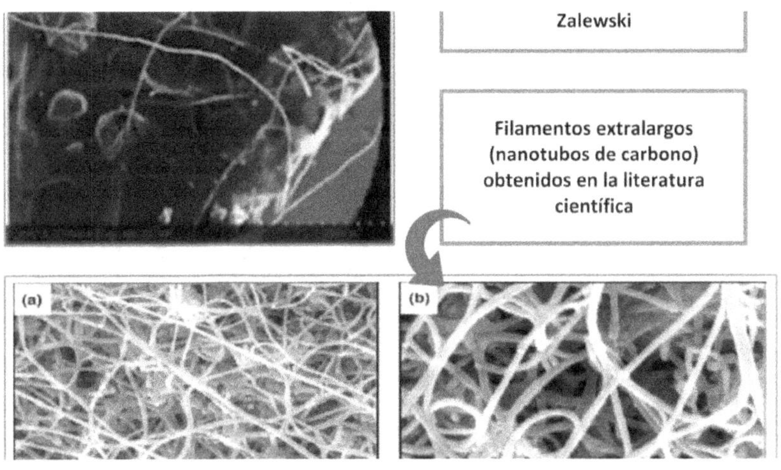

FIGURA 2. Detalle de los filamentos observados por el doctor Franc Zalewski, en donde no se aprecia la cabeza de la que crecen. La imagen se compara con las disponibles en la literatura científica, sobre nanotubos de carbono, que evidencian que pueden llegar a alcanzar las dimensiones extralargas citadas por Zalewski.

embargo, alude a que crecen en un entorno fértil y con condiciones adecuadas para el crecimiento y su eclosión; esto es abundancia de materiales de carbono (grafeno) y otros metales. Por otra parte, explica que, durante 4 días, los brazos del objeto extraño crecieron en una cámara de pulverización catódica, donde se citan textualmente sus palabras «*la temperatura es alta, de modo que el grafeno es pulverizado, el arco eléctrico se quema*». Finalmente, la exposición concluye con la presentación de una tercera prueba gráfica en la que se presenta, una *especie de garra* de carbono, en la que terminan los brazos del objeto/organismo, conforme a la figura 3.

La descripción y las imágenes ofrecidas por el doctor Zalewski no son concluyentes, para considerar que el objeto extraño observado, se trate de una forma de vida sintética basada en el carbono o el aluminio. No existe evidencia de vídeo en donde se observe su evolución y desarrollo. Por otra parte, sí es cierto que Zalewski aporta todas las claves que hacen que los nanopulpos de carbono se desarrollen, tal como se expondrá a continuación en los siguientes puntos:

Imagen obtenida por el Dr. Franc Zalewski

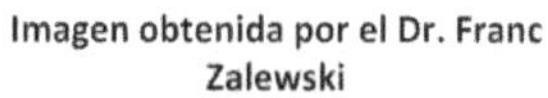

Imagen obtenida por el Dr. Campra – Informe Scientific Club

(Scientific Club. 2021)

FIGURA 3. Imagen de una *garra* obtenida por el doctor Zalewski, muy parecida, aunque desde otro punto de vista, a la pluma del informe Scientific Club, en el que trabajó el doctor Campra.

Para que se puedan desarrollar los brazos del nanopulpo de carbono, se requieren dos elementos, en primer lugar, grafeno o carbono y, por otro lado, un material de nucleación catalizador, que puede ser níquel (Ni) u otro como el aluminio (Al), tal como se recoge en las siguientes investigaciones (Lobo, L. S. 2017 | Ermakova, M. A.; Ermakov, D. Y., Chuvilin, A. L.; Kuvshinov, G. G., 2001 | 居艳；李凤仪；魏任重； 饶日川. , 2004 | Wei, R.; Li, F.; Ju, Y., 2005 | Austing, D. G.; Finnie, P.; Lefebvre, J., 2004). Por tanto, el aluminio es un material compatible con la nucleación de los nanotubos de carbono, lo que explica la composición encontrada por Zalewski. De hecho, según (Pham-Huu, C.; Vieira, R.; Louis, B.; Carvalho, A.; Amadou, J.; Dintzer, T.; Ledoux, M. J., 2006 | Emmenegger, C.; Bonard, J. M.; Mauron, P.; Sudan, P.; Lepora, A.; grobety, B.; Schlapbach, L., 2003), se indica que «Aparentemente, el diámetro de CNF (*carbon nanofibers* – nanofibras de carbono) no depende del diámetro inicial de la partícula de catalizador, sino solo de la modificación estructural de la partícula de níquel de partida durante el proceso de crecimiento. Para explicar el diámetro homogéneo (es decir, 10-40 nm) de nanotubos de carbono de paredes múltiples que crecen a partir de una capa continua inicial de óxido de hierro depositada sobre un sustrato de aluminio plano mediante recubrimiento por rotación. La fragmentación continua de las partículas del catalizador se produjo durante el curso de la síntesis, lo que llevó a la formación de centros activos más pequeños a través de la formación de un carburo metaestable seguido de su descomposición en partículas de carbono y hierro».

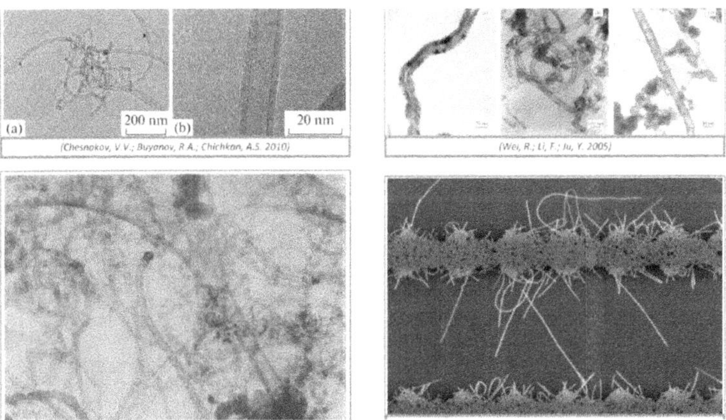

FIGURA 4. Muestras de la literatura científica en las que se hizo crecer nanotubos de carbono a partir de diversos catalizadores de aluminio. Además, se hizo crecer de diversas formas y con distintas condiciones ambientales y de temperatura, aunque en todas, respondía con mayor velocidad al calor.

He puesto solo la mitad de la entrada para hacernos una idea de lo que nos estamos enfrentando. En esta entrada habla de que estos *morgellons* nacen a través de huevos que eclosionan, aunque esto último dice no haber sido demostrado todavía. En otra entrada de su blog realizada el 11 de noviembre de 2021 titula lo siguiente:

Nuevas evidencias de nanotubos de carbono con cuentas a base de perlas de grafeno líquido y grafito policristalino

La presencia de nanotubos de carbono en las muestras de las vacunas quedó demostrada, junto a la existencia de nanopulpos de carbono, así como sus nexos y superficies de nucleación, necesarios para su crecimiento y desarrollo. En esta ocasión, dos nuevas imágenes obtenidas por el doctor (Campra, P., 2021a; 2021b) en su informe sobre «posible microbiótica en vacunas COVID-19» se han logrado identificar como nanotubos de carbono, con peculiaridades especiales, que son dignas de ser remarcadas. En la figura 1 se observan las imágenes a la microscopía obtenidas en la vacuna Pfizer y su comparativa con las halladas en la literatura científica, justamente debajo. Una primera definición de lo observado, antes de proceder al análisis pormenorizado, es que se tratan de cuentas a base de esferas o perlas de carbono líquido y cristales de grafito con forma poliédrica o bien de menisco.

La imagen superior izquierda de la figura 1 (fig. 1 sin muestra de la vacuna) puede describirse como un filamento o fibra de grosor ligeramente variable, opaco, con lo que parecen ser unos puntos negros con forma circular, elipsoide u ovalada, perfectamente insertos y conectados. Hay que destacar la curvatura del filamento lo que denota flexibilidad y resistencia mecánica, propias del grafeno y el carbono. En realidad, se trata de una fibra de carbono o nanotubo de carbono con cuentas de grafeno líquido, tal como se refiere en el trabajo de (De-Heer, W. A.; Poncharal, P.; Berger, C.; Gezo, J.; Song, Z.; Bettini, J.; Ugarte, D., 2005) y en la revisión de formas de los nanotubos de carbono de (Zhang, M.; Li, J., 2009). Pruebas suplementarias de este hallazgo pueden observarse en la figura 2.

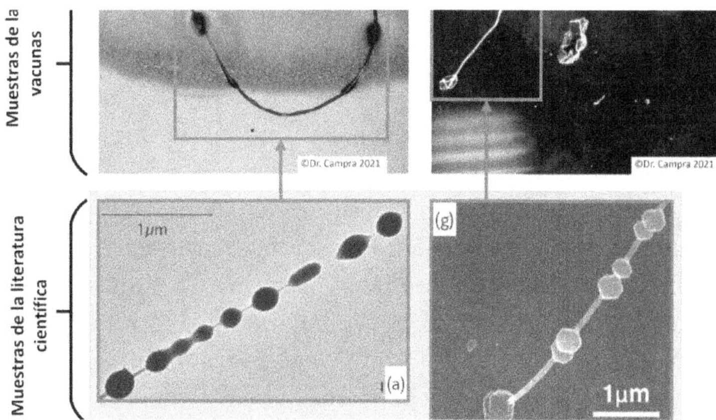

FIGURA 1. Muestras de las vacunas obtenidas por el doctor (Campra, P. 2021a; 2021b) y su patrón en la literatura científica, que denota nanotubos de carbono con cuentas de grafeno líquido, perlas y cristales hexagonales de grafito u otros materiales. (De-Heer, W. A.; Poncharal, P.; Berger, C.; Gezo, J.; Song, Z.; Bettini, J.; Ugarte, D., 2005 | Nakayama, Y.; Zhang, M., 2001 | Zhang, M.; Li, J., 2009)

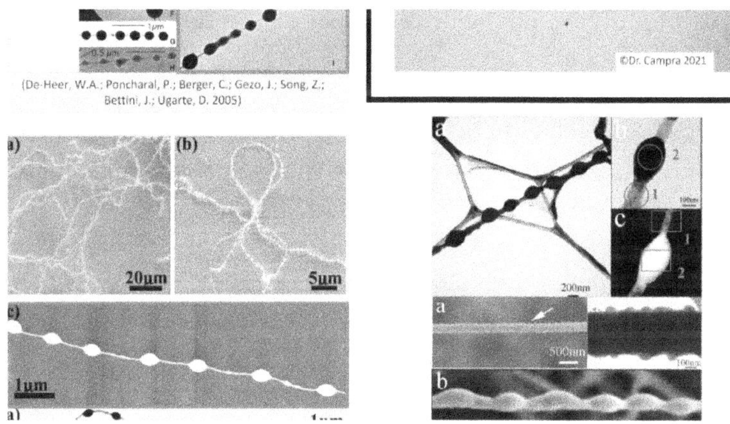

FIGURA 2. Las imágenes obtenidas de la literatura científica confirman la presencia de nanotubos o filamentos de carbono con cuentas de carbono o grafeno líquido (De-Heer, W. A.; Poncharal, P.; Berger, C.; Gezo, J.; Song, Z.; Bettini, J.; Ugarte, D. 2005), aunque también pueden incorporarse otros materiales como Magnesio (Mg), Aluminio (Al), Hierro (Fe), entre otros, tal como demuestran (Song, L.; Holleitner, A. W.; Qian, H.; Hartschuh, A.; Döblinger, M.; Weig, E. M.; Kotthaus, J. P., 2008 | Zhang, Y.; Li, R.; Zhou, X.; Cai, M.; Sun, X., 2008).

El descubrimiento de las cuentas de carbono o grafeno líquido data de la investigación de (De-Heer, W. A.; Poncharal, P.; Berger, C.; Gezo, J.; Song, Z.; Bettini, J.; Ugarte, D., 2005) en la que observaron este tipo de formaciones con el método de fabricación de descarga de arco eléctrico en una atmósfera de helio. En palabras de los investigadores: «La microscopía electrónica muestra una capa de carbono amorfo similar a un líquido viscoso que cubre las superficies de estructuras columnares de tamaño milimétrico que contienen nanotubos a partir de las cuales se compone el depósito del cátodo. Las perlas esféricas de carbono amorfo de tamaño submicrométrico, regularmente espaciadas, se encuentran a menudo en los nanotubos en las superficies de estas columnas. Aparentemente, en el ánodo se forman gotas de carbón líquido, que adquieren una superficie de vidrio de carbón debido al rápido enfriamiento por evaporación. Los nanotubos cristalizan dentro de las gotas de carbono líquido recubiertas de vidrio y superenfriadas. La capa de carbono-vidrio finalmente recubre y forma perlas en los nanotubos cerca de la superficie».

La producción de nanotubos con cuentas de perlas de carbono líquido también fue corroborada por (Kohno, H.; Yoshida, H.; Kikkawa, J.; Tanaka, K.; Takeda, S. 2005). Esto significa que los objetos observados en las muestras de las vacunas fueron manufacturados mediante técnicas muy concretas, con el objetivo de producir nanotubos de carbono de paredes múltiples (MWCNT *multiwall carbon nanotubes*), generando como resultado subsecuente las gotas de carbono viscoso que se mencionan. Según (Song, L.; Holleitner, A. W.; Qian, H.; Hartschuh, A.; Döblinger, M.; Weig, E. M.; Kotthaus, J. P., 2008), la función de estas perlas esferoides de carbono viscoso, sería el reforzamiento y mejora de las propiedades mecánicas de los nanotubos de carbono, lo que le permitiría una mayor sujeción y agarre, tal como se expresa en la introducción de su trabajo «las perlas cercanas podrían proporcionar un punto de agarre para liberar el deslizamiento entre las matrices huésped y los filamentos. Recientemente, se observaron nanotubos de carbono recubiertos con perlas de vidrio de carbono en productos de descarga de arco, y se produjeron perlas de carbono cortas con conos sobresalientes mediante un método de catalizador». Sin embargo, las aplicaciones de estos objetos son muy amplias, incluyendo la *optoelectrónica*, debido a la capacidad de estas *nanocadenas* de actuar a modo de *nanocables*, con los que conformar circuitos integrados a nanoescala con mayor grado de libertad en su estructuración (Zhang, Y.; Li, R.; Zhou, X.; Cai, M.; Sun, X., 2008).

En cuanto a la imagen superior derecha de la figura 1 (fig.1.sd) puede describirse como un filamento que muestra importante fluorescencia y flexibilidad, en cuyos extremos se sitúan una suerte de formaciones cristalizadas, ligeramente hexagonales, que bien podrían recordar a electrodos. De acuerdo con los trabajos de (Nakayama, Y.; Zhang, M., 2001) y (Zhang, M.; Li, J., 2009), en realidad se trata de filamentos de carbono o bien nanotubos de carbono con grafito amorfo o policristalino en sus terminaciones, resultantes de su proceso de fabricación, que lo convierte en un superconductor limpio (Simonelli, L.; Fratini, M.; Palmisano, V.; Bianconi, A., 2006). Las terminaciones de grafito policristalino suelen tener unas dimensiones de 100 a 200 nm y no distorsionan las propiedades del nanotubo de carbono, al que proporcionan otras, en concreto, servir de electrodos. Estas estructuras cristalizadas están conformadas por múltiples capas de grafeno, aproximadamente quince o más, fusionadas por efecto del calor producido por las descargas eléctricas requeridas para la fabricación de los nanotubos.

De hecho, cuando el método de fabricación de los nanotubos de carbono es una descarga de arco a diferentes corrientes y se emplea grafito en los electrodos, se encuentra que el nanotubo de carbono adquiere en sus extremos las citadas estructuras de grafito cristalizado (dado que actúan como ánodos y cátodos), tal como se afirma en el trabajo de (Karmakar, S., 2020). El interés de utilizar la técnica de descarga de arco eléctrico para fabricar estos materiales es sencilla, según explica el investigador, «Los CNT (nanotubos de carbono) y LG (Láminas de grafeno) generados por arco están en su mayoría libres de defectos y, por lo tanto, son muy útiles en una serie de aplicaciones tecnológicas y biomédicas», afirmación corroborada por (Popov, V. N., 2004 | Ayodele, O. O.; Awotunde, M. A.; Shongwe, M. B.; Adegbenjo, A. O.; Babalola, B. J.; Olanipekun, A. T.; Olubambi, P. A. 2019). Pueden observarse pruebas suplementarias en la figura 3 (siguiente página).

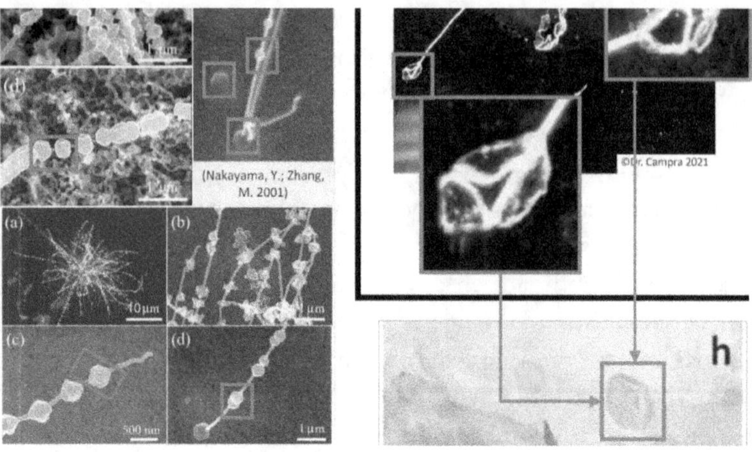

FIGURA 3. Estructuras cristalinas de grafito adheridas a nanotubos de carbono. Comparativa con la literatura científica.

Circuitos electrónicos

Aunque sería objeto de una entrada monográfica, merece la pena destacar que los nanotubos de carbono pueden servir para configurar circuitos electrónicos funcionales, sin que sea imprescindible la presencia de campos electromagnéticos o bien ondas electromagnéticas (EM). Esto significa que la *teslaforesis* no es requerida necesariamente para configurar la circuitería requerida para diversos tipos de sensores, ya que una solución de hojas de grafeno, nanotubos de carbono y polímeros o hidrogeles, permite configurar rutas aleatorias y aparentemente desordenadas, por las que discurre la conducción eléctrica. Esto es lo que afirman los investigadores (Yuan, C.; Tony, A.; Yin, R.; Wang, K.; Zhang, W., 2021) en su trabajo sobre sensores táctiles y términos a partir de nanocompuestos de polímero de carbono; véase figura 4.

Por otra parte, en la figura 4 también se observan las propiedades mecánicas del grafeno y los nanotubos de carbono en condiciones de expansión y comprensión, provocadas por el calor, lo que lo convierte en el material ideal para las aplicaciones de electrónica blanda en biomedicina.

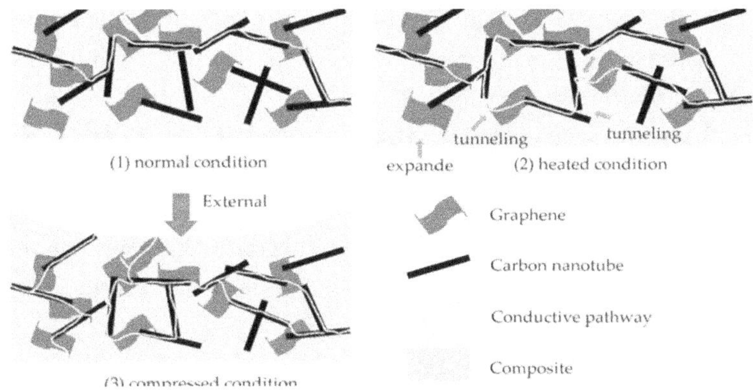

FIGURA 4. La conductividad eléctrica se obtiene entre los nanotubos de carbono que se encuentran en contacto con las nanohojas de grafeno, lo que genera en sí mismo un circuito electrónico. (Yuan, C.; Tony, A.; Yin, R.; Wang, K.; Zhang, W. 2021)

Efectivamente, Mik habla en esta entrada de circuitos electrónicos y no andaba muy desencaminado. Mirad la publicación de esta revista anunciando una «camiseta inteligente»: https://computerhoy.com/noticias/tecnologia/nanotubos-carbono-permiten-convertir-cualquier-camiseta-monitor-frecuencia-cardiaca-923795

«Los nanotubos de carbono que permiten convertir cualquier camiseta en un monitor de frecuencia cardíaca».

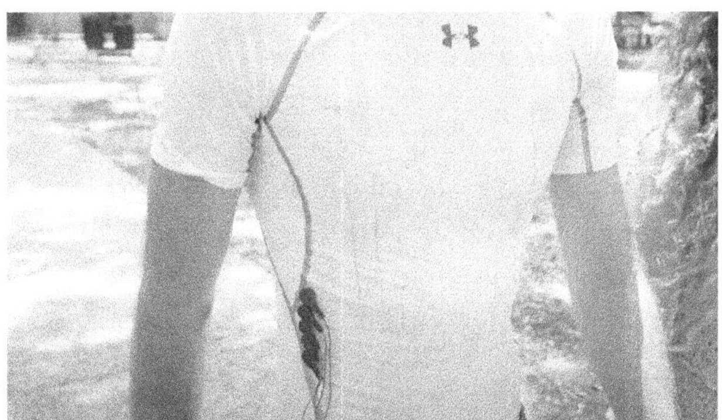

Fijaos en esta camiseta anunciada en la revista computerhoy.com, si observamos bien la imagen veremos como alrededor de ella transcurren filamentos. Estos filamentos de carbono o grafeno servirían para monitorear la actividad corporal del individuo que la portara. Vemos que los filamentos rodean todo su cuerpo y, así, ningún detalle escapa al monitoreo.

El invento creado, según la revista, por la Universidad de Rice sirve para monitorear la actividad cardiaca sin que nos demos cuenta.

¿Pero podrían los *morgellons* crear una red tan extensa dentro de nuestro cuerpo? Por supuesto, os puedo decir que he visto vídeos en donde se sacaban metros de filamentos del interior del cuerpo de una persona.

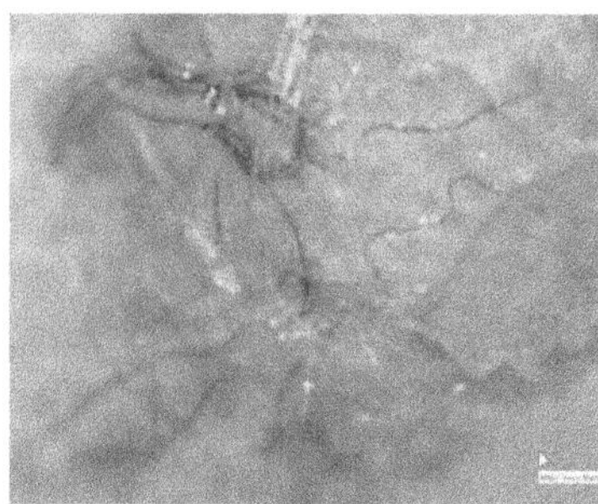
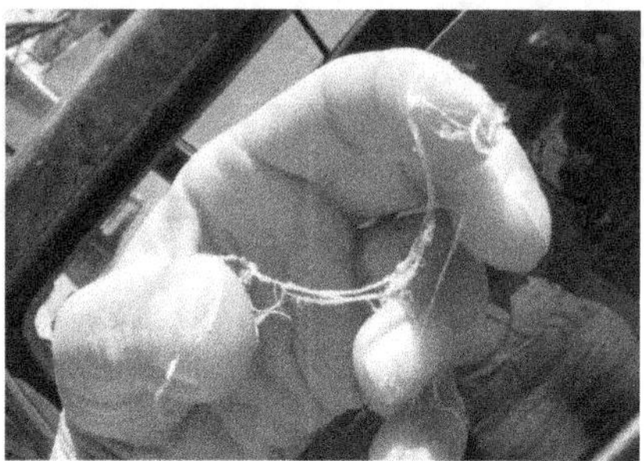

Pero debemos especificar aún muchas cuestiones sobre este tema que me parecen de vital importancia:

- Un pegote de grafeno convertido en red electrónica de metros y metros de longitud alrededor de nuestro cuerpo no podría emitir señales MAC, a lo sumo serviría como una gran antena receptora y de monitoreo.
- Para emitir señales MAC se necesita de forma imprescindible de circuitería, es decir, rúters y microchips a escala nano o dispositivos que lo sustituyan cumpliendo la misma función.
- Los biochips podrían sustituir a los microchips dentro de nuestro cuerpo. Aunque los biochips hacen lo mismo que un microchip, su fisonomía no es la misma.

Los coágulos en los vacunados fallecidos repentinamente

Meter toda esta circuitería no puede ser inocuo para el cuerpo humano. El día 13 de junio de 2022 salió un artículo en el diario digital norteamericano *Natural News* en donde se exhibían los coágulos de las personas fallecidas vacunadas. Estos coágulos habían provocado trombos, paros cardiacos e ictus, lo que recientemente se ha venido a llamar *repentinitis* causadas por las vacunas COVID-19. En EE. UU. ya le han puesto un nombre: «Síndrome de la muerte súbita en adulto», ahí es nada. Todo para no decir lo que realmente está causando tantos fallecimientos repentinos.

Natural News tituló su artículo de la siguiente forma: «Exclusiva: impactantes fotos de microscopía de coágulos de sangre extraídos de personas que murieron repentinamente, estructuras cristalinas, nanocables, partículas calcáreas y estructuras fibrosas».

https://www.naturalnews.com/2022-06-12-blood-clots-microscopy-suddenly-died.html#

Las imágenes son realmente aterradoras.

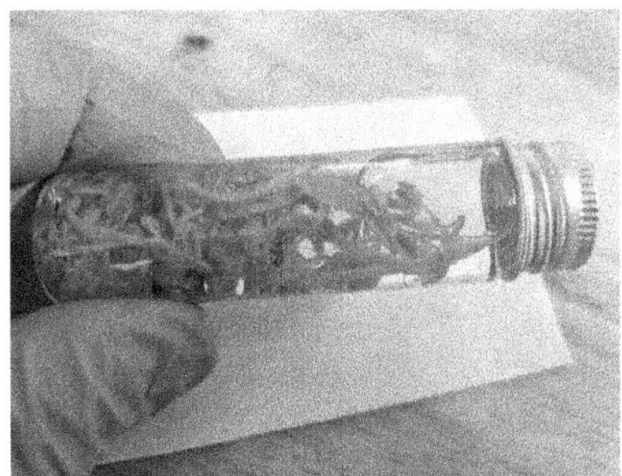
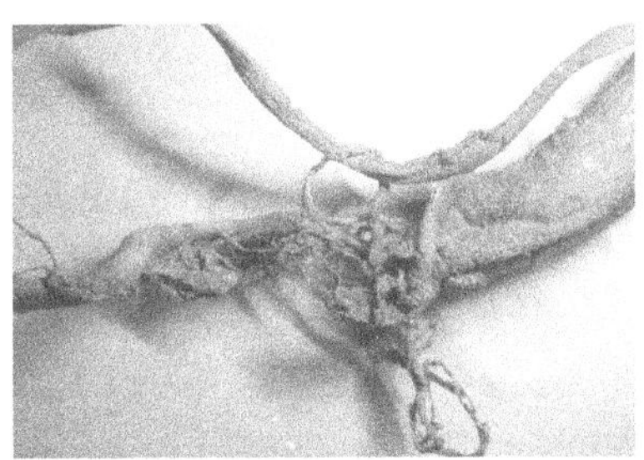
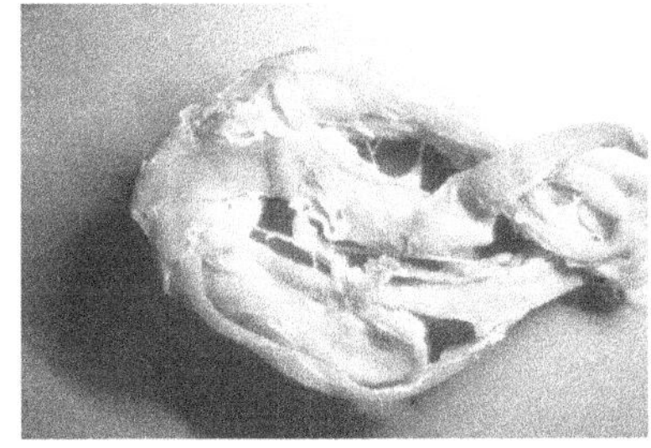

Inforwars, el programa de Alex Jones transmitió cómo el propio redactor de *Natural News*, Mike Adams, probaba que estos filamentos hallados en los cadáveres de los vacunados son la causa de las muertes repentinas.

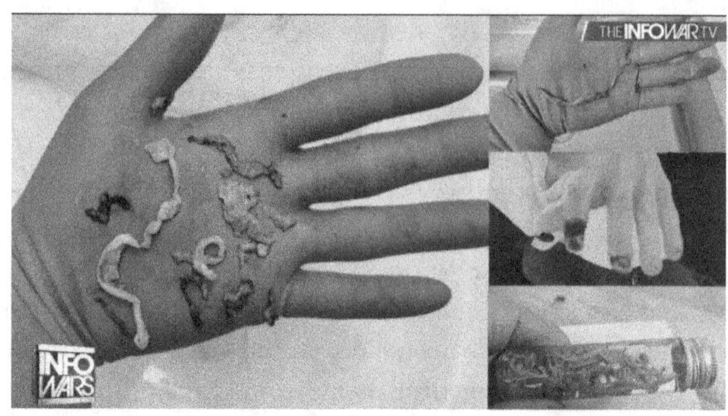

En la entrada de su programa en directo Infowars tituló: «Bomba mediática mundial, los científicos prueban que la vacuna COVID-19 causa coágulos de sangre en vivo en el aire». https://www.infowars.com/posts/global-medical-bombshell-scientists-prove-COVID-19-vaccine-causes-blood-clots-live-on-air/

En el examen de los *morgellons* realizados por la revista norteamericana se pueden leer algunas de sus conclusiones sobre el material analizado:

Son duros, fibrosos y elásticos y muestran propiedades materiales similares a las pequeñas bandas de goma.

Consisten en muchas hebras de hebras pequeñas y fibrosas.

Estos hilos fibrosos muestran patrones repetitivos de ingeniería en forma de escamas, como si el cuerpo hubiera sido programado para construir otra forma de vida dentro de los vasos sanguíneos.

Hay extrañas estructuras cristalinas que se encuentran en estos coágulos, que muestran transparencia y resistencia a las técnicas normales de tinción de gram.

Se ha encontrado una estructura que parece similar a un biocircuito de silicio o una estructura similar a un microchip —¿se estará refiriendo a un biochip?—. Todavía no sabemos qué es.

Uno de los conjuntos de fotos revela lo que parece ser un cable de biocircuito que muestra claramente patrones repetitivos y estructuras de interfaz a nanoescala que se ensamblan en una geometría específica para un propósito desconocido.

Es decir, y recopilando toda la información obtenida, cuando estos filamentos que se extraen desde el interior del cuerpo de una persona se secan constituyen una masa sólida de hebras fibrosas sintéticas, nada que ver con algo biológico. Estos organismos hibridan dentro de nuestro cuerpo, se confunden con él, creciendo y tejiendo una red interior, o lo que es lo mismo, con el tiempo nos convertimos en una gran antena o robot biológico dispuesto a recibir órdenes del señor que está al otro lado de la máquina manejando los hilos en la sombra. Ni qué decir tiene, que de ser cierta esta teoría podrían manejarnos a su antojo, nuestras emociones, sueños y pensamientos serían teledirigidos a control remoto, podrían llevarnos a la muerte si ellos quisieran, enfermar nuestro cuerpo, etc. Lo sabrían todo de nosotros, nuestra localización, lo que comemos, nuestro estado de salud, nuestro estado anímico, todo sería monitoreado a distancia y recopilado en una gran base de datos. Sería el control absoluto y la dictadura perfecta en donde ningún detalle se le escapa al gran hermano, es el nuevo orden mundial.

La teoría de la hibridación es más entendible a partir de la siguiente imagen.

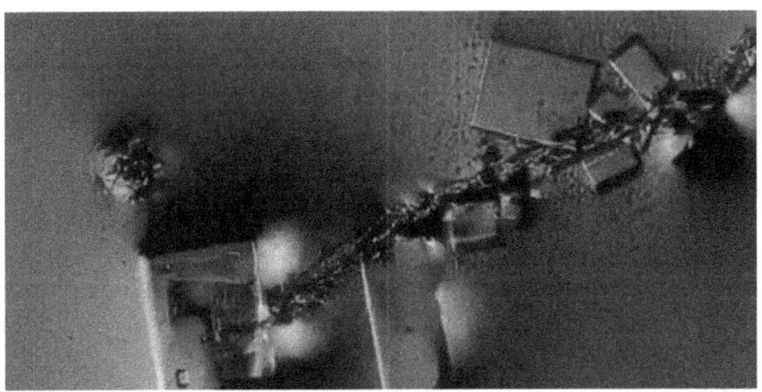

En ella, sacada del blog corona2inspect, podemos ver *morgellons*, o nanotubos de carbono, hibridando lo que parecen cristales de sal. ¿Podrían estar uniéndose los *morgellons* de esta muestra al no encontrar tejido a lo único orgánico que han detectado a su alrededor, es decir, la sal?

O lo que es lo mismo, este material sintético podría estar usando nuestro propio material biológico para confundirse con él y crecer hasta hacerse un solo cuerpo con nosotros. Aterrador, ¿verdad?

Patentes de vacunas con óxido de grafeno

Si a alguien le pudiera parecer descabellado que se encontrara grafeno dentro de los viales de las vacunas, esta información se encontró en redes sociales y apareció poco tiempo después en el blog de Mik Andersen, corona2inspect. Se trata de una vacuna recombinante contra un coronavirus. De por sí el grafeno puede ser tóxico en el cuerpo; pero digamos que esto sería lo menos importante, ya que ¿aparecería en el prospecto? A continuación, la patente y la noticia tal y como apareció en el blog corona2inspect el día 11 de julio de 2021.

Vacuna recombinante de nano coronavirus que toma óxido de grafeno como portador

Referencia

崔大祥；高昂；梁辉；田静；李雪玲；沈琦. (2020). [Patente CN112220919A]. Nano coronavirus recombinant vaccine taking graphene oxide as carrier. https://patents.google.com/patent/CN112220919A/en

Hechos

La patente corresponde al desarrollo de una vacuna para el coronavirus COVID-19 en la que se utiliza el óxido de grafeno como marco para cargar las moléculas CpG (C: citosina trifosfato, G: guanina trifosfato, p: enlace fosfodiéster entre nucleótidos) para la recombinación de proteínas *spike* del SARS-CoV-2 para que actúen como inmunoestimulantes.

Esta patente demuestra que el óxido de grafeno se emplea en las vacunas contra el coronavirus, debido a su mayor actividad o eficacia para su absorción y capacidad adyuvante. Sin embargo, esto entra en contradicción con la literatura previa relativa a los daños que puede producir el óxido de grafeno en el cuerpo humano, véanse referencias científicas sobre la toxicidad del grafeno.

La vacuna fue probada en ratones y se considera experimental, con posibilidad de desarrollar variantes para su experimentación en humanos.

La patente describe el procedimiento de preparación y los efectos de excitación del sistema inmunitario para crear anticuerpos contra el coronavirus COVID-19.

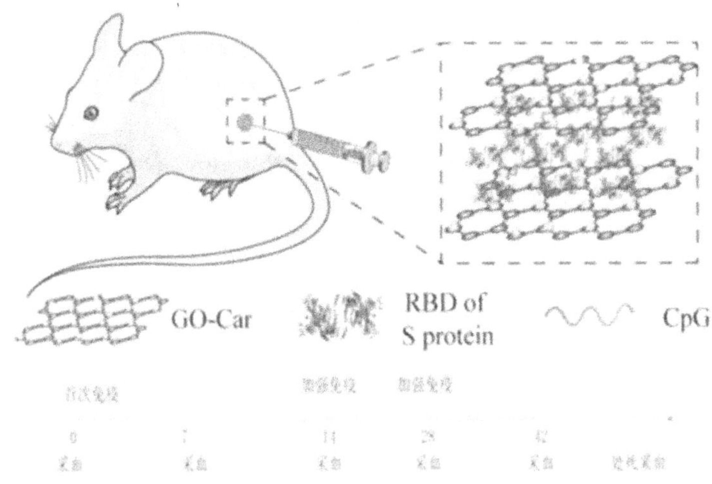

Figura 1. Ilustración de la patente de vacuna recombinante de óxido de grafeno y proteínas. (Patente CN112220919A)

Controversias

La patente ha aparecido indexada en Google el día 11 de julio, tal como se señala en la siguiente noticia. Sin embargo, a fecha de hoy no se puede comprobar la marca de tiempo, dado que ha desaparecido de la caja de resultados del buscador. Resulta extraño que una patente publicada el 15 de enero de 2021, según su ficha en Google Patents, tarde más de cinco meses en ser indexada por el buscador. En este sentido, cabe espacio para la duda y la sospecha, de que se ha producido una conveniente manipulación para su publicación e indexación. Sin embargo, se ha procedido a consultar la Oficina de Patentes de China CNIPA y se ha verificado que la patente está registrada, puede comprobarse en el siguiente enlace:

http://ensearch.cnipr.com.cn/sipo_EN/search/detail.do

Por otra parte, cabe mencionar la controversia que supone introducir óxido de grafeno en las vacunas, teniendo en cuenta la toxicidad, daños y problemáticas descritas en la literatura científica.

Grafeno en todas partes

Pero no creáis que el grafeno se reduce tan solo a el tema del CO-VID-19 y sus vacunas. Hemos encontrado en la Oficina Europea de Patentes y Marcas, patentes que se refieren a soluciones salinas fisiológicas que contienen grafeno. Para que nos centremos, suero fisiológico. ¿Quiere decir esto que nos han podido estar inoculando grafeno por otras vías que no son las vacunas COVID-19? Efectivamente, así es. El agua y la sal, el comúnmente llamado *suero fisiológico* es la base de muchos medicamentos, especialmente las vacunas del tipo que sean y el propio suero fisiológico que te ponen en cualquier hospital cuando te ingresan.

En la web worldwide.espacenet.com aparece la patente: «Solución salina fisiológica que contiene grafeno».

https://worldwide.espacenet.com/patent/search/family/075143365/publication/KR20210028062A?q=pn %3DKR20210028062A

Solicitantes
KIM HAN SIK [KR]
Inventores
KIM HAN SIK [KR]
Clasificaciones
CIP
A61K33/44 ; A61K9/00 ; A61P25/16 ; A61P25/28 ;
CPC
A61K33/44 (KR) ; A61K9/0019 (CR) ; A61P25/16 (CR) ; A61P25/28 (KR) ;
Prioridades

KR20190109223A·2019-09-03 ; KR20200021959A·2020-02-24 ; KR20200024681A·2
020-02-27 ; KR20200028666A·2020-03-06
Solicitud
KR20200045648A·2020-04-16
Publicación
KR20210028062A ·2021-03-11
Publicado como
KR20210028062A

Como vemos, el año de publicación de esta patente fue marzo de 2021, es una base acuosa de agua y sal con grafeno. En la descripción se refiere a la invención como una «solución inyectable colocada en vasos sanguíneos y tejidos subcutáneos del cuerpo humano, solución fisiológica…».

Pero esto no queda aquí, en el mundo de la cosmética también se está usando el grafeno, tal y como han publicado diversas revistas. A continuación, tan solo una pequeña muestra. Como, por ejemplo, Europa Press, nada sospechoso verdad, que publicaba el diez de noviembre de 2021 el siguiente titular: «El grafeno llega a la cosmética como un efectivo *antiaging* unisex».

https://www.europapress.es/comunicados/sociedad-00909/noticia-comunicado-grafeno-llega-cosmetica-efectivo-antiaging-unisex-20211110105339.html.

Si nos adentramos en el artículo nos cuenta que el grafeno ya ha sido demostrado como un material que puede tener grandes aplicaciones para la belleza, la estética y la piel humana. Habla de su inocuidad y de su capacidad para hidratarnos e incluso «ataca las patas de gallo y reduce bolsas y ojeras». El artículo nos habla de que el grafeno ya ha sido probado con éxito en el campo de la construcción y en el ámbito dental.

Pero si nos adentramos más en el campo de la medicina y sus aplicaciones con el grafeno nos podemos encontrar este artículo del diario *ABC* fechado el 3 de septiembre de 2014 que ya es para ponerse a temblar, no, lo siguiente. «Diseñan una espuma de grafeno para regenerar tejidos». Sí, sí, lo hemos leído bien: grafeno para construir tejidos y suplantar células humanas, y ojo que estamos hablando de un artículo del año 2014. En este mismo artículo y según su investigadora Nuria Campos Alfaraz, el grafeno «por su alto contenido en carbono, es un material que estimula el crecimiento de las células, lo que lo convierte en un sustrato con un potencial muy interesante para la medicina regenerativa».

Creo que nadie tiene nada contra la medicina y sus avances, el problema es querer implementar estos sistemas que servirían para personas enfermas en personas sanas para controlarlas y teledirigirlas.

https://www.abc.es/ciencia/20140903/abci-grafeno-asturias-tejidos-201409031330.html.

Pero si estamos hablando que el grafeno podría sustituir a las células corporales, ¿sería posible que el grafeno también pudiera sustituir a nuestro sistema neuronal cerebral? Al fin y al cabo, las neuronas no dejan de ser otro tipo de células. ¡BINGO! Quédate sentado porque de pie te puedes caer, mira este artículo que te traigo a continuación del diario digital *Tendencias 21* fechado el día 1 de febrero del año 2016: «Crean con grafeno una interfaz neurológica sana y eficiente».

https://tendencias21.levante-emv.com/crean-con-grafeno-una-interfaz-neurologica-sana-y-eficiente_a41908.html.

Bueno, el artículo en sí nos habla de un proyecto europeo llamado graphene Flagship dirigido por científicos de España, gran Bretaña e Italia. Su objetivo era crear una interfaz de neuronas exterior que mantuvieran la integridad de las células, es decir, que pudiera funcionar de forma correcta como lo hace el cerebro humano, una réplica. En el trabajo han participado la Universidad de Trieste en Italia, la Universidad Española de Castilla La Mancha y el Centro de grafeno de Cambridge en gran Bretaña. En una nota de prensa, la científica Laura Ballerini ha explicado sobre el experimento: «Por primera vez hemos interconectado grafeno con neuronas directamente, sin ningún tipo de recubrimiento de péptidos utilizado en el pasado para favorecer la adhesión neuronal. A continuación, probamos la capacidad de las neuronas para generar señales eléctricas de las que se sabe que representan actividades cerebrales y encontramos que las neuronas conservan intactas sus propiedades de señalización neuronal... Este es el primer estudio funcional de la actividad sináptica neuronal utilizando materiales basados en grafeno no recubierto».

Es posible que esta tecnología pueda ser buena para las personas que sufren algún tipo de deterioro neuronal; pero a buen seguro que en las manos no adecuadas se convertiría en una herramienta de control total. La tecnología con el grafeno está mucho más adelantada que lo que la mayoría nos imaginamos. Ya es posible sustituir nuestras células con grafeno, el transhumanismo está aquí y es posible que las personas que tengan ahora veinte años sean la última generación realmente humana.

Es decir, resumiendo y a la luz de lo expuesto, que el grafeno nos ha podido ser inoculado de diferentes formas dentro del cuerpo, no solo a través de las vacunas COVID-19. Puede haber sido inoculado después de cualquier visita al hospital en donde nos han inyectado suero fisiológico o a través de cremas cosméticas o a través de otros productos que se nos escapan en este estudio por la gran cantidad de posibilidades.

Eso sí, pensemos que no vale la vía oral ya que todo lo que entra por la boca va al intestino en donde es destruido por los ácidos y después se va por el excusado. El grafeno o la nanotecnología debe de ser inoculada, inyectada, de otra forma, podría perder su eficacia. Sobrepasando la barrera de la piel a través de diferentes productos cosméticos como cremas, champús, etc., sería una forma también factible. Tened en cuenta que en un principio serían partículas minúsculas, huevos que eclosionarían en nuestro interior hasta formar una red por todo nuestro cuerpo confundiéndose con nuestros tejidos.

Por otra parte, quiero terminar este capítulo recordando que nos enfrentamos a lo desconocido, que lo expuesto hasta ahora necesita de mucha más investigación y que hablamos de hipótesis sobre cómo podría interactuar la nanotecnología en nuestro cuerpo. Cierto hasta ahora es el Informe Campra, existe óxido de grafeno en los viales analizados, el resto es un campo todavía por explorar. De lo que estoy seguro es que finalmente sabremos cómo funciona todo este engendro diabólico con el que las élites gobernantes han querido robarnos no nuestras vidas, sino algo peor, nuestras almas.

CAPÍTULO XXIII.
CORONEL DE AVIACIÓN
DEL EJÉRCITO ESPAÑOL
CARLOS MARTÍNEZ VARA DE REY

Fue un alivio para mí saber que había resistencia dentro de las fuerzas armadas a todo lo que estaba ocurriendo durante la crisis sanitaria. Aunque el ejército no se ha librado para nada del ambiente de miedo esquizofrénico que imperaba en la sociedad española en general, sí ha habido militares que han mantenido la cabeza fría y han aportado una visión equilibrada no dejándose llevar por la manipulación de los grandes medios de comunicación. Es el caso del coronel de aviación Carlos Martínez Vara de Rey, recientemente cesado por defensa por alzar la voz.

—¿Cómo ha vivido, coronel, desde las fuerzas armadas esta crisis sanitaria con dos estados de alarma completamente ilegales y represión feroz al pueblo español por parte del Gobierno usando la excusa de la salud pública?

—Con enorme impotencia por ser consciente desde el primer día de la falta de coherencia en las medidas adoptadas a la vez que padecía la inexcusable sumisión de las Fuerzas Armadas a una causa que, día a día, iba perdiendo justificación. Hubo varios hitos que me hicieron dudar desde el primer día de la sospechosa sumisión del mando militar a las instrucciones del Gobierno, pero quizás el momento en el que disipé toda duda sobre esta malentendida obediencia ocurrió cuando a primeros de abril, con miles de muertos oficialmente reconocidos por las autoridades, observé con gran dolor que las banderas del ayuntamiento estaban a media asta mientras que las de los cuarteles generales permanecían en lo más alto.

»La salud pública ha sido utilizada desde el principio como excusa, para dividir y atemorizar a la población y para aprobar normativa, por vía de urgencia, que poco a poco fueran desmontando el Estado de derecho.

—Ha habido mucha controversia sobre el contenido de los viales de las vacunas. ¿Está preparado el ejército para examinar cualquier medicamento que provenga de una potencia extranjera antes de ser administrado a la población?

—Controversia ninguna porque la orden desde el primer momento fue de no analizar, no preguntar. Solo ha habido silencio férreo sobre este asunto, por parte de las autoridades y de los medios de comunicación de masas silenciados con dinero público. Así quedó evidenciado cuando al remitir la instancia solicitando dicho análisis, automáticamente se me arrestó y cesó en el cargo. El posterior silencio administrativo solo ha venido a corroborar dicha circunstancia. La Agencia Española del Medicamento tiene entre sus obligaciones certificar y comprobar cualquier fármaco que se administre a la población en general. Si alguna medicina se suministra solo dentro de las FAS, el Centro de Farmacia de la Defensa cuenta con modernos medios para verificar, controlar y aprobar su consumo en el ámbito militar.

»En el caso de las llamadas vacunas COVID-19, las farmacéuticas entregaron los prospectos a la Unión Europea en el momento de la firma de los contratos, pero no consta en ningún documento que la Agencia Europea del Medicamento haya llevado a cabo la prescriptiva certificación ulterior; todas las dosis se han inyectado en base a la documentación escrita entregada por las farmacéuticas.

—¿Cree que ha habido desinformación a la población española?

—Absolutamente. No solo desinformación, sino engaño alevosamente dirigido y calculado. En nombre de un inexistente comité de expertos se han tomado medidas políticas como encerrar a toda la Comunidad de Madrid, sin ninguna justificación científica, o la prohibición tajante de llevar a cabo autopsias. Pero quizás la desinformación más grave haya estado en haber ocultado desde el principio que la aplicación de varios tratamientos baratos curaban la enfermedad, con la criminal intención de poder suministrar las mal llamadas vacunas, que conviene recordar nunca han dejado de ser experimentales por no haberse podido aprobar su uso legal. Solo en caso de emergencia y de no existir otras alternativas.

—¿Cree que el Gobierno ha usado la excusa de la crisis sanitaria para asaltar las instituciones y dar un golpe de Estado por capítulos?

—Sin ninguna duda. Basta observar la lista de decretos aprobados por vía de urgencia, que jamás se hubieran podido plantear en condiciones de normalidad parlamentaria. Cada decisión tomada durante el secuestro del Parlamento ha estado dirigida a ir desmontando el Estado de derecho.

—¿Han recibido presiones en las fuerzas armadas para aceptar ser vacunados?

—Ha habido una fuerte coacción para poder desempeñar muchas de las funciones. Se hablaba de libertad para ser inoculados, pero de no hacerlo había que asumir graves consecuencias, como perder el curso que se estuviese realizando por falta de asistencia a ciertas actividades o no poder embarcar o ejercer una comisión de servicio. Te dejaban fuera de esas actividades con el argumento de evitar que un no vacunado contagiase a los vacunados...

»Lo más grave ha sido que ningún médico militar se haya atrevido a firmar la obligada prescripción médica y que el consentimiento informado que se les presentaba a los militares, en ningún caso informaba sobre los efectos secundarios adversos reales o la normativa que se estaba infringiendo a través de esa coacción.

—Ha sido una voz valiente que lo ha pagado con su cese, ¿qué ambiente hay en el resto de las Fuerzas Armadas? ¿Son muchos los que piensan como usted?

—Lamentablemente no he recibido el apoyo de ningún superior y de muy pocos compañeros del mismo empleo. Sin embargo, está siendo larga y va creciendo la lista de subordinados que han querido ponerse en contacto conmigo, bien para transmitirme su solidaridad o bien para exponerme sus circunstancias personales.

—¿Está maniobrando el gobierno dentro del Ejército Español para poner a los suyos en los puestos de responsabilidad independientemente de su valía profesional? Dicho de otra forma, ¿cree que el Gobierno está politizando al ejército?

—Los criterios de ascenso han cambiado múltiples veces durante los últimos años provocando gran desorientación entre los miembros de las FAS. El estar destinado a lo largo de tu carrera en los puestos de *mayor riesgo y fatiga*, lejos de ser un aliciente para la promoción, como rezan las ordenanzas, ha sido sustituido por *méritos* cambiantes que en definitiva ha garantizado que los puestos de mayor responsabilidad sean ocupados por militares *dóciles* al gobierno de turno.

»Son demasiadas las líneas rojas que la cúpula militar ha consentido que se trasgredan, con claro daño y perjuicio de los conciudadanos, sin que se haya alzado una sola voz o presentado ninguna renuncia al cargo.

—¿Cómo piensa que el ejército debería haber afrontado esta crisis sanitaria, qué papel le confiere? ¿Cree que ha sido el correcto o podría haber hecho algo más?

—Las Fuerzas Armadas están para garantizar la seguridad de los ciudadanos, con independencia de por donde llegue la amenaza. Tradicionalmente se piensa en un enemigo externo, pero nada justifica la inacción o dejar de cumplir nuestro juramento de entregar, si fuera preciso «hasta la última gota de nuestra sangre», en defensa de la patria si la libertad se amenaza desde dentro. Cuando tenemos un enemigo interno, aunque actúe confabulado con élites globalistas, que claramente engañe al pueblo actuando con malas artes, le quita sus libertades, y lo que es más grave, contribuye a la muerte masiva de muchos españoles, las Fuerzas Armadas, respetando la organización jerárquica, deben cumplir siempre su misión de proteger a la sociedad. Sin duda, la historia demandará esa deslealtad según el grado de responsabilidad que a cada uno le corresponde. El tribunal de Núremberg dejó clara constancia de que obedecer ciertas ordenes no exime del compromiso adquirido con la patria.

—¿Cómo fue su cese? ¿Puede dar detalles? ¿Se sintió perseguido?

—Al mando no le pareció bien que remitiese la instancia y menos que se hiciera pública en ciertos medios. Perdió mi confianza y así me lo hicieron saber a las 24h, cesando en el cargo y comunicándome un arresto. A partir del día 2 de diciembre —la instancia se cursó el 30 de noviembre— se me prohibió dar clases en los cursos de alta gestión de los que yo era responsable (Recursos Humanos, Patrimonio e Infraestructuras, Recurso Financiero y Alta Gestión Logística) y se me cesó como director del Curso de Ascenso a General que había comenzado un mes antes, siendo sustituido por otro coronel.

»No fue precisamente persecución, sino tratar de ignorar el caso pues desde aquel día y hasta hoy nunca me ha llamado el director del CESEDEN. Y cumplido el plazo legal para responder la instancia, nadie me ha comunicado nada.

»En este período, relegado de toda responsabilidad dentro del CESEDEN, he escrito varias cartas al jefe del Estado Mayor de la Defensa y al inspector general de Sanidad (máximo responsable de asesorarle en asuntos médicos) exponiéndoles mi preocupación por la coacción sufrida por los militares y por el engaño al que la sociedad española y, por ende, las FAS, estaban siendo sometidas, y proponiendo la convocatoria urgente de un verdadero comité de profesionales donde se pudiera debatir la realidad científica de la situación sanitaria. El JEMAD me respondió que se plegaba a las recomendaciones de la Inspección General de Sanidad y el director de este organismo, general farmacéutico, nunca me respondió ni acusó recibo de ninguno de mis mensajes.

—Lance un mensaje para las personas que van a leer estas líneas.

—La situación es muy grave. Vivimos un momento muy oscuro de nuestra historia donde España está siendo atacada por muchos frentes con un claro objetivo recogido en el ideario de la Agenda 2030. La reacción a la instancia que dirigí a la ministra de Defensa, donde solicitaba un control de calidad por lotes y firmado por responsables, que no se estaba haciendo, solo ha dado pábulo a pensar sobre la existencia de una argucia premeditada y no con buenas intenciones.

»Pero la mal llamada pandemia solo es un frente más de todos los que hay abiertos contra nuestra nación. Todo obedece a una estrategia diseñada desde las élites globalistas y seguida ciega y simultáneamente por títeres ya colocados en la mayor parte de gobiernos occidentales.

»Se busca llegar a una situación caótica que pueda dar pie a un *reseteo* del sistema, donde una minoría controle a toda la humanidad. Para ello, la Agenda 2030 fomenta medidas que enfrenten a la población, vacíe a la sociedad de valores y, lo que es más preocupante, provoque hambruna y pillaje. Los mismos que han diseñado esta inoculación masiva han encendido la mecha de la guerra en Ucrania, paralizan el comercio mundial cerrando el puerto de Shanghái y ponen trabas a los agricultores y ganaderos para que finalmente lleguemos a ese estado de enfrentamiento y desabastecimiento donde surja un falso salvador mesiánico que se presente con la solución debajo del brazo para los supervivientes de la tragedia, puesto que uno de los objetivos de este eje del mal es reducir dramáticamente la población mundial.

»En definitiva, estamos ante la anunciada batalla espiritual entre el bien y el mal donde, como confirman las profecías, el maligno juega sus últimas cartas antes de ser vencido definitivamente. Pero si bien es cierto que España está siendo especialmente castigada por su posición estratégica y su fe —piensan que destruyendo nuestra nación, arrodillan al mundo hispano y a Europa—, no cuentan con el furor del pueblo español, que se deja pisar hasta límites insospechados, pero no aniquilar y sobrevive a todas las invasiones por la fuerza y carácter de sus gentes. No en vano tenemos una profunda huella cristiana en toda nuestra geografía fruto de la tutela mariana a lo largo de toda la historia de nuestra nación, desde que María anunciase a Santiago aquel mensaje a orillas del Ebro.

Como decía Quevedo: «No sería yo español si no afrontase peligros, para despreciarlos primero y vencerlos después».

—Gracias, coronel.

CAPÍTULO XXIV.
CONCLUSIÓN

Espero poder haber dado una visión lo suficientemente amplia de la gran mentira que hemos vivido. Hay cosas que podemos decir que son irrefutables, como «la existencia de grafeno en los viales analizados por el doctor Campra» y, por otro lado, la existencia de nanotecnología presente en los viales que se puede comprobar a simple vista de microscopio.

Bien es verdad que son muchos los que se han acogido a que la cadena de custodia no se respetó para intentar *tirar* el Informe Campra; pero después de los hallazgos de la nanotecnología en los viales, queda aún más claro que el grafeno tan solo era una mínima parte de lo que se ha podido observar.

Existe nanotecnología en los viales, eso es una verdad empírica, el grafeno tan solo era un elemento base de otros muchos elementos más complejos encontrados. El Informe Campra no tuvo cadena de custodia; pero eso no le quita ningún valor, ya que su valor fue transgredir para encontrar la verdad, un pistoletazo de salida, el principio de desvelar realmente qué es lo que se encontraba detrás de las vacunas. Ahora conocemos la verdad gracias al Informe Campra, mal que les pese a sus detractores, que han sido muchos y entre los llamados *disidentes*. En un estado normal, que no es el caso en España, la fiscalía a partir del Informe Campra hubiera actuado de oficio y hubiera ordenado cuantas diligencias hubieran hecho falta para determinar si se estaba poniendo en riesgo a la población española.

Las peores pesadillas se han hecho realidad, el COVID-19 ha sido una operación de inteligencia a nivel global para buscar un objetivo claro, el control de la población humana sometiéndola mediante el miedo y el control mental. Para ello se han usado todos los medios que el *estado profundo*, también llamado *establishment*, tenía a su disposición. Hemos visto una propaganda atroz de todos los medios de comunicación a nivel global para implantar el miedo en la población. La propaganda ha sido brutal y clave para esta operación al máximo nivel. También la censura en redes sociales ha sido una tónica habitual, no se podía hablar de nada que no fuera la *verdad oficial*. En las grandes plataformas, las *big tech*, como son YouTube, Twitter, Facebook o Twitch, corrías el riesgo de ser censurado, quitados los vídeos y tu canal cerrado si no te atenías a la verdad que en cada momento dictaban las autoridades, en este caso, una de las organizaciones más corruptas del planeta la Organización Mundial de la Salud, OMS. Nunca he vivido una falta de libertades como en estos tiempos. La censura despiadada de las grandes tecnológicas norteamericanas ha sido la prueba de que no se quería que la gente supiera la verdad de lo que ocurría, que la información contrastada no fluyera. A todo esto, hay que añadirle los *ministerios de la verdad* creados en los diferentes países. Agencias de verificación, que se encargaban de decir lo que es verdad y mentira en redes sociales. Periodistas de tres al pelo que han tenido hasta la osadía de querer enmendarle la plana a premios nobel como Luc Montagnier, simplemente porque no bailaban al son del discurso oficial.

Hoy podemos decir que estas son las verdades que he podido constatar de esta crisis sanitaria:

La mal llamada *pandemia* ha sido una gran operación de inteligencia llevada a cabo a nivel global por un poder superior al de los llamados estados nación.

Se descarta que esta crisis sanitaria haya surgido de un proceso natural de infección al uso.

Se descarta la teoría de la zoonosis, pasar la enfermedad de animal a persona que, en todo caso, si el humano fue infectado por medio de la ingestión es inverosímil que se convierta posteriormente en coronavirus y la población se infecte por vía aérea.

El COVID-19 no es un patógeno al uso, es un arma biológica y ha sido usada como tal en una operación militar de inteligencia a gran escala.

Para que se extendiera con tanta rapidez el patógeno a nivel mundial tuvo que ser inyectado.

La vacuna de la gripe es la principal vía de la que se sospecha de haber sido usada para propagar el patógeno. ¿Será por ello por lo que tanto nos insisten en que nos vacunemos de la gripe e incluso han querido hacerla obligatoria?

El no haber hecho autopsias, incinerar rápidamente los cuerpos y prohibirse el examen y estudio de los fallecidos en contra de toda lógica, es otra de las razones por las que se evidencia que se quería ocultar la verdad.

Las pruebas PCR han sido la principal arma por las que se han regido para propagar el miedo y confinar poblaciones, regiones y países. Estas pruebas PCR a partir de 22 ciclos pueden dar positivo a cualquier patógeno y son inespecíficas. Si el COVID-19 no se ha aislado, ¿cómo saben diagnosticarlo? Nada parece tener ni pies ni cabeza. Lo que detectaban las pruebas PCR era simplemente cualquier tipo de patógeno.

Llevan más de un siglo intentando encontrar un medicamento efectivo contra la gripe y resulta que solo había que ponerse una simple mascarilla.

La gripe, según los grandes medios de comunicación ha desaparecido en España durante la *pandemia*, en realidad todo se diagnosticaba como COVID-19.

Los medios de comunicación y propaganda han jugado un papel clave en todo este *gran engaño*, así como la censura impuesta en las redes sociales y las agencias de verificación para controlar el pensamiento de la población.

Se están cumpliendo los pronósticos realizados de Biólogos por la Verdad y de Médicos por la Verdad en cuanto a efectos secundarios se refiere. En este apartado hay que añadir que les faltó trabajo de laboratorio, algo que fue suplido por *La Quinta Columna*, el policía local Rafa Navarro y el doctor Campra.

El Informe Campra fue el pistoletazo de salida para encontrar la realidad que se encontraba detrás de las vacunas.

Existe nanotecnología en las vacunas, esta nanotecnología parece estar hibridando en nuestro cuerpo desde hace muchos años introducida, probablemente, de diversas formas. Con las vacunas se han disparado los casos de gente que sufre de imantación y la aparición de *morgellons*.

Esta nanotecnología está dirigida al control mental y la sumisión de la población. Quieren algo más que nuestro dinero, quieren nuestra alma.

La sociedad española está muy degradada ética y moralmente para haberse tragado tal número de incongruencias y haber ido voluntariamente y en masa al matadero, inyectándose un bálsamo de Fierabrás que está causando y causará un verdadero genocidio entre la población.

El COVID-19 ha sido una operación de falsa bandera al igual que el 11S. «Guerra contra el terror», un acontecimiento en donde la autoridad nunca ha querido saber la verdad y, muy al contrario, ha puesto todas las piedras en el camino posibles para ocultarla. El enemigo en esta nueva *guerra del terror* era un enemigo invisible, un *virus*, cualquiera podía estar infectado y ser un peligro para la seguridad del resto, al igual que durante la anterior *guerra contra el terror* cualquiera podía ser un peligroso terrorista islamista. Los enemigos invisibles permiten sembrar el miedo y la desconfianza mutua, que la gente no se apoye en su entorno cercano, sino solo en el gobierno, en la autoridad del momento que es el único que le puede brindar protección. Cualquiera podía ser un infectado, lo mismo que cualquiera podía ser un terrorista. Esta forma de proceder también tiene la ventaja para la autoridad de eliminar cualquier tipo de disidencia, como ha ocurrido en la propia China. Los disidentes del Partido Comunista Chino solo tenían que ser sometidos a pruebas PCR y, con la excusa de haber sido infectados, eran llevados posteriormente a campos de concentración de *infecciosos* de los que nunca saldrían. Por otra parte, el enemigo invisible permite alargar la guerra cuanto quieran ante una amenaza imposible de vencer. La guerra contra el terror islamista era una guerra eterna, lo mismo que la guerra contra los *virus* y sus múltiples variantes. Tienen la capacidad de alargar la crisis el tiempo que consideren oportuno y cortarla de la misma forma.

El COVID-19 es una piedra más hacia el nuevo orden mundial, hacia el orden de la burguesía, de las grandes compañías financieras en donde los estados nación dejarían de existir y el mundo se convertiría en una gran corporación. Una sola humanidad dirigida en su pirámide más alta por los más ricos del planeta. La corrupción ha comprado las voluntades de nuestros líderes que acuden a la llamada de los ricos del mundo y se reúnen con ellos en certámenes como el Club Bilderberg ya ampliamente denunciados por diversos comunicadores y escritores. Ellos, nuestros gobernantes, se ofrecen al poder global como marionetas a cambio de poder y un sitio en ese nuevo mundo que piensan que es inexorable que se imponga.

Durante esta crisis sanitaria ha ocurrido otro fenómeno de absoluta trascendencia. La clase media ha sido atacada de forma fulminante, especialmente las personas autónomas y los pequeños y medianos negocios. Los cierres de la economía han hundido las economías familiares y ha aumentado la brecha entre pobres y ricos. Las grandes corporaciones, sin embargo, han salido reforzadas como, por ejemplo, Amazon, que durante el año más fuerte de la crisis sanitaria 2020 consiguió el mayor beneficio de su historia, como podemos ver en noticia del diario económico de *El País, Cinco Días*: «Amazon logra el mayor beneficio de su historia pese al coronavirus. El gigante del comercio electrónico factura entre abril y junio 88 910 millones de dólares y eleva su ganancia neta hasta los 5243 millones a pesar de disparar sus gastos».

El objetivo de esta crisis es claro, que también ha sido debilitar a la clase media y autónomos y convertir a todos los ciudadanos en asalariados, bien sea del propio estado o de las grandes compañías y corporaciones del planeta. De esta forma, no siendo nadie realmente independiente, el control sobre la gente se convierte en absoluto. Aquí cabe recordar el lema del Foro Económico Mundial: «No tendrás nada y serás feliz». Parece que este es el plan maestro de las élites globales en donde han escogido lo peor del comunismo y lo peor del liberalismo económico para implantar su llamado nuevo orden mundial. Para estas élites, el Partido Comunista Chino supone un ejemplo de dominio sobre la población, eso unido al control financiero de las grandes fortunas sobre el resto, hace el paraíso ideal de los amos del mundo. Este es el futuro que han diseñado para todos nosotros.

El Foro Económico Mundial, presidido por Klaus Schwab, es la punta de lanza en cuanto a propaganda se refiere de lo que desean para nosotros. Un mundo nada humano en donde la tierra se convertiría en la gran diosa, en la Pachamama. Una diosa a la que tendríamos que sacrificar nuestros hijos y nuestra descendencia y hasta nuestras vidas cuando seamos *demasiado viejos*, todo por la tierra; solo tenemos esta tierra donde vivir y deberemos adaptarnos a ella. Esto supone perder todos nuestros privilegios y entrar de lleno en una gran dictadura. El propio Klaus Schwab ya lo ha anunciado: «La próxima crisis nos está esperando a la vuelta de la esquina y será la crisis climática». Ellos, la élite que gobierna este mundo, ya tienen diseñado tu futuro más cercano, concretamente antes del año 2030, Agenda 2030, el nuevo orden mundial debe ser implantado. En los próximos años veremos cómo se acelera todo este proceso donde finalmente serás solo un esclavo con carné de buen ciudadano bajo control remoto. El transhumanismo se impone, la implantación de chips dentro del cuerpo humano y el control total será una realidad en poco tiempo. La marca de la bestia será implantada y sin ella no podrás comprar ni vender. Dejarás de ser hijo de Dios para convertirte en hijo de Microsoft. Bill Gates habrá cumplido su sueño, después de haberse introducido en nuestros hogares, de introducirse también en nuestro cuerpo y en nuestros cerebros. El nuevo orden mundial no solo quiere tu dinero, tu sumisión total y tu conciencia, también quiere tu alma. Esta es una lucha, al fin y al cabo, espiritual, la guerra hasta el final de los tiempos entre el reino del bien y el reino del mal. Una lucha esotérica que va más allá de la mera percepción humana, en donde el hombre tan solo es un objeto de consumo, un recurso más de la naturaleza por el que se combate y se lucha para el dominio total del mismo. La realidad supera la ficción; este no es un mundo para incrédulos. Pero no temas nunca a la realidad por dura que parezca porque recuerda que, al fin y al cabo, la verdad nos hace libres.

España camisa blanca de mi esperanza

Quién te ha visto y quién te ve España de mi vida, cuántos desvelos por ti y como diría la propia canción «a veces madre y siempre madrastra». Cuántas veces he querido transmitir esto a mis conciudadanos y cuánta impotencia al ver que no disponía de los micrófonos ni los altavoces necesarios. Que quienes los tenían estaban llevando, precisamente, a la gente a la perdición. Cuánta lucha que, al final, para poco o nada ha servido. Durante toda esta crisis sanitaria he sido constante y muy activo en querer advertir a la gente de los riesgos y del engaño masivo al que estábamos siendo expuestos. Craso error el de los españoles en confiar en sus gobernantes, todos vendidos a poderes supranacionales y gran parte de ellos con dinero a buen recaudo en el extranjero. Perdonad que, como colofón, dé mi opinión sobre cómo he vivido toda esta tragedia española.

He hecho de todo, desde campañas contra los medios de comunicación a la creación de grupos de resistencia civil tales como los Hijos de Cortés y Pizarro o la llamada también Hermandad Española. Pero no solo eso, sino también las manifestaciones a las puertas de Atresmedia, Mediaset o Libertad Digital. También apoyando y divulgando a asociaciones, como la Asociación Víctimas de los Políticos, muy activa durante toda la crisis sanitaria, que ponían las denuncias a periodistas por supuestos delitos de odio al cargar contra las personas que legítimamente no nos queríamos vacunar. Una de las que más me asombró y dolió fue contra el periodista Risto Mejide, que, en uno de sus programas, dijo que a las personas no vacunadas había que ponerles una pegatina, como nos han enseñado siempre que se hacía antaño en la Alemania nazi con los judíos, marcarlos. Después se excusó que era en tono de broma y que el programa que él dirigía era un programa de humor. Será el juez el que decida si hubo o no delito en todo caso, esas palabras en mi opinión fueron terroríficas, nunca creí que iba a escuchar unas palabras así en una televisión española o que un compatriota mío planteara este tipo de actuaciones, veremos a ver si era «de broma», en todo caso no le veo yo donde tiene la gracieta.

Pero tampoco nunca creí que compatriotas míos me negaran el acceso a un bar o a un restaurante por no tener el «pasaporte de vacunación», como tampoco creí que la Policía y la Guardia Civil a las que tanta admiración he profesado se comportaran como auténtica guardia política oprimiendo y triturando las libertades de los españoles, como el desengaño de nuestros sistema público de salud y de muchos sanitarios que veían lo que estaba pasando y callaban por «no meterse en problemas» y aplicaban los protocolos mortales. En fin, cuánto desengaño durante estos meses de crisis, cuánto desengaño. Estoy plenamente convencido de que, si el Gobierno hubiera ordenado que a los no vacunados no se nos dejara ir a los supermercados para comprar comida, los españoles hubieran obedecido a rajatabla con muy honrosas excepciones. Estoy convencido de que se nos hubiera dejado morir de hambre de forma inmisericorde si así lo hubiera dispuesto *la normativa*: ¡caballero, caballero la mascarilla!

No creáis que es fácil pudrir el alma y la mente de un pueblo hasta llegar a semejante punto. Los españoles están muy, pero que muy perdidos. Sin embargo, lo que más me dolió, aún más que lo referido anteriormente, fue cuando dijeron que había que vacunar también a los niños. ¡Hombre, los niños no! Los padres son unos mentecatos que se pasan viendo todo el día la televisión y viven en una realidad paralela, por eso no se enteran de nada y se ha hecho lo que se ha podido, se han perdido sin remedio; pero los niños no tienen culpa del pecado de los padres. Pues sí, los niños cayeron llevados por los padres de la mano a la sala de vacunación a ponerles una pócima experimental creyendo que así ponían a sus hijos a salvo porque lo decía el gobierno y la televisión, sobre todo los expertos en vacunas de *Sálvame*.

Serán muchos los padres que, cuando sus hijos comiencen a tener efectos adversos, dirán que no les habían informado lo suficiente; pero no tienen excusa. Han vivido sin preocuparse, sin buscar, creyéndose todo lo que le contaba la caja tonta, embrutecidos, con la mente lavada. Seguro que a estos mismos si les pregunta sobre el último chisme del famoseo o sobre los últimos fichajes de su equipo de fútbol favorito te dan una clase sobre el tema. Podían haberse preocupado de la misma forma por sus hijos o de buscar la verdad.

Pero es que incluso las personas católicas, las que se supone que al menos tienen el bastión de la fe, acudían a hacer fila para vacunarse, aunque les dijeran que las vacunas estaban hechas con órganos de niños abortados que extraían incluso cuando todavía estaban con vida, ¡les daba igual! La gente en España no se ha planteado nada, se hubieran metido lo que hubiera hecho falta por salvar sus insulsas y perdidas vidas. No creáis que es fácil pudrir el alma y la mente de un pueblo hasta llegar a semejante punto.

Abriendo el evangelio me viene a la memoria aquella frase en la que Cristo dice: «Porque todo el que quiera salvar su vida, la perderá; y todo el que pierda su vida por causa de mí, la hallará». Mateo 16, 25.

Apocalipsis 16.1-2 *Oí una gran voz que decía desde el templo a los siete ángeles: Id y derramad sobre la tierra las siete copas de la ira de Dios.*
² Fue el primero, y derramó su copa sobre la tierra, y vino una úlcera maligna y pestilente sobre los hombres que tenían la marca de la bestia, y que adoraban su imagen.

FIN

BIBLIOGRAFÍA

El jardinero fiel, John le Carré.

El Arconte Televisión
https://elarconte.tv/

Condenas a las farmacéuticas recogidas del portal
jamanetwork.com

Portal digital
https://thevaccinereaction.org/

Centro de control y prevención de enfermedades de EE. UU., https://
www.cdc.gov/csels/dls/locs/2021/07-21-2021-lab-alert-Changes_CDC_RT-
PCR_SARS-CoV-2_Testing_1.html

Diario *La Razón*
https://www.larazon.es/sociedad/20211122/ajqh4vwfwjfazae7lc47vjtza4.html

Boletín Oficial del Estado para los fondos COVID-19
https://www.boe.es/diario_boe/txt.php?id=BOE-A-2020-6232#:~:text=3) %20
El %2010 %20 %25 %20de %20su,Directora %20General %20de %20Salud %20
P %C3 %BAblica %2C

Documento de la Unión Europea firmado con la industria
farmacéutica
https://www.sec.gov/Archives/edgar/data/1776985/000156459021016723/bntx-
ex451_414.htm

Prospectos de las vacunas COVID-19
https://www.ema.europa.eu/en/documents/product-information/comirnaty-epar-product-information_es.pdf

Moderna
https://www.ema.europa.eu/en/documents/product-information/spikevax-previously-COVID-19-vaccine-moderna-epar-product-information_es.pdf.

Janssen
https://www.ema.europa.eu/en/documents/product-information/COVID-19-vaccine-janssen-epar-product-information_es.pdf

AstraZeneca
https://www.ema.europa.eu/en/documents/product-information/vaxzevria-previously-COVID-19-vaccine-astrazeneca-epar-product-information_es.pdf

Registro Español de Ensayos Clínicos
https://reec.aemps.es/reec/public/web.html

FDA, Gobierno de los EE. UU. para medicamentos de uso de emergencia
https://www.fda.gov/regulatory-information/search-fda-guidance-documents/emergency-use-authorization-medical-products-and-related-authorities.

Diario digital *Isanidad.com*, https://isanidad.com/193362/el-icomem-avisa-que-el-seguro-del-sermas-no-cubre-la-defensa-del-medico-en-procesos-COVID-19-penales-o-civiles/

Agencia del medicamento española
https://cima.aemps.es/cima/publico/detalle.html?nregistro=1201528004.

Diario *El Correo,* https://www.elcorreo.com/sociedad/salud/COVID-19-ninos-esla-20211211175538-nt.html

Diario *ABC*
https://www.abc.es/espana/castilla-la-mancha/abci-nino-11-anos-fallecido-colegio-maria-llanos-albacete-sufrio-paro-cardiaco-202203091213_noticia.html

Diario *Soy De*
https://www.soy-de.com/noticia-alcala/actualizacion-fallece-un-nino-del-colegio-de-los-escolapios-de-alcala-en-el-hospital-de-la-paz-58753.aspx

Diario de Navarra

https://navarra.elespanol.com/articulo/sociedad/duelo-instituto-pamplona-fallecimiento-tres-alumnos-menos-mes/20220322173450401057.html.

Diario *ABC*

https://www.abc.es/salud/enfermedades/abci-jovenes-recuperan-rapidamente-miocarditis-asociada-vacuna-COVID-19-202112061200_noticia.html.

El Salto Diario

https://www.elsaltodiario.com/vacunas/afectadas-vacuna-COVID-19-solo-pedimos-investiguen-nuestros-casos.

Redacción Médica

https://www.redaccionmedica.com/secciones/parlamentarios/el-congreso-exige-un-plan-sanitario-integral-en-afectados-por-vacunas-COVID-19-2273.

Diario de Córdoba

https://www.diariocordoba.com/cordoba-ciudad/2021/04/09/sanidad-ema-analizan-caso-baenense-46273875.html.

Diario de Cádiz

https://www.diariodecadiz.es/chiclana/primera-reclamacion-judicial-efectos-secundarios-vacuna-astrazeneca-COVID-19-chiclana-cadiz_0_1653734724.html.

Diario *El Mundo*

https://www.elmundo.es/ciencia-y-salud/salud/2021/09/17/6143c5b121efa0cc408b45e3.html.

Diario 16, https://diario16.com/sanidad-estudia-ahora-los-posibles-efectos-adversos-de-la-vacuna-en-las-mujeres/.

Diario *El País*

https://elpais.com/mexico/2021-07-24/soy-un-caso-de-fracaso-de-la-vacuna-y-aun-asi-pienso-que-es-mejor-vacunarse-que-no-hacerlo.html.

La Razón

https://www.larazon.es/salud/20220612/a5g3373lifbnveopp34z4w3wni.html.

Life Site News

https://www.lifesitenews.com/opinion/european-data-suggest-COVID-19-jabs-may-be-fatal-for-one-in-every-4000-doses/.

Life Site News

https://www.lifesitenews.com/news/

heart-conditions-spike-in-uk-region-following-COVID-19-jab-rollout-govt-data/.
https://reitschuster.de/post/uebersterblichkeit-durch-die-impfung/

Euromomo
https://www.euromomo.eu/graphs-and-maps#excess-mortality.

Portal de Transparencia de Pfizer
https://www.transparencia-pfizer.es/transparencia2020.

Asociación de miocarditis con la vacuna COVID-19 de ARN
mensajero BNT162b2 en una serie de casos de niños
https://pubmed.ncbi.nlm.nih.gov/34374740/

Asociación de miocarditis con la vacuna de ARNm COVID-19 en
niños
https://media.jamanetwork.com/news-item/association-of-myocarditis-with-
mrna-covid-19-vaccine-in-children/.

Epidemiología y características clínicas de la miocarditis /
pericarditis antes de la introducción de la vacuna de ARNm
COVID-19 en niños coreanos: un estudio multicéntrico
https://pubmed.ncbi.nlm.nih.gov/34402230/

Miocarditis asociada a la vacunación de ARNm del SARS-CoV-2
en niños de 12 a 17 años: análisis estratificado de una base de
datos nacional
https://www.medrxiv.org/content/10.1101/2021.08.30.21262866v1.

Miopericarditis después de la vacunación con ARNm COVID-19
en adolescentes de 12 a 18 años
https://www.sciencedirect.com/science/article/pii/S0022347621007368.

Información importante sobre la miopericarditis después de la
vacunación con ARNm COVID-19 de Pfizer en adolescentes
https://www.sciencedirect.com/science/article/pii/S0022347621007496

Miocarditis y pericarditis en adolescentes después de la primera y
segunda dosis de vacunas de ARNm COVID-19
https://pubmed.ncbi.nlm.nih.gov/34849667/

Miopericarditis aguda después de la vacuna COVID-19 en
adolescentes
https://pubmed.ncbi.nlm.nih.gov/34589238/.

Miopericarditis después de la vacuna Pfizer mRNA COVID-19 en adolescentes
https://www.sciencedirect.com/science/article/pii/S002234762100665X.

Miocarditis asociada a la vacunación contra COVID-19 en adolescentes
https://publications.aap.org/pediatrics/article/148/5/e2021053427/181357/COVID-19-Vaccination-Associated-Myocarditis-in.

Lesión cardíaca en adolescentes que reciben la vacuna COVID-19 de ARNm BNT162b2
https://pubmed.ncbi.nlm.nih.gov/34077949/

Miocarditis aguda sintomática en adolescentes después de la vacunación COVID-19 de Pfizer-BioNTech
https://pediatrics.aappublications.org/content/early/2021/06/04/peds.2021-052478.

Vacunación COVID-19 asociada a miocarditis en adolescentes
https://pediatrics.aappublications.org/content/pediatrics/early/2021/08/12/peds.2021-053427.full.pd.

Sospecha clínica de miocarditis relacionada temporalmente con la vacunación contra COVID-19 en adolescentes y adultos jóvenes
https://pubmed.ncbi.nlm.nih.gov/34865500/669

Mímica de IAMCEST: miocarditis focal en un paciente adolescente después de la vacuna de ARNm COVID-19
https://pubmed.ncbi.nlm.nih.gov/34756746/.

Recurrencia de miocarditis aguda asociada con la recepción de la vacuna contra la enfermedad por coronavirus de ARNm 2019 (COVID-19) en adolescente masculino
https://www.ncbi.nlm.nih.gov/pmc/articles/PMC8216855/.

Epidemiología de la miocarditis / pericarditis aguda en adolescentes de Hong Kong después de la vacunación conjunta
https://academic.oup.com/cid/advance-article-abstract/doi/10.1093/cid/ciab989/6445179

Miopericarditis en adolescente varón previamente sano tras la vacunación COVID-19
https://pubmed.ncbi.nlm.nih.gov/34133825/.

Perimiocarditis en adolescentes después de la vacuna Pfizer-BioNTech COVID-19
https://academic.oup.com/jpids/article/10/10/962/6329543

Miocarditis asociada con la vacunación COVID-19 en tres adolescentes varones
https://pubmed.ncbi.nlm.nih.gov/34851078/

Hallazgos de miocarditis en la resonancia magnética cardíaca después de la vacunación con ARNm de COVID-19 en adolescentes
https://pubmed.ncbi.nlm.nih.gov/34704459/

Vacuna COVID-19 para adolescentes. Preocupación por la miocarditis y la pericarditis
https://www.mdpi.com/2036-7503/13/3/61

Agencia del Medicamento Española
https://www.aemps.gob.es/informa/notasinformativas/medicamentosusohumano-3/seguridad-1/2021-seguridad-1/actualizacion-sobre-el-riesgo-de-miocarditis-y-pericarditis-con-las-vacunas-de-arnm-frente-a-la-covid-19/

Diario de Cádiz,
https://www.diariodecadiz.es/sanfernando/Muere-hombre-Parque-San-Fernando_0_1690932749.html

Informe Biólogos por la Verdad,
https://biologosporlaverdad.es/informe-covid-19/

Informe Campra
https://www.researchgate.net/publication/355684360_Deteccion_de_grafeno_en_vacunas_COVID-19_por_espectroscopia_Micro-RAMAN

Blog de Mik Andersen
corona2inspect.net.

Computer Hoy
https://computerhoy.com/noticias/tecnologia/nanotubos-carbono-permiten-convertir-cualquier-camiseta-monitor-frecuencia-cardiaca-923795

Natural News

https://www.naturalnews.com/2022-06-12-blood-clots-microscopy-suddenly-died.html#

Infowars

https://www.infowars.com/posts/global-medical-bombshell-scientists-prove-covid-vaccine-causes-blood-clots-live-on-air/

Oficina de Patentes

https://patents.google.com/patent/CN112220919A/en

Oficina de Patentes

http://ensearch.cnipr.com.cn/sipo_EN/search/detail

Patente solución salina de grafeno

https://worldwide.espacenet.com/patent/search/family/075143365/publication/KR20210028062A?q=pn%3DKR20210028062A

Europa Press

«El grafeno llega a la cosmética», https://www.europapress.es/comunicados/sociedad-00909/noticia-comunicado-grafeno-llega-cosmetica-efectivo-antiaging-unisex-20211110105339.html

https://www.ema.europa.eu/en/documents/presentation/presentation-adrreportseu-portal-training-module-ev-m6

https://www.naturalnews.com/2022-06-16-injuries-deaths-from-covid-injections-mount.html#

Diario ABC

https://www.abc.es/ciencia/20140903/abci-grafeno-asturias-tejidos-201409031330.html

https://tendencias21.levante-emv.com/crean-con-grafeno-una-interfaz-neurologica-sana-y-eficiente_a41908.html

https://ejercitoremanente.com/2022/06/09/dr-martin-monteverde-no-hay-arnm-mensajero-en-los-viales-covid/

www.ingramcontent.com/pod-product-compliance
Lightning Source LLC
Chambersburg PA
CBHW072302260726

48658CB00014BA/10